KB209143

예술과 그 가치

REVEALING ART: Why Art Matters by Matthew Kieran

©2005 Matthew Kieran
All rights reserved. Authorized translation from the English language edition
published by Routledge, a member of the Taylor & Francis Group.
This Korean edition was published by Bookorea in 2010 by arrangement with
Routledge, a member of the Taylor & Francis Group through KCC(Korea Copyright
Center Inc.), Seoul.

이 책은 (주)한국저작권센터(KCC)를 통한 저작권자와의 독점계약으로 북코리아에서
출간되었습니다. 저작권법에 의해 한국 내에서 보호를 받는 저작물이므로 무단전재와
복제를 금합니다.

이 도서의 국립중앙도서관 출판시도서목록(CIP)은
e-CIP 홈페이지(http://www.nl.go.kr/ecip)에서 이용하실 수 있습니다.
(CIP제어번호: CIP2010000473)

예술과 그 가치
Revealing Art

매튜 키이란 지음
이해완 옮김

북코리아

한국어 번역판에
붙이는 서문

『예술과 그 가치(원제: *Revealing Art*)』는 예술의 가치라는 주제와 관련된 핵심적인 의문들을 탐구해보려는 시도입니다. 저는 분석적 미학에 친숙하지 않은 사람이더라도, 이런 주제에 관심이 있다면 누구나 흥미있게 읽을 수 있는 책을 쓰고 싶었습니다. 분석 미학은 예술 작품이 과연 어떤 식으로, 또 어떤 이유로, 심오해지고 당혹스러워지고 우리의 상상력의 지평을 넓힐 수 있는지를 궁금해 하는 사람들에게 많은 것을 제공할 수 있습니다. 그러나 너무 전문적인 논의로 빨리 옮겨가지도 않고 또한 예술과 만나는 우리의 경험의 풍성함을 지나치게 단순화하지도 않으면서도 이 일을 달성하기란 쉽지 않습니다. 제가 그 일을 얼마나 잘했는지, 그 밖의 어느 면에서건 이 책이 성공한 부분이 있는지의 평가는 독자들에게 맡깁니다. 개별적인 예술 작품과 구체적인 쟁점들에 대해 독자들이 가지고 있는 직관을 끌어내는 것 그 자체가 이 책의 목적입니다. 그리고 그것을 바탕으로 해서 구체적인 작품의 감상으로부터 보다 추상적인 쟁점들을 도출해 낼 수 있게 하려는 것입니다. 잘 되었다면 이는 능동적인 독서를 부추기는 방식이 될 것이며, 논증이나 사유 방식이 역동적으로 펼쳐진 경우라고 받아들여질 수 있을 것입니다. 그렇게 되기를 바랍니다.

　어쩌면 이 책은 다음과 같은 점에서도 다른 책들과 조금 구별될지 모르겠습니다. 이 책의 각각의 장들은 예술에서 중요한 특정한 가치들을 개별적으로 다루고 있지만, 그들을 차례로 읽어감에 따라 책 전체를 관통하는 논점이 드러나게 될 터인데, 그 논제란 예술적 가치에 대한 인문주의적 다원주의의 옹호입니다. 지금까지의 철학적인 미학은 단일하고 중심적인 예술의 가치를 찾아내려는 시도에 의해 발전해 왔다고도 볼 수 있습니다. 그래서 그러한 중심적인 가치를 통해 다른 부차적인 가치들을 설명하거나 아니면 그러한 것들은 예술의 가치와 무관한 것이라고 얘기해 주려는 것이지요. 따라서 사람들은 예를 들어 표현이나 재현을 거론하기도 하고, 예술적 가치에 대한 미적인 설명이나 인지적인 설명 등을 시도하기도 합니다. 하지만 저는 이런 시도에 근본적인 문제가 있다고 생각합니다. 즉 단일한 하나의 예술적 가치가 있는 것이 아니라 오히려 예술 작품이 실현할 수 있는 가치들은 여럿이 있고, 이들 가치들이 미묘하고 복잡한 상호 관계를 이루는 것이라 생각합니다.

첫째 장은 우리가 예술 작품을 가치 있는 것으로 여기게 되는 방식들에 집중하고 있습니다. 우리는 여러 가지 다양한 방식으로 예술 작품을 감상하고 가치 평가하며 소중하게 생각합니다. 이는 대개 작품이 제공하는 미적 경험과 관련되어서 이기는 하지만, 최소한 어떤 경우에는 우리는 작품의 창조에 깃들어 있는 상상적 표현이나 독창성, 솜씨를 감상하기도 합니다. 예술적 가치는 여러 가지로부터 기인하는 것입니다. 2장에서부터 4장까지에서는 예술에 있어 중요한 몇몇 가치들이 다루어집니다(하지만 이들 장들에서 다루고 있는 것이 예술이 가진 가치의 전부가 아니라는 것을 명심하시기 바랍니다). 2장은 미와 추, 미적 경험 등의 개념에 있어 중요한 것이 무엇인지를 다루고 있습니다. 실제로 여기서는 미가 예술의 보편적인 가치가 될 수 없다는 것이 논증됩니다. 최소한 어떤 경우에는 추함이나 기괴함 또는 혐오스러움이 작품의 예술로서의 가치에 긍정적으로 기여하는가 하면 미가 오히려 예술적 가치를 감소시키기도 하기 때문입니다. 3장은 예술이 어떻게 세상과 우리 자신에 대해 통찰을 줄 수 있는지를 다룹니다. 예술이 가치를 드러내는 방식이 무한이 많음을 염두에 둔다면, 진리라는 가치도 예술과 관련된 많은 인지적 가치 중의 그저 하나일 뿐임을 알 수 있습니다. 몇 개만 예를 들더라도, 우리는 예술의 심오함을, 정합성을, 복잡성을, 일관성을, 풍부함을, 깊이를, 그리고 명료함을 감상할 수 있습니다. 이러한 것들 가운데 진리는 예술에서 찾기에 적절한 인지적 덕목 중 하나일 뿐입니다. 작품은 심오하지만 오류일 수도 있고, 삶에 진실하지만 흔해빠진 것일 수도 있으며, 통찰을 주지만 편파적일 수도 있는 것입니다. 4장은 어떤 작품이 포르노그래피이면서 예술적으로 좋을 수도 있지 않을까라는 생각으로부터 시작합니다. 그럴 수 있다는 생각은 곧 예술의 본성과 예술이 가진 힘, 그리고 예술이 어떻게 도덕적으로 문제가 될 수 있는 흥미나 욕구와도 연계될 수 있는지를 알게 된다는 것입니다. 이 주제는 도덕과 예술적 가치 간의 관계에 대한 보다 일반적인 탐구로 이어집니다. 작품의 도덕적인 특성은 그것의 예술적 가치와 유관한 것일 수 있습니다. 대개는 작품의 도덕적으로 훌륭한 특성이 작품의 예술적 가치에 기여하는 것이 사실이지만 그럼에도 불구하고 가끔은 특정한 이유 때문에 도덕적으로 문제가 되는 특성이 작품의 예술적 가치에 긍정적으로 기여하기도 합니다. 마지막으로 5장에서는 앞선 장들의 논의에 의존하여 제가 생각하는 다원주의를 작품의 감상과 가치에 대한 인문주의적 이론에 정초시킵니다.

저는 논증들을 현대 예술과 서양 시각예술의 역사에서 뽑아낸 작품들에 대한 자세한 논의와 함께 제시하였습니다. 이런 논의들을 통해 비록 다양한 작품들 사이에 눈에 두드러지는 차이가 있음에도 불구하고 그들 사이에 무언가 예술적인 일관성이 있다는 점이 부각될 수 있었으면 합니다. 창조적인 예술적 작업의 와중에 새로운 방법과 관심들이 대두되기는 하지만 감상의 가치가 있을만한 작품을 창조하는 목적은 공통적이라고 봅니다. 예를 들어 질리안 위어링(Gillian Wearing)과 베르메르(Vermeer)는 여러 측면에서 많이 다르지만 둘 다 공통적으로 우리와 세계의 관계에 대해 비슷한 것을 보여주려는 데 관심이 있었던 것 같습니다. 과연 서양 예술과 문화적으로 다른 예술적 전통들 사이에도 이 같은 유사점과 차이점이 말해질 수 있는지는 생각해 볼만한 일입니다. 이 책에서 제가 주장한 내용들이 최고의 한국 예술(역사적인 것이나 동시대의 것이나)과 관련해서도, 독자 여러분들이 거기서 가치 있다고 생각하는 것의 전 범위를 적절히 잘 다루고 있는지 한 번 검토해 보시기 바랍니다.

상상력을 동원해 위대한 예술을 감상한다는 것은 쉬운 일이 아닙니다. 예술을 통해 통찰을 제공받거나 내적인 삶을 고양시키는 일은 쉽게 할 수 있는 일이 아닙니다. 작품의 가치를 미리 준비된 기준에 따라 기계적으로 측정하는 것은 작품을 불공정하게 대하는 것으로 우리는 그렇게 해서는 안 됩니다. 예술적 감상에 참여하는 것은 상상력을 이용해 다양한 가치의 근원들을 탐색하는 대화에 참여하는 것입니다. 위대한 예술은 우리로 하여금 우리가 적절하다고 생각해 온 것과는 다른 믿음과 태도와 정서적 반응을 생각해보도록 만들기에 바로 그런 이유로 자주 우리를 힘들게 하는 것입니다. 그 과정에서 우리는 우리가 믿고 느끼는 것이 무엇이며 그 이유는 무엇인지에 대해 숙고해보게 되고 더 잘 이해할 수 있게 됩니다. 위대한 예술은 성취이자 또한 우리에 대한 도전입니다. 이 멋진 사실을 제대로 보여주고 싶은 마음이 이 책을 쓰게 된 정신이라고 할 수 있습니다. 이 책이 예술의 가치가 유래하는 근원들을 드러내주는 한 작은 방도가 되었으면 하고 바랄 뿐입니다.

2009년 9월 28일
영국 리즈대학 철학과 교수
매튜 키이란

　　　　　　　　　　　　　　　　　예술과 그 가치

감사의 말

이 책을 끝낼 수 있도록 2003년에 한 학기의 안식년을 허락한 리즈 대학과, 그 학기와 그 이후의 여름 동안 나를 방문 교수로 받아준 캐나다 밴쿠버의 브리티시 콜롬비아 대학에 감사의 말을 드리고 싶다. 그곳에서 나는 너무 멋진 시간을 보내어 나중에 떠나기가 힘들 정도였다. 그곳에서 알게 된 모든 분들께 감사드린다. 이 책의 내용 중 일부는 학술지 *Journal of Aesthetics and Art Criticism, Journal of Philosophy and Phenomenological Research, Philosophy, Philosophy and Literature*에 실린 적이 있는 것들이다. 이 책에 그것들을 사용할 수 있도록 허락해 준 해당 학술지의 편집자들께도 감사드린다.

　미학은 언제나 철학에 있어서 나의 첫사랑이었다. 이는 많은 부분 브리스톨에서 공부하던 시절 나를 고무시켜 준 스승, 앤드류 해리슨 (Adrew Harrion) 덕분이다. 세인트 앤드류스 대학에서 나의 박사과정 지도교수였던 베리스 가우트(Berys Gaut)는 이러한 나의 열정이 보다 다듬어진 모습이 되도록 도와주었다. 덧붙여 지난 몇 년 동안 이 책이 다루고 있는 문제들에 대한 나의 생각이 촉발되도록 관심을 보이고 의견을 제시해주신 많은 분들이 계셨는데, 그분들 모두에게 감사를 드리고 싶다. 특히 대런 브라이얼튼(Darren Brierton), 노엘 캐롤 (Noël Carroll), 데이비드 데이비스(David Davis), 베리스 가우트, 피터 라마르크(Peter Lamarque), 제롤드 레빈슨(Jerrold Levinson), 도미닉 로페스(Dominic Lopes), 앤드류 맥고니걸(Andrew McGonigal), 세이리올 모건(Seiriol Morgan), 피터 밀리칸(Peter Millican), 밥 스테

커(Bob Stecker), 로저 화이트(Roger White)에게 감사한다. 이 책의 출판 심사를 맡아준 익명의 심사위원들이 해 주신 토론과 논평과 비판과 제안이 모두 이 책의 내용을 향상시키는 데에 헤아릴 수 없을 정도의 도움이 되었기에 그에 대해서도 감사드린다. 그럼에도 불구하고 남은 이 책의 결점은 모두 내 몫이다. 나는 또한 리즈 대학에서 지난 여러 해 동안 예술 철학을 공부하고 있는 나의 학생들에게도 고맙다는 말을 하고 싶다. 그 학생들을 가르치면서 나는 매우 즐거웠고 나 스스로도 학생들로부터 많은 것을 배웠다. 이 책을 루트리지 출판사를 통해 내보라고 한 것은 토니 브루스(Tony Bruce)의 아이디어였는데, 처음에 나는 회의적이었다. 하지만 그가 그 아이디어를 계속 고집해 주어서 너무 고맙다. 그를 비롯해 그의 정말 유능하고 멋진 루트리지 팀은 커다란 인내심을 보여주었다. 내 친구들과 가족에게는, 그들이 있다는 사실이 나로서는 영광이요 특전이라는 말 외에는 할 말이 없다. 마지막으로 제대로 기억도 나지 않는 나이에 나를 예술의 경이로 인도해주신 어머니 패트리샤에게 이 책을 바친다.

2004년
매튜 키이란

들어가는 말

테이트모던 갤러리(Tate Modern)에 가면 오귀스트 로댕(Auguste Rodin)의 <입맞춤 The Kiss>(1901-4)을 만나볼 수 있다. 대리석 덩어리로부터 모습을 드러낸 한 쌍의 연인이 그들의 맞닿은 입술을 관람자의 시선으로부터 의도적으로 살짝 감춘 채 열정적인 포옹을 나누고 있는 순간이다. 여자는 남자에 기대 안긴 상태로 남자를 아래쪽으로 돌려 끌어당기고 있으며, 여자의 다리는 남자의 허벅지를 누르며 부드럽게 그의 다리를 열어 가고 있다. 남자의 오른손은 주춤거리며 여자의 허벅지에 놓여 있고, 여자의 상반신을 감싸고 있는 왼손으로는 가까스로 그들이 읽고 있었던 책을 붙잡고 있다. 이 작품의 특별한 점은 무엇인가? 왜 우리는 이들의 애무를 아름다움으로 상찬하게 되는 것일까? 이 연인들과 조각에 대해 더 많이 안다면 그것이 우리의 감상에 영향을 주게 될까? 당신은 이 작품이 우리에게 관능적인 사랑이 어떤 것인지 보여 준다고 생각할 수도 있다. 또한 당신은, 만약 이 작품이 부도덕한 열정을 찬미하는 것이라면 이것의 예술로서의 가치를 낮게 매겨야 한다고 생각할지도 모른다. 다른 사람들도 이 작품을 우리가 보듯이 예술로서 감상하리라고 기대해도 좋을까? 또는 그렇게 하라고 요구할 수 있을까? 우리가 예술작품을 어떻게 취급하는지를 보면, 즉 우리가 어떻게 예술작품들에 관해 글을 쓰고, 토론하고, 논쟁하는지, 얼마나 어렵게 예술작품들을 보호하고 복원하며, 어떤 식으로 상을 주거나 가격을 매기는지를 보면 그 속에는 이러한 질문에 대한 우리의 가정들이 포함되어 있다.

우리가 어떤 식으로 <입맞춤>을 감상하고 평가하는지 생각해 보라. 만약 이것이 로댕이 아닌, 그의 제자 중 한 명이 만든 것으로 밝혀진다면 문제가 될까? 또는 위조범이 만든 것이라면? 로댕의 조각과 드로잉은 형식적으로 이상적인 누드라는 점에서는 19세기 고전주의 전통을 재활용하는 것이었지만, 이와 동시에 예술의 재료가 되는 것을 굳이 숨기려 하지 않는다는 점, 주제 역시 노골적이어서 숨기는 것이 없다는 점에서 20세기 모더니즘을 예고하는 것이기도 했다. 이런 사실을 아는 것이 감상에 중요한가? 만약 로댕이 1880년대부터 활동하지 않고 1930년대에 활동했다면? 우리는 이러한 예술사적 사실이 의미하는 바가 무엇이라고 받아들이는 것일까? 결국 역사적 사실이 어떠하든지 간에 그 조각은 여전히 똑같이 보일 텐데 말이다. 아니면 우리의 경험이나 사물의 외관 말고도 중요한 무엇이 있는 것일까? 우리가 <입맞춤>이 아름답다고 말할 때, 우리는 다른 사람들 역시 우리의 의견에 동의할 것이라고 기대하는 것 같다. 그러나 누군가는 도대체 이 작품에 대해 사람들이 왜 그리 야단법석인지 이해를 못할지도 모른다. 세련되게 보이고 싶은 허세 말고는 사람들이 미술 갤러리에 갈 이유가 없다고 생각하는 사람도 있을 것이다. 이는 그들이 로댕의 작품을 어떤 특별한 방식으로 보는 데에 실패했음을 의미하는가? 그게 아니라면 그들이 이 작품을 볼 때 느끼는 혼돈과 불확실함은 어떻게 설명될 수 있겠는가?

애초에 <입맞춤>의 모델이 된 것은 로댕이 자신의 유명한 작품인 청동으로 된 <지옥의 문>에 조각해 넣은 포옹하는 연인이다. <지옥의 문>은 현재 파리의 로댕 미술관에 있으며, 로댕이 예술적으로 집착했던 주제인 단테(Dante)의 『신곡』「지옥편」에 나오는 인물과 장면들이 온통 뒤섞여 있는 작품이다. 너무 두껍고 무거워서 문으로서의 기능은 할 수 없었지만, 로댕이 그 작품에 조각해 넣은 장면들은 그의 여생 동안 영감의 원천이 되었다. 단테의 지옥 두 번째 장에 나오는 부정한 연인인 파올로(Paolo)와 프란체스카(Francesca)의 이야기는 로댕이 살았던 당시의 사람들에게는 지금 우리가 로미오와 줄리엣 이야기를 아는 만큼이나 익숙한 이야기였다. 프란체스카는 그녀의 아버지에 의해 리미니의 영주인 지안치오토(Gianciotto)와 결혼하게 되었는데, 지안치오토는 몰골은 흉했지만 매우 용기 있는 사람이었다. 한편 그의 동생인 파올로는 지안치오토에게 없는 우아함과 아름다움을 지니고 있었다. 어느날 프란체스카와 파올로는 같이 앉아 각자 책을 읽고 있었는데, 그 책은 랜슬럿에 대한 이야기였다. 랜슬럿은 아더 왕의 친구이면서 그를 주군으로 섬겼지만 또한 왕의 아내 기네비어의 연인이기도 했다. 랜슬럿의 사랑에 대해 읽으면서 프란체스카와 파올로는 서로에게 다가가게 되었고, 서로의 표정에서 금지된 정열을 읽어내게 되었으며 결국 키스로 그들의 운명을 봉하게 된 것이다. 이 연인들은 후에 발각되어서 분개한 지안치오토에 의해 죽음을 맞았다.

단테가 묘사한 대로라면 떨고 있는 프란체스카를 먼저 나서서 키스로 이끈 것은 파올로였지만, 로댕의 조각에서는 그 반대이다. 파올로의 자세는 마치 충격과 놀라움의 상태에서 이제 막 풀어지기 시작한 듯이 다소 굳어 있다. 그의 한 손은 책을 든 채 느슨하게 그녀의 몸을 감싸고 있는 반면에 그녀의 허벅지에 올라 있는 손은 다소 망설이는 중이다. 그와 반대로 프란체스카는 파올로의 품속으로 파고들어 마치 그를 돌아 눕게 하려는 것처럼 그의 얼굴과 어깨를 아래로 돌려 끌어내리고 있다. 첫눈에는 순진한 열정의 재현으로 받아들일 수도 있었던 것이 이제는 훨씬 더 그늘지고 복잡한 의미를 갖고 있는 것처럼 보인다. 우리가 그 재현된 연인에 대해 더 잘 알게 되자 그 작품에 대한 우리의 반응도 다른 특성을 띠기 시작하는 것이다. 작품의 더 깊은 의미에 대한 앎과 그것을 예술로서 대하는 우리의 반응은 어떻게 서로 영향을 주고받게 될까? 아마도 변함없이 관능적인 사랑에 대한 낭만적인 찬사로서 이해되기야 하겠지만, 이제는 그것이 훨씬 더 어둡고 위험한 배경 위에 놓인 것이 된다. 금지된 성적 욕망에 이끌림이라는 생각을 전달한다는 점에 있어서 그 작품은 우리에게 우리 자신의 어떤 측면을 보여 줄 수도 있다. 하지만 몇몇 사람들은 만약 이것이 비난받아야 마땅한 것을 찬양하는 작품이라면 이 모든 장점에도 불구하고 좋지 않은 예술작품이라고 할 것이다.

<입맞춤>의 첫 번째 버전은 1898년에 파리에서 전시되었고, 여기서 얘기하고 있는 버전은 에드워드 페리 워런(Edward Perry Warren)이 서섹스 지방의 루이스에 있는 자신의 집에 소장하기 위해 의뢰하여 1901년에서 1904년에 사이에 제작된 것이다. 이 작품이 1914년 루이스 시청에 보관되었을 때에는, 전쟁 동안 그곳에 주둔하던 군인들의 성적 욕구를 자극할 것을 우려하여 작품을 천으로 가려두기도 했다. 하지만 그 작품의 진정한 성취란 바로 그 작품이 우리로 하여금 결국 따져 보면 비난을 받는 것이 마땅한 행동에 대해 공감적으로, 심지어는 승인하는 식으로 반응하게 만든다는 것일지도 모른다. 이 작품의 복잡한 도덕적 성격은 우리의 반응과 평가에 어떤 식으로 영향을 미치는 것이 옳을까? 그 작품에 대한 적절한 평가가 무엇인지에 대해서 모든 사람이 동의해야 할까? 우리의 예술에 대한 불일치는 옳고 그름을 따질 수 없는 것일까, 아니면 가치의 어떤 객관적인 서열이 있어 우리 모두가 불완전하게나마 그것을 지향하는 것일까? 우리가 올바른 판단을 할 수 있는 좋은 위치에 있는지를 어떻게 알 수 있을까?

이 책이 시각예술 전반과 관련하여 탐구하고자 하는 것은 바로 이러한 종류의 질문들이다. 그러나 이러한 고찰들 중 많은 것들은 전 분야의 예술에 두루 적용되는 것들이다. 나는 동시대 예술 또는 현대예술과 보다 먼 과거의 예술 사이에 연속성이 있음을 강조하지만, 그렇다고 해서 내가 그들 간의 차이를 일축해 버리려는 것은 아니다. 사실 그 연속성은 종종 과소평가되어 왔다. 연속성이 있다는 입장에서 보게 되면, 예술이라는 문화적 관례의 목표들 — 비록 수단들은 아닐지라도 — 은 현대예술에서도 여전히 유지되고 있음을 설명하기에 좋다. 예술적 판단의 지위문제를 다루는 마지막 장을 제외하고, 나는 이 책 전체에 걸쳐 '예술'이라는 용어를 좋은 또는 훌륭한 예술을 의미하

는 것으로 사용하겠으며, 그렇지 않은 경우에는 그런 의미가 아니라고 분명히 밝힐 것이다. 무엇이 어떤 것을 예술로 만드는가라는 예술의 본질에 대한 질문은 그 자체로 흥미로운 것이지만, 이 책에서는 그 질문이 직접적으로 다루어지지 않을 것이다. 나의 관심의 초점은 예술적 가치의 본성과 지위, 예술작품에 대한 우리의 반응이 지닌 형식과 깊이, 그리고 예술이 어떻게 우리에게 통찰을 줄 수 있는지, 어떻게 우리의 내적인 삶을 풍부하게 해줄 수 있는지 하는 것들이다.

좋은 예술작품, 훌륭한 예술작품들과 평범한 작품 또는 아주 분명히 나쁜 작품들은 무엇으로 구분되는가? 이 질문에 답하고자 한다면 왜 우리가 예술의 창작과 감상에 그렇게 큰 의미를 부여하는지를 해명해야 한다. 여러분들이 나의 결론에 동의하든 그렇지 않든 간에, 나는 이 책이 예술에 대한 여러분 자신의 반응을 탐험하는 데에 도움이 되기를 바라고 있다. 또한 이 비평적 과정이, 그것이 다루고 있는 예술 자체만큼이나 즐겁고 호기심을 불러일으키는 것이면 좋겠다.

차례

예술과 그 가치

그림 목록

1장
원본, 독창성
그리고
예술적 표현[1]

원작의 가치

루브르 박물관에 있는 레오나르도 다빈치(Leonardo da Vinci)의 <모나리자>(1503-6)는 투명 플라스틱 판 뒤에 모셔져 있으며 관람객들은 꽤나 떨어진 곳에 서서 그림을 보아야만 한다. 세계에서 가장 유명한 그림 중 하나를 보기 위해 몰려든 관람객들의 왁자지껄 떠드는 소리까지도 더해져서, 관람조건은 형편없는 지경이다. 이들 중 대부분은 <모나리자>의 복사본을 수없이 보아온 사람들이다. 그러나 어찌된 일인지 원작의 흡인력은 약화되기보다는 더 강화되고 있다. 왜 그럴까? 왜 우리는 원작이 그렇게 귀중하다고 여기는 것일까? 미술 시장에서 원작들에게 건네지는 막대한 액수의 돈에서부터 특정한 전시회를 꼭 직접 보아야겠다고 온갖 수고를 마다 않는 사람들까지, 우리가 원작을 귀중하게 여기고 있다는 증거는 명백하다. 그런데 만약 우리가 보고 있는 복사본이 원작과 아무 다름이 없다면, 그때에도 정말 우리는 복사본만 보아서는 무언가를 놓치고 있는 것이 될까? 왜 우리는 위작이나 패스티시가 예술적으로 원작만큼 가치 있을 수는 없다고 상정하고 있는 것일까?

흔히 주장하기를, 예술작품은 그것이 우리에게 제공하는 경험의 가치 이외에는 다른 가치를 지니지 않는다고 한다. 그렇다면 예술작품의 경험이 주는 것은 무엇인가? 즐거움인가? 아니면 무언가에 대한 깨달음이나 이해인가? 예술의 가치가 경험의 가치라고 하더라도, 작

21

품의 경험과 떼려야 뗄 수 없이 묶여 있는 가치와 작품의 경험과 그저 관련은 있다고 할 수 있을 정도의 가치를 어떻게 구별할 수 있을까? 이런 질문들은 예술작품의 가치가 경험에서만 나온다는 견해에 대해 물을 수 있는 중요한 질문들이다. 이에 못지않게 중요한 사실은, 이 견해가 예술에 있어 원작이 중요하다는 생각과 쉽게 조화되지 않는다는 것이다. 어떤 경우에는 위조품이나 패스티시가 원작과 똑같은 경험을 우리에게 제공할 수도 있을 것인데, 이런 경우라면 왜 굳이 원작이어야 한다는 것인가? 또한 이 견해는 우리가 특정 종류의 예술을 감상하는 방식과도 긴장관계에 있는 것 같은데, 현대의 개념예술을 감상하는 방식이나 입체주의(Cubism)의 혁신을 알아보는 방식이 그 예가될 수 있다. 원작을 중요하게 여기게 된 것, 나아가 처음 만들어졌다는 의미로 작품이 갖게 되는 원본성이나 독창성이라는 개념 자체는 역사적으로 볼 때 낭만주의 시대를 통한 예술가의 이상화와 긴밀히 연관되어 있다. 낭만주의의 중심에는 예술에서 달성한 독특하고 상상력이 풍부한 표현이야말로 인간의 가장 고귀한 성취 중의 하나라는 주장이 놓여 있었다. 오늘날 이런 견해는 거의 사라졌고, 선호하는 사람도 별로 없다. 과연 예술적 가치는 항상 가치 있는 경험에 의해 좌우되는 것일까? 아니면 이런 낭만주의적 견해의 그늘 속에 예술적 가치를 다른 식으로 구성해낼 수 있는 단서가 놓여 있는 것일까?

가짜

20세기에 복제 기술이 폭발적으로 발전함에 따라 많은 사람들은 예술작품의 원본을 둘러싼 아우라가 사라질 것이라고 생각했다. 19세기 후반 이래로 예술가들은 사진으로부터 영향을 받아왔고, 1920년대, 특히 다다와 초현실주의 운동에서는 사진이 예술적인 방식으로 두드러지게 사용되기에 이르렀다. 막스 에른스트(Max Ernst)는 보

예술과 그 가치

는 이를 불편하게 하는 효과를 얻기 위해 포토몽타주를 사용했는데, 이를 위해 일상적인 광고에서부터 무정형의 형상들이 겹쳐서 인화된 풍경에 이르기까지 서로 다른 사진 이미지들을 결합시켰다. 존 하트필드(John Heartfield)의 심술궂은 풍자작품들 역시 형상들을 병치시키는데, 살해된 시체의 이미지 위에 나치 돌격대원이 겹쳐 인화되기도 하고, 경례를 하는 히틀러가 막대한 양의 돈을 집어삼킨 모습으로 그려지기도 한다. 뒤샹(Duchamp)과 만 레이(Man Ray)로부터 앤디 워홀(Andy Warhol)과 리처드 해밀턴(Richard Hamilton)과 같은 작가들의 작품이 만들어진 1960년대를 거쳐 제프 월(Jeff Wall)과 같은 오늘날의 예술가에 이르는 흐름 속에는, 엄밀히 말해 예술작품의 원본이란 무의미한 것임을 시사하는 듯이 보이는 공통점이 있다. 원본이건 아니건 간에, 중요한 것은 당신이 보고 있는 것이 원본과 동일한 종류의 가치 있는 경험을 제공하는가의 여부라는 것이다. 발터 벤야민(Walter Benjamin)의 의미심장한 표현대로, 예술작품은 기계복제 시대로 진입한 것이다. 기계의 도움으로 실현되고 있는 복사본의 정확성이 증대할수록 이에 따라 원작에 대한 우리의 숭배는 줄어들게 마련이다. 벤야민에 따르면 사진(물론 영화에다가 이제는 컴퓨터가 만들어내는 이미지 세계까지 포함하여)의 시대는 "세계 역사상 최초로 기계복제가, 예술이 그동안 기생적으로 의존해 왔던 종교적 의례로부터 예술을 해방시키는"[2] 시대로 이끌 것이기 때문이다. 그로부터 불과 11년 후인 1947년, 앙드레 말로(André Malraux)는 미술관이 처음부터 끝까지 인류의 위대한 예술작품들을 찍은 사진들로만 이루어질 수도 있겠다는 것을 상상하며 기대한다고 할 수 있을 정도가 되어 버렸다.[3] 복제품이라고 해서 단지 눈의 즐거움만을 위한 것은 아닐 것이다. 사진을 통해서도 우리는 사진 찍힌 작품에 존재하는 복잡한 관계들에 대한 우리의 이해를 증진시킬 수 있음은 사실이다.

　어떤 의미에서 우리는 이미 말로의 가상미술관 안에 들어와 있다.

특정한 예술가나 예술운동 또는 시대를 연구한 학술서적에는 훌륭하게 복제된 예술작품들이 끝도 없이 담겨 있다. 넘쳐나도록 만들어지는 포스터와 엽서에서, 심지어는 머그컵에서도 볼 수 있는 것이 과거 대가들이나 동시대 작가들이 만들어 낸 작품들 — 개중에는 위대한 것들도 있지만 그리 대단치 않은 것들도 있다 — 의 이미지이다. 우리가 이런 위치에 있다는 것은 행운이다. 원본을 살 만한 돈이 없는 대다수의 사람들도 아름답고 매력적이라고 생각하는 작품들의 복사본을 통해 자신의 삶을 풍요롭게 할 수 있기 때문이다. 우리는 전시회에 갈 필요도 없이 특정 작가의 작품세계가 어떻게 발전해 왔는지를 이해하거나 르네상스의 영화로움을 한눈에 요약한 것을 볼 수 있다. 이런 전시회는 현실에서는 실현될 수 없는 것일 수도 있고 만약 가능하다 하더라도 그 장소가 내가 가 보기 어려운 곳일 수도 있다.

우리들은 모네(Monet)의 <수련 Water Lilies>과 같은 이미지들이 도처에 널려 있는 것을 쉽게 비난하곤 하지만, 대중적으로 알려진 취향이면 무조건 얕잡아보려는 우리의 속물근성 — <수련>은 포르나세티(Fornasetti)가 디자인한 컵이나 로스코(Rothko)의 작품으로 만든 포스터와 다를 것이 없다 — 으로 인해, 또는 나중에 이것이 클리셰가 되었다는 사실에 눈이 가려져서, 작품의 위대한 예술성을 보지 못하는 것을 경계해야 한다. 용이해진 대량 복제로 인해 가장 위대한 예술적 성취조차도 진부한 것이 될 수 있다는 것은 사실이다. 몇 년 전 나는 단색조로 세련되게 꾸며진 어떤 술집에 갔었는데, 벽에는 여러 종류의 인쇄된 그림들이 걸려 있었다. 우연히도 그 그림의 하나가 모네의 <수련> 연작 중 하나였는데, 조금 주의 깊게 살펴보니 그것이 위아래가 뒤바뀐 채 걸려 있음을 알 수 있었다. 수련의 모습이 담긴 흔들리는 물웅덩이가 하늘이 있어야 할 곳에 있었던 것이다. 그렇게 모네의 <수련> 복사본은 컬러 벽지로 격하되었다. 그러나 이것은 단지 사람들이 그 이미지들을 오용하거나 또는 복사본을 통해 원본을 감상하는 데에 실패할 수도 있다는 사실을 보여 줄 뿐이지, 그러한 그림들

　　　　　　　　　　　　　　　　　　　　예술과 그 가치

의 대량 복제로 인해 우리의 예술감상이 꼭 싸구려가 될 수밖에 없다는 것을 보여 주는 것은 아니다.

이렇게 예술작품의 대량 복제가 여러 장점들을 지니고 있고, 복제의 품질도 좋아지고 있음에도 불구하고 원작을 보러 가는 목적은 무엇일까? 어떤 사람들은 그것이 우리가 다루는 예술적 매체의 본성이 다르기 때문이라고 생각하는 듯하다. 사진의 경우는 대개 한 장의 사진이 원래의 인화본인지 아니면 그것을 다시 사진으로 복제한 것인지가 중요하지 않다고 ― 예술시장에서는 그렇지 않지만 ― 여겨진다. 사진은 찍은 대상에 대해서 전적으로 투명하다고 생각되기 때문이다. 실제로 이 점 때문에 어떤 사람들은 사진이 독자적인 재현예술이 될 수조차 없다는 주장을 하기도 했다.[4] 사진에서 복제는 문제가 되지 않는다고 여기게 되는 또 다른 이유는 사진을 다시 촬영해서 복제해도, 최소한 원본과 같은 크기만 유지된다면, 감상가능한 원본의 관련 성질들이 복사본에도 그대로 유지될 것이라는 믿음이 있기 때문이다. 이에 반하여, 회화에서라면 이는 사실이 될 수 없다고 한다. 화가는 자신 앞에 펼쳐진 장면을 어떻게 재현할지를 선택할 수 있으므로, 그 결과 그의 붓 자국 하나하나가 다 감상에 관련된 성질이 되는데, 복제는 이러한 관련된 특질들을 고스란히 보존하는 데 실패하기 때문이라는 것이 그 이유이다.

그러나 이러한 생각은 잘못되었다. 사진의 경우, 보통은 '그 작품'이라고 지칭되는 것에 해당되는 사례들(instances)이 여러 개 있을 수 있다는 점은 사실이다. 빌 브란트(Bill Brandt)의 작품을 생각해 보자. 브란트는 20세기의 위대한 사진작가 중 한 사람으로서, 원래는 만 레이와 함께 작업했고, 그 이후에는 1930년대의 영국에 대한 사회비평적인 이미지를 제작했다. 그의 최고의 작품들에는 음침한 북부 공업도시의 이미지, 시적이면서도 대개는 황량한 풍경들, 그리고 추상화된 누드 습작(그는 이 누드들로 가장 잘 알려졌다) 등이 포함된다. 그것이 사진이기 때문에 그 중 어느 작품에 대해서든 사례들은 많이 있

원본, 독창성 그리고 예술적 표현

을 수 있을 것이다. 즉, 사진을 찍을 때 필름에 포착된 그 이미지는 몇 번이고 계속해서 현상될 수 있는 것이다. 그러므로 원칙적으로 같은 작품이 얼마든지 많은 구매자와 미술관에 팔릴 수가 있다. 이 때문에 당신이 뉴욕에서 어떤 작품을 보는 그 시각에 나도 런던에서 같은 작품을 감상할 수 있는 것이다. 물론 특정한 같은 인화본은 아니겠지만 말이다. 그것들은 한 작품의 두 개의 다른 버전들이다. 이와 관련하여 흔히 우리가 가정하는 것은 사진작가들이 같은 사진의 인화본들을 여러 개 만들 때, 그들 모두를 똑같이 만들려고 한다는 것이다. 그 생각이 대개는 맞지만 항상 사실인 것은 아니다. 만일 작가가 마음만 그렇게 먹었다면, 런던에 전시된 인화본은 조도가 더 낮거나, 그림자가 더 강하거나, 톤이 보다 얼룩덜룩하고 거친 식으로 다른 인화본과 예술적으로 다를 수 있다. 이것은 사진의 경우에도 작가가 재현적 특질들을 선택하고 변형시킬 수 있다는 것을 보여 주는 여러 방법 중 단지 하나일 뿐이다.[5] 이것은 연주의 빠르기, 강조하려는 톤, 가창 부분의 해석 등에서 차이가 나는 베토벤의 <합창 교향곡>의 두 가지 다른 버전을 듣는 것과 유사하다. 물론 원본 자체가 조금씩 서로 다를 수 있는 다수의 사례 또는 다수의 인화본을 가질 수 있음을 받아들이더라도, 여전히 지금 보는 사진이 원본의 한 사례이냐 아니냐는, 마치 지금 듣는 것이 베토벤의 악보대로 연주한 것이냐 아니냐와 마찬가지로, 중요한 문제가 된다.

비록 매번 뜻대로 된다는 보장은 없지만, 사진작가들은 보통 자신의 한 사진작품에 대해 인화본의 수를 제한하려고 노력하며, 또한 종종 각 인화본들이 미묘한 차이가 나도록 현상한다. 이렇게 하는 이유는 부분적으로는 미적인 것이다. 같은 음악작품이라도 서로 다른 연주들의 가치를 달리 매기는 것처럼 우리는 종종 한 이미지도 서로 다른 버전들에 따라 가치를 달리 매기기 때문이다. 이는 또한 부분적으로는 경제적인 이유 때문이기도 하다. 만약 한 이미지에 너무 많은 버전들이 있다면 그 작품의 희소성이 감소하고 가격이 떨어질 것이다.

예술과 그 가치

예술적인 이유만으로는 인화본의 수를 제한하기에 충분하지 않겠지만 경제적인 이유는 대개 충분한 동기를 제공한다. 마찬가지의 설명이 석판화, 에칭, 스크린 프린팅 그리고 주물로 만드는 조각들에도 적용된다. 비록 대개 작품의 각 버전들이 정확히 동일한 외양을 가지는 것이 지향되는 바이기는 하지만, 결과가 언제나 그렇게 되는 것은 아니며, 예술가가 항상 그것을 지향할 필요도 없다. 작품의 가능한 사례들이 무한히 많아질 수 없는 경우도 있다. 예를 들어 에칭의 경우, 금속판은 찍을 때마다 손상된다. 그렇다고 해서 작품이 여러 사례를 가질 수 없는 종류라고 할 정도는 아니지만 말이다. 예술가 스스로가 석판, 에칭판, 또는 조각품을 만든 주물을 파괴하는 경우도 있는데, 이 역시 복제될 수 있는 작품의 수를 제한하기 위해서이다.

한편 회화의 경우에 우리는 회화가 유일하고 개별적인 사물이기 때문에 원본이 문제가 된다고 생각할지 모른다. 17세기 네덜란드의 화가 요하네스 베르메르(Johannes Vermeer)의 작품을 생각해 보자. 현존하는 그의 작품은 36점 정도인데, 이 대부분은 주로 실내에서 일어나는 가정생활 속의 인물에 초점을 맞추고 있으며, 종종 비유적이거나 종교적인 의미를 지니고 있다. 베르메르의 작품이 보여 주는 완전히 매끈하게 마무리된 화면, 빛과 그림자와 색과 비례가 미묘하게 상호작용하는 모습은 칭송을 받아 마땅한 것이다. 그뿐 아니라 그는 이러한 형식적 기교를 이용하여, 예를 들어 <작은 거리 The Little Street>(1657-8)의 사실주의에서 보는 것처럼, 대상에 생생한 사실성의 느낌을 불어넣고 기분과 태도를 섬세하게 표현하였다. 이 작품은 거리 장면을 그린 걸출한 작품으로, 벽돌과 몰타르와 건물들에 대한 회화적 묘사를 배경삼아 일상적으로 집안일을 하고 있는 사람들의 모습이 그려져 있다. 하지만 작품에는 그 이상이 있다. 텅 비고 말이 없는 건물의 전면, 닫히거나 반쯤 열린 덧문들, 오른쪽 집의 빈 창문들, 그리고 누군지는 알 수 없고 단지 무엇을 하고 있는지만 알 수 있을 뿐인 두어 사람의 여성 인물들이 보는 이의 눈에 들어오기 시작한다.

그에 따라 그 인물들과 그 말이 없는 건물 벽 너머에는 살아 움직이는 내적인 삶이 있다는 인상이 서서히 형성된다. 하지만 그저 그 외양만으로는 그러한 삶이 정확히 어떤 것인지 알 수가 없다. 따라서 이 그림의 탁월한 품질과 형식적 장점은 타인을 이해하는 것이 얼마나 어려울 수 있는가에 대한 통찰, 즉 어떤 사람이 무엇을 생각하고 느끼는지는 외관의 관찰만으로는 지각할 수 없다는 통찰을 구현했다는 사실에 있다. 만약 베르메르의 붓놀림이 달랐더라면 표면이 그렇게 매끈하게 처리되지 않았을 것이다. 구성을 이루는 구조가 달랐더라면 독특한 비례의 느낌은 사라졌을 것이다. 인물들의 배열이 다르게 되었더라면 자신의 사적이고 고독한 인간행위들에 열중하고 있는 고립된 인물들이라는 느낌은 사라졌을 것이다. 벽돌건물의 특징을 잡아내는 특별히 섬세한 붓놀림에서부터 한 인물의 특징이 다른 인물에 의해 되풀이되고 있는 것까지, 이 그림에서 각각의 개별적인 특질들은 전체적인 구성에 차이를 만든다.

모든 회화적인 특질들이 이렇게 매우 개별적인 방식에서 중요하다면, 원본을 보는 것과 복사본을 보는 것의 차이는 대단히 크다. 그대로 따라 그린 복사본이나 사진이나 책에 실린 풍부한 색감의 도판이 아무리 훌륭하더라도, 그 그림을 올바로 감상하는 데에 결정적으로 필요한 특질 — 그것이 붓놀림이든, 감각적인 표면이든, 빛이든지 간에 — 이 사라질 것임이 틀림없으며 그에 따라 그림의 적절한 효과도 감소될 것이다. 흥미롭게도 어떤 작품이 복제된 방식 때문에 그 작품이 얼마나 좋은지에 대해 잘못된 인상을 가지는 경우도 있다. 나는 몇 년 전에 산타페의 조지아 오키프(Georgia O'Keefe) 미술관에서 열린 전시회에 가서 그녀의 작품들 대부분이 실제로는 얼마나 작은가를 보고 놀랐던 것을 기억한다. 그녀의 꽃 습작들의 복사본을 볼 때 사람들은 그 그림들이 웅장한 스케일로 그려졌으리라고 상상한다. 복사본에서 나타나는 형식적인 구조, 선과 색의 사용, 생략된 세부묘사가 사람들에게 강력한 충격을 주는 이유 중 하나는 원래 세밀하고 자그마하

예술과 그 가치

게 마련인 꽃의 특성과 그림의 큰 크기 사이의 대비 때문이다. 하지만 실제로 그 그림들은 복사본을 통해 미루어 짐작할 수 있는 것보다 훨씬 작은 스케일로 그려졌으며 그에 따라 그 충격도 상상했던 것보다 훨씬 약하다. 이렇듯 회화는 본래적으로 개별자로 보아야 할 듯하며, 따라서 사진이 아니라 똑같이 그린 좋은 복사본 또는 위작 그림이라 하더라도 거기에는 무엇인가가 항상 부족하게 되어 있다고 생각할 수 있다.

　이렇듯 어떤 복제본이나 위작이라도 원작만큼 훌륭하지는 못할 것이라고 생각할 좋은 이유가 있기는 하다. 하지만 필연적으로 그렇다고 생각하는 것은 잘못이다. 원칙적으로는 그림과 사진 모두 완벽하게 복제될 수 있다. 말로의 가상 미술관을 약간 변형해 보자. 그 미술관이 원작을 단지 훌륭한 품질의 사진 복사본으로 대체한 정도가 아니라, 원작과 시각적으로 구별할 수 없는 사진이나 그림을 보관하고 있다고 상상해 보는 것이다. 아직 발견되지 않은 어떤 가상적인 복제기술을 사용하면 어떤 작품이라도 원작과 완전히 동일한 재료로 완벽하게 복제될 수 있다고 해 보자. 그렇다면 회화도 사진이나 석판화와 유사한 위치에 서게 된다. 그러한 일은 불가능하다고, 또는 앞으로도 불가능할 것이라고 부정하고 싶을 수도 있겠다. 하지만 이는 우리가 현재 보유하고 있는 기술을 통해 실제로 가능한 것만을 생각하기 때문이다. 아니면 단순히 완벽한 복제란 있을 수 없다고 미리 가정하고 있기 때문이든가. 하지만 어찌 되었든 그런 것이 있을 수 있다고 상상해 보자. 그때에도 원작이라는 것이 가치를 가질 이유가 있을까? 최소한 원작이 그것의 완벽한 복사본보다는 더 가치 있다고 생각할 이유가 과연 있는 것일까? 없다고 대답하고 싶은 마음이 들것이다. 이는 사람들이 회화는 사진이나 책 또는 음악작품과는 달리 필연적으로 개별자라고 하는 이유와 앞뒤가 맞는 대답이다. 하지만 이는 잘못된 대답이다. 완벽한 복제가 회화에서만은 절대 불가능하리라고 주장하는 것이 아니다. 사실 불가능하다고 생각해야 할 이유가 없다. 하지만

　　　　　　　　　　　　　원본, 독창성 그리고 예술적 표현

결정적인 논점은, 설사 완벽한 복제가 가능하다고 해도, 여전히 원본을 완벽한 복제본보다 더 높게 평가할 이유가 있다는 것이다. 그렇게 평가하는 것은 비합리적이거나 감상적인 것이 아니다. 왜냐하면 그 이유는 정말로 깊은 데까지 뻗어 있기 때문이다.

그렇다면 그 이유는 무엇인가? 그것은 '기원이 곧 본질(essentiality of origin)'이라는 생각과 관련되어 있다. 이 불명료한 구절이 말하는 바는 어떠한 대상에 대한 우리의 태도에 있어 고려되어야 할 것은 단지 그 대상에 내재한 성질만이 아니며 대상이 우리와 맺고 있는 관계도 고려되어야 한다는 것이다.[6] 구체적인 사례를 살펴보면 좀더 쉽게 이 논점을 이해할 수 있을 것이다. 여자 아이가 둘 있는데, 모든 성질의 측면에서 똑같지만 그 중 한 명은 다른 한 명의 복제인간이라고 상상해 보자. 둘은 완전히 똑같이 생겼고, 똑같이 행동하고, 심지어 생각마저도 똑같지만 한 명은 다른 한 명의 유전적 복제이다. 그런데 그 중 한 아이만이 당신이 낳은 딸이고 다른 한 명은 그 딸의 정확한 복제라고 한다면, 이제 그들은 당신과 서로 다른 관계를 맺고 있는 것이 된다. 우리가 이 두 소녀를 정확히 똑같이 대해야 할까? 만약 그 소녀들이 지닌 성질만이 문제라면 답은 똑같이 대해야 한다가 될 터이다. 하지만 그렇지 않다. 당신에게는 그 중 한 아이를 더 소중히 생각할 이유, 그 아이에 대해서는 달리 행동해야 할 정당한 이유가 있다. 그 아이는 당신의 딸이기 때문이다(그렇다고 딸의 복제 인간은 아무렇게나 대해도 된다는 뜻은 아니다). 같은 식으로, 겉모습으로는 정확히 똑같지만 그들 상호간의 관계나 그들의 기원에 대해 갖는 관계가 서로 다른 두 그림이 있을 수 있다. 즉 그 중 하나는 우리가 그 작품을 만들었다고 인정하는 그 화가에 의해 창조되었고, 다른 하나는 다른 사람에 의해 그 원작으로부터 완벽하게 복제된 것이라고 해 보자. 그 복제본이 당신이 원작을 볼 때 얻는 경험과 정확하게 동일한 값진 경험을 줄 수도 있다(그 두 소녀들이 정확히 똑같은 것을 할 수 있는 것처럼 말이다). 하지만 그럼에도 불구하고 그것은 원작의 또 다른 버전이 아닌 원작의 복제본일 뿐이다(그 소녀들 중 한 명만이 당신의 딸이고 다른 한 명은 정확한 복제이듯이). 이것이 보여 주는 바는 어떤 특정한 작품이 맺고 있는 관계들이 그 작품의 본성에 본질적인 차이를 만들고 그에 따라 그 작품이 어떻게 대우받아야 하는지에도 차이가 난다는 것이다. 그러한 관계의 중요성에 착안하지 않으면 왜 우리가 독창적인 원작에 대해 갖는 적절한 태도와 패스티시와 위조품에 대해 갖는 적절한 태도가 다르다고 생각하는지를 설명할 수 없다. 하지만 도대체 이것이 왜 중요하냐는 의문이 제기될 수 있겠다. 어떤 그림이 진짜로 베르메르의 것인가 또는 어떤 사진이 진짜로 브란트의 것인가의 여부는 그 작품과 창조자 간의 관계에 달려 있다는 것이야 당연한 얘기이다. 하지만 왜 그것이 예술적 가치와 관련되어야 하는 것일까? 이 질문에 답하기 위해 우리는 왜 독창성이 중요한지를 알아보아야 한다.

독창성

좋은 작품, 또는 위대한 예술작품에서 우리가 높이 평가하는 것들 중 하나는 독창성이다. 여기서 독창성이란 단지 처음으로 새로운 무언가를 하는 것만을 뜻하지는 않는다. 굉장히 나쁘거나 끔찍한 어떤 것을 처음으로(지금껏 아무도 그렇게 하지 않았던 데에는 다 이유가 있었던 것이다) 만드는 것도 새로운 것이며, 다른 사람의 생각이나 기술에 미미한 변화를 주어서 복제하는 것으로도 새롭다고 할 수 있을 테니까 말이다. 단지 새로움만으로는 독창성에 기여할 수 없다. 그보다, 독창성이란 어떤 특정한 종류의 예술적 성취로 이루어진다. 예를 들면 어떤 예술적 문제에 대한 독립적이고 주목할 만한 해결책을 실현한다든지, 새로운 예술적 테크닉을 발전시킨다든지, 너무나 익숙한 소재를 놀랍도록 신선하게 다루는 것 등이 여기 해당된다. 카라바조(Caravaggio)가 위대한 이유 중 하나는 그가 혁명적인 방식으로 익숙한 종교적인 주제와 장면들을 다뤘다는 점에 있다. 1573년에 태어난 카라바조는 인간과 종교적 경험을 이상화하는 지난 수백 년간의 전통의 흐름을 바꾸어 놓았다. 형식적인 측면에서 볼 때 그의 작품에서 가장 놀라운 점은 생생한 명암효과(chiaroscuro)를 통한 빛과 어둠의 강렬한 대비이다. 이를 통해 그늘진 장면조차도 종종 근원을 알 수 없는 빛에 의해 밝게 드러나게 되고, 따라서 묘사되고 있는 장면에서 극적으로 강조되어야 할 부분에 밝은 빛이 떨어지도록 할 수 있었다. 하지만 그의 작품에서 가장 혁신적인 측면은 성서의 인물들이 평범한 동시대의 사람으로 재현된 방식이다. 전통적으로 성서의 인물들은 그 장면을 바라보는 일반 사람들과는 확연히 다른 부류로 구분되도록 고도로 관습화된 신성한 방식으로 묘사되었다. 그러한 방식을 통해 그들은 그들의 본성 — 신의 은총이건 성자와 같은 선함이건 — 이 우리보다 훨씬 더 완벽하기 때문에 우상시되고 숭배되어야 할 인물로 제시되었던 것이다. 하지만 카라바조는 그러한 관습을 거부하고 급진적인 자연주의를 추구했다. 그는 주요 인물들 주변에 등장하는 인물들뿐만 아니라, 예수, 마리아, 성 마태 등도 매우 자연주의적 방식으로 재현했다. 그들도 우리와 같은 피와 살을 가진 것으로 그려져 있다. 감상자가 살고 있는 세계와 동떨어진 존재가 아니라 그 세계의 일부인 것이다. 그러므로 그들도 우리와 동일한 본성을 공유한다.

예를 들어 로마의 산 루이지 데이 프란체시(San Luigi dei Francesi) 성당의 콘타렐리(Contarelli) 예배당에 있는 카라바조의 <마태 소명 The Calling of Saint Matthews>(1599-1600)을 살펴보자. 이 그림에서 성 마태는 다른 네 명의 사람들과 탁자에 앉아 징수한 세금으로 보이는 돈을 세고 있는 모습으로 그려져 있다. 예수는 성 베드로와 함께 오른쪽 창문으로부터 들어오는 광선을 역광으로 받으면서 그림의 오른편에 서 있고, 그 빛은 공간을 통과하여 놀람에 휩싸여 자신을 가리키고 있는 성 마태를 비춰 그를 돋보이게 한다. 왼쪽에서 돈을 세

예술과 그 가치

고 있는 두 소년들은 이를 눈치채지 못하고 있고 다른 두 인물은 두려워하거나 놀란 것처럼 보인다. 이 그림의 극적인 포인트는 경이로움과 주저함이 교차하는 한순간 속에, 얼어붙은 듯 정지해 있는 성 마태의 깨달음의 충격이다. 이러한 묘사의 혁명적인 측면은 성 마태를 탁자에 함께 앉은 다른 인물들과 똑같은 종류의 인간으로 나타냈다는 것이다. 돈을 세는 데 푹 빠져서 예수가 나타난 장면을 알아차리지 못하고 있는 두 소년들은 구원의 가능성을 저버렸지만 성 마태는 그 빛을 보았으며, 예수와 성 베드로의 모습을 보았고 그래서 신의 의지를 따를 수 있었던 것이다. 이 그림 하나에도 보다 큰 차원에서의 카라바조 작품의 의미심장함이 드러나고 있다. 비록 성 마태가 특별하게 부름을 받았기는 했지만, 누구나, 제아무리 타락했고 비겁하고 불완전하거나 부패한 사람이라도, 구원을 향해 고개를 돌릴 수 있다는 생각 말이다. 카라바조는 세례 요한과 같은 인물을 관능적으로 묘사하는 경향이 있었는데 부분적으로 그것이 빌미가 되어서, 비록 몇몇 성직자들의 지지에도 불구하고, 가톨릭 교회는 그의 작품을 그리 좋게 보지 않았다. 기독교 서사의 주요 인물들이 근본적으로 인간성을 지녔다는 주장은, 속인들은 무조건적으로 성자들을 숭배해야 한다는 당시 교회의 평신도에 대한 기본적인 태도에 도전하는 것이었다. 교회에 의해 내몰린 카라바조는 로마를 떠나야 했고, 결국 1610년 몰타에서 36세의 나이로 이른 죽음을 맞았다.

이와 대조해서, 패스티시와 위조품에 대한 우리의 태도를 살펴보자.[7] 패스티시는 다른 작품에서 베낀 요소들로 이루어진 작품 또는 다른 예술가의 스타일을 의도적으로 흉내낸 작품이다. 토요일 오후에 대영박물관 근처나 런던의 하이드 공원 언저리를 돌아다녀 보면 모네, 반 고흐(van Gogh) 또는 달리(Dali)의 스타일로 그려진 장면들이나 리히텐슈타인 스타일로 그려진 만화 같은 그림들과 종종 마주칠 수 있을 것이다. 많은 경우 그런 작품들은 특정 작품을 그대로 베낀 것이 아니라 여러 화가들의 양식과 구성을 모방한 것이다. 우리가 어

원본, 독창성 그리고 예술적 표현

떤 능숙한 흉내를 보고 그것이 진짜와 똑같다며 즐거워하듯이 그러한 그림을 보며 모방의 기술과 기교, 그리고 정확도에 감복할 수는 있겠지만, 우리는 그런 작품들이 본래의 예술가가 제작한 작품들과 같은 가치를 가지고 있다고는 절대 생각하지는 않는다. 그런데 이러한 우리의 생각은 단순히 원작에 의해 제공될 수 있는 상상적 경험이 패스티시의 경험과는 다르다는 식으로는 올바르게 설명될 수 없다. 왜냐하면 패스티시 중의 어떤 것은 원작만큼이나 복잡하고 생생한 경험을 제공할 수 있을지도 모르기 때문이다. 심지어 어떤 패스티시는 풍부한 상상력의 경험이라는 측면에서는 질 낮은 원작보다 더 값진 것을 제공할 수 있을 수도 있다. 그럼에도 우리는 여전히 원작을 훨씬 더 높게 평가할 것이고 그래야 마땅하다. 이것은 다소 이상하게 보일지도 모른다. 우리가 두 대상을 평가할 때, 분명히 보다 값진 경험을 제공하는 대상을 더 높이 평가해야 하지 않을까? 하지만 이런 생각은 원작에 포함된 성취가 무엇으로 구성되어 있는지를 간과한 것이다. 패스티시의 경우에는 재치나 기발함 또는 상상력이 거의 요구되지 않는다. 필요한 것은 단지 어떤 기술적인 재능과, 이에 더하여 특정한 예술적 효과가 어떻게 달성되었는지를 알아내는 능력이면 되는 것이다.

이른바 '모조 반 고흐 작품'을 만들어 내려면, 선명한 파랑, 주황, 초록, 노랑을 두드러지게 사용하면서 대담하고 역동적인 붓놀림으로 그리기만 하면 된다. 그러나 그 결과가 반 고흐의 그림처럼 보일지라도, 패스티시는 예술적 통찰의 개성적인 표현도 아니고, 반 고흐의 원작들이었다면 어떤 식으로든 시도하고 있었을, 예술적인 문제들의 발전이나 해결을 위한 작업도 아니다. 반 고흐가 아를(Arles)에서 그린 작품을 보면, 우리가 반 고흐적이라고 하는 바로 그 개성적인 미적·양식적 정합성에 도달하기 위해 그가 얼마나 노력했는지를 엿볼 수 있다. 그의 작품의 불타는 듯한 색채는 우리에게 프랑스 남부의 쏟아지는 태양광선과 달궈진 주황빛 대지와 짙은 암청색의 바다를 우리 눈 앞에 펼쳐 놓는다. 그 할퀴고, 베고, 내려치는 듯한 붓질은 마치 자연적 형상의 움직임을 일필휘지로 모사하고 있는 듯하여, 비비꼬인 올리브 나무와 침식된 석회암을 통해 자연풍경 속의 패턴이 표현되도록 했다. 만약 그가 보다 전통적인 색조 명암법을 사용했더라면 이런 일은 할 수 없었을 것이다. 반 고흐는 선명한 색, 두껍게 칠한 물감 위에 남겨진 붓 자국과 홈을 통해 풍경을 자신이 받아들인 대로 재현해 낼 수 있는 양식, 숨 막히는 공기와 열기, 공간과 거리까지도 전달될 수 있게 묘사할 수 있는 자신만의 독특한 양식을 개발하기 위해 노력했다. 따라서 우리가 반 고흐의 강렬한 색채와 드러난 붓 자국을 통한 왜곡을 높이 평가하는 중요한 이유는 그의 그림이 아를이나 다른 지역의 풍경에 대한 그의 영상을 표현한다는 것을 우리가 알 수 있기 때문이다.

그의 작품 중 가장 표현주의적인 것들은, 오래된 올리브나무 숲, 비비꼬인 채로 흙을 움켜쥔 나무뿌리들, 층이 지고 움푹 파인 석회암 언덕, 그리고 산란하게 바람에 씻겨가는 구름 등을 그가 어떻게 보고 또 그것들에 어떻게 반응했는지를 시각적으로 전달하고 있다. 그러므로 우리는 반 고흐의 원작들을 높이 평가한다. 신선하고 독창적인 형식상의 한 양식을 개발했기 때문이고, 동시에 그러한 양식의 개발을 통해, 자신이 주변의 풍경을 어떻게 이해하고 반응하는지를 미묘하면서도 대담한 방식으로 표현했기 때문이다. 이것은 단지 풍경은 이렇게 저렇게 지각될 수도 있구나 정도의 문제가 아니라는 것을 깨달아야 한다. 그것보다 중요한 것은 그의 작품이 그 자신이 그 풍경을 받아들이고 평가하고 있는 개성적인 방식을 표현한다는 점이다. 만약 그렇지 않다면, 그래도 우리는 여전히 어떤 형식상의 기술을 개발한 것 때문에 그의 작품을 높이 평가하기는 하겠지만, 색채나 붓놀림 같은 반 고흐가 사용한 재현의 수단과 그가 본 풍경 사이의 의미 있는 연관관계는 남아 있지 않을 것이다. 그 색들은 여전히 활기가 넘치고, 양식은 일필휘지의 느낌이 나며, 그의 작품은 미적 가치를 지닐 것이다. 하지만 그가 그만의 어떤 특별한 방식으로 본 풍경을 표현한다는

원본, 독창성 그리고 예술적 표현

측면에서의 작품의 의미는 사라질 것이다. 우리를 둘러싼 풍경 속에 놓여 있는 반 고흐는 볼 수 없을 것이다. 따라서 우리는 어떤 패스티시에 대해 색채의 사용이 훌륭하다거나 모방의 기술이 뛰어나다고 얘기할 수 있고, 또 그것을 보는 것을 매우 즐길 수도 있겠지만, 단연코 그것이 좋은 또는 위대한 예술이라고는 주장하지 않을 것이다. 이 독특한 양식을 개발해 낸 사람은 바로 반 고흐이고, 그 양식을 통해 표현된 개성적인 예술적 영상 또한 그의 것이다. 반면 패스티시의 양식과 시각은 전적으로 다른 것으로부터 유래된 것이다. 그러므로 무언가를 성취했다고 말할 수 있는 것은 원작뿐이다.

정확히 이와 같은 식의 생각이 위작에도 적용된다. 왜냐하면 위작은 누군가가 원작인 것처럼 속이려고 시도한 패스티시이기 때문이다. 지난 세기의 가장 악명 높은 위조자는 반 메헤렌(Van Meegeren)인데, 그가 그린 여러 장의 베르메르 위작들은 진품으로 받아들여지고 팔리기도 했다. 비록 그가 제작한 작품들의 질은 들쭉날쭉했지만, 그가 그린 가장 유명한 그림인 <엠마오에서의 저녁식사 Christ and Disciples at Emmaus>(1936-7)는 분명히 그 자체로 걸작이다. 네덜란드에서 완전히 무명화가였으며 심한 경제적 어려움을 겪고 있었던 반 메헤렌은 1930년대에 프랑스 남부로 이주하여 위조 일을 시작했다. 그는 그림이 그려진 연대가 바로 드러나는 것을 막기 위해 진짜 17세기 캔버스를 구해 그 위에 그림을 그렸으며, 오래된 유화의 특징인 단단한 표면을 만들기 위해 다양한 기술을 실험했다. 그 기술 중에는 손으로 간 안료들을 사용하는 것, 완성된 작품에 도료를 덧칠하고, 일부러 낡고 찌들게 보이도록 하는 것 등이 포함된다. 그는 자신이 위조한 수많은 작품들을 성공적으로 팔아치웠는데, 그 중에는 베르메르의 것이라고 속여 괴링(Goering)에게 판 <간통한 여인 The Woman Taken in Adultery>(1941-2)도 포함되어 있었다. 이 때문에 메헤렌은 1945년에 나치 독일에 협력한 죄로 체포되어 감금되었는데, 6주 후 결국 그 베르메르의 작품이 위작이었음을 고백하였고, 그 외에도 다섯 점의 다

예술과 그 가치

른 베르메르의 작품과 드 후(Pieter de Hoogh)의 것으로 알려져 있던 작품 두 점도 자신이 위조했다고 자랑스럽게 공표했다. 1946년에 그의 주장을 조사하기 위해 코르망(Coremans)을 위원장으로 한 위원회가 꾸려졌으며, 1947년에 위원회는 조사한 모든 그림들이 반 메헤렌이 그린 것이라고 발표했다. 그리하여 그는 이적행위의 죄가 아니라 위조죄로 1년형을 선고받았지만 불과 몇 달 후에 죽음을 맞이하였다.

과학적인 증거가 충분히 확정적이었음에도 불구하고, <엠마오에서의 저녁식사>가 정말 베르메르의 것이 아닌 위작인지에 대해 논쟁은 얼마간 지속되었다. 흥미롭게도 지금 우리의 관점에서 보면 그 그림은 어떤 것이 베르메르 작품의 특징인지에 대한 예전의 생각을 구현하고 있다. 그 작품은 진짜 베르메르의 작품에 비해서 훨씬 무거운 느낌을 주며, 구조는 더 단순하고, 얼굴 묘사는 강조된 광대뼈와 두꺼운 눈꺼풀과 두툼하게 튀어 나온 입술로 인해 지나치게 과장되어 있다. 하지만 우리의 논의를 계속하기 위해, 이 그림을 보거나 조사하는 것으로는 그 작품이 베르메르의 것인지 반 메헤렌의 것인지를 구별할 수 없다고 한번 상상해 보자. 그래도 여전히 이것이 베르메르의 것인지 반 메헤렌의 것인지가 상관이 있는 것일까? 물론이다. 만약 그 작품이 베르메르의 것이라면 그것은 어떤 종류의 풍부한 상상력을 통한 예술적 성취를 구성하지만, 만약 반 메헤렌의 것이라면 그 작품이 얼마나 훌륭하든지 간에 그것은 단지 기술적인 모방에 불과하다. 진정으로 정신의 탁월함을 보여 주는 그림과 그런 그림의 겉모양만을 맹목적으로 흉내 내는 그림 사이에는 커다란 차이가 있다.

예술적 성취

예술이 실현하려고 추구하는 특별한 종류의 가치 있는 경험이 어떤 것인지에 대해서는 시각차이가 크다. 어떤 예술작품이 좋은 이유는

원본, 독창성 그리고 예술적 표현

그것을 경험하면 우리가 즐거움을 얻기 때문인가? 정서적 몰입을 얻기 때문인가? 아름다움에서의 희열, 사람에 대한 이해 또는 사회에 대한 통찰을 얻기 때문인가? 이 상충하는 견해들 모두는 예술작품은 그것이 가치 있는 경험을 제공하는 한에서 가치 있다는 기본가정을 공유하고 있다. 데이비드 흄(David Hume)에서부터 맬컴 버드(Malcolm Budd)와 같은 현대의 철학자들에게까지, 예술적 가치란 작품이 제공하는 경험을 이용해 완전히 설명될 수 있다는 생각은 흔한 것이다.[8] 예술적 가치를 결정하는 많은 부분이 경험의 가치와 밀접하게 결합되어 있는 것은 사실이다. 하지만 이것이 다는 아니다. 이미 살펴보았듯이, 어떤 예술가의 작품의 복제 또는 패스티시가 원작만큼 값진 상상을 불러일으킬지도 모르지만 그럼에도 그것들은 원작보다 훨씬 낮은 가치를 지닌다. 예술적 가치가 곧 경험의 가치라는 생각이 왜 심각하게 잘못된 것인지를 보여 주는 이유들은 더 있다. 하지만 이 이유들을 알아보기 위해서는 먼저 이 물려받은 생각을 보다 명확하게 이해해야 한다.

세련되지 못한 해석에 따를 때, 이 주장은 예술작품이 어떤 다른 목적을 위한 수단이 될 때만 가치 있다는 생각이라고 볼 수도 있다. 따라서 예술작품은 그것이 우리로 하여금 즐거움을 느끼도록 해주거나 개인적인 통찰을 얻도록 해주거나 사회규범에 도전할 수 있게 해준다면 그렇게 해주는 만큼만 좋다는 것이다. 그러나 이렇게 극단적으로 단순화된 가정은 성공할 가망이 없다. 예를 들어 돈을 생각해 보자. 돈은 돈이 가능하게 해주는 경험 때문에만 가치 있다. 하지만 돈은 경험 자체를 형성하는 데에는 어떠한 역할도 하지 않는다. 즉 경험에 대한 돈의 관계는 외적인 관계이다. 당신이 마티스 전시회를 보러 가기 위해 지불한 10파운드는 그 돈에 의해 당신이 할 수 있게 된 경험의 특성을 형성하거나 구성하는 데에는 아무런 역할도 하지 못한다. 또 다른 예로, 특정 종류의 약물을 생각해 보자. 그 약은 당신의 생리계통에 작용하는 인과적인 효능에 의해 특별히 즐거운 정신상태를 일으킬 수 있다. 하지만 당신이 그 즐거운 상태에 도달한 방법, 즉 약을 먹어서라는 것은 왜 그 상태가 바람직한가와는 어떠한 내적인 관계도 갖지 않는다. 그런데 우리는 예술작품이 이런 식으로 가치 있다고 생각하지는 않는다. 홀바인(Holbein)의 <대사들 The Ambassadors>(1533) [122-3쪽]을 보는 것과 우울증 치료제 프로작(Prozac)을 복용하는 것은 모두 사람들을 고뇌에서 벗어나게 하고, 즐거움과 안도감을 줄 수 있을지 모른다. 하지만 프로작이 일으킨 기분은 그 사람이 어떤 것과 정신적으로 상호작용해서 생긴 것이 아니며 그 사람의 의지와도 무관하다. 반대로 <대사들>의 경우에 그 경험은 감상자가 작품과 상호작용한 직접적인 결과이다. 그러므로 좋은 예술이 제공하는 경험은 어떤 특성을 가지고 있는지를 작품의 특성이 무엇인지와 독립시켜 완전히 상술하는 것은 불가능하다.

하지만 어떤 것의 가치가 그 목적이 실현된 최종 귀결에 따라 매겨지긴 해도 수단이 그 목적을 부분적으로 구성하는 경우, 따라서 수단이 목적에 내적인 경우들이 있다. 커피를 마시는 것이나 담배 피우는 것, 좋은 대화 또는 스포츠 같은 것들이 제공하는 즐거움을 상술하려면, 관련된 그 대상 또는 행위의 본성과 완전히 독립적이 될 수는 없다.[9] 예를 들어 스포츠가 주는 재미를, 그것을 알지 못하는 사람에게 설명하려 할 때 사람들이 어떻게 하는지를 한번 생각해 보라. 우선 시작은 그런 것들이 자신에게 즐거움을 준다고 말하는 것으로 출발하겠지만, 곧 이어 그 즐거움이 어떻게 그리고 왜 일어나는지를 얘기하려면 그 행위의 본성에 호소하지 않을 수 없다. 축구를 보는 데 들어 있는 즐거움이 어떤 종류인지 설명한다는 것은, 예를 들어, 어떻게 이 경기가 두 팀 간의 대결의식을 불러일으키는지, 구사될 수 있는 개인기에는 무엇이 있고 요청되는 전술의 종류에는 무엇이 있는지, 그리고 어떻게 패스가 우아하고 아름다울 수 있는지를 설명하지 않고는 불가능한 일이다. 일반적으로 예술도 이와 마찬가지라고 생각되는 듯하다. 따라서 이렇게 하면, 작품이 제공하는 경험의 측면에서만 예술

원본, 독창성 그리고 예술적 표현

의 가치를 평가하려는 입장도 조악한 공리주의적 방식을 피해, 우리가 예술작품에서 주목하고 감상하는 것이 어떻게 그리고 왜 예술작품이 가진 특정한 성질이 되는지를 제대로 설명해낼 수 있을 것이라고 생각할 수 있을지도 모르겠다.

이제 다시 말로의 가상 미술관으로 돌아가 보자. 그 미술관의 한 가운데에 아무도 들어갈 수 없는 커다란 밀폐된 방이 있다고 상상해 보자. 이 미술관의 다른 방들과는 달리, 이 방에는 위대한 작품의 복제본이 아닌 원작들이 보관되어 있다. 그런데 이 방에 있는 미켈안젤로, 레오나르도, 카라바조, 푸생, 베르메르, 피카소 그리고 마티스의 작품들은 지금까지 아무도 본 적이 없고, 복제본도 존재하지 않으며, 각 작품의 작가들에 의해 언급된 적도 없다고 해보자. 더군다나 이 방은, 방이 열릴 경우에는 안의 작품들이 완전히 파괴되도록 지어졌기 때문에 앞으로도 아무도 그 작품들을 보지 못할 것이라고 상상해 보자. 나이젤 워버튼(Nigel Warburton)은 이와 유사한 사고실험을 제안하면서 이 사고실험이 그 작품들이 아무런 가치를 지니지 않음을 보여 준다고 주장하였다.[10] 아무도 그 작품들을 경험하지 못한다면 그 작품들은 아무에게도 어떠한 가치 있는 경험도 제공할 수 없을 것이고, 작품이 가치 있는 경험을 제공하지 못한다면 그것은 예술로서 가치가 있을 수 없다는 것이다. 하지만 이것은 잘못된 추론이다. 방 안의 작품들이 가치가 없는 것이 아니다. 그보다는, 불운하게도 우리가 감상할 수 없는 입장에 있는 작품들 중에도 위대한 작품들이 존재한다고 말하는 것이 타당하다.

가치 있는 것이란 즐거움으로 환원될 수 있다는 생각, 아니면 하여간 경험이 제공하는 가치로 환원될 수 있다는 생각은 매우 의심스럽다. 친구의 좋은 소식을 들으며 기뻐하는 것으로부터 그림에 담긴 통찰력에 감탄하는 것에까지 이르기까지 많은 즐거운 경험들은 뭔가 가치 있는 일이 일어났거나 달성되었다는, 경험보다 앞선 믿음이 있어야 생겨난다. 그리고 이때 우리가 근본적으로 가치를 부여하는 것은 그 좋은 일이지, 그 좋은 일들이 제공하는 경험이 아니지 않는가? 또한 우리는 흔히 어떤 작품이 우리에게 아무 것도 해주지 않음에도 불구하고 그 작품이 좋다고 인정하곤 한다. 어떤 사람들에게 17세기 프랑스의 화가인 니콜라 푸생(Nicholas Poussin)의 작품은 아무 느낌도 불러일으키지 않는다. 푸생의 작품은 고상하고 진지한 장면, 성서에 나오는 장면들을 매우 이상화된 형태로 다루는 경향이 있다. 그는 또한 풍경화에도 관심을 두었으며, 그의 후기 작품들은 매우 우의적인 경향을 띤다. 티치아노(Titian)의 영향으로부터 멀어져 절제된 고전주의를 향해 가는 그의 예술적인 발전은 특별히 주목할 만하며, 색의 우선성에 반대하여 회화적인 디자인과 형태적 유형의 중요성을 강조한 것은 프랑스 회화에 지속적인 영향을 미쳤다. 이러한 푸생에 대해 별 매력을 못 느끼는 사람들도 푸생이 위대한 예술가였다는 것은 인정하곤 한다. <황금 송아지에 대한 숭배 The Adoration of the Golden Calf>(1634)를 생각해 보라.

이 그림은 모세의 오랜 부재로 인해 이스라엘인들이 신에 대한 믿음을 잃기 시작했다는 구약성서 출애굽기에 나오는 이야기를 그린 것이다. 모세의 형 아론은 이스라엘인들에게 가지고 있는 모든 금을 녹여서 송아지 모양으로 만들고 그것을 우상으로 숭배하도록 명령했다. 푸생의 그림에서 흥청대며 춤추는 사람들의 무리는 감상자의 시선을 캔버스의 오른쪽 중간 지점으로부터 왼쪽의 전경으로 이끄는데, 이것은 황홀경에 도취되어 흔들흔들하는 느낌과 함께, 거짓된 신을 숭배하는 군중들이 점점 더 자제력을 잃어가고 있음을 전달한다. 이러한 인상은 시나이 산(Mount Sinai)으로부터 내려오는 모세와 여호수아가 배경에 등장함으로써 더욱 강화되며, 이스라엘인들이 얼마나 심하게 타락했는가 하는 느낌을 강화시킨다. 전반적인 색채 사용은 티치아노를 떠올리게 한다. 주황색과 적색, 그리고 청색은 회화적 구성을 통합시킨다. 아론을 온통 하얗게 묘사하고, 송아지 주위를 도는 두 명의 중심적인 춤추는 인물에 의해 이끌려 나오게 했는데, 이는 아

　　　　　　　　　　　원본, 독창성 그리고 예술적 표현

푸생, 〈황금 송아지에 대한 숭배〉(1633-4), 런던 National Gallery로부터 승인 취득

론을 그 광적인 숭배를 고무시키는 중심인물로 부각시킨다. 인물들은 운동감을 지녔음에도 불구하고 과장된 몸짓을 하며 순간적으로 얼어붙은 듯이 그려져 있는데 이는 인물들이 각자의 황홀경에 빠진 것 같은 느낌을 전달함과 동시에 그림의 구조적인 구성도 강화시킨다. 이 작품은 푸생의 대부분의 후기 작품들보다 더 정교하며, 자세나 표정, 몸짓, 인물 간의 상호관계를 통해 감정을 복합적으로 묘사하고 있지만, 그럼에도 어떤 사람들은 이 작품에서 감동을 받지 못한다. 그 이유가 반드시 그 사람들이 푸생의 작품을 제대로 감상하지 못했다거나 그 작품에서 즐거움을 찾는 데에 실패했기 때문은 아니다. 그저 그 작품을 보는 그들의 경험이 특별히 값진 것이 아니라는 이유에서다. 그들이 시간을 할애하고 싶은 그림들 — 그 중에는 우리가 보기에 푸생만도 못한 그림도 포함되어 있을 것이지만 — 은 따로 있는 것이다. 하지만 우리는 어떤 그림이 우리를 감동시키지 못했다는 사실에도 불구하고 그것이 훌륭한 그림이라고 인정할 수 있다. 푸생의 예술적인 발전과 성취, 그리고 지속적인 영향력이 어떤 성격의 것들인지 본다면, 이들은 모두 그가 얼마나 위대한 예술가였는지를 증명하고 있다. 유사하게, 오페라나 바흐의 칸타타를 듣는 것도 누군가에게는 아무런 감동이 없겠지만, 그렇다고 해서 우리가 그것의 예술로서의 위대함을 의심하지는 않을 것이다. 그러므로 이러한 경우 작품의 가치를 설명하는 것이 단지 작품이 제공하는 경험의 성격이 가치 있는 것이냐에 달린 문제일 수는 없다. 왜냐하면 우리는 비록 어떤 작품이 일으키는 경험이 우리에게 아무런 감명을 주지 못하는 경우에도 그 작품이 좋거나 훌륭하다고 인정할 수 있고 또 실제로 인정하곤 하기 때문이다.

이 논점을 다른 방식으로 제시할 수도 있다. 우리가 경험하지 못하더라도 분명히 어떤 불행한 일이 일어나거나 훌륭한 일이 달성될 수 있다. 이는 아주 일반적인 이야기이다. 만약 친구들이 내가 없을 때 악의적으로 나의 험담을 하거나 내가 모르는 새에 나와의 약속을 저버렸다면, 분명히 내가 어떤 방식으로도 그것을 의식적으로 경험하지

예술과 그 가치

못할 지라도 나는 그 나쁜 행동의 피해자임이 틀림없다. 또한 만약 내가 옥스퍼드 빈민구제기구인 옥스팜(Oxfam)에 돈을 기부해서, 그 돈이 굶어 죽을 사람들의 생명을 구하는 데 기여한다면, 비록 내가 그 돈이 어떤 이로움을 주었는지를 알지 못하더라도 내가 한 행동은 좋은 것이 된다. 이런 식으로, 우리의 삶에서 가치란 가치 있는 것들이 실현되거나 상실되는 데에 달린 문제일 경우가 대부분이지, 단지 그것들이 주는 경험이 즐겁거나 값지기 때문에 가치 있다고 하거나 그런 경험을 주지 못하기 때문에 가치 없다고 거부하는 것이 아니다. 이것은 예술에 관해서도 마찬가지이다. 만약 아무도 우리의 가상 미술관 안에 있는 원작들의 방에 대해 알지 못한다면, 그래서 모든 사람들이 그것을 이를테면 그저 속까지 꽉 차 있는 대리석 덩어리 정도로 생각한다 해도, 누구도 그 안의 작품들을 볼 수 없으리라는 것은 여전히 불행한 일이다. 비록 아무도 그러한 손실에 대해서 의식하지 못하더라도 말이다.

이 시나리오가 그렇게 억지스러운 것도 아니다. 우리는 훌륭했었을 것이 분명한 많은 작품들을 시간이 흐름 속에서, 또한 사고 때문에, 또는 청교도적인 집착 때문에 영원히 잃어버렸으며, 현재 우리가 알고 있는 작품들은 전체이건 부분이건 조금이라도 남은 것이 있는 작품들일 뿐이다. 17세기 네덜란드의 법률가였던 얀 비숍(Jan Bisschop)의 저술과 스케치들이 오늘날 매우 귀중한 까닭이 바로 그가 유럽을 널리 여행하면서 현재는 우리에게는 남아 있지 않은 작품들을 기록했다는 이유 때문이다. 15세기 후반부터 16세기 초까지 활동했던 베니스 화가인 조르조네(Giorgione)는 그의 그림 중 극소수만이 남아 있음에도 불구하고 르네상스 미술의 선구자로 자리 매겨져 있다. 그는 주제의 회화적 묘사보다 감정의 환기에 더 관심을 쏟은 최초의 화가였고, 그래서 당시의 어떤 이들은 그의 그림들의 주제가 무엇인지를 알 수 없을 정도였다. 무엇보다 그가 티치아노에게 끼친 영향은 결정적이었다. 우리는 또한 미켈란젤로가 그의 두 번째 피에타, 즉

　　　　　　　　　　　　　　원본, 독창성 그리고 예술적 표현

마리아가 십자가에서 죽음을 당한 예수를 품에 안고 있는 조각을 부숴 버리려고 했다는 것을 알고 있는데, 미켈안젤로는 이것을 자신의 무덤에 쓰려고 조각하고 있는 중이었다. 그러므로 예술가 자신을 제외하고는 아무도 보지 않은 채 파괴된 작품들이 실제로 있었거나 있을 수 있다고 생각하는 것은 억지가 아니다. 만약 어떤 예술가가 자신만의 독특한 양식을 발전시켰거나 또는 개성적인 예술적 통찰을 드러내는 작품을 창조했다면, 그것은 예술적 성취이며, 그 작품은 누가 그것을 보게 되든지 말든지에 상관없이 가치 있는 것이다. 따라서 그것의 파괴는 손실이 될 것이다.

지금까지의 사고의 흐름에 대해 많은 사람들이 여전히 불편해할 수 있다. 그들은 다음과 같이 생각하고 있을 수도 있다. "위의 주장을 하는 사람들의 동기는 분명히 '만약에 누군가가 밀폐된 방 안의 작품들을 본다면 그것들은 보는 이에게 상상적으로 값진 경험들을 일으키게 될 것이다'라는 가정적 상황을 염두에 두고 있기에 그러는 것이다. 지금까지 증명된 것이라곤 현실에서 실제로 작품을 경험한 사람이 아무도 없더라도 그 작품들이 좋을 수 있다는 사실뿐이다. 이 정도는 누구나 인정할 수 있다. 사실 어떤 작품을 좋게 또는 나쁘게 만드는 것은 작품의 실제 경험이 아니라 작품의 잠재력, 즉 그것이 풍부한 경험을 제공할 능력이 있느냐 또는 빈약한 경험을 제공할 능력밖에 가지고 있지 않느냐이다. 즉, '만약에 우리가 그것을 보게 되었을 때 우리가 그 경험을 매우 즐겁고 만족스러운 것으로 느낄 것이다'라고 할 수 있는 작품은 좋은 작품인 것이다. 푸생의 작품에 대한 어떤 이들의 반응처럼 작품으로부터 값진 경험을 얻지 못함에도 불구하고 그 작품이 가치 있다고 인정하는 경우는, 가치가 작품에 있기 때문이 아니라, 그 작품이 가치 있는 경험을 줄 다른 사람들이 있을 것임을 인정한다고 설명하면 되는 것이다. 어쩌면 낭만적으로 편향된 취미와 성향을 가진 사람들에게 푸생이 아무 감동도 주지 못한다는 바로 그 사실에 근거해서 푸생의 작품은 태도, 견해, 취미가 고전주의와 일치하는 사람들에게 기쁨을 줄 것이라고 제안할 수도 있을 것이다."

이는 앞서 우리가 물려받은 견해라고 이름 붙였던 것의 보다 세련된 버전이다. 그러나 그럼에도 불구하고 이는 여전히 부적절하다. 모든 예술의 가치를 우리에게 값진 경험을 제공하는 잠재적인 성향으로 환원시키는 견해를 가지고서는 작품의 평가방식과 높은 가치평가의 이유를 설명할 수 없는 몇몇 종류의 예술작품이 있기 때문이다. 예를 들어 입체주의(Cubism)를 생각해 보라. 전형적인 모습의 입체주의는 1907년에서 1914년 사이에 발전했으며 보통 서양 예술을 규정하는 결정적 순간들 중의 하나로 여겨진다. 주로 피카소와 브라크(Braque)에 의해 발전된 입체주의는, 예술이 세계에 대한 우리의 지각을 모방하거나 따라야 한다는 가정으로부터 돌아서는 전기를 마련했는데, 이는 다른 무엇보다도 전통적인 원근법의 사용을 거부함으로써 이루어진 것이었다. 캔버스의 평면적 이차원성이 전면에 대두되면서, 대상의 회화적 묘사에 사용된 것은 극단적으로 파편화된 무수한 시점들에서 본 질량과 고체성, 형태와 부피로서의 측면들이었다. 입체주의 초기에는 여러 시점에서 본 기하학적 구조의 묘사와 병행하여 색의 사용도 황갈색이나 회색에 국한하여 최소한으로 억제되었다. 비록 이 점은 입체주의가 발전됨에 따라서 점차 선명하고 화려한 색으로 바뀌었고 콜라주와 결합되기도 하였지만 말이다.

입체주의가 유행하던 당시의 사람들에게나 입체주의를 접하게 된 오늘날의 예술 애호가들에게나 모두, 많은 입체주의 작품들은 그들의 눈을 즐겁게 하거나 영혼을 기쁘게 하는 것은 아닌 듯하다. 순수하게 시각적인 측면에서만 보자면, 많은 입체주의 작품들은 그들이 중시했던 바로 그 이차원성과 색의 결핍, 그리고 서로 충돌하는 시점들 때문에 시각적으로 단조롭고 난해한 것이 된다. 그러나 그러한 작품들이 주는 시각적 경험이 상대적으로 빈약할 수 있음에도 불구하고 이 작품들의 가치는 높게 평가받아야 하는데, 왜냐하면 그 작품들이 흥미를 끄는 부분은 그들이 성취한 보다 지적인 예술적 업적에 있기

　　　　　　　　　　　　원본, 독창성 그리고 예술적 표현

때문이다. 전통적인 묘사 방식으로부터 벗어나는 데 요구되는 예술적인 통찰력과 용기가 감탄할 만한 것이며, 입체주의에서 인상적인 것은 바로 그런 일을 해낸 방식이다. 묘사하려는 대상의 구분되고 파편화된 측면들을 동시에 보여 줌으로써 입체주의는 완전히 새로운 재현수단을 탄생시켰고, 그럼으로써 20세기 예술의 발전을 위한 새로운 가능성의 세계를 창조해 냈다. 즉 입체주의로 인해 이후 20세기 내내 지배적이었던 예술적 관심사들 중 하나가 바로 시각적 추상을 향하는 경향이 된 것이다. 따라서 입체주의의 경우를 보면 우리가 왜 시간과 힘을 쏟아, 작품이 제공하는 경험이 시각적으로 값진 것이라는 차원을 넘어서는 의미로 가치 있는 작품들을 감상하곤 하는지, 또 왜 그렇게 해야만 하는지, 알 수 있게 된다.

오직 경험에만 근거해서 예술적 가치를 설명하는 것과 관련된 또 다른 결점은, 이 설명에 따른다면, 값진 경험을 제공하는 성향을 지닌 작품들 중에 가치 있다고 — 최소한 그렇게 높은 가치를 지닌다고 — 보아선 안 되는 작품이 있다는 사실을 인정할 수 없다는 것이다. 앞에서 보았듯이, 반 메헤렌의 <엠마오에서의 저녁식사>와 같은 패스티시가 시각적으로 즐거운 경험을 줄 수는 있다. 하지만 독창성이나 예술적 개성, 또는 독특한 정신적 특질이 부족하다는 사실은 왜 그 작품들이 같은 종류의 경험을 줄지도 모르는 정말로 예술적인 다른 작품들보다 가치가 없는지를 설명해 준다. 우리의 가상 미술관 안의 또 다른 방에 시각적으로 구별이 불가능한, 즉 모든 면에서 정확히 똑같아 보이는 두 개의 캔버스가 전시되어 있다고 상상해 보자. 시각적으로 구별이 불가능하기 때문에 어떤 감상자든지 그 두 캔버스에 대해서 가지게 될 경험은 정확히 똑같을 것이다. 하지만 그 중 한 작품은 다른 작품보다 100년 전에 만들어져 새로운 예술적 가능성을 불러일으켰으며, 그 이후에 오는 몇몇 중요한 예술적 발전의 전조가 되었고, 자신 이전의 예술과 혁신적으로 달랐던 것에 반해서, 다른 작품은 단지 이 작품의 예술적 재구성이라고 해보자(그것이 복제에 의해 달성되었는지 아니면 다른 독자적인 방식으로 달성되었는지는 상관없다). 두 작품 간의 관계, 두 작품 각각이 자신의 이전, 이후의 작품들과 맺고 있는 관계에서 드러나는 차이는 그들의 본성과 가치에 근본적으로 영향을 미친다. 하나는 예술의 발전과 맞닿아 있는 성취, 예술의 발전에 기여하고 부분적으로 발전을 야기한 성취를 달성하였지만, 다른 하나는 단지 이전 작품들에 기생하고, 그 힘을 빌려 움직였을 뿐이다. 높은 가치를 지니는 성취란 작품이 인간이란 무엇인가를 놓고 나누는 예술적 대화에 기여할 때 얻어진다. 또한 동시에, 그러한 성취가 있는 작품만이 인간성에 대한 예술적 대화에 기여할 수 있다. 원래의 맥락은 다 잃어버린 채 그러한 대화의 파편 한 조각을 그저 재생산하는 일은, 바로 이러한 재생산에서 비롯된 예술적 혁신이 있지 않은 다음에야, 전적으로 파생적인 것일 뿐이다. 두 작품에 대한 우리의 경험은 모두 충분히 즐거울 수 있지만 오직 한 작품만이 위대한 가치를 지니는 것이다.

마지막으로, 현대예술의 흐름 중에는 감상자에게 주는 경험을 희생하고 대신 작품의 수행적인(performative) 측면을 강조하는 것도 있다. 그 시원은 20세기 초로 거슬러 올라가 찾을 수 있을 것이다. 흔히 개념예술의 아버지라는 마르셀 뒤샹(Marcel Duchamp)은, 프랑스제 소변기를 뒤집어서 R. Mutt라고 사인하고 <샘 Fountain>(1917)이라는 제목을 붙여 전시회에 출품했던 것으로 유명하다. 그의 <부러진 팔에 앞서 In Advance of a Broken Arm>(1915)라는 작품은 일반 철물점에서 구입한 제설용 삽이다. 1960년대와 1970년대 이탈리아의 아르테 포베라(arte povera) 운동은 흙이나 나뭇잎 같은 '가치 없는' 재료로 만든 작품들을 전시했고, 영미의 '미술과 언어' 운동(Art and Language movement)은 종종 그림이 아니라 문자들을 그대로 전시했다. 심지어 로버트 라우센버그(Robert Rauschenberg)는 다른 작가 윌렘 드 쿠닝(Willem de Kooning)의 연필 드로잉을 지워서 그것을 <지워진 드 쿠닝 그림 Erased de Kooning Drawing>(1953)이라는 이름으로 전시하

는 데까지 나아갔다. 훨씬 최근 작품인 코넬리아 파커(Cornelia Park-
er)의 <간격: 끈 달린 입맞춤 The Distance: The Kiss with Added
String>은 1마일 길이의 줄을 로댕의 <입맞춤>(1901-4) 주위에 칭칭
둘러 감은 것이다. 그 줄은 항의하는 관람객에 의해 잘렸다가 나중에
파커에 의해 복원되기도 했다. 앞으로 이 책의 3장에서 보게 되겠지
만, 개념예술을 어떻게 이해해야 하는지는 복잡한 문제이다. 그러나
하여간 위에 언급한 예들은 작품에 대한 경험 — 만약 그것이 가능하
다면 — 은 어찌 되어도 상관없는 그런 작품을 만들려고 한 시도로 간
주될 수 있을 것이다. 물론 어떤 의미에서라면, 이 작품들이 경험과 상
관이 없다고 말하는 것이 다소 억지스러울 수도 있다. 왜냐하면 라우
센버그의 작품은 관람자가 예술을 파괴하는 반달리즘(vandalism)적
행위가 무엇을 남기는지를 한번 직접 보고 알게 되는 데서 그 효과가
발휘되는 듯하기 때문이다. 마찬가지로, 파커의 작품에서는 로댕의
로맨틱한 연인들이 낭만적인 열정과 환상에 속박되어 있는 것을 보는
것이 중요하고, 뒤샹의 작품들도 관람객들로 하여금 예술감상의 관점
에서 일상적인 사물을 바라보도록 촉발시킨다는 점이 중요하기 때문
이다. 그러나 그 작품들이 어떤 경험을 제공하든지 간에, 그것들의 가
치는 경험으로 완전히 환원되지 않는다. 이 작품들에 주목하게 되는
이유 중 하나는 그 대상을 제시한다는 것 자체에 깔려 있는 표현적인
제스처 때문이다. 그 제스처는 익살맞을 수도 있고, 반어적일 수도 있
으며, 사회와 예술계를 경멸하는 것이거나 그들의 행태에 해석을 붙
이려는 것일 수도 있다. 무엇이 되었건 이런 작품들의 가치를 따질 때
우리가 숙고하게 되는 것은 바로 이런 제스처 자체이다.

　　예술적 가치가 전적으로 감상자의 경험에 의존하는 것이라는 생
각은, 그것이 조잡한 버전이든지 세련된 버전이든지 간에 항상 잘못된
것일 수밖에 없다. 그러한 생각은 실질적 내용이 없는 주장이거나 아
니면 명백히 거짓이다. 즉, 예술작품에 대한 어떤 경험이 높은 가치가
있다고 하기 위해서는 예술적 성취에 대한 인식이 선행되어야 함을

　　　　　　　　　　　　　　　　예술과 그 가치

인정한다면 예술적 가치가 감상자의 경험에 의존한다는 생각은 실질적인 내용이 없는 주장이 될 것이고, 만일 그것을 인정하지 않는다면 명백히 틀린 주장이 될 것이다. 어떤 예술적 성취의 본성과 가치는 우리가 그것을 경험할 때의 가치로 완전히 환원될 수 없기 때문이다. 많은 근본적인 예술적 성취들과 예술작품에 대한 우리의 경험들은 그것이 가져오는 즐거움이나 값진 경험과는 독립적으로 평가되어야 한다.

예술적 상상력의 승리

예술 창작과 감상에 대해 생각해 보면 어떤 작품들은 그 본질적인 특성이 예술가의 상상적인 표현과 관련됨을 깨닫게 된다. 그렇다고 예술가가 관람자들의 특정한 반응이나 특정한 경험을 염두에 두고 작품의 창작에 나서기도 한다는 점을 부정하는 것은 아니다. 그러나 때로는 관람자들에게 특정한 경험을 전달하려는 의도가 예술적 상상을 창의적으로 표현하려는 의도에 비해 부차적이 되는 경우가 있다. 예술을 이런 식으로 생각하는 것은 계몽주의와 충돌했던 도도한 저항의 큰 물결, 낭만주의와 밀접한 관련성을 가진다. 예술운동으로서 낭만주의는 고야(Goya), 블레이크(Blake), 터너(Turner), 들라크루아(Delacroix), 제리코(Gericault)에서 바이런(Byron), 셸리(Shelly), 워즈워스(Wordsworth), 콜리지(Coleridge)에 이르는 다양한 예술가들을 포함한다. 철학으로서의 낭만주의는, 이견의 여지는 있지만 잠바티스타 비코(Giambattista Vico)의 저작과 헤겔의 칸트에 대한 비판에 의해 시작되었다고 하고, 슐레겔(Schlegel), 셸링(Schelling), 쉴러(Schiller)에서부터 훨씬 이후의 베르그송(Bergson)과 콜링우드(Collingwood)의 저작까지를 아우른다. 낭만주의는 '진정한' 인간행위란 상상력이 마음껏 발휘되도록 하는 것이라고 간주함으로써, 개인과 공동체 모두에게 자기표현을 가능하게 했다. 그 과정에서, 개개의 창조

행위는 보편적이고 고전적인 규칙이나 이상과 얼마나 일치하느냐에서 나오는 것이 아니라 창조과정 자체에서의 상상적인 유희가 만들어내는 것이 되었다. 그리고 예술이 종종 그러한 자기표현의 가장 높고 순수한 형식이라고 여겨졌다.

콜링우드는 어쩌면 예술에 대한 표현주의자 중 가장 세련된 이론을 가졌으나 또한 가장 많은 오해를 받는 사람 중의 한 명일 것인데, 그는 진정한 예술은 예술적 표현을 통해서 우리 자신의 생각과 느낌과 태도를 의식 속으로 가져온다고 주장했다. 그러므로 콜링우드에 따르면 "우리 사회에서 예술은 정신의 가장 심각한 병인 의식의 타락을 고치는 치료제이다."[11] 그의 이론은 예술작품이 물리적으로 구현될 필요가 없고 예술가의 머리 속에서 만들어지는 순전히 정신적인 것인 양 설명한다는 점에서, 또는 모든 예술을 감정의 표현에 국한하는 잘못을 범했다는 점에서, 종종 비판을 받는다. 하지만 그의 이론을 그런 식으로 이해할 필요는 없다. 그보다는 그가 작품을 만들어 내는 예술가 입장에서의 상상적인 창조와 감상자 입장에서의 상상적 참여 — 작품과 상호작용하고 작품을 통해 표현된 것을 올바르게 파악하기 위해 감상자에게도 이것이 필요하다 — 를 강조한 것이라고 볼 수 있다.[12] 또한 그의 이론에서의 표현이 감정에만 국한될 필요도 없다. 오히려 표현이란 작품과 상호작용하고 작품에 대해 숙고하면서 완성되지 않았던 우리의 생각과 느낌과 태도의 방향이 구체화되는 것으로 볼 수 있다.[13] 콜링우드의 주장을 이런 식으로 해석함으로써 우리는 표현이 어떻게 적어도 몇몇 작품들에서 중요한 역할을 하는지를 이해할 수 있을 것이다.

상상적인 예술적 표현은 모두 의사소통을 위한 행위라고 생각하기가 쉽다. 하지만 이러한 생각은 틀렸다. 우선 행위들 일반에 대해 생각해 보자. 예를 들어 자신이 좋아하는 스포츠 팀의 경기를 보고 있는 사람들을 떠올려 보라. 실제 경기장에서 보든지, 술집에서 여럿이, 또는 집에서 혼자 텔레비전으로 보든지 간에, 사람들은 결정적인 순간에는 기원하는 몸짓이나 두려워하는 몸짓을 보이기도 하고, 격려의 환호, 분노에 가득 찬 고함, 불만에서 비롯된 혼잣말 같은 것들을 드러내기도 한다. 종종 그러한 행위는 의사소통을 위해서 행해질 수 있다. 예를 들어 경기장에서 서포터들이 그들의 긴박한 느낌을 팀에게 전달하고 싶어 고함을 치는 경우, 또 술집에 있는 다른 사람들에게 자신의 불만을 표시하기 위해 큰소리를 내는 경우처럼. 하지만 다른 사람들이 어떻게 생각할지 또는 다른 사람들이 어떻게 반응할 지는 전혀 생각하지 않으면서도 위와 같은 행동을 통해 스스로를 표현할 수도 있다. 우리는 사실 자주 그렇게 하곤 한다. 집에 혼자 있으면서도 자신이 생각하고 느끼는 것을 드러낸다면 이는 의사전달을 위해서가 아니다. 텔레비전 앞에서 이야기하거나 몸을 쓴다고 누군가와 무엇을 소통할 수 있지 않음을 그 사람도 잘 알고 있기 때문이다. 우리가 우리의 느낌과 생각과 태도를 표현하기 위해 하는 행위들은 의사소통하려는 의도나 다른 사람들이 어떻게 반응할지에 대한 고려를 포함할 필요가 없다. 적어도 몇몇 예술작품들은 바로 이런 종류의 행위가 구현된 것으로 이해되어야 한다.

왜 그렇게 이해되어야 할까? 우리가 그 작품을 우선은 상상적인 표현의 행위라고 간주해야만 비로소 이해되는 특별한 특질들이 창작과 감상 두 측면에 모두 존재하기 때문이다. 예술가는 감상자에게 어떤 종류의 경험을 주려고 의도할 수도 있지만 꼭 그래야 할 필요는 없다. 스케치가 그 한 예일 수 있는데, 예술적인 스케치는 흔히 색의 선택이 대략적이고 간략한 구조를 가졌거나 그림의 구성을 다시 그려보는 식으로 이루어지는데, 이는 대개 감상자의 경험을 의도한 것이 아니라, 앞으로 만들 작품의 기반을 마련하거나 작품의 완성을 위해 필요한 특정한 문제의 해결책을 찾으려고 시도하거나 또는 예술가의 기술과 재능, 관심사를 연습하고 발전시키기 위해 만들어지는 것이다.[14]

수없이 많은 드로잉을 남긴 로댕의 경우를 생각해 보자. 그가 이 스케치들에 근거하여 많은 조각품들을 만든 것은 아니었다. 그보다

원본, 독창성 그리고 예술적 표현

그의 스케치의 많은 수는 그 자체로 연구를 위해서 그려졌는데, 그 대상은 실물 모델일 경우도 있고 조각품일 경우도 있었다. 그가 스케치를 그린 동기의 일부는 의심할 바 없이 그가 조각작품 속에 구현하고자 했던 일종의 생동감의 원리를 깨치는 데에 도움을 얻으려는 것이었고, 또한 미켈란젤로의 작품을 그린 드로잉의 경우처럼 자신이 발전시키고 있는 양식과 다른 사람의 양식의 차이를 파악하려는 것이었다. 또 다른 동기는, 사물의 외양으로부터 감각적인 느낌과 감정을 잡아내는 자신의 능력을 완벽하게 연마하는 데 드로잉이 중요한 역할을 수행했다는 데에서 찾을 수 있다. 하지만 비록 로댕 스스로는 스케치와 드로잉이 조각에 비해 덜 중요하다고 여겼음에도 불구하고, 그 중많은 것들에는 상상력 풍부한 예술적 정신이 깃들어 있다. 1880년대말과 1890년대 초기에 로댕은 '즉흥 드로잉'이라는 새로운 기법을 개발하기 시작했다.[15] 당시의 표준적인 아카데미식 드로잉과는 달리 로댕은 담채로 강조된 단순한 윤곽선에서 시작하여 모델에게서 눈을 떼지 않은 채 모델의 변화하는 자세를 그려냈다. 그 결과 많은 수정선(correction line)들이 생겨났는데, 이것이 운동감과 생기를 강화시켰다. 이러한 재빠른 윤곽 드로잉의 부가적인 효과는, 이것이 대상이 가진 질량과 부피를 드러내는 데 최소한의 명암만을 사용하기 때문에, 그려진 모델이 고전적인 어떤 유형과 일치한다는 느낌을 주기보다는, 그 모델이 개성적 특징을 지닌 주체라는 느낌을 전달한다는 점이다. 반투명하게 칠한 엷은 색으로 그림 표면의 깊이를 평탄하게 하는 대신, 날카로운 윤곽선을 통해 양감을 암시적으로 드러내고 있다. 이 덕분에 움직이는 무용수와 모델을 그린 그의 많은 드로잉들은 움직이고 회전하는 신체의 느낌을 잡아낼 수 있었다. 이러한 드로잉도 구성적이고 디자인적 요소를 강조하지만 그 목적이 생기와 형태와 감각적인 느낌을 포착하기 위해서이기에 고전적인 누드 습작들에서 보이는 구성요소들과는 부분적으로 큰 차이를 보인다.

로댕은 예술적으로 특별히 혁신적인 발전이었던 그의 선 드로잉

예술과 그 가치

을 통해서 몸짓과 행동을 구성하는 선들의 특징을 보다 활력 있고 충동적이며 힘찬 것으로 잡아낼 수 있었고, 이것은 생기 있는 형태와 운동과 느낌을 표현하는 데 일조했다. 이 스케치들 중 많은 수가 감상자들에게 보여 주려고 의도된 것은 아니었지만 그래도 거기에 의도적인 예술적 표현은 들어가 있다. 이 스케치들에서 나타나는 예술적 발전과 혁신, 그리고 로댕의 예술적 관심사가 상상력을 통해 실현되었다는 점 등이 그 스케치들이 왜 그렇게 가치 있는지를 설명해 주는 것들이다. 게다가 로댕의 스케치의 예는 특이한 경우가 아니라 일반적인 경우이다. 루벤스(Rubens)에서부터 콘스터블(Constable)과 피카소에 이르기까지, 감상을 의도하지 않았던 스케치들과 작품들이 그 예술가들의 예술적인 관심과 흥미를 표현하고 있는 경우가 있으며, 우리는 이들의 가치를 높이 ― 어떤 경우에는 감상되도록 의도된 작품들보다 더 가치 있다고 ― 평가하기도 한다. 벤 니콜슨(Ben Nicholson)과 세인트 아이브스 화파(St. Ives school)에 지대한 영향을 끼친 미술교육을 받지 않았던 화가 알프레드 월리스(Alfred Wallis)[16] 같은 소박한 예술가들의 작품들과 아르 브뤼(art brut) ― 이 용어는 예술계 밖에 있는 사람들에 의해 만들어진 작품을 지칭하기 위해 장 뒤뷔페(Jean Dubuffet)가 붙인 것이다 ― 그리고 예술가가 만들었지만 사적인 많은 작품들은 작가의 흥미와 관심을 상상적으로 표현했다는 식이 아니면 제대로 설명될 수 없을 것이다.

  심지어 관람과 감상을 위해 만들어진 작품들이라 할지라도, 그 가치가 언제나 작품이 제공하는 경험을 통해서만 파악되는 것은 아니다. 나는 1990년대에, 현재의 테이트 브리튼 갤러리에서 열렸던 몬드리안(Mondrian) 전시회에 갔던 것을 기억한다. 내가 그 전시회에 갔던 주된 이유는 호기심이었다. 나는 몬드리안 작품의 복제품을 많이 보아 왔었는데, 모두가 그의 중·후기의 작품들, 기하학적이고 추상적이며, 주제가 되는 사각형 모양과 색(그 색이란 것도 빨강, 노랑, 파랑, 검정, 하양, 또는 회색이 거의 전부였지만)에만 변화를 준 것들뿐이었

55

55

55   원본, 독창성 그리고 예술적 표현

다. 나는 정말 사람들이 몬드리안에 대해 왜 그리 야단법석인지를 이해할 수가 없었다. 나는 이 네덜란드 화가가 추상예술의 발전에 있어서 가장 중요한 인물들 중의 하나로 여겨진다는 것을 알고 있었고, 그가 다양한 자연주의와 상징주의 단계들을 찬찬히 거쳐서 1914년부터는 보다 추상적인 양식에 안착했다는 것도 알았다. 나는 그의 추상적인 캔버스의 형식적인 특질들이 보기에 즐겁다는 점에 대해서는 이견이 없었다. 하지만 콘란(the Conran shop) 같은 세련된 인테리어 제품 매장에서 볼 수 있는 종류의 시각디자인 이상이라고는 생각되지 않았다. 그래서 나는 몬드리안의 작품에 보기 좋은 시각적 추상 이상의 무엇이 존재하는지를 확인하고 싶어졌다. 훌륭한 그래픽 디자인이 지닌 아름다움이나 성취를 과소평가하려는 것은 아니지만, 그래도 아름다운 디자인과 좋은 또는 위대한 예술을 혼동해서는 안 된다는 생각에서였다. 그 전시회는 상당히 새로운 발견이었다. 전시회는 연대기 순으로 되어있었는데, 강렬하고 매우 아름다운, 보다 전통적인 그의 초기 작품들을 지나, 나는 같은 주제이지만 이를 점진적으로 추상화시키고 있는 여러 그림들로 이루어진 몬드리안의 두 연작에 이르게 되었다. 그 중 첫 번째 연작은 1912-13년에 그려진 <구성 Compositions>으로, 꽃이 핀 나무를 점진적으로 파편화시키고 추상화하여 묘사한 것이다. 우리는 여기서 몬드리안이 기하학적 패턴과 견고한 수직선과 수평선을 통해, 자연스럽게 보이는 외양의 세계의 밑바닥에 깔려 있는 구조에 도달하고자 하는 관심을 발전시키고 있다는 것을 살짝 엿볼 수 있다. 하지만 <선창과 바다 Pier and Ocean>라는 제목이 붙은 드로잉들로부터 시작해서 <구성: 1916>으로 귀결되는 두 번째 연작이야말로 몬드리안의 예술적 발전의 본성이 무엇이고, 기하학적 추상으로 그를 몰아간 배후에는 무엇이 있었는지를 모두 보여 준다.

이 연작의 초기 작품에서 감상자는 밖으로 퍼져나가는 바다물결의 특징을 나타내는 수직, 수평선들 속에서, 깊이감이 느껴지는 수직선에 의해 그 윤곽이 드러나는 선창의 모습을 볼 수 있다. 하지만 연

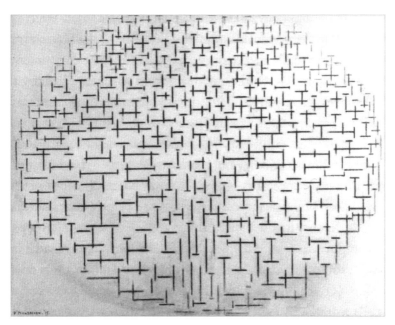

몬드리안, <흑백으로 된 구성 No. 10, 1915>, 캔버스에 유화, 85×108cm, Stichting Kröller-Müller ⓒ 2004 Mondrian/Holtzman Trust c/o hcr@hcrinternational.com

작이 진전될수록 깊이를 투사할 수 있는 것은 점점 줄어들고, 교차하는 비대칭적 직선들은 어떠한 명백한 재현적 기능도 가지지 않게 되어, 결국 끝에 가서는 회화적으로 묘사된 어떤 대상도 캔버스로부터 알아볼 수 없게 된다. 그 후에 보다 추상화된 <구성 No. 10, 1915>에서나, 같은 연작에 속한 더 후기의 작품들에서도 감상자는, 비록 다소 더 깔끔한 격자모양으로 정리되기는 하였지만, 여전히 끝이 열려 있고 비대칭적 선들로 구성된 같은 방식의 부서진 기하학적 구조를 반복하고 있는 캔버스를 마주하게 된다. 내가 몬드리안의 예술기획을 이해하게 된 것은 바로 이 지점에서였다. 자신의 예술을 발전시켜 나가는 데 있어서 몬드리안이 관심을 쏟았던 것은 그가 사물의 근본적인 실체라고 여겼던 것을 포착해 내는 것이었다. 그에게 있어 시각적 세계란 보다 깊고 근본적인 구조를 숨기고 있는 외양에 불과한 것이

원본, 독창성 그리고 예술적 표현

었다. 우리가 세계를 볼 때, 우리는 풍경과 건물과 사람들과 그것들의 변화하는 관계를 볼 수밖에 없다. 우리의 시각적 경험의 세계는 낱낱의 개별적인 사물들, 세부적인 표면, 질감 그리고 깊이, 거리, 부피의 관계들로 이루어져 있다. 하지만 우주의 근본적인 구조는 그러한 세부적인 것들 안에 주어져 있지 않으며 우리의 일상적인 시각 경험을 통해 직접적으로 파악되지도 않는다. 시각적 외양의 세계의 근본을 이루며 우리로 하여금 그것을 조금이나마 경험할 수 있게 해주는 것은 어떤 구조적이고 기하학적이며 보편적인 속성들이다. 추상을 향한 여정을 통해 몬드리안이 추구한 것은 일종의 재현이되, 세계를 구성하고 우리로 하여금 세계를 경험할 수 있게 해주는 근본적인 형식적 속성들에 대한 재현이었던 것이다. 우리는 이러한 관심이 몬드리안의 추상적 작품의 동기가 되었음을 알 수 있을 뿐만 아니라, 중요하게는 그것이 신지학(神智學, theosophy)에 대한 몬드리안의 심취와도 일치한다는 것을 깨달을 수 있다. 신지학은 물질세계의 근본을 이루는 우주의 신성한 질서에 대한 신비적인 믿음이다. 여기서 중요한 것은 몬드리안이 그의 예술적 발전과정에서 포착하고 표현하려고 노력한 것이 무엇인지에 대해 관심을 갖지 않는 한 그의 예술을 이해하고 올바르게 감상하지 못할 것이라는 점이다. 단지 몬드리안의 작품이 일으킬 경험에만 관심을 가지면 그의 추상 작품의 진정한 본질을 보지 못할 것이다.[17]

이상의 논의는 단지 개념적인 것만이 아니라 실질적인 함축도 가지고 있다. 즉, 위의 논의로부터 알 수 있는 사실은, 비록 여러 예술가를 비교하거나 어떤 하나의 주제를 가지고 여러 예술가들의 작품을 함께 다루는 전시회도 흥미 있지만, 어떤 예술가의 작품의 본성과 그가 그 작품 안에서 무엇을 표현했는지를 이해하는 결정적인 방법은 그 예술가의 연대기적 발전 과정을 보고 그가 무엇에 반응했는지를 파악하는 것이라는 점이다. 요즘은 연대기적이거나 역사적으로 비교를 하는 전시회를 피하는 경향이 있는데, 그런 요즘의 전시회들은 서로 다른 작품과 예술가들 사이의 관계에 대해서는 풍부한 시사점을 줄 수 있겠지만, 만약 그런 전시회들이 기존의 연대기적 전시회를 아예 대체해 버린다면 문제가 될 것이다. 왜냐하면 이는 한 예술가의 작품의 본질을 감상하기 위한 정보를 가장 많이 주는 전시 방법이 사라지는 것이기 때문이다. 이 논점은 또한, 한 때 많이 찬미되었던 '저자의 죽음', 즉 감상자는 예술가가 작품을 통해 무엇을 표현한다고 스스로 생각했는지를 참조하지 않고도 작품을 이해하고 감상할 수 있다는 생각이 옳을 수 없다는 것을 의미한다.[18] 저자가 죽었다고 함에도 불구하고 예술가가 자기 자신을 어떻게 이해하고 있는지를 다루는 비평은 줄어들지 않고 있다. 하지만 이런 경우에도, 예술가가 무엇을 달성하려고 노력했는가를 경솔하게 무시해 버리고 그 대신 오직 예술가가 창조한 작품에 대해서 감상자가 가질 수 있는 가능한 경험들에만 초점을 맞추는 비평의 부류는, 타락한 것이라고 하는 것이 심하다면, 심각하게 오도된 것이다.

우리가 종교적이거나, 도덕적으로 교훈적이거나, 또는 정치적으로 선동적인 훌륭한 예술작품들을 어떻게 감상하는지를 살펴보면 같은 논점을 확인할 수 있다. 예술작품을 작품이 지닌 의미의 측면에서 바라보는 오랜 전통이 있어 왔다. 이때의 의미란 작품이 제공하는 경험으로 환원 가능한 것이 아니다. 그런 작품들의 가치, 그리고 우리가 그것들을 감상하는 방식은 모두 작품이 제공하는 경험이 어떤 것이냐를 능가하는 것이다. 왜냐하면 우리가 그 작품들을 높게 평가하는 경우, 그 이유의 일부는 작품 속에 표현되어 있는 작가의 통찰로부터 생겨나는 것이기 때문이다.

고전적인 예를 하나 들어 보자면 미켈안젤로의 첫 번째 <피에타 Pietá>(1499)가 있겠는데, 이것은 미켈안젤로가 겨우 24살 때 만들었으며 미술사에서 가장 아름답고 감동적인 조각들 중의 하나이다. 1498년경 로마에서 그로슬라예(Groslaye) 추기경의 위탁에 의해 성 베드로 바실리카 안의 프랑스 왕들의 예배당을 위해 만들어진 이 조각은 압도적인 천재의 작품이다. 문자 그대로 연민(pity)을 의미하는 피에타는 전통적으로 중년의 마리아가 자신의 아들인 예수의 시체를 안고 있는 모습을 어둡고 섬뜩한 방식으로 묘사하고 특히 예수가 십자가에 못 박힘으로 인해 생긴 핏자국을 심하게 강조했었다. 이 주제는 독일에서 유래하여 14세기 북유럽에서 발전했으며, 일반적으로 그 장면의 비극적이고 공포스러운 측면이 강조되었다. 이런 그로테스크함에 대한 강조는 일종의 구성적 어색함을 만나 더욱 복잡해지는 양상을 보인다. 마리아가 다 큰 예수를 안고 있는 것이 일반적으로 불안정하게 보이기 때문이다. 하지만 미켈안젤로의 <피에타>는 당대의 피에타에 대한 이해와 조각의 원칙 모두를 근본적으로 재형성했다.

마리아는 자신이 무릎에 안고 있는 아들을 내려다보는 아주 젊은 여성으로 묘사되었다. 자세가 자연스럽게 보이도록 하기 위해 미켈안젤로는 마리아의 하체의 비례를 파괴하고 확대했지만 옷 주름으로 마리아의 다리를 가림으로서 보는 이들에게 비례가 맞는다는 착각을 주고 있다. 예수의 몸에 가해졌던 모든 폭력의 그로테스크한 흔적들은 사라졌고, 못 박힌 상처는 겨우 알아볼 수 있을 정도의 자국으로 남았으며, 예수는 마치 잠든 것처럼 마리아의 팔에 안겨 누워 있다. 예수만 평화로운 상태로 보이는 것이 아니라, 마리아 역시 아름답고 평온한 상태에서 경외와 연민, 사랑 그리고 슬픔이 섞인 감정으로 아들의 몸을 내려다보고 있다. 마리아의 자세는 전통적으로 수태고지를 나타내기 위해 사용되었던 것과 흡사하다. 수태고지는 마리아가 가브리엘 천사로부터 예수의 어머니가 되리라는 신의 명령을 듣고 받아들인 것을 말한다. 전통적으로 수태고지에서 마리아는 한 팔은 뻗고 다른 팔은 들며 또한 고개를 숙인 채로 가브리엘을 맞는 것으로 묘사되었다. 이때 뻗은 팔은 처음의 망설임을, 든 팔은 신의 희망을 수용함을 나타내며, 숙인 고개는 자발적인 복종의 표시이다. 미켈안젤로 <피에타>의 포즈가 수태고지의 포즈와 유사하다는 것 — 이전의 어떤 피에타도 이렇게 묘사된 적은 없었다 — 은 여러 해 전에 마리아가 신이 원하

예술과 그 가치

미켈안젤로, 〈피에타〉(1498-99), 바티칸의 성 베드로 바실리카 ⓒ 2004 Photo, SCALA, Florence

는 대로 따르기로 선택했을 때, 그녀가 자신의 아들이 하게 될 희생을 알고 이해했으며, 따라서 지금 그녀가 요청받고 있는 희생 또한 알고 이해하고 있었음을 시사한다. 이 조각은 단지 마리아가 아들에 대해 갖는 경외와 사랑, 동정과 연민만을 담고 있는 것이 아니다. 미켈안젤로의 <피에타>가 지닌 위대함은 마리아 자신의 희생에 대한 미켈안젤로의 특별히 심오한 통찰이 표현되어 있다는 점에도 있으며, 이 점은 우리로 하여금 자연스럽게 마리아를 향해 미켈안젤로가 이해한 바와 유사한 정서를 갖도록 한다. 따라서 우리가 가치 있다고 하는 것이 단지 작품이 제공하는 경험일 수만은 없으며, 미켈안젤로가 작품을 통해 남과는 다르게 표현하고 있는 통찰 또한 가치가 평가되어야 한다.

작품의 가치가 작품이 감상자들에게 제공하는 경험의 가치로 항상 모두 환원가능하지는 않다는 것을 보여 주는 것은 고전적인 종교 예술들뿐만이 아니다. 선전적이거나 도덕적인, 또는 사회적으로 진보적인 성향을 가진 많은 예술들은 그 가치가 단순한 경험을 능가하는 태도나 신념들을 표현하기 위해 만들어진다. 윌리엄 호가스(William Hogarth)의 <난봉꾼의 행각 A Rake's Progress>(1735)과 <최신식 결혼 Marriage à la Mode>은 모두 에칭 연작으로서, 악덕으로의 타락과 그에 따르는 '응보'를 나타낸다. 프랑스의 신고전주의 화가인 자크 루이 다비드(Jacques-Louis David)는 프랑스 혁명에 깊게 관여하여 한때는 국회의원이 되기도 했으며, 그림을 통해 마라(Marat), 그리고 나중에는 나폴레옹과 같은 인물을 찬양하였다. 하지만 <소크라테스의 죽음>(1787)이나 <브루투스와 그의 죽은 아들들>(1789)과 같은 그의 역사화조차도 의무, 정직, 용기 그리고 자기희생이라는 엄격하고 시민적인 이상과 떼어 놓고는 이해할 수 없다. 그가 그러한 덕목들을 예찬한 것은 단지 그 덕목들이 그 자체로서 고귀한 것이어서가 아니라, 혁명운동에 가담한 사람들의 자아상과 결의를 강화하려는 것이었다.

프란시스코 고야(Francisco de Goya)의 에칭 연작인 <전쟁의 참

예술과 그 가치

화 The Disasters of War>(1810-14)는 프랑스와 스페인 간의 전쟁에서 양 진영 모두에 의해 저질러진 잔혹함을 끔찍하게 묘사함으로써 전쟁의 야만적인 비인간성에 대한 가장 의미심장한 저항 중 하나가 되었다. 몸으로까지 느껴지는 역겨움에서 나오는 비명이라는 점에서 고야와 비슷한 무언가가 스페인 내전 중 바스크의 수도에 가해진 악랄한 폭력에 대한 반응이었던 피카소의 <게르니카 Guernica>(1937)에도 표현되어 있다. 피카소의 주장에 따르면 "그림이란 아파트를 장식하기 위해 만들어지는 것이 아니라 야만과 어둠에 대한 항전의 도구이다."[19]

블라디미르 타틀린(Vladimir Tatlin)의 공식적 모형 <제3인터내셔널 기념건축물의 모형>(1920)은 만들어졌더라면 당시 세계에서 가장 높은 건물이 되었을 건축물의 모형인데, 비스듬한 탑 모양의 철제 골격이 회전하는 유리건물들을 둘러싸고 있는 것이다. 이 작품조차도 조형적인 형태들의 역동적인 상호작용과 구조가 러시아 혁명에 대한 찬미임을 깨닫지 못한다면 완전히 감상할 수 없다. 미래의 혁명정부가 들어설 예정이었던 이 건물이 반영하고 있는 비례, 그리고 힘차게 위로 솟구치는 형태는 단지 혁명이 도래했음뿐만이 아니라, 다가올 미래 안에 피할 수 없는 진보가 자동적으로 펼쳐지게 될 것임을 선언하는 것이다. 혁명이 바로 미래였던 것이다.

현대예술 속에도 도덕적이거나 사회적인 주장을 하고자 하는 작품들이 가득하다. 주디 시카고(Judy Chicago)의 <디너 파티 The Dinner Party>(1978)는 커다란 삼각형의 식탁으로 이루어진 작품으로, 식탁 위에는 각각 기리고자 하는 특정 여성을 나타내는 도자기 접시와 자수장식으로 꾸며진 39개의 자리가 마련되어 있다.[20] 도자기 그림과 자수라는 소재 자체가 여성들과 관련되어 있으며, 또한 이를 통해 이 작품은 도자기 그림과 자수가 마치 여성들이 그랬던 것처럼 창조적 측면에 있어서 열등한 것으로 부당하게 격하되었음을 암시한다. 또 다른 여성 900명의 이름이 식탁이 놓인 대리석 타일 바닥 위에 쓰

원본, 독창성 그리고 예술적 표현

여 있는데, 이 작품의 공동체적인 성격, 가사일과 관련된 성격은 여성의 인정받지 못했던 역사와 성취를 축하하는 듯한 느낌을 두드러지게 한다. 시카고의 작품은 1980년대에 페미니즘, 인종, 정체성, 환경문제들로부터 에이즈 바로알기 홍보에 이르기까지 다양한 주제들을 다루는 사회비판예술이 번성했던 것과 맥락을 같이 한다. 하지만 오늘날의 예술은 또한 더 전통적인 방식들로도 사회적·도덕적 문제들에 관여해 왔다.

피터 하우슨(Peter Howson)의 <크로아티아인과 이슬람교도 Croatian and Muslim>(1994)는 보스니아 전쟁에서 일어난 사악한 성폭력 장면을 그린 그림이다. 이 그림은 엄청난 논란에 휩싸였는데 그 이유 중 하나는 하우슨에게 보스니아에 가도록 의뢰한 주체가 영국 왕립전쟁박물관(British Imperial War Museum)과 타임스(The Times)이었기 때문이었다. 거기에 회화적으로 묘사된 장면은 하우슨이 실제로 목격한 특정한 장면이 아니라 상상적인 사건이다. 그는 그가 만난 많은 성폭력 피해자들로부터 들은 이야기에 대한 자신의 반응을 그려낸 것이었다. 하우슨이 그가 들은 실제사건을 상징하기 위해 일부러 상상적인 장면을 택했다는 것, 그리고 그 상상된 장면이 살인청부업자 같은 잔인성과 저속한 폭력을 아무 가감 없이 드러내고 있다는 것은 전쟁에서 드러나는 인간의 야만성을 나타낸다.

오늘날에도 예술작품들은 종종 그것이 지닌 의미로 인해 검열을 받는 경우가 있는데, 예술가들도 다양한 방식으로 검열에 대응하고 있다. 2003년, 50주년 베니스 비엔날레에 베네수엘라 대표로 선택된 페드로 모랄레스(Pedro Morales)는 베네수엘라 정부 관리들에 의해 전시가 폐쇄되는 일을 겪었다. 그 전시회는 받아들일 수 없을 만큼 정치적이라고 간주되었는데, 왜냐하면 여러 개의 방들을 이용한 인터랙티브 디지털 알레고리인 그의 작품 <도시의 방들 City Rooms>(2003)의 일부가 공포와 폭력의 요소를 지닌 정치적, 종교적, 성적인 성격의 사회 비평을 포함하고 있었기 때문이었다. 이에 대하여 모랄레스는

예술과 그 가치

'피플 오브 컬처(People of Culture)'라는 자국 단체가 그에게 보내 준, 베네수엘라 국기들을 이어 붙인 끈으로 베네수엘라 관 전체를 둘러싸서 텅 빈 전시관을 막아버렸다. 항의의 몸짓, 그것의 본성과 의미는 작품이 제공하는 경험으로 환원될 수 없다.

낭만주의는 예술가의 창조적인 역할을 강조했고 예술이 인간정신의 가장 뛰어난 상상적 표현이 되기를 요구했다. 만약 낭만주의가 모든 예술이 그러해야 한다는 주장이거나 예술은 오직 그런 측면에서만 평가되어야 한다는 주장이라면, 낭만주의는 우리가 예술을 감상하는 이유 중 많은 부분을 간과하고 있는 것이다. 하지만 과도한 낭만주의가 그것이 지닌 통찰력을 은폐하도록 해서는 안 된다. 낭만주의가 일부 예술에서 우리가 무엇을 가치 있게 여기는가에 대한 생각으로 여겨진다면, 여기에는 중요한 진실이 담겨 있다. 원작은, 예술가와의 관계를 고려했을 때, 위작이나 패스티시가 할 수 없는 상상력을 통한 성취를 이룬다는 점에서 중요하다. 독창성과 독특한 예술적 표현은 종종 그 작품에 대한 우리의 경험의 총합만 가지고는 포착될 수 없는 가치를 가지고 있다. 예술적 탁월함, 내적인 삶과 태도들의 표현, 많은 작품 감상의 근본을 이루는 작품의 의미, 이러한 것들이 항상 작품이 제공하는 경험의 가치를 통해 다 드러나는 것은 아니다. 그러므로 낭만주의를 향한 동기의 일부는 정당화된 셈이다. 하나의 운동으로서 낭만주의는 보편적인 이상과 고전적인 미 개념에 따르려는 계몽주의의 열망으로부터 빠져나와 표현을 전면에 내세우는 것이기 때문이다. 이는 우리를 다음의 질문으로 이끈다. 예술에서 미의 본성과 역할은 — 만약 있다면 — 무엇일까?

원본, 독창성 그리고 예술적 표현

주

1. [역자 주] 원제는 'Originality and Artistic Expression'이다. 1장에서 'originality'라는 말은 '특정 예술사적 맥락에서 만들어진 바로 그 작품임'을 지칭하는 것으로, 즉 원본성이나 진품성을 의미하는 것으로 쓰이기도 하고, 여기서 더 나아가, 가치 판단을 담아, '그것이 새로운 시도로서 가치 있는 것임'을 가리키는, 즉 독창성의 의미로 쓰이기도 한다. 이후에는 문맥에 따라 '원본성'과 '독창성' 중 하나로 번역하였다.

2. Walter Benjamin, 'The Work of Art in the Age of Mechanical Reproduction,' (1936), 해리슨(Charles Harrison)과 우드(Paul Wood)가 편집한 *Art in Theory 1900-1990: An Anthology of Changing Ideas* (Oxford: Blackwell, 1992) 515쪽에서 재인용.

3. André Malraux, *Le Musée imaginaire*, 이 책은 그의 *The Psychology of Art* (New York: Pantheon Books, 1949-50)의 제1권이다.

4. 스크러턴(Roger Scruton)은 이런 근거에 따라 사진이 독자적인 재현 예술이 될 수 없다고 주장한다. 그의 저서 *The Aesthetic Understanding* (London: Methuen, 1983)에 재수록된 그의 글 'Photography and Representation'과 'Fantasy, Imagination and the Screen,' 그리고 역시 그가 쓴 *The Philosopher on Dover Beach* (Manchester: Carcanet, 1990)에 재수록된 'The Photographic Surrogate'를 보라.

5. 제이(Bill Jay), 워버튼(Nigel Warburton), 호크니(David Hockeny)가 함께 저술한 *Brandt* (London: ipublish.com, 1999)와 워버튼의 논문 'Individual Style in Photographic Art', *British Journal of Aesthetics* 36, no. 4, 1996, 389-97쪽을 보라. 뒤의 논문은 닐(Alex Neill)과 리들리(Aaron Ridley)가 편집한 *Arguing about Art*, 제2판(London: Routledge, 2002)에 재수록되어 있다.

6. Saul Kripke, *Naming and Necessity* (Cambridge, MA: Harvard University Press, 1980), 110-15쪽을 보라.

7. 데이비스(David Davies)의 *Art as Performance* (Oxford: Blackwell, 2004)를 보라. 그는 모조품이나 위조에 대한 우리의 거부를 보면 예술의 가치가 예술작품이 제공하는 경험의 가치로 모두 환원될 수 없다는 것을 알게 된다고 논증한다. 이러한 사고 노선을 더 면밀하게 알고 싶다면 내(Matthew Kieran)가 편집한 *Contem-*

porary Debates in Aesthetics and the Philosophy of Art (Oxford: Blackwell, 2005) 에 실린 데이비스의 논문 'Against Enlightened Empiricism'을 보라. 나는 그와 오 랫동안 친밀하게 의견을 주고받으면서 그에게 많은 빚을 졌는데, 여기서 논의되고 있는 문제에 대한 나의 입장을 형성하는 데 영향을 미친 반 메헤렌의 위조 사례 및 입체주의의 업적에 대한 논의도 그 중 하나이다.

8. 최고의 경험주의 철학자로서 흄(Hume)이 다음과 같은 견해를 가졌던 것은 놀랍 지 않다: "예술에 대한 모든 일반적인 법칙은 오직 경험의 기초 위에서, 그리고 인 간 본성의 공통정서들에 대한 관찰을 바탕으로, 수립되어야 한다." 그의 "취미론 (Of the Standard of Taste)"을 보라. 1757년에 최초로 출판된 이 글은 흄의 *Se-lected Essays* (Oxford: Oxford University Press, 1993)에 포함되어 있다. 위의 인 용은 138쪽. 보다 최근에는 "예술적 가치개념에 대한 명쾌한 해명은 내가 '예술작 품이 제공하는 경험'이라고 부르는 것의 측면에서 가능하다."(*Values of Art: Pic-tures, Poetry and Music* (London: Allen Lane, 1995), 4쪽)고 주장하는 버드 (Budd)가 있다. 딕키(George Dickie)도 이런 종류의 견해를 가지고 있으며, 그의 저서 *Evaluating Art* (Philadelphia: Temple University Press, 1988)와 *Art and Value* (Oxford: Blackwells, 2001)에서 이를 명시한 바 있다. 나 또한 한때는 유사 한 견해를 주장했었는데, 이 견해는 가우트(Berys Gaut)와 로페스(Dominic McIver Lopes)가 편집한 *The Routledge Companion to Aesthetics* (London: Rout-ledge, 2001) 초판에 실렸던 나의 글 'Value of Art'에서 볼 수 있다. 그 당시에 나 는 어떤 계몽된 경험주의의 한 형태를 택하면 모든 예술적인 성취들을, 비록 간접 적으로일지라도, 결국 경험의 가치로 되돌려 놓을 수 있으리라는 생각에 이끌렸었 다. 계몽된 경험주의의 한 형태라고 할 만한 것을 알고 싶다면, 레빈슨(Jerrold Levinson)의 저서 *The Pleasures of Aesthetics* (Ithaca: Cornell University Press, 1996)에 실린 그의 글 'Pleasure and the Value of Works of Art'와 알퍼슨(P. Alp-erson)이 편집한 *Musical Worlds* (College Park, PA: Penn State Press, 1998)에 실린 레빈슨의 글 'Evaluating Music'을 보라. 하지만 나는 이제는 이러한 견해가 잘못되었다고 생각한다. 작품의 성취와 의미 있는 속성들 중 몇몇은 적절하게 정 통한 관람자들에게 제공하는 경험의 측면에서 포착될 수 있을 것임에 의심의 여 지가 없지만, 분명히 모든 성취와 의미 있는 속성들이 다 포착될 수는 없으며 올바 른 방식들로 포착되는 것도 아니다. 보다 상세한 내용은 *The Routledge Companion to Aesthetics*의 두 번째 판(London: Routledge, 2005)에 실린 나의 수정된 버전의 'Value of Art'를 보라.

9. Robert Stecker, *Artworks: Definition, Meaning and Value* (University Park: Pennsylvania State University Press, 1997), 247-68쪽을 보라.

원본, 독창성 그리고 예술적 표현

10. Nigel Warburton, 'Is Art Sacred?' 로저스(Ben Rogers)가 편집한 *Is Nothing Sacred?* (London: Routledge, 2004)에 실려 있음.

11. R. G. Collingwood, *Principles of Art* (Oxford: Clarendon Press, 1928). 336쪽을 보라.

12. 이러한 콜링우드에 호의적인 해석은 리들리(Aaron Ridley)의 *R. G. Collingwood: A Philosophy of Art* (London: Orion Books, 1998)에서 볼 수 있다.

13. 가우트와 로페스가 편집한 *The Routledge Companion to Aesthetics* (London: Routledge, 2001)에 실린 그레이엄(Gordon Graham)의 글 'Expressivism: Croce and Collingwood'가 이러한 주장을 하고 있다. 그러나 이 글은 이어서 그렇게 된 다면 모든 예술에 대한 일반적인 설명으로서 표현주의가 가지고 있었던 특유한 내용이 없어질 것이라고도 주장한다.

14. 쟁월(Nick Zangwell)은 'Art and Audience,' *Journal of Aesthetics and Art Criticism* 57, no. 3, 1999, 315-32쪽에서 '예술의 본성에 대한 이론에서는 감상자에 대한 고려가 없어야 한다.'는 훨씬 더 극단적인 견해를 제안하기 위해 특히 예술적인 스케치들에 대해서 논의한다. 나는 감상자에 대한 고려가 없어야 한다고 주장하는 것은 아니다. 나의 입장은 그러한 고려가 예술작품에서 항상 가치 있는 모든 것을 포착할 수는 없다는 것이다.

15. 이 부분의 서술은 웰크너(Patrick Werkner)가 편집한 *Egon Schiele: Art, Sexuality, and Viennese Modernism* (Palo Alto: The Society for the Promotion of Science and Scholarship, 1994)에 실린 엘센(Albert E. Elsen)의 글 'Drawing and a New Sexual Intimacy: Rodin and Schiele'의 도움을 받았다.

16. [역자 주] 월리스는 영국 콘월 지방 어촌마을 세인트 아이브스의 어부이자 화가이다. 니콜슨은 동료화가들과 세인트 아이브스에 작가 마을을 건설한 적이 있다.

17. 몬드리안의 작품에 대한 좁은 형식주의적 접근은 비록 보이스(Yves Alain Bois)의 *Painting as Model* (Cambridge, MA: MIT Press, 1990)의 예에서처럼 종종 매우 많은 것을 해명해 줌에도 불구하고 전적으로 적절한 것은 아니다. 몬드리안의 작품을 이해하는 데에 있어 그의 믿음과 의도가 중요하기 때문이다. *Making Theory/Constructing Art* (Chicago: University of Chicago Press, 1993)에 실린 몬드리안의 믿음에 관한 헤르위츠(Daniel A. Herwitz)의 글을 읽어 보라.

18. 예를 들어 푸코(Michel Foucault)는 'What is an Author?'에서 작가 또는 예술가라는 개념은 없는 편이 오히려 나은 이데올로기적인 구성물이라고 규정한다. 그 이유는, 원작자가 스스로 자신의 작품이 어떤 의미나 표현을 지니고 있다고 여겼든지 간에 우리는 그것에 무관심해야 하고 구애받지 말아야 하기 때문이다. 라비노우(Paul Rabinow)가 편집한 *The Foucault Reader* (New York: Pantheon, 1984), 101-20쪽을 보라.

19. 칠버스(Ian Chilvers), 오스본(Harold Osborne), 파(Dennis Farr)가 편집한 *The Oxford Dictionary of Art* (Oxford: Oxford University Press, 1988), 384쪽에서 재인용.

20. 이 작품의 느낌을 잘 전달해 주는 많은 사진들과 함께 이 작품의 제작과 수용과정의 세부 사항을 알아보고 싶다면 주디 시카고(Judy Chicago), *The Dinner Party* (New York: Penguin, 1996)를 보라.

원본, 독창성 그리고 예술적 표현

2장
미의 부활

미의 죽음?

"현대예술을 이끄는 충동은 미를 파괴하려는 것이다."[1] 1948년, 미국의 화가 바넷 뉴먼(Barnett Newman)은 20세기 예술을 이끌어가는 동기들 중 하나를 이렇게 규정했다. 현대예술은 아름다움의 추구를 단념했고, 비웃었으며, 홀대했다.

　　그렇다고 해서 새로운 방식으로 여전히 미의 환기라는 목표를 위해 헌신했던 특정 화가나 예술운동이 전혀 없었다는 것은 아니다. 실제로 몇몇 이들에게는 추상미술로의 이행과 미의 추구는 잘 맞는 것으로 여겨지기도 했다. 젊은 '야수'(fauvism의 fauve는 '야생짐승'을 의미한다) 시절의 마티스는 드랭(Derain)과 같은 예술가들과 함께, 자연스럽지 않은 강렬한 색을 사용해 풍경을 그리곤 했다. 그의 끊임없는 예술적 변신의 과정 내내, 말년에 암과 싸우면서 선명하게 채색된 종이를 잘라 추상적인 패턴을 만들었던 시기에 이르기까지, 마티스는 아름다움을 추구했다. 마티스는 공언하기를 자신은 현대에 만연한 고통, 공포, 자기 회의 같은 것을 표현하는 데에는 관심이 없다고 하였다. 그 때문에 그는 형식적 측면에서의 기발함에도 불구하고 동시대의 예술적 조류와는 동떨어진 사람으로 취급되었다. 하지만 우리는 그의 한결같은 성실함과 천재성에 경의를 표하기에 그를 위대한 예술가로 인정하고 있다. 사실 피카소가 자신의 라이벌로 여겼던 이는 마티스뿐이었다. 마티스의 예술은 세상을 바꾸거나 과거의 예술을 거부하려고 하지 않았다. 그는 아름다움으로 마음이 설렐 그런 작품을 창조하길 열망했다. 마티스도 역시 기계화와 도시화의 시대, 대공황, 제국들의 멸망, 두 번의 세계대전과 정치적인 혁명들의 소용돌이 속을 살아왔다. 그러나 그의 작품은 그런 무엇으로부터도 영향받지 않았다. 마티스가 "균형 잡힌 예술, 순수와 평온함을 지닌 예술, 골치 아프고 우울한 주제들은 피하고, 모든 정신노동자들, 교육받은 이들, 사업을 하는 이들의 마음을 달래고 진정시키는 효과가 있는, 마치 피곤한 몸에 휴식을 주는 좋은 안락의자와 같은 예술"이 자신이 꿈꾸는 예술이라고 한 적이 있다는 것은 잘 알려져 있다.[2] 사실 안락의자와의 비교는 하지 않았더라면 더 좋았을지 모른다. 왜냐하면 아름다움이란 편안하고 근심걱정이 없는 것이어서 육체적인 휴식과 유사하다는 생각은, 스트레스 완화에 대한 부르주아들의 관심이 그러하듯, 값싼 조롱의 대상이 되기 쉽기 때문이다. 그러나 우리가 앞으로 보게 되겠듯이, 진정한 미는 우리의 실용적인 관심이나 이해, 욕망으로부터 자유롭다는 의미에서, 사실 편안한 것일 수 있다. 그렇다고 진정한 미가 손쉽게 얻어진다는 것은 아니다. 진정한 아름다움은 소중히 여겨져야 하는 것이다. 그의 그림 <분홍 누드 Pink Nude>(1935)[266쪽]에서 우리는 마티스가 실물다움보다는 표현을 강조하고 그림의 평면성에 관심이 가 있다는 것을 볼 수 있는데, 이런 점에서 그의 그림은 논쟁의 여지없이 현대적이다. 그럼에도 불구하고 마티스는 지난 세기의 매우 많은 예술들이 거부한다고 했던 바로 그것을 분명하게 드러내려고 하고 있다. 그의 작품은 예술은 아름답다는 전통적인 생각을 구현하고 있는 것이다. 영속적이고 자기 충족적이며 세상사와는 무관한, 아름다움으로서의 예술.

표현주의, 다다, 초현실주의, 추상주의를 거쳐 팝아트, 개념예술, 그리고 다양한 포스트모던의 파편들에 이르는, 20세기의 여명에서부터 저무는 황혼까지의 시기동안 일어났던 과도할 정도로 많은 예술운동들은 가끔은 적대적이고 가끔은 상보적인 복잡한 상호관계를 가지지만, 그들 모두에서 중요한 요소는 반미적(anti-aesthetic) 감수성을 장려한다는 것이다. 미와 그것이 제공하는 즐거움은 많은 이들에 의해 기껏해야 예술의 가치에 있어서 우연적인 것으로 간주되었고, 최악의 경우에는 적극적으로 피해야 할 어떤 것이 되었다. 왜 이런 반응이 나오게 되었는지 그 이유에는 이중적인 측면이 있다. 우선 한편으로는 미가 하찮은 즐거움이며 따라서 예술의 가치와 무관하다고 여겨졌기 때문이다. 자연주의의 속박에서 벗어난 예술의 목적은 변화를 가져오는 것이었다. 예술은 우리에게 뜨거운 불똥을 떨어뜨리고, 충격을 주고, 우리를 동요시키고, 불안하게 하고, 혼란시키고, 화나게 해야 했다. 예술은 타성에 빠진 무딘 잠에서 사람들을 깨워서 그들로 하여금 진짜 세계, 그들 자신 그리고 변화의 가능성 같은, 현대사회가 우리를 너무 둔하게 만들어서 이런 식으로 일깨우지 않으면 볼 수 없는 것들을 제대로 보도록 해야 했다. 한편 다른 쪽에서는 미가 실용적인 관심사들, 특히 사회정치적인 관심사들과 따로 떨어진 것이라는 바로 그 생각이 환상에 불과한 것이라고 생각하게 되었다. 왜냐하면 사람들이 무엇을 아름답다고 느끼는가 하는 것은 그 사람들의 배경, 계급, 교육, 환경에 달린 문제라고 생각되었기 때문이다. 그에 따라 앙드레 브르통(André Breton)은 부르주아들이 가지고 있는 전제들과 가치들을 흔든다는 현대 예술의 목표를 찬미하면서, 마티스와 드랭을 비난했는데 (반면 피카소의 미덕은 찬양했다) 그들은 아무 의미도 없는, 오히려 도전받아야 할 것들을 만족시키고 강화하는 데에만 공헌하는 예술을 만든다는 것이 그 이유였다. 브르통에 따르면, 그런 예술가들은 "자신들을 길들이고 생계를 유지할 수 있도록 해준 사람들에 대한 감사라고 하는 아주 작은 세계 속으로 스며들어가 버렸다. 드랭의 아무 누드화나 마티스가 또 새로 그린 창문그림을 보라. 로트레아몽이 말한 '그 무엇으로도 씻을 수 없는 피'로 상징되는 죄의 지적인 버전이 어떤 것인가를 보여주기에 이보다 더 확실한 증언이 어디 있겠는가?"[3]

브르통이 보기에 지적인 측면에서 마티스 같은 예술가는 피만 문제가 되는 것이 아니라 뼈도 없다고 하겠다. 그들은 단순한 회화적인 문제일 뿐인 사물의 외양에 사로잡힌 채 예술이 가지고 있어야 할 내적인 실재에 대한 관심을 폐기시키고 있는 것이다. 브르통에 따르면, 신경 쓸 가치가 있는 유일한 예술은 우리의 자기 인식과 세계이해에 도전하는 예술이다. 이런 식으로, 실제 예술이 생산되는 영역에서 일어난 이러한 반미적 혁명은 결국 훨씬 나중에 학술적 영역에서도 일어난 같은 혁명의 전조가 되었다. 그러나 이 혁명의 본성을 이해하기 위해서는 그 혁명이 무엇에 반발한 것인지를 이해해야 한다.

감각적인 것, 아름다운 것, 좋은 것

예술실천의 영역과는 달리 보다 학술적이고 지적인 영역에서는 예술에서 미가 중요하다는 가정이 훨씬 더 오래 위세를 떨쳤다. 물론 일찍이 1896년에 톨스토이(Tolstoy)가 미를 통해서는, 나아가 쾌를 기본 개념으로 하여 만들어진 이론으로는, 예술의 가치를 설명할 수 없다고 한 것은 사실이다. 대신 톨스토이는 좋거나 훌륭한 예술은 일종의 감정적, 도덕적, 정신적 소통을 포함해야 한다고 보았다. 하지만 이는 당시의 지배적인 지적 흐름이 아니었다. 한편 1913년의 클라이브 벨 (Clive Bell)은 형식주의를 열렬히 옹호하면서 정말로 미에 대한 논의를 쓸모없는 것으로 일축해 버렸다. 그 대신 벨은 좋은 예술은 우리에게 독특한 정서 상태를 일으킨다고 보았고, 그 수단이 '의미 있는 형식'(이는 설사 그런 것이 있다 해도 불명료한 개념이다)을 통해서라고 하였다. 하지만 벨의 형식주의란 전통적인 미 개념과 유사한 어떤 것을, 과거와 결별한 현대예술에서도 납득될 수 있는 모습으로 붙잡아두기 위한 시도였다. 형식주의적이라고 분류될 수 있는 유형의 분석은 1960년대까지도 클레멘트 그린버그(Clement Greenberg)에 의해 옹호되었는데, 여기에서 중시된 것 역시 경험의 현상적 특징(felt quality)이었다. 철학자들의 관심 역시 여전히 미와 미의 속성, 감상을 위한 조건들에 머물러 있었다. 이러한 견해들의 계보는 1790년에 쓰인 칸트의 권위 있는 저서 『판단력 비판 *Critique of Judgement*』으로까지 거슬러 올라갈 수 있다. 미적 판단(aesthetic judgement)의 중심사례를 미(beauty)로 간주한 칸트는 하나의 근본적인 문제의 해결에 골몰했다. 어떤 것이 아름답다는 주장은 주관적인 것이다. 왜냐하면 그것은 우리가 미를 경험할 때 느끼는 쾌에 근거하고 있기 때문이다. 그럼에도 또한 우리가 어떤 것이 아름답다고 주장할 때의 그 판단은 객관성에 대한 요청을 담고 있는 것이 분명해 보인다. 왜냐하면 우리는 다른 사람들도 우리 판단에 동의할 것이라고 기대하기 때문이다. 칸트는 바로 이 외견상 모순되어 보이는 가정들이 어떻게 양립가능한지를 보이고, 그에 따라 참된 미의 본성을 설명하고자 하였다. 이는 이후 수 세기 동안 예술에 대한 지적 접근에 심대한 지배력을 행사하는 것이 되었다.

칸트의 생각에서 핵심이 되는 것은 미적인 판단을 선(한 것)(좋음, goodness)에 대한 판단 및 단순히 쾌적한 것(merely agreeable)에 대한 판단, 양자 모두와 근본적으로 다른 종류인 것으로 구별해낸 것이다.[4] 어떤 것을 좋다고 판단하거나 또는 쾌적하다고 판단하는 것은 그것에 대해 관심(interest)을 가지는 것이다. 여기 리즈(Leeds)대학의 예술대학 건물인 마이클 새들러관의 일층에는 에릭 길(Eric Gill)이 조각한 부조가 있다. 이 작품은 원래 이 도시의 유력인사들이 제1차 세계대전에서 죽은 사람들을 추모하기 위해 의뢰한 것인데, 길은 여기에다 사원에서 환전상들을 내쫓는 예수를 조각하였다. 그런데 여기서 달아나는 환전상들이 현대의 거물기업가들로 묘사되었다. 이에 시의 원로들이 격노한 것은 당연한 일이지만 의뢰 계약서는 제대로 이행되었기 때문에 그들은 이 작품을 어쩔 수 없이 받아들여야만 했다. 그 대신 그들은 기념조각을 새로 의뢰하였고, 솜씨는 좋으나 별로 독창적이지는 않은 조각이 만들어져서 지금까지 시청에 전시되어 있다. 그들은

예술과 그 가치

길의 추모조각을 부숴 버리려다가 그만두었는데, 리즈대학이 작품을 보존하겠다고 개입하였기 때문이다(그 대신 대학이 그 작품을 공공장소에 전시해서는 안 된다는 단서가 붙여졌다). 우리는 여러 가지 이유로 이 작품에서 즐거움을 얻을 수 있을 것이다. 그 대학에 막대한 금전상의 가치를 가져다 주는 어떤 것으로, 죽은 사람들에 대한 추모로, 자본주의에 대한 비난으로. 하지만 그러한 즐거움들은 이 부조작품이 어떠한 목적 — 재정적인, 정서적인 또는 도덕적인 목적 — 을 위해 좋다는 판단의 결과이다. 칸트는 어떤 것을 미적으로 감상하기 위해서는 그것을 이용해 얻을 수 있는 목적에 관심을 가지지 말고 대신 그것의 형식을 감상해야 한다고 주장하였다. 즉 우리는 그것이 어떤 목적성 또는 디자인(계획)에 부합하도록 형태가 만들어져 있다는 식으로는 보지만, 그것으로 이룰 수 있는 이론적이거나 실용적인 목표 같은, 거기서 더 나아간 관심을 갖고 보지는 않는 것이다. 그 조각을 예술로서 즐기는 것은 조각에서 즐거움 그 자체를 위한 즐거움을 얻는 것이다.

이와 달리 단순히 쾌적한 것으로부터 얻는 즐거움이 우리를 만족시키는 이유는 단지 우리가 우연히 그런 식으로 되어 있기 때문이다. 사람들은 단 것, 부드러운 질감, 밝고 선명한 색상을 좋아하지만 쓴 맛, 거친 질감, 어둡고 밋밋한 색조는 피하는 경향이 있다. 물론 우리의 취향이 발달하고 변함에 따라서 무엇이 우리에게 감각적인 즐거움을 주는지도 달라질 뿐만 아니라, 그러한 즐거움은 개개인의 욕구와 관심과 기호와 함수관계에 있기 때문에 원래부터 전형적으로 다양하기 마련이다. 내가 진하고 쓴 에스프레소 커피에 설탕을 넣어 마시기를 좋아하는 것처럼, 나는 단지 마티스가 사용한 색상을 좋아하기 때문에 마티스의 작품을 보면서 어떤 즐거움을 얻을 수 있을 것이다. 하지만 내가 좋아하는 그 색상은 다른 사람에게는 아무런 감흥을 주지 못할 수도 있다. 그 사람이 커피보다는 홍차를 더 좋아할 수 있는 것처럼 말이다. 이 경우 우리 중 누군가가 옳고 다른 사람들은 어떤 점에서 틀린 것은 아닐 것이다. 그런 선호는 전적으로 우연적인 것이다.

심지어 우연히 모든 사람이 특정한 취향을 공유할 수도 있다. 1950년 대 중반부터 두각을 나타내어 1962년에 34세의 나이로 세상을 떠난 프랑스 미술가 이브 클랭(Yves Klein)은 1957년에 특정한 색조의 파란색에 대해 특허를 냈다. 인터내셔널 클랭 블루(International Klein Blue: IKB)라고 불렸던 이 색은 매우 선명하고 강렬한 색조의 군청색 (ultramarine)이다. 내가 아는 한 그 색을 본 모든 사람들이 그 색을 좋아했고, 어쩌면 다른 모든 사람들도 그럴지 모른다. 그러므로 IKB 로 그린 똑같은 단색화들이, 표면재질의 차이도 없고 아무 재미조차 없어도, 모든 사람들에게 즐거움을 줄 수도 있다. 하지만 칸트에 따르면 이것은 단지 우리가 우연히 공통적인 선호를 지니게 된 경우일 뿐이다. 이는 우리의 우연적이고 경험적인 본성에 의존하는 감각적인 즐거움일 뿐이다. 세상도 우리도 꼭 그렇지 않았었을 수도 있었던 것이다.

이와 대조적으로, 진정으로 아름다운 것, 또는 보다 넓게, 미적이라고 부를 수 있는 것에서 얻는 쾌는 우리 모두가 이성적 존재인 덕분에 공유하고 있을 수밖에 없는 마음의 구조들이 관계되어 일어난다. 칸트 이론의 세부적인 내용들은 그의 거대한 철학적 구조에 기초를 두고 있는데, 그 구성의 복잡성과 심오함에는 숨이 멎을 지경이다. 하지만 비록 그 토대의 어떤 부분에 대해서는 논쟁의 여지가 있고, 어느 부분의 결론은 이해가 쉽지 않다는 것이 사실임에도 불구하고 칸트이론의 중심 생각만큼은 간략하게 제시될 수 있다. 이성적 존재라는 것은, 여러 가지 특징이 있겠지만 그 중에서도, 지각, 사고, 믿음 그리고 다른 가능성들에 대한 상상이 가능한 존재라는 뜻이다. 이런 것들을 하기 위해서 우리는 개념을 통해 경험을 형성함으로써 사물들을 지각하고 사고할 수 있어야 한다. 나는 지금 내 앞의 대상을 탁자로서, 나무 덩어리로 이루어진 것으로서 또는 사각형 모양인 것으로서 지각한다. 이성적 존재로서 모든 인간은 필연적으로 개념을 매개로한 지각능력과 사고능력을 가지고 있다. 특별한 경우가 아니라면, 우리는 우리 앞에 있는 것이 무엇인지에 관심을 갖는다. 어떤 대상인지, 또는 우리에게 무엇을 알려 주고 있는지 등. 지각과 사고 속에 이미 내재되어 있는 개념들은 대개 이러한 우리의 관심사와 연관해서 대상의 본성을 파악하려고 한다. 만약 당신이 어떤 것을 개별적인 대상으로 지각한다면 당신은 그것을 특정 모양을 가진 것으로 지각하는 수밖에 없을 것이고, 만약 당신이 어떤 것을 피해 지나가고자 한다면 당신은 그 대상이 정말로 거기에 있는지를 알 필요가 있을 것이며, 만약 당신이 그 위에서 글을 쓰고자 한다면 그것이 정말 탁자인지 알 필요가 있는 식이다. 칸트에 따르면 우리로 하여금 경험에 형식을 부여할 수 있게 해 주는 것은 상상력이라고 한다. 만일 자연풍경과 예술작품 같은 것이 특정 조건들 하에서 이 상상력의 자유로운 유희를 자극한다면 그때 일어나는 것이 바로 미적 판단이다.[5]

　칸트의 진정한 미적 판단은 다음의 네 조건을 만족시켜야 한다.[6] (1) 미적 판단은 무관심적(disinterested)이어야 한다. 미적 감상의 경우에 우리는 정보나 지식, 감각적 즐거움이나 욕구의 충족을 위해서 대상에 관심을 갖는 것이 아니다. (2) 미적 판단은, 어떤 것을 아름답다고 판단한다면 다른 모든 사람들도 그것을 관조하면서 그러한 즐거움을 얻을 것이라는 점을 함축한다는 의미에서, 보편성을 지닌다. (3) 즐거움은 합목적성(form of finality)으로부터 온다. 우리는 대상이 제공하는 경험 그 자체의 합목적적 형식(purposive form)에 관심을 가진다. 우리는 그 대상이 무슨 이론적이거나 실용적인 목적에 기여하도록 만들어졌는지, 그것이 어떤 목표를 위한 것인지 등은 고려하지 않는다. (4) 즐거움의 보편성은 단지 우연적인 것이 아니라 필연적이다. 왜냐하면 그 즐거움은 우리 모두가 필연적으로 공유하는 마음의 작용(operations of the mind)의 결과이기 때문이다. 칸트는 미적 판단이 즐거움의 느낌과 관련된 것이기 때문에 주관적이라고 주장하면서도 동시에 그럼에도 불구하고 신체를 가진, 그리고 합리적인, 모든 판단 주체들 간에 필연적인 보편성이 있다고 주장함으로써 미적 판단의 문제를 해결하려는 시도를 했다. 칸트에 따르면 어떤 것이 아름답다고 판단을 하는 것은 다른 사람들에게 동의를 명령하는 것이거나 동의하기를 기대한다는 것이다. 칸트가 시도한 해결책의 독창성은 취미가 '주관적 보편성'을 지닌다는 주장에 있다.

칸트의 견해는 종종 마치 그가 오직 작품의 형식적 성질들만을 중요시한 것처럼, 또는 미에 대한 판단에 맥락, 내용, 목적에 대한 고려는 전혀 들어 있지 않다고 주장한 것처럼 제시되곤 한다.[7] 이는 벨의 미적 감상 개념에서라면 잘 들어맞는 주장이다. 벨에게는 모든 중요한 '의미 있는 형식'을 만들어 주는 것은 오직 선과 색의 조합뿐이며, 재현적 내용은 전적으로 무관하다.

> 만약 재현적 형식이 가치를 가진다면, 그것은 형식으로서의 가치이지 재현으로서의 가치는 아니다. 예술작품 속의 재현적 요소는 예술에 해로울 수도 있고 아닐 수도 있지만 언제나 예술과는 무관하다. 왜냐하면 예술작품을 감상하기 위해서 우리는 삶으로부터 아무것도, 삶을 구성하는 생각들과 사건들에 대한 그 어떤 지식도, 삶에서 일어나는 감정과의 그 어떠한 친숙함도, 가져올 필요가 없기 때문이다. 예술은 우리를 인간행위의 세계로부터 미적 희열의 세계로 이동시킨다.[8]

하지만 칸트 자신은 그가 자유미(free beauty)라고 불렀던 것과 종속미(또는 부용미, 附庸美, dependent beauty)라고 불렀던 것을 구별했다. 자유미는 풍경이 되었건 캔버스 위의 자국이 되었건, 그야말로 그 속의 형식들 간의 상호관계에서 생겨난다. 반면에 종속미란 우리의 즐거움이 그 속에 아무런 감각적, 실용적, 합리적인 관심도 포함하고 있지 않기에 미적인 것이 됨은 분명하지만, 그것이 생겨나는 때가 개념을 통해서 작품에 주목하게 될 때인 경우를 가리킨다. 일부 예술작품들이 자유미를 가졌다는 것은 분명하다. 하지만 재현적인 작품들이 아름다운 경우는 대부분 종속미일 것이다.[9]

예술과 그 가치

피카소의 <우는 여인 Weeping Woman>(1937)을 살펴보자. 이 그림은 자신의 얼굴을 상처가 나도록 할퀴고 있는 여인의 손가락과 볼을 산(酸)으로 녹이듯 자국을 내며 흐르고 있는 눈물방울을 재현하고 있다. 이 작품의 형식과, 그 형식을 정말로 가슴 저미는 슬픔의 모습과 어울리도록 만들어 재현해 낸 방식 사이에는 복잡한 상호관계가 있다. 이 작품에 대한 감상에는 형식이 그러한 슬픔을 회화적으로 묘사하기에 적절하고 기발한 미적 수단으로서의 역할을 하고 있음을 알아차리는 데서 오는 즐거움이 포함된다. 작품의 형식적 특질들과 작품의 내용, 다시 말해 작품이 재현하는 것 간의 상호관계는 매우 중요하다. 그 상호관계를 이해하기 위해서는 슬픔이라는 개념을 알아야 할 뿐 아니라 그것이 타는 듯하고 가슴을 저미며 넋을 온통 놓아 버리도록, 그런 식으로 슬프기도 하다는 것도 알고 있어야 한다. 그러므로 <우는 여인>의 감상은 종속미의 한 사례이다. 칸트의 설명은 벨의 이론이라면 결코 할 수 없었던 방식으로 형식과 내용의 중요성을 인지하고 있다. 칸트의 주장은 감상자가 관련된 개념을 가지고 있는 경우에도 산출된 쾌가 적절하다면, 그런 작품은 아름답다는 것이다. 그 결과 우리가 우연히 비슷할 수도 아닐 수도 있는 단순히 쾌적하게 느껴지는 대상과 달리, 무엇이 아름다운가에 대해서는 우리 모두가 동의해야 한다. 미에 대한 판단은 필연적으로 보편적이다.

그렇다면 칸트는 현실에 존재하는 미에 대한 판단의 불일치를 어떻게 설명할까? 만약 어떤 사람은 마티스의 <분홍 누드>가 정말 아름답다고 얘기하는데 또 다른 사람은 그 의견을 거부한다면 이때 도대체 무슨 일이 일어나고 있는 것일까? 칸트에 따르면 상반되는 판단들은 미적인 즐거움을 감각적이고 실용적인 즐거움과 혼동하거나, 자유미에 대한 판단을 종속미에 대한 판단과 비교하거나, 아니면 작품을 관련된 개념들을 통해서 보는 것에 실패할 경우에 생긴다.[10] 어떤 것을 단순히 쾌적하다고 판단하고 있는 경우라면 우리는 실제로는 미적이 아닌 판단을 하고 있는 것임에도, 그것이 미적인 판단이라고 믿는

피카소, <우는 여인>(1937), © Succession Picasso/ DACS. 사진 © Tate, 런던 2003

실수를 저지를 수 있다. 실제로도 분명히 자주 그런 실수를 한다. 쾌의 종류를 혼동하는 것이다. 게다가 우리 마음이 어떤 동기에서 어떻게 작동하는지는 종종 우리 자신에게도 불분명하기 때문에 우리는 미적 판단의 조건들이 정말로 충족되었는지 아닌지를 절대 최종적으로 알 수 없다. 따라서 우리가 언제나 불일치를 해결할 수 있는 것은 아니다. 왜냐하면 주어진 경우의 판단이 그러한 혼동에 걸려든 것인지 아닌지를 알 수 없을 때가 자주 있기 때문이다. 하지만 불일치는 우리가 생각하는 것보다 흔치 않다. 그리고 우리가 불일치를 해결하는 방식을 보면 칸트 이론이 어떤 점에서는 옳다는 것을 시사하고 있는 것 같다. 우리가 반응에 대해 어떻게 남들과 의견을 나누는지만 생각해 봐도 그렇다. 명백한 대립이 있을 때 우리는 흔히 서로에게 왜 우리가 다르게 반응하는지를 묻는다. <분홍 누드>의 경우, 누군가는 그 형상을 비율이 잘못된 재현으로 보고는, 그 여자가 매력적이지 않다는 이유로 시큰둥하게 반응할지도 모른다. 어떤 이들은 이 그림이 우리에게 아무런 메시지도 전해 주지 않는 것 같아서 불만족을 느낄 수도 있다. 하지만 이런 이유들은 칸트가 지적한 바로 그 종류의 실패를 시사할 뿐이다. 만약 누군가가 재현된 인물이 매력적인지 아닌지에 신경을 쓴다면, 그들은 작품 그 자체에 대한 관심을 갖고 있는 것이 아니다. 이때의 판단을 이끄는 것은 작품이 그들의 특정한 감각적 욕구에 호소하는지 여부이다. 하지만 우리가 상식적으로 알고 있듯이, 아름다움이 반드시 우리의 욕구에 호소할 필요는 없다. 우리의 욕구가 언제나 아름다움을 향하지는 않는 것처럼. 만약 누군가가 그 형상이 여성의 몸을 자연주의적으로 재현한 것이라고 본다면, 불균형적으로 작은 머리와 길쭉하게 늘려진 몸통, 그리고 불가능할 정도로 뻗쳐진 팔은 추한 변형으로만 보일 것이다. 하지만 이는 마티스가 그 그림을 통해 하고 있는 것을 잘못 해석하는 것이고, 그렇다면 이 경우 그 사람은 관련된 이해가 부족한 것이다. 그리고 작품에 메시지가 없어서 불만인 경우라면 이는 실용적인 관심을 충족시키는 것이 실패한 데서 온

실망이다. 이렇게 우리는 때때로 우리의 실용적인 관심의 좌절이나 이해의 부족을 작품의 실패와 혼동하는 것이다. 반대로 우리는 우리가 한때 사랑했던 특정한 작품들이 실제로는 그 정도로 좋은 작품이 아니라 단지 당시에 우리를 사로잡았던 특정한 열정이나 유행, 또는 태도에 호소했던 것에 불과하다는 사실을 깨닫는 것에도 충분히 익숙하다. 그런 경우 우리의 판단은 완전히 무관심적이지 않았던 것이다. 감각적 즐거움, 무언가 알아차렸을 때 오는 즐거움, 작품의 의미가 주는 즐거움을 진정한 아름다움의 즐거움과 혼동하기 때문에 우리는 종종 작품의 가치를 과대평가하곤 한다.

심미주의의 미덕

칸트의 이론은 심오하게 아름다울 뿐만 아니라 여러 이유에서 매력적이다. 이 이론은 우리에게 왜 한 작품의 가치가 그 내용으로 환원될 수 없는지를 보여 준다. 현대예술에서 우려되는 경향 중 하나는 미적으로 탁월해지는 것을 포기하고, 그 대신 작품의 의미를 강조하는 것이다. 이것의 좋은 예가 미국의 예술가 바바라 크루거(Barbara Kruger)이다. 크루거의 작품은 그래픽 디자인이나 광고와 비슷한 방식으로 이미지와 글을 병치시키는 것이다. 그 목적은 결혼, 낙태, 상업주의, 자유 등을 아우르는 다양한 문제들에 대해 감상자들이 가지고 있는 견해에 도전하는 것이다. <무제(당신은 사로잡힌 관객이다) Untitled(You are a captive audience)>(1992)는 남성의 손이 여성의 손가락에 결혼반지를 끼우고 있는 사진 위에 'You are a captive audience'라는 문구가 쓰여 있는 작품이다. 이것은 결혼에 대한 이미 익숙한 페미니즘적 태도를 잘 포착해 내고 있다. 하지만 이것을 설명적 삽화 이상이라고 생각할 이유가 과연 있는지는 묻지 않을 수 없다. 생각, 믿음, 또는 태도들을 설명적으로 드러내는 것으로는 좋은 예술이 되기

　　　　　　　　　　　　　　예술과 그 가치

에 충분하지 않다. 만약 그것으로 충분하다면 무언가를 회화적으로 묘사하기만 하면 거의 모두가 좋은 예술이 될 것이다. 칸트는 단순한 설명적 삽화와 예술작품을 구분할 수 있는 수단을 제공한다. 중요한 것은 작품에 대한 우리의 반응이 형성될 때 보이게 되는, 작품이 제공하는 독특하게 미적인 경험과 작품의 내용 간의 상호침투이다.

미적으로 조야한 크루거의 교훈을 주려는 작품과 고야의 <1808년 5월 3일의 처형 The Third of May 1808, Execution of the Revolutionaries>(1814)를 대조해 보면 이 점이 보다 분명해질 것이다.

고야의 관심사는 우리를 전쟁의 있는 그대로의 참혹함과 마주하게 만들려는 것이고, 전쟁의 그러한 측면을 비난하려는 것이다. 이 작품의 구조는 우리의 시각적 주목이 오른쪽에 줄지어 서 있는 얼굴이 가려진 군인들로부터 시작하여, 일제히 한 곳을 향하고 있는 그들의 머스켓 소총들을 따라 밝게 빛을 받은 중앙의 인물로 향하도록 구성되어 있다. 중앙에 있는 인물의 자세는 십자가에 못 박힌 예수를 떠올리게 하며, 밝은 빛을 받게 함으로써 정렬된 군인 무리와 대조되는 그의 생명력과 개인성을 강조하고 있다. 고야의 물감 사용조차 우리의 시각적, 인지적 반응을 형성한다. 자세히 들여다보게 되면, 거칠게 처리된 표면, 전경에 있는 군인이 차고 있는 칼집의 번개모양의 줄무늬, 긁힌 흔적과 함께 말라붙은 어두운 심홍색 핏자국들, 그리고 맨 앞에 쓰러져 있는 인물의 얼굴 특징들이 분간할 수 없게 지워져서 특정인임을 알 수 없게 그려졌다는 것에도 눈이 가게 된다. 그에 따라 우리는 무자비한 행위들의 신속한 잔혹성, 전쟁무기의 날카로운 정확함, 말라붙은 피의 모양과 감촉, 그리고 자세히 생각해 보고 싶지 않은 손상된 사람의 뭉크러진 형체의 모습을 떠올리게 된다. 이것은 벌어졌던 사건에 대한 시각적인 보고나 교훈적인 삽화가 아니라 깊이 소름 끼치게 하는 예술작품이다. 개인 생명에 대한 잔인한 말살이 사무치도록 우리의 가슴을 때린다. 크루거의 작품에서도 형식이 중요한 것은 사실이다. 왜냐하면 크루거가 자신의 메시지를 광고와 수사라는

고야, <1808년 5월 3일의 처형
>(1814), Derechos reservados
© Museo Nacional del Prado -
Madrid

수단을 통해 전달한다는 것이 그녀 작품의 의미를 만들어가는 데 중요하기 때문이다. 하지만 그것으로 고야의 작품만큼 좋은 예술이 되기에는 불충분하다. 무엇이 그런 차이를 만드는 것일까? 고야가 내용에 맞추어 작품의 미적인 측면을 수립하여 양자가 상호 침투하게 하는 데 사용한 예술적 수단들은 여러 충위에서 작용한다. 단순한 삽화와 평범하게 교훈적인 작품에서는 그런 일이 일어나지 않거나 기껏해야 피상적 차원에서 일어날 뿐이다.

칸트의 견해는 또한 동의할 수 없는 관점을 담고 있는 작품에 대해서도 우리가 어떻게 그 가치를 평가할 수 있는지를 설명해 준다. 피렌체의 산타 마리아 델 카르미네(Santa Maria del Carmine) 성당 내 브랑카치(Brancacci) 예배당에 그려진, <아담과 이브의 추방>(1426-7)을 포함한 마사초(Masaccio)의 프레스코화 <실낙원>을 생각해 보라. 마사초는 14세기 초반의 르네상스 창시자들 중 한 명으로 불행히도 27세라는 젊은 나이에 세상을 떠났다. 그의 가장 큰 관심사는 삼차원을 그림의 평면 위에 재현해 내는 것이었고, 그에 따라 그는 새롭게 개발된 원근법을 사용하는 데 정통하게 되었다. 하지만 그의 작품은 심오한 표현적 울림과 미적 웅장함도 지니고 있다. <추방>에서 우리는 아담과 이브가 추방당해 절망한 상태로 에덴동산으로부터 걸어 나오고 있는 장면을 본다. 공허한 표정으로 입을 벌린 채 위를 향한 이브의 얼굴은 완전한 상실을 표현한다. 그녀의 멀리 뻗은 팔은 내려가서 성기를 가리고 있으며 가까운 팔은 가슴을 가리기 위해 당겨져 있어, 우리가 육체적으로 수줍고 창피스러울 때 하는 자세를 취하고 있다. 관람자 더 가까이에는 아담이 머리와 가슴을 이브와 나란히 한 채 자신의 나약함에 대한 절망과 부끄러움으로 머리를 두 손에 파묻고 있다. 몸에 의해 만들어지고 있는 삼각형 모양의 평면들은 아담과 이브의 깨달음과 수치의 근원인 그 둘 모두의 성기 쪽을 가리키고 있으며, 그 위의 천사는 단호한 모습으로 날아오며 그들을 앞으로 몰아가고 있다. 여기에 구현되어 있는 것 중 두드러지는 것은 육체적 유혹에

예술과 그 가치

대한 엄격한 종교적 백안시, 신체적 자각에서 오는 부끄러움에 대한 권장, 그리고 인류가 완벽한 천상의 상태로부터 추방되었다는 사실이다. 하지만 이런 생각에 공감하지 않는 사람들이 보기에 이 작품이 표명하고 있는 태도는 근본에서부터 거짓되고 해로운 것으로 생각될 수도 있다. 하지만 작품을 예술로서 감상하기 위해서라면 그 작품을 통해 상찬되고 있는 믿음이나 태도를 가져야 할 필요는 전혀 없다. 여기서 논의되고 있는 종류의 세련된 심미주의(aestheticism)는 작품을 예술로서 감상하는 것과, 진리 또는 묘사된 믿음이나 태도의 측면에서 평가하는 것 사이를 원칙적으로 선명하게 구분한다. 마사초의 작품을 재현적 수단을 동원하여 신앙심을 갖도록 돕는 것이라고 취급할 수 있다. 하지만 그와는 별개로 그 작품이 예술로서 고려될 때는, 작품에 묘사된 믿음들에 더 이상 신경 쓰지 않고 그 구조적인 구성과 표현적 특질과 형식과 내용의 상호침투를 감상할 수 있다. 미적 관점에서 보자면, 전달되는 태도가 진실인지 거짓인지, 유해한지 무해한지의 여부는 아무 상관이 없다는 것이다.[11]

칸트의 설명은 예술감상을 독특한 종류의 행위로 특징짓는다. 작품에 대한 적극적 감상(engaging)을 하는 것은 작품의 미적 특질들에 대한 특별한 종류의 주목을 요구한다. 이것이 진정한 예술을 기능적인 문화적 생산품들과 구별해 준다. 문화적 생산품들, 예를 들어 전형적인 경우 상업적이며 즐거움의 제공을 목적으로 하는 것들은 그 목적에 따라, 즉 기분전환이 되는 오락거리를 제공하느냐에 따라 평가된다. 또는 문화적 생산품들이 도덕적인 목적을 지니고 있는 경우도 자주 있는데, 이들은 어떤 도덕적, 사회적, 또는 정치적 메시지를 강요한다는 면에서 교훈적이다. 그러나 많은 일정표나 포스터, 그래픽 디자인들이 그렇듯이 우리의 눈을 즐겁게 하고 주의를 빨아들이는 것만으로는, 또는 대부분의 광고, 선전, 도덕적인 삽화에서와 같이 설교적으로 메시지를 전하려고 힘쓰는 것만으로는, 좋은 예술이 되기에 충분하지 않다. 칸트적인 견해에 따르자면, 오락 또는 메시지 전달의 욕구가 주가 될 때에는 일상적인 문화가 예술의 수준에 오르리라고 희망할 수 없다. 왜냐하면 대중문화의 산물은 그 목적에 있어 미적인 특질의 증진에 무관심하기 때문이다.[12] 이는 문화로서 제작된 어떤 것도 진정한 예술의 영역에 올라설 수 없다는 뜻은 아니다. 하지만 만약 그런 일이 일어난다면 이는 보기 드문 우연일 것이다. 왜냐하면 이는 해당 예술가들이 상업적 제약 안에서 활동했음에도 불구하고 다른 모든 것보다 우선적으로 미적 특질들을 증진시킬 수 있었던 경우일 것이기 때문이다. 진정한 예술은 미적 가치를 증진시키는 것을 독립적인 목표로 삼고 있고, 다른 모든 고려들은 그 목표에 종속되어 있다. 이렇게 칸트의 설명은 미적 경험과 그것의 즐거움의 특유성을 강조함으로써 고급예술과 문화를 단호하게 구분한다.

지금까지 내가 칸트 이론의 두드러지는 매력들을 밝히는 데에 시간을 할애한 이유는 20세기 후반부터 오늘날에 이르는 동안에는 오히려 칸트의 이론을 우리를 호리는 환상이라고 치부하는 경향이 계속되어 왔기 때문이다. 이제는 미에 대한 판단이 필연적으로 보편적이라는 생각이야말로 사용기한이 지난 낭만적인 신화라고 여겨지게 되었다. 게다가 칸트이론의 중심이 되는 무관심적 감상이라는 개념은 가능하지 않음이 이미 드러났다고 일반적으로 가정되고 있다. 그 개념이 없다면 이론 전체의 구조는 무너지게 되니, 남은 것이라곤 위대했던 건축물이 남긴, 많은 상념을 불러일으키는 아픈 자취, 모든 인간에게 공통적인 감성이라는 것이 한때는 소중하게 취급되었지만 이제는 쓸모없는 환상이 되어 버렸다는 것을 증언하는 자취뿐이라는 것이다. 우리는 마지막 장에서 예술적 판단의 보편성과 정당화에 대한 질문들을 다룰 것이다. 그러나 그와는 별도로 칸트에 반대하는 세 가지의 논의를 볼 수 있는데, 그것들은 각각 다음의 제목으로 요약될 수 있다. (1) 미적 감상은 컬트다, (2) 추하고 징그러워도 즐겁다, (3) 의미도 중요하다. 각각의 개별적인 반론은 칸트이론에 오류가 있음을 보여 준다고 생각되었고, 셋 모두 칸트를 통해 답변될 수 없을 것이라

예술과 그 가치

생각되어 왔다. 그럼에도 불구하고, 앞으로 보게 되겠듯이, 미적 감상에 대한 칸트의 설명에는 지킬 만한 가치가 있는 무언가가 있다.

미적 감상은 컬트다

미적 감상에 대한 칸트의 생각에 대한 반론으로, 우리는 우리가 보고 있는 것이 존재하는지, 또는 그것이 어떤 본성을 가지는지에 관심을 갖는 때가 있다는 사실이 지적되어 왔다.[13] 따라서 미적 감상은 무관심적일 수가 없다는 것이다. 예를 들어 고야의 <1808년 5월 3일의 처형>이 스페인 전쟁에서 실제로 일어났던 일과 유사한 어떤 것을 묘사하는지 아닌지가 우리에게는 중요하다는 것이다. 하지만 이런 반론은 문제될 것이 없다. 중요한 것은 우리의 미적 감상이 그런 종류의 관심으로 완전히 다 환원될 수는 없다는 사실이다. 우리는 같은 사건에 대한 서투르고 솜씨 없는 묘사를 감상할 때는 취하지 않을 방식으로 고야의 묘사를 미적으로 감상한다. 한편 미적 감상이 진정하게 무관심적일 수 없는 이유가, 우리는 작품에서 즐거움을 얻는지의 여부에 늘 관심을 갖기 때문이라고 생각할 수 있을지도 모르겠다. 그러나 이 생각은 칸트가 무관심적이라는 용어를 사용하는 방식에 대한 서투른 오해에서 비롯한 것이다. 무관심성이란 작품을 보는 것이 우리에게 즐거움을 주는지 아닌지에 대해서까지도 우리가 초탈하거나 관심이 없다는 의미는 아니다. 이는 단지 우리의 즐거움이 어떠한 감각적, 실용적, 이론적 관심으로도 환원될 수 없음을 의미할 뿐이다.

　　그러나 종종 훨씬 더 강력한 반론이 미적 감상에 대한 칸트의 생각의 핵심을 겨눈 채 제기된다. 지난 세기가 시작될 무렵 칸트의 무관심성 개념은 심리학적으로 변모되는 경향을 띠었는데, 그 결과 이것이 지각을 통해 주목하는 특별한 방식이라고 간주되었다. 우리는 이 지각방식을 자유자재로 끄고 켤 수 있다고 생각되었다. 물론 보다 긴

오리토끼 그림

박한 실용적 문제가 끼어들면 그것이 우선하기도 하겠지만. 예를 들어 벤 손가락에서 피가 흘러나올 때라면 우리는 피가 퍼져나가는 모양을 감상할 수도 있겠지만, 함께 오는 통증으로 인해 계속해서 그것을 오래 감상하고 있을 수는 없을 것이다. 잘 알려진 대로, 이런 생각의 기원은 에드워드 벌로프(Edward Bullough)이다. 그는 미적 감상을 위해서는 감상자 자신의 당면한 염려와 관심들로부터 일종의 심리적인 거리가 요구된다고 생각했고 이를 설명하기 위해 '심적 거리(psychical distance)'라는 용어를 도입했다. 아마도 이런 종류의 설명 중에서 철학적으로 가장 정교한 버전은 제롬 스톨니츠(Jerome Stolnitz)가 제안한 것일 것이다.[14] 미적 무관심성에 대한 이런 개념을 추종하는 사람들은 종종 그들의 주장을 지지하기 위해 게슈탈트 심리학을 동원했다. 게슈탈트적 지각의 가장 유명한 예는 오리토끼 그림이다. 이 그림은 어떤 방식으로 보면 토끼의 윤곽이라고 보일 수 있고 또 다른 방식으로 보면 오리의 윤곽으로도 보일 수도 있다. 이와 같은 식으로 우리는 우리가 관심을 갖는 방식을 미적, 실용적, 이론적 방식

예술과 그 가치

들 사이에서 전환할 수 있다고 생각되었다.

　이 심리학적으로 변모된 무관심성 개념은 미적 감상을 다른 주목의 형식들과 차별하기 위해 이것이 특별한 종류의 지각태도를 취하는 것이라고 얘기한다. 여기서의 기본적인 아이디어는 우리가 취하는 태도가 무엇이냐에 따라 무엇을 알아보고 어떻게 그것에 반응하는지의 측면에서 우리의 지각이 인도된다는 것이다. 보통 우리의 태도는 실용적이거나 이론적인 관심의 태도이다. 우리는 대상이 무엇인지, 그것으로부터 어떤 지식을 추론해낼 수 있는지, 또는 그것을 가지고 무엇을 할 수 있거나 해야 하는지에 관심을 가진다. 그러나 미적인 경우에는 대상의 모양과 구조에 대한 주목이 우리에게 즐거움을 주는지의 여부를 제외하고는 더 이상의 관심을 갖지 않는다. 우리는 정원의 나무를 보고 그것이 무슨 종인지(이론적 관심), 또는 그것이 햇빛을 가리고 있어서 잘라내야 하는지(실용적 관심)에 관심을 가질 수 있다. 하지만 우리는 단지 그냥 앉아서 줄기와 가지의 윤곽, 나무의 결, 나뭇잎이 바람에 살랑거리면서 흔들리는 모습, 가지에 드리운 얼룩진 그림자, 뻗어나가다가 사람 팔 모양으로 구부러진 가지 등에 주목할 수 있다. 이 경우 우리는 그저 나무를 보고 있는 것이므로 무관심적이라 할 수 있고, 만약 운이 좋다면 그렇게 하는 중에 즐거움을 얻을 수도 있을 것이다. 마찬가지로 우리는 고야의 <1808년 5월 3일의 처형>을 역사적인 관심의 측면에서 볼 수도 있다. 그것은 실제로 행해진 처형을 재현한 것인가? 그때의 처형은 전형적으로 이런 식으로 집행되었는가? 하지만 그러지 않고, 대신 우리가 흰옷을 입은 중심인물로 시선을 이끄는 구조적 구성에 주목하거나, 또는 응고되고, 매대기쳐지고, 마치 수은처럼 흐르기도 하는 피가 어떻게 반짝이기도 하고 어두워지기도 하는지에 주목하는 경우라면, 우리의 관심은 미적일 수 있다는 것이다.

　이에 대해, 반론은 다음과 같이 전개된다. 미적 태도는 작품에 주목하는 특별한 동기의 측면에서 그 특징을 찾는다. 하지만 동기가 다르다고 지각적 주목의 종류가 달라지지는 것 같지는 않다. 우리가 작품에 접근할 때 갖고 있는 관심이 다양하다는 것은 분명한 사실이다. 어떤 사람은 당시의 역사에 관심이 있어서 고야 작품을 보러 갈 수도 있고, 사용된 재료의 종류에 관심이 있어서, 또는 그것을 그림으로서 바라보는 것을 즐기고 싶어서 그럴 수도 있다. 그러나 이들 간의 차이는 서로 다른 태도의 문제라기보다는 서로 다른 동기의 문제이다.[15] 어떤 사람이 역사적 관심에서 고야의 작품을 보러 갔지만 막상 보면서는 미적으로 감상하기 시작할 수도 있다. 하지만 그렇다고 해서 그림으로서 감상하기 시작할 때 갑자기 어떤 다른 주목방식으로 전환하지는 않는다. 그러므로 미적 태도라는 개념은 신화이다. 이 개념을 이용하면, 자주 예술에 가해지곤 하는 교훈적, 도덕적, 상업적 압력에 맞서, 이들과는 구별되고 이들 모두를 넘어서 있는 예술감상의 우위를 강조할 수 있다는 데에는 의심의 여지가 없지만, 그래도 이 개념은 환상일 뿐이다. 굳이 필요하다면 우리는 그저 예술적으로 구성된 작품의 디자인상의 특질에 대해 우리가 관심이 있다고 이야기해야 하는 것이다.[16]

비록 칸트 이후 그의 무관심성 개념을 심리학적인 것으로 만들어버린 사람들의 이론은 이러한 반론에 취약해 보일지라도 원래의 칸트 이론도 그런지는 분명치 않은 사실이다. 칸트는 미적 경험이 일상적인 지각과는 완전히 다른 종류인, 말로 표현할 수 없는 어떤 지각상태로의 급작스러운 전환을 포함한다고 주장하지 않았다. 칸트에게 있어서 무관심성은 독특한 심리적인 상태의 특징을 얘기하는 것이 아니라, 미적 판단이 이루어질 때, 대상에 대한 반응의 근거를 특징짓는 것이다. 제대로 된 미적 판단에서라면 즐거움은 작품에 대한 어떤 특정한 관심에 의존해서는 안 되며, 작품의 형식에 주목한 결과여야만 한다. 이는 애초에 관심적인 이유로 작품에 주목하고픈 동기를 가졌던 사람의 경우에도 사실일 수 있다. 칸트에 있어서 무관심성이란 이론적 또는 실용적 관심에서 자유로운, 그런 관심에 의해 제약받지 않는 주목을 말한다.

하지만 어찌 되었건, 우리가 대상을 미적으로 감상할 때와 그렇지 않을 때, 대상을 지각적으로 처리하고 대상에 반응하는 방식에는 차이가 있으며 이 차이가 우리가 무관심적 상태에 있음의 표지라고 주장하는 것은 여전히 일리가 있다. 세 명의 수습 사진기자들이 현재 열리고 있는 앙리 카르티에-브레송(Henri Cartier-Bresson)의 전시회에 다녀오라는 과제를 받았다고 상상해 보자. 카르티에-브레송은 매그넘(Magnum) 사진작가협회의 설립자들 중 한 명으로, 그의 시각적 이미지가 충격적이어서뿐 아니라 그가 사진에 담은 많은 대상들을 통해 그들의 움직임의 순간적인 인상을 잘 잡아낸 것으로도 유명하다. 학생들은 브레송이 찍은 조각가 알베르토 자코메티(Alberto Giacometti)의 초상 사진 중 하나 앞에 멈춰 서게 되었다. 그 중 한 명이 다른 학생들에게 이야기한다.

왜 우리보고 여기 가 보라고 했는지 알겠어. 하지만 이해할 수 없는 것은, 왜 이것들이 다 미술 갤러리에 있지? 이미지들이 강력하고, 특별한 순간의 느낌이 생생히 살아 있는 것은 분명해. 카르티에-브레송은 좋은 사진 기자이지. 하지만 왜 이런 종류의 다큐멘터리 사진이 이상한 미적 방식으로 감상되어야만 해? 이것들은 다른 사진들처럼 일어난 사건을 찍은 것일 뿐이야. 단지 좀더 인상적이란 점이 다르지만. 나는 신문 사진들을 보는 것과 같은 방식으로 이것들을 봐. 내가 얻는 즐거움은 미술 갤러리에 걸려 있지 않은 다른 많은 사진들에게서 얻는 즐거움과 다르지 않아.

두 번째 학생은 무슨 특별히 희귀한 반응에 관해 말을 꺼내는 대신, 자코메티 사진을 가리키면서 말한다.

저 구조를 봐. 조각과 함께 있는 자코메티를 찍었다고 해서 다 이것

93   미의 부활

처럼 좋지는 않을 거야. 앞쪽에 있는 조각은 점토에 손가락으로 깊게 눌려진 흔적들을 지닌 채 얼룩덜룩한 모습으로 자코메티를 향하고 있어. 예술가는 조각을 쳐다보는데, 서로의 자세에는 상대방의 모습이 묻어나고 있지. 조각가는 왼손을 뻗어 조각의 어깨를 만지려고 하고 있어. 이게 그 둘을 하나로 연결시켜 주는 거야. 그래서 한눈에 훑어볼 때의 인상은 마치 조각가가 조각을 막 창조하면서 아버지 같은 자애로움으로 끌어안으려는 듯 보여. 신이 아담에게 생명을 주는 미켈안젤로의 <천지창조>를 생각나게 하는 장면인 거야. 빛과 그림자의 효과 때문에 자코메티의 피부도 조각과 비슷하게 얼룩덜룩하고 낡고 마치 누가 손을 댄듯한 느낌의 질감을 주고 있어. 이 사진에서 그저 조각가가 그의 작품 하나를 마주보고 있는 것만을 보아서는 충분치 않아. 그 사진이 구성된 방식을 보아야 해. 그 사진이 어떻게 우리의 경험 속에 어떤 특정한 성격을 가진 요소들을 집어넣는지, 어떻게 그것들을 조직하고 그 중 어떤 것에 더 강조점을 드리우는지를 봐야 하고, 그러한 요소들이 전체 이미지의 시각적 구성 안에서 서로 서로 관계 맺는 방식을 봐야 해. 만약 네가 이런 것을 그 이미지에서 볼 수 있다면 너는 그것을 미적으로 보고 있는 거야. 손이 제일 앞쪽으로 배치된 방식, 예술가와 조각이 서로를 반영하며 바라보고 있는 모습과 자세, 이런 것들을 알아보는 거지. 네가 일단 그 이미지 속의 시각적 관계들에 대한 적극적 감상을 하기 시작하면, 지금까지와는 다른 방식으로 이것들을 바라보는 것에 마음이 끌림을 느낄 거야. 그것이 즐겁고 값지기 때문이지. 이것이 바로 이 사진이 다른 대부분의 사진들과는 다른 이유야. 이런 종류의 복잡한 시각적 관계들이 없는 사진은 그런 즐거움과 값진 경험을 주지 못하지.

그러자 세 번째 학생이 덧붙였다.

있잖아, 나는 네가 이 사진에 대해서 설명한 것에는 동의해. 난 어떻게 시각적 관계들이 구성되는지도 알겠고, 관계들의 상호작용도 보이고,

예술과 그 가치

어떻게 그 관계들이 내가 그림을 보는 방식을 형성하는지도 알겠거든. 그러니까 나는 이 그림에 미적인 관심을 가질 수 있는 거지. 하지만 이 그림은 나에게 아무런 감흥을 주지 않아. 지금 내가 이 그림이 좋다는 것에 이의를 제기하려는 것은 아니야. 하지만 내가 이 그림에서 얻는 것이라고는 진짜 즐거움은 없는 인식뿐인걸.

마지막 두 학생의 차이는, 두 학생 모두가 사진에 미적인 관심을 가졌지만 오직 두 번째 학생만이 거기서 즐거움을 얻었다는 사실에 있다. 따라서 미적인 즐거움을 얻기 위해서라면 작품에 미적 관심을 가지는 것이 필요하기는 하지만 그것으로 충분하지는 않다는 것을 알 수 있다. 한편, 칸트에 따르면 진정으로 미적인 판단은 단지 무관심적이기만 한 것이 아니라 보편적이고 필연적이며, 대상의 형식 그 자체를 목적으로 하여 즐거움을 얻는 것이다. 하지만 두 번째 학생과는 다른 세 번째 학생 같은 경우가 있다면 칸트가 말하는 조건들 사이의 관련성은 의심받을 수 있다. 왜냐하면 세 번째 학생은 작품이 아름답지 않다고 말하는 것이 아니라 단지 자신은 작품을 보는 것으로부터 어떤 즐거움도 얻지 못한다고 말하는 것이기 때문이다.

어떠한 즐거움도 느끼지 않고도 어떤 것이 진정으로 아름답다고 생각하는 것은 충분히 흔한 일인 듯하다. 한 가지 흔한 예로 당신이 어떤 사람을 아름답다고 인식하며, 어떻게 그리고 왜 그 사람이 아름다운지를 알 수 있으면서도, 그 사람을 바라보는 것이 당신에게 별다른 느낌을 주지 않는 경우를 들 수 있다. 하지만 당신은 그 사람이 아름답다는 것을 알 수 있기 때문에 다른 사람들이 그 사람을 보면 무언가 느낌을 가질지도 모른다는 것을 이해는 하는 것이다. 칸트의 설명에 따르면 이런 상황은 말이 되지 않는다. 칸트의 이론에서 그러한 판단은 미적이 아니라 단지 쾌적함과 관계된 취향의 문제일 뿐이다. 하지만 나는 칸트와는 다르게 생각한다. 나는 이 책의 마지막 장에서, 미와 예술적인 가치에 관한 판단에서 얻는 그러한 즐거움이 정말로 보편적이어야 하는가를 고찰하면서 이 점을 제안할 것이다. 나는 거기서, 미에 대한 판단을 포함하는 예술적 가치에 대한 판단은 부분적으로 판단을 내리는 사람의 성품이 표현된 것으로 보아야 하는데 우리의 성품에는 비난할 수 없는 차이가 있다는 점을 이유로 하여 칸트와는 다른 제안을 할 생각이다.

한편 이와는 별도로 중요한 것은, 애초에 이미지를 보는 방식에 있어 첫 번째 학생과 뒤의 두 학생 사이에 차이가 있다는 사실이다. 그들이 주목한 특질, 흥미를 느꼈던 시각적 관계 등등 여러 측면에서 둘은 다르다. 오직 뒤의 두 학생들에 대해서만 우리는 그들이 사진을 미적으로 보고 있다고 말할 수 있다. 일부 사람들은 이런 종류의 미적 감상이 바로 무관심적이라고 하고 싶겠지만, 그러던 말던 이는 여기서 별 중요한 것이 아니다. 중요한 것은 이런 방식으로 시각적 관계들을 찾고, 그 찾아낸 것들에 반응하는 것은 단지 무엇을 묘사하는 이미지인지를 시각을 통해 알아채는 것과는 다르다는 것이다. 이 점이 미적 관심을 다른 것들과 구별 짓는 것이다.

우리가 일상적 대상이나 이미지를 어떻게 인식하는지를 고찰해 보면 이러한 생각을 보다 충분히 발전시킬 수 있을 것이다. 지각(perception)이 하는 일에 대하여, 우리는 그것이 우리에게 주어지는 가공되지 않은 정보와 감각 데이터를 시각, 청각 등의 서로 다른 감각 양상들을 통해 개념화하는 것이라고 생각하는 경향이 있다. 하지만 지각의 상태(perceptual state)가 그것이 표상하고 있는(represent) 바에 의해 정상적으로 야기된 경우일지라도, 예를 들어 우리가 '연기를 봄'이라는 지각의 상태에 있고 그것이 실제로 불에서 나오는 연기를 보는 데에서 야기된 경우일지라도, 지각의 상태에 들어 있는 정보는 우리가 연기를 표상으로 경험하는 것에 비해 덜 구체적이고 정보량만 헤프게 많다는 특징을 갖는다. 그렇기 때문에 '불'이라는 개념도 함께 갖고 있지 않는 한 연기를 본다고 무언가 타고 있다는 믿음을 갖지는 못할 것이고, 운동, 깊이, 색조의 변화를 포착하는 시각적 처리과정이

예술과 그 가치

있지 않는 한 연기를 다른 것과 구별되는 것으로 인식하는 것조차도 할 수 없을 것이다. 지각적인 경험의 역할은 믿음을 형성하는 데 필요한 정보를 제공하는 것이다. 하지만 그러려면 우리에게 주어지는 가공되지 않은 정보 역시, 가공되지 않았음에도 불구하고, 형식을 제공받아야만 한다. 지각에 형식을 부여한다는 말이 현대적으로 진화되어서도 의미를 갖는 것이 이런 연유이다. 시각의 경우 지각은 시각적 처리과정, 도식(schema), 범주에 의해 형식을 부여받아 형성된다.[17] 일상적인 지각의 경우, 우리는 지각의 형성을 의식하지 않고 그저 당연한 것으로 받아들이지만, 미적 관심이 있는 경우에는 경험에 무언가가 더 포함된다. 우리가 이미지에 주목하는 방식을 잘 보면 경험에 형식을 부여한다는 것이 무엇을 말하는지를 미루어 알 수 있는 경우가 있는데, 예를 들어 우리가 보는 이미지들이 명료해지고 부분들이 서로 관련을 맺어 나가다가 갑자기 이미지 전체를 통해 두드러지는 어떤 시각적 관계들이 전면에 등장하게 되는 것을 느끼는 때가 있는 것이다.

이미지가 이런 일을 하려면 대상의 일상적인 인식을 위한 우리의 표준적인 인식 과정과 도식에 도전해야 할 것이다. 즉 그것들을 전도시키거나 보다 생생하게 만들거나 뜻대로 잘되지 못하게 하거나 또는 심지어 서로 다른 도식들 사이를 오락가락하게 만들기까지 해야 할 것이다. 대상에 대한 주목이 이런 식으로 이루어짐으로써 우리가 즐거움을 얻느냐는 질문은 곧 이미지들이 우리의 지각경험을 형성하는 방식, 지각 경험에 구조를 제공하고 불명료함을 제거하고 확장시키고 보다 생생하게 바꾸는 방식에서 우리가 즐거움을 얻느냐를 묻는 것으로 간주하면 된다. 피카소의 파편화된 입체주의 시기와 같은 보다 극단적인 경우들로부터 카르티에-브레송의 사진처럼 미묘한 경우들에 이르기까지, 미적 감상은 이처럼 우리가 경험에 형식을 부여하는 방식에 의존한다. 이는 미적 관심이라는 개념을 옹호하려는 사람들이 흔히 주장하는 것보다는 훨씬 더 약화된 형태의 미적 관심이지만, 예

미의 부활

술과 자연경치, 도시경관, 또는 디자인된 사물 등의 감상에 있어서는 이 개념을 견지하는 것이 중요하다. 오늘날의 많은 이론들은 칸트 및 그 이후 칸트의 심리학적인 변용에서 오류를 발견했다는 이유로 미적 감상이라는 개념 전체를 포기해 버렸다. 이것은 잘못이다.

이 밖에도 미적 감상의 개념을 받아들일 만한 것으로 만들기 위해서는 제한 조건들이 더 있어야 한다. 칸트의 미적 판단에 대한 설명은 일반적으로 경험과 밀접하게 연관된 것으로 이해할 수 있다. 칸트에 대한 표준적인 해석에 따르면 아름다움의 판단, 나아가 미적 감상일반은 우리가 대상을 경험하면서 지각하게 되는 바로서의 대상의 형식과 긴밀한 관련이 있다고 한다.[18] 일부 사람들이 개념예술(conceptual art)에 대해 가지는 우려의 바탕에는 이런 생각이 전제되어 있다. 개념예술처럼 작품을 경험한다고 해서 더해지는 것이 없거나, 물질적인 대상이 작품의 핵심이 아닌 경우, 그런 작품에는 미적이라고 구분해서 부를 만한 것이 아무 것도 없고, 따라서 그런 작품은 나쁜 예술이 될 수밖에 없다고 생각할 수 있기 때문이다. 하지만 이런 생각은 개념예술에게도 칸트에게도 모두 부당한 것이다.

우리는 종종 어떤 생각들(ideas)로부터도 미적인 이끌림을 느낀다. 어떤 과학적 증명이나 공식이 지닌 매력, 예를 들어 $e=mc^2$의 매력에는 그것의 아름다움도 한몫하고 있다. 왜냐하면 고도로 복잡하고 일관적이며 심오한 설명력을 지닌 물리법칙이 이 하나의 공식 안에 우아하고 간명하게 담겨 때문이다. 비슷한 경우로, 어떤 종교적 세계관이나 철학적 아이디어들이 지닌 매력은 종종 그것들의 우아함과 설명의 복합성 그리고 일관성에서 기인한다. 이런 경우 지각적인 형식이 그 일을 해준다고 볼 수는 없다. 그보다, 이것은 세계에 대한 특정한 개념화를 구성하는 도식, 범주, 믿음, 태도들의 개념적인 형식과 관련된 것이다. 예를 들어 기독교의 매력은 그것이 인류의 사악함과 오류가능성과 고귀함 간의 조화를 추구하는 방식과, 그런 생각하에서 사랑과 용서와 자비를 강조하는 것, 그리고 그럼으로써 인간의 전 경

예술과 그 가치

험에 형식을 부여하는 것으로 일부 설명될 수 있다. 그러한 생각들이 가진 형식은, 칸트의 용어를 빌려 말하자면, 종속적으로 아름다울 수 있다. 칸트 자신의 '미적 이념(aesthetic idea)'[19]에 대한 생각은 다소 덜 전통적인 용어들을 사용해서 개념예술의 미적 장점을 이해할 수 있는 한 가지 방법을 제시해 주고 있다. 왜냐하면 칸트 스스로가, 미적 이념이라고 하는 것은 생각들과 마음의 패턴들을 자극하는 — 그 자극하는 방식은 어떤 하나의 특정한, 한정된 사물인식방식으로 환원될 수 없고, 또 그런 식으로 완전히 포착될 수도 없다 — 상상력의 표상(representation of the imagination)이라고 제안하고 있기 때문이다.[20]

그러므로 공원 잔디 위에 선을 만들기 위해 왔다갔다한 작가의 발자취를 사진으로 기록한 작품인 리처드 롱(Richard Long)의 <걸어서 만든 선 A Line Made by Walking>(1967)은 우리로 하여금 걷는 다는 관념, 환경으로부터의 분리, 풍경에 자국을 낸다는, 또는 풍경의 일부가 된다는 생각 같은 것들을 반추해 보도록 우리를 자극할 수도 있다. 사이먼 패터슨(Simon Patterson)의 <큰곰자리 The Great Bear>(1992)는 런던 지하철 노선도의 역명을 칼 마르크스(Karl Marx)에서 오드리 헵번(Audrey Hepburn)에 이르는 문화인사들의 이름으로 바꾼 작품인데, 이것을 보면서 우리는 문화적 공간이라는 것에 대해 생각해볼 수 있는 계기, 서로 다른 개인들이 공통의 문화 속에서 서로 다른 노선을 따라 걷는다는 것이 어떤 식인지, 같은 문화의 부분들인데도 거의 만날 수 없어 보인다는 것이 어떤 식인지, 그리고 우리가 문화 속에서 움직여 다니는 것이 어느 정도까지 그저 개인적 선택에 달린 문제인지, 또는 어느 정도까지 그것에 달린 문제가 아닌지 등을 반추해 볼 계기를 갖게 될 수도 있다.

그러므로 칸트에 대한 표준적인 해석은 아닐지 몰라도, 칸트는 어쩌면 미적 이념들이 그 자체로 감상될 수 있음을, 즉 생각에 대해서도 우리가 미적 관심을 취할 수 있음을 인정한 것으로 간주될 수도 있을 듯하다. 이는 그저 일반적으로 중요한 문제 이상이다. 이는 현대예술에서 어떤 일이 벌어지고 있는지와 관련해서도 구체적인 이해관계를 지니고 있다. 개념예술을 향한 조롱의 많은 부분이 사물은 지각을 통한 관조에 의해서만 아름다울 수 있다는 틀린 가정으로부터 형성되었다. 이는 잘못이다. 많은 개념예술들이 진부하고 보기에 흥미롭지 않으며 지적으로 미성숙할 수도 있다. 하지만 칸트의 이론을 따를 때에도 미적으로 매력 있는, 실로 아름답다고까지 할 수 있는 개념예술 작품이 원칙적으로 있을 수 있다고 생각할 만한 이유는 충분하다. 이것이 개념예술의 매력으로 완전히 적합한 것인지는 다음 장에서 더 깊게 살펴보아야 하겠지만 말이다.

지금까지 살펴본 대로, 칸트의 무관심성 개념을 독특한 지각적 태도로 이해하는 것은 미적 감상에 대한 너무나 강한 요구이기 때문에 매력적이지 않다. 이는 칸트에 충실한 이해도 아니다. 우리가 무관심적인지 아닌지는 우리가 보이는 반응의 근거를 통해 이해되어야 한다. 그럼에도 불구하고, 이보다도 더 약한 생각도 주장할 가치가 있다. 즉 "무관심적이지 않은 사람들과 비교했을 때, 우리가 작품에서 얻는 정보를 처리하고 반응하는 방식이 시각적 관계, 도식, 형식의 측면에서 다르다는 것 정도가 우리가 무관심적인 상태에 있다는 징표이다." 같은 생각 말이다. 나아가 칸트의 미적 이념에 대한 설명은 개념예술들을 이해하고 감상하는 한 방법을 수용할 여지를 남기고 있는 듯하다. 하지만 우리가 반드시 스스로 즐거움을 느끼지 않고서도 작품을 아름답다고 인식할 수 있는 것이 사실이라면, 이는 무관심성이 미적 판단의 다른 조건들과 반드시 관련되어 있어야 한다는 이론에 부담으로 작용한다. 특히 그것은 칸트가 그렇게도 근본적이라고 여겼던 미적 판단의 보편성을 위협한다.

추한 것, 기괴한 것, 혐오스러운 것

예술과 그 가치

앞선 시대의 작품들 중에도 그런 것들이 있기는 했지만 특히 20세기 예술의 발전은 미적 가치에 대한 칸트의 생각에 근본적으로 틀린 점이 있음을 시사하는 듯하다. 칸트는 아름다움에 대한 판단을 분석하는 것으로 시작해서, 이것을 효과적으로 일반화하여 미적 감상이란 무엇인지를 설명해 준다. 이러한 설명형식이 미친 영향력은 과소평가될 수 없으며, 이는 예술적 가치의 특성에 대해 실질적으로 내용 있는 설명을 제시하려는 수많은 시도들을 보증해 주고 있다. 작품은 우아함, 고상함, 활기, 박력 같은 성질들을 지닐 수 있는데, 이들을 낮은 층위에서의 미적 성질들이라고 할 수 있다. 이것들이 결합되어 조화로운 통일성을 이루고, 복잡해지고, 일관성 있는 구성을 갖추게 되고, 강렬하게 되면, 그것이 곧 미적으로 매력적인 것이 되는 것이다. 이렇게 미적 가치란 아름다움이 지닌 매력을 보다 일반화시킨 것으로 다뤄진다.[21] 여기서 중심이 되는 생각은, 우리가 즐거움을 취하는 대상은 그것 자체가 즐거운 대상이라는 것이다. 사실 칸트는 묘사되는 대상 자체는 추하더라도 그것이 아름답게 묘사될 수 있음을, 따라서 이미지가 재현하는 대상은 즐겁지 않더라도 그것에 대한 이미지는 즐거움을 줄 수 있음을 분명히 인지하고 있었다.[22] 존 콘스터블(John Constable)은 "추한 것은 없다. 나는 살면서 추한 것을 본 적이 없다. 왜냐하면 대상의 형태가 어떠하든 간에 빛과 그림자, 그리고 선택된 시점이 언제나 그것을 아름답게 만들 것이기 때문이다."[23]라고 말한 적도 있다. 하지만 일반적으로 추함과 기괴함, 뒤죽박죽이고 혐오스러운 것들은 그 자체로는 언제나 미적으로 불쾌하다고 여겨진다. 더욱이 칸트 스스로도 "단 한 종류의 추만은 모든 미적 만족, 따라서 예술적 아름다움을 파괴하지 않고서는 자연 그대로 표현될 수 없는데, 그것은 바로 혐오스러움(disgust)을 일깨우는 추이다."[24]라고 말하고 있다.

하지만 실제 대상이건 상상 속의 대상이건 가리지 않고, 기괴한 것, 혐오스러운 것, 부패한 것, 완전히 추한 것을 묘사하는 것은 시각예술의 오래된 전통이었다. 20세기에도 이 전통은 유례없는 열정으로

미의 부활

계속되었음은 물론이고, 심지어는 혼란스럽고 비정합적이고 완전히 부조화스러운 것을 추구하라는 것이 예술의 강령으로 등장하기까지 했다. 이는 마치 적어도 특정 맥락에서는, 또는 특정한 미적 감수성에서는, 추함이나 이와 관련된 미적 특질들이 미적 단점이 아닌 미적 장점을 구성한다는 것처럼 보인다. 미켈안젤로 이전 시대에 북해 연안 지역의 피에타들은 예수의 죽음이 갖는 끔찍한 성격을 괴기스럽게 강조했다. 히에로니무스 보슈(Hieronymus Bosch)의 <쾌락의 동산 Garden of Earthly Delights>(1500)은 고문에서부터 사람의 몸을 삼키는 것에 이르기까지, 많은 혐오스러운 장면들을 보여 준다. 퀸틴 마시스(Quentin Massys)의 <늙은 여인 Grotesque Old Woman>(1520)은 소름끼치도록 주름지고 추한 늙은 여인을 그려 우리를 즐겁게 한다.

20세기의 것으로는 프란시스 베이컨(Francis Bacon)의 작품에 나오는 왜곡되고 타락하고 부패한 형상이 떠오른다. 기형, 불구, 토막난 신체에 대한 강박적인 관심을 부추기는 작업을 한 사진작가 조엘-피터 윗킨(Joel-Peter Witkin)의 작품과, 성기 모양으로 왜곡된 얼굴 형상을 가진 어린이 마네킹들이 서로 붙어 있는 제이크와 디노스 채프먼(Jake and Dinos Chapman) 형제의 작품도 마찬가지이다. 또한 1928년에 부뉴엘(Buñuel)과 달리(Dali)가 만든 영화인 <안달루시아의 개 Un Chien Andalou>를 생각해 보자. 이 작품에서는 같은 배우가 몇 개의 다른 역을 연기하기도 하고, 바깥 장면은 풍경이었다가 곧 도시경관으로 제멋대로 바뀌며, 안구를 베는 것과 같은 초현실적인 이미지들이 병치되어 있고 편집은 경직되어 있다. 이 모든 것들은 영화의 내러티브를 앞뒤가 맞지 않는 것으로 만드는 데 기여한다. 이렇게 보니 우리들은 또는 최소한 우리들 중 일부는 왜곡된 생김새와 기괴함, 뒤죽박죽인 것으로부터 미적인 즐거움을 얻고 있는 것이 아닐까 싶다.

실제로 많은 작품들은 단지 혐오스러운 것을 묘사하거나 불쾌한 감정과 생각을 부추길 뿐만 아니라 불쾌한 재료를 사용하기도 한다.

예술과 그 가치

특히 신디 셔먼(Cindy Sherman), 마이크 켈리(Mike Kelly), 폴 매커시(Paul McCarthy), 키키 스미스(Kiki Smith), 제닌 안토니(Janine Antoni)와 같은 작가들의 작품을 중심으로 이야기되는 이른바 '비속 예술(abject art)'이라는 것에 대한 최근의 관심도 같은 흐름에서 고려되어야 한다. 신체의 대사과정에서 나온 것들, 체액, 구토, 월경혈, 대변과 같은 것들에 대한 몰두와 저급하고 혐오스럽거나 금기를 위반하는 것에 대한 관심을 고려한다면, 이는 마치 혐오란 미적 반응의 울타리 밖에 있다는 칸트 주장의 타당성을 따져보려는 실천적인 예술운동이 있는 게 아닐까 싶을 정도다. <무제 167>(1986)과 <무제 175>(1987) 같이 신디 셔먼이 1986에서 87년에 걸쳐 제작한 '혐오스러운' 사진들에서 볼 수 있는 여러 가지 중에는 여성의 몸과 연관된 소품들과 다양한 신체 부분들이 포함되어 있고, 이들이 오물 속에 흩뿌려져 있다. <무제 172>(1987)에는 더러운 접시들과 녹은 왁스로 어질러진 식탁이 있고, 전경에는 벌레들을 담은 접시가 반짝거리고 있다. 작품이 불쾌한 재료들로 구성되거나 변태적인 장면을 묘사하고 불쾌한 반응을 일으키더라도 우리는 그것을 미적으로 감상할 수 있는 것 같다. 하지만 칸트의 설명에서 이런 경우들은 미적 감상의 영역 밖에 있는 것처럼 보인다. 적어도 그것들의 추하고 혐오스럽고 뒤죽박죽인 부분에 한해서는 말이다. 그러나 바로 이 추함, 혐오스러움, 뒤죽박죽임이 그것들이 미적으로 매력적인 이유의 일부를 구성한다.

칸트는 틀림없이 그런 것들에 대한 우리의 관심은, 그 관심이 어떤 것이든 간에 미적이지 않다고 주장할 것이다. 실제로 어떤 경우에는 예술적인 관심이 미적 영역 밖에 있을 때가 있다. 다다(Dada) 운동을 생각해 보라. 전통적인 구상화로부터 등을 돌려, 다다 운동은 감상자의 경험을 혼란시키기 위해 급진적인 테크닉들을 추구했다. 다다에서는 작품의 비정합성이나 야만성이 미적 가치를 갖는 것이 아니다. 왜냐하면 이들은 의식적으로 반미적(anti-aesthetic)이고자 했기 때문이다. 대신 그것들은 보다 광범위한 예술적 목적들을 위해 사용된다.

예술작품이란 그 본성상 구성된 것이라는 생각을 전면에 깔고 다다이 즘은 예술적 관습과 사회구조에서 '자연스럽고' 불변하는 것이라고 생각해 온 가정들에 도전했다. 다다이즘은 고전적인 예술 전통, 특히 제1차 세계대전 이후 있었던 '보편적인' 예술 가치를 포착하려는 시도 들에 대한 반발이었고, 그 이전의 아방가르드가 전쟁과 기계를 미적 으로 찬양한 것에 대한 거부였다. 'R. Mutt'라고 사인된 뒤집어진 소 변기인 마르셀 뒤샹의 <샘>(1917) [165쪽]은 고전주의라는 배경을 고려할 때 비로소 예술은 어떤 본질적인 미적 속성을 드러내야 한다 는 가정에 대한 익살스러운 반박으로서 의미를 지니게 된다. 예술에 대한 합리적이고 심미화된 생각에 비추어 볼 때에만 비합리적이고 해 체적이고 반미적인 다다의 테크닉들이 의미를 지니게 되는 것이다.

다다라는 단어는 우리 주변에 실재하는 것과의 가장 원초적인 관계 를 상징한다. 새로운 실제는 다다이즘을 통해 그 자신의 본래 특성을 드 러낸다. 삶은 소리와 색, 그리고 영적인 리듬이 동시다발적으로 일어나 는 뒤범벅 같은 것인데, 다다예술은 감각적인 비명과 무모한 일상적 영 혼의 열기와 거친 실재, 이 모든 것들을 아무 변형 없이 그대로 받아들인 다. 이 점이 오늘날까지 모든 예술적인 동향들과 다다이즘을 구분 짓는 날카로운 경계선이다. 다다이즘은 최초로 삶에 대해 미적인 태도를 취하 는 것을 그만두었다. 다다이즘은 이 일을 윤리와 문화와 영적인 것에 관 한 모든 슬로건 — 이들은 나약한 근육을 가리는 망토에 불과하다 — 들 을 찢어 그 구성 요소들로 돌려 버림으로써 달성한다.[25]

하지만 비록 많은 다다이즘 예술이 비정합적이 되고자 의도했을 지라도, 일반적으로 그것을 추하고 혐오스럽고 기괴한 것을 그 자체 로 미적으로 감상하는 경향이라고 볼 수는 없다. 오히려 다다이즘 예 술은 보다 지적인 관심의 산물이다. 따라서 이것으로 설명이 다 되었 다고 할 수는 없다.

예술과 그 가치

이제 셰익스피어의 『십이야』의 한 구절을 보자.

"아! 저 사람 입이 뱉어내는

어떤 경멸이나 노여움의 말도 아름답게만 들리니."[26]

뒤틀리고 끔찍한 경멸과 모욕의 특징들도 사랑하는 사람의 얼굴에서 나타날 때에는 아름다워진다. 일반적으로는 거슬리고 불쾌한 것도 특정한 맥락에서라면, 또는 다른 특질들이 어떠하냐에 따라서, 즐거움을 줄 수도 있는 것이다. 그러한 특별한 관계나 맥락이 없어진다면 우리는 이런 특질들을 전혀 감상할 수 없을지도 모른다. 따라서 기괴하고 혐오스럽고 추하고 뒤죽박죽인 것이 일반적으로는 미적으로 불쾌하더라도, 특정한 맥락에서, 어떤 관계가 주어진다면 즐거운 것으로 바뀔 수도 있다는 주장을 생각해볼 수 있다.[27]

이 주장을, 이와 관련은 있지만 보다 약한 주장과 구별하는 것이 중요하다. 그 약한 주장이란 한 맥락에서 추한 특질이 다른 맥락에서는 아름다울 수 있는 경우가 있다는 것이다. 반면에 여기서 논하려 하는 강한 주장에 담긴 생각은, 추한, 그러므로 보통은 불쾌하다고 생각되는 것이, 특정한 맥락에서는, 그것이 여전히 추함에도 불구하고 즐거움을 주게 될 수 있다는 것이다. 루시안 프로이트(Lucian Freud)의 누드 그림은 종종 대상의 신체를 마치 두터운 고기조각처럼 묘사한다. 예를 들어 1980년대 중반부터 시작된 리 보워리(Leigh Bowery)를 모델로 한 연작은 살의 얼룩덜룩한 톤, 그 윤곽과 넓은 면적에 주목하게 한다. 그 중 한 작품에는 단지 보워리의 넓은 등과 둥근 머리 윗부분만이 보이기 때문에 감상자는 자의식이 있는 주체로서의 보워리와 마주할 수조차도 없다. 우리는 묵직한 덩어리와 주름들, 넘쳐나는 살, 굴절되는 그림자와 색조를 바라보고, 몸은 그 본성이 물질적이라는 사실을 보게 된다. 그러나 보워리의 살의 막대한 부피와 면적, 그림자와 색조, 유동적인 윤곽 사이의 상호작용을 통해, 무언가 우리가 일반적으로는 꽤나 역겹다고 느낄 만한 것이 미적인 매력이 있는 것

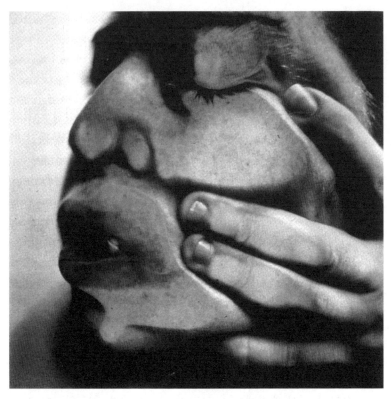

사빌과 루크포드, <폐쇄된 접촉 #14>(1995/6), Gagosian Gallery로부터 승인 취득

으로 변화되고 있는 것이다. 제니 사빌(Jenny Saville) 또한 이런 측면
에서 살펴볼 가치가 있다.

그녀는 종종 크고 뚱뚱한 여성의 모습을 집중적으로 그렸는데, 이
는 프로이트 작품에서 본 것과 비슷한 특징을 지닌 것들이다. 1990년
대 중반에 그녀는 사진작가 글렌 루크포드(Glenn Luchford)와 함께
일련의 자화상 작업을 했다. 그 작품들은 그녀의 얼굴과 몸을 일그러
진 자세로 보여 주는데, 게다가 이것을 유리판에 대고 눌러, 이미 기괴
한 신체형상을 이중으로 왜곡하고 있다. 예를 들어 <폐쇄된 접촉 #14
Closed Contact #14>(1995/6)는 그녀 왼쪽 얼굴의 4분의 3과, 마치

예술과 그 가치

뒤로 끌어당기 듯 살을 깊숙이 누르고 있는 그녀의 손가락을 보여 주고 있다. 얼굴이 유리에 바로 맞붙어 있기에 얼굴을 구성하는 부분들은 납작하게 되어 제 모습을 잃고 있고, 끌어당기는 손가락들이 얼굴을 가로지른 자국이 더욱 강조되는 효과를 낳는다. 그로 인해 또한 유리에 닿아 있는 살은 흰색이고 입, 눈가, 콧구멍이 만드는 틈은 어둡게 되어 그들 간의 강한 색조대비가 만들어진다. 그 이상한 모양과 색조와 구조는 그 자체로 매혹적이다.

그러나 이 사진은 여러 층위에서 작용한다. 이것이 얼굴에 대한 시각적 왜곡임을 아는 것도 그 중 한 가지 층위이다. 이 기괴한 얼굴 생김새가 거슬리는 이유는 그것이 인간의 얼굴에 대한 우리의 기대에는 전혀 맞지 않음에도 불구하고 인간의 얼굴로 볼 수밖에 없기 때문이다. 따라서 이 작품의 흥미로운 점의 하나는, 이것이 일반적인 사진이었다면 보게 되었을 사빌의 모습에 대한 상상과, 실제로 보이는 그녀의 이상한 모습 사이를 우리가 오락가락하게 된다는 점이다. 하지만 우리는 또한 이것을 인간과 거의 비슷하지만 딱 인간은 아닌 어떤 것의 얼굴로 볼 수도 있다. 그것은 어둡고 원시적이며 흡사 외계인 같은 무언가를 가지고 있다. 턱 선은 각이 져 있고 우리가 보통 인간의 얼굴에서 볼 수 있는 것보다 훨씬 더 길게 튀어나와 있다. 눈, 코, 입 같은 주요 얼굴 부위들은 훨씬 길게 늘어지게 보여서 마치 앞쪽으로 가파르게 경사진 얼굴 같은 인상을 준다. 이는 마치 우리 인류의 조상 또는 사촌 격인 네안데르탈인 같은, 즉 분명히 우리와 관계는 있지만 절대 우리와 같지는 않은 어떤 종을 보는 것 같다. 우리는 또한 이것을 얼굴의 추상적 형태를 표현주의와 유사한 방식으로 구성해 낸 것으로, 고통이나 우울 또는 심지어 죽음에 상응하는 것을 시각적으로 그려낸 것으로 볼 수도 있다. 그러나 이 모든 가능한 경험들에서 우리의 시각 경험의 중심에 놓여 있는 것은 그 형태가 왜곡 또는 추상화된 그녀의 얼굴 표면이다. 그 얼굴은 유동적이고 흉하게 변형되었으며, 재형성되었고 위협적이다. 기본적으로 인간의 얼굴이면서도 인간의 살아 있는 얼굴과 형체가 어떻게 보여야 하는가에 대한 우리의 범주적 가정을 위협하는 무언가와 대면한다는 느낌. 이것이 바로 더 이상 환원될 수 없는 이 시각경험만의 고유한 느낌인데, 이로부터 메스꺼움과 혐오의 역겨운 느낌이 일어난다. 여기서 우리가 역겹고 불쾌하다고 느낀 바로 그것이 우리의 미적 관심을 사로잡는 것이다. 그것이 우리가 그 얼굴 형체와 구조, 색조, 색상의 상호관계에 주목하는 특별한 방식을 유도하는 것이다. 따라서 보통은 미적으로 불쾌한 역겹고 기괴하고 추하고 뒤죽박죽인 것이 미적 장점이 될 수 있는 것이다.

기괴하고 추하고 혐오스러운 것에서 느끼는 즐거움이 미적 가치를 가질 수 있음이 인정된다고 해서 기괴함이나 추함, 혐오스러움이 순전히 우연에 달린 문제라는 뜻은 아니다. 그 의미는, 간섭에 의해서, 또는 관례적으로, 우리가 일상적인 조건들을 억제하거나 거기에 변화를 줄 수 있는 비전형적인 경우가 있다면, 일반적으로는 정말 불쾌하다고 느낄 만한 것들로부터도 즐거움을 얻게 될 수 있다는 것이다. 사실 다른 감정상태에서도 마찬가지 일이 일어난다. 예를 들어 우리는 보통 공포를 본래적으로 불쾌한 것으로 생각하고 피하려고 한다. 하지만 표준적이지 않은 조건들 아래서는, 즉 롤러코스터나 공포영화에서와 같이 실제적인 위협이 없는 경우, 또 자동차 경주나 암벽 등반과 같이 위험이 우리가 가진 통제능력의 시험대로 여겨질 때라면, 많은 사람들이 종종 적극적으로 공포의 감정을 추구하고 즐긴다. 그 정도는 사람마다 다르다. 그런 만큼, 어느 정도까지 그런 것을 욕구해도 되는지도 다양할 것이다. 하지만 그러한 차이는 인간의 본성과 욕구, 성향에 표준적인 것이 있음을 통해 설명될 수 있다. 혐오스럽고 기괴하고 추한 것도 마찬가지이다. 사람들은 제 각각이어서 그러한 작품에 보다 잘 몰입되는 성향의 사람도 있고 잘 안 되는 성향의 사람도 있다. 하지만 그렇게 하는 사람들은, 적어도 좋은 작품을 만났을 경우, 미적으로 가치 있는 경험을 하게 될 것이다. 왜냐하면 표준적인 상황에서는 작품을 나쁘게 만들 미적 특질들이, 특정한 부류의 경우들에 있어서는, 비록 항상 그런 것은 아니더라도, 작품을 미적으로 좋게 만드는 특질이 될 수 있기 때문이다.

어떤 사람들은 이 생각을 한 걸음 더 진전시키고 싶을지도 모르겠다. 예를 들어, 적어도 어떤 특정한 종류의 미적 감수성을 지닌 사람들에게는 혐오스럽고 불쾌하고 추한 것들이 표준적인 좋은 미적 특질일 수 있지 않을까? 플라톤(Plato)의 『국가 Republic』에는 대학살의 현장을 지나가는 레온티온(Leontion)의 이야기가 다음 같이 나와 있다:

> 그는 시체들이 땅에 누워 있고 그 옆에 사형집행인이 서 있는 것을 보았다. 그는 다가가서 시체들을 보고 싶었지만, 그와 동시에 역겨움으로 망설였다. 잠시 동안 그는 망설이면서 눈을 감고 있었으나 마침내 욕망을 참지 못하여 눈을 뜨고 자신의 눈에게 다음과 같이 말하면서 시체들을 향해 달려갔다. '옜다, 이 고약한 것들아, 사랑스러운 광경! 실컷 보려무나.'[28]

레온티온이 시체들의 모습에서 즐거움을 얻은 것으로 미루어 볼 때, 기괴하고 무섭고 혐오스러운 특질들이 그 자체로 즐거움을 주는 것은 아닐까 생각해볼 수 있다. 일상적인 경험들을 생각해 보더라도 이것이 드문 현상은 아니다. 사람들은 종종 사고잔해를 보려는 이유만으로 사고현장 주위에 몰려들거나 사고현장을 지나칠 때 차의 속도를 늦추곤 한다. 섬뜩한 살인장면을 담은 잡지, 비디오, 컴퓨터 게임들이 일상적으로 팔리고 있으며 사람들은 종종 병든 몸이나 해부용 시체를 찍은 의학사진들에 매료된다.

이러한 관심은 예술에도 드물지 않다. 네로 황제는 기형이고 불구인 음악가들만을 모아 자신을 위해 연주하도록 했다는 이야기가 있다. 피에타를 재현한 많은 작품들은 분명히 기괴하다. 보슈(Bosch)의 작품 중 어떤 것은 혐오스럽다. 그뤼네발트(Grünewald)의 <십자가 책형 Crucifixion>(1515)은 황량하고 잔인하며 공포스럽다. 러스킨(Ruskin)은 후기 르네상스의 예술을 비난하면서 이때의 예술은 전반적으로 야비한 조롱, 기이함, 기형에서 오는 미적 즐거움을 탐닉하고 있다고 하였다. 따라서 그는 베니스에 있는 성모 마리아 성당 첨탑 건물의 기저부에 있는 조각에 대해 다음과 같이 쓰고 있다. "머리. 그리거나 묘사하기에는 너무나 불쾌한, 짐승같이 타락한 눈초리로 흘겨보고 있는, 거대하고 비인간적이며 기괴한 머리…… 그 머리에는 베니스의 쇠퇴 제4기에 베니스를 점령했던 사악한 정신의 전형이 구현되어 있다."[29]

20세기 후반에 와서 <시체공시소 The Morgue>(1992)라고 이름 붙여진 안드레 세라노(Andres Serrano)의 사진 연작, 부검과정을 추적한 수 폭스(Sue Fox)의 무제작품들(1996), 그리고 리처드 소던 스미스(Richard Sawdon Smith)의 <증상 Symptom>(1997) 연작은 모두 인간육체의 색과 형태, 그리고 그 육체가 치명적으로 훼손되었음에 중점을 두고 있는 작품들이다. 데미언 허스트(Damien Hirst)의 <1,000년 A Thousand Years>(1990)은 구더기가 들어 있는 부패해 가는 소의 머리로 이루어져 있는데 그 속에서 구더기는 파리가 되고 그 파리는 다시 구더기가 될 알을 낳는 끝없는 순환과정이 반복된다. 일부는 인간으로 알아볼 수 있고 나머지는 분명히 인간이 아닌 프란시스 베이컨의 울부짖는 형상들 중 많은 수가 육체와 영혼의 영속적인 타락과 저열한 부패를 다루고 있다. 이렇게 보니 어쩌면 전형적으로는 부정적인 미적 특질이 미적 장점이 될 수도 있다는 것은 단지 경우에 따라서만 그런 것이 아니라, 적어도 특정한 미적 감수성을 가진 사람들에게 있어서는, 전형적으로 미적 장점이 되는 것 같기도 하다.

미적으로 즐겨 찾는 작품들의 목록이 순전히 위와 같은 종류의 것으로만 구성되어 있는 사람이 어쩌면 있을 수 있다. 레온티온이 시체의 모습에 이끌렸던 것과 같은 이유로 의학서적을 보는 사람들이 있을 수도 있다. 그러나 이 사실 자체만으로는 추하고 기괴하고 역겨운 것이 전형적으로 미적 장점이라는 것을 보여 주지는 못한다. 오히려 그것이 보여 주는 것은 그런 특징들에서 미적 즐거움은 느끼는 것

예술과 그 가치

이 도착(倒錯)이라는 사실이다. 위에서 논의된 작품들을 통해 우리는 인간의 본성상 불쾌하게 볼만한 것들이 왜, 그리고 어떻게, 미적으로 매력적일 수도 있는지를 알 수 있다. 그러나 그렇다고 해서 혐오스럽고 추하고 기괴한 것으로부터 미적인 즐거움을 찾는 데에 한 사람의 감수성 모두를 바친다면 이는 그 사람의 인간적 본성이 잘못된 방향으로 가버렸음을 말해 줄 뿐이다. 물론 우리가 때때로 그런 특성들로부터 즐거움을 얻는 것은 분명 사실이다. 요크셔에는 전통적으로 거닝(gurning)이라고 하는, 누가 가장 일그러지고 못생긴 얼굴을 만들수 있는지를 보는 시합이 있다. 유사하게, 만약 많은 사람들이 추하고 괴기스럽고 기형적인 것을 봄으로써 즐거움을 얻는 것이 사실이 아니라면, 사람들이 왜 기형들이 등장하는 서커스의 프릭 쇼(freak show)에 끌리는지 이해하기 어려울 것이다. 그러나 중요한 것은 이런 사례들이 사실은 전형적인 경우가 아니라는 것이다. 우리가 미적으로 관심을 가지고 즐거움을 얻는 대상이 쾌적함과는 거리가 먼 대상일 수도 있다. 그러나 기괴한 것의 매혹과 즐거움을 강박적으로 추구하는 것은 심각한 의미의 도착인 것이다.

포스트모던하고 허무주의적인 오늘날의 시각예술의 흐름에 관해서 이것은 옳은 판단일 수도 있다. 기괴함과 같은 특징들이 특정한 맥락에서는 미적으로 가치 있을 수 있다는 생각을, 그러한 것들이 그 자체로 미적으로 가치 있다는 잘못된 생각과 혼동해 온 것이 아닌가 싶기도 한 것이다. 이러한 예술의 일부가 윤리적이고 사회적인 금기(taboo)들과 마주서서 그 경계를 밀어내려는 시도와 만나게 되었다는 것은 분명한 사실이다. 프란시스 베이컨, 제니 샤빌, 신디 셔먼이나 그뤼네발트의 경우와 같이 이러한 시도가 잘 이루어졌을 때, 그 결과는 미적으로 가치 있을 수 있으며, 기독교의 의미에 대해, '정상(normality)'이 무엇이며 아름다움이 무엇인지에 대해, 그리고 우리가 우리 자신을 이해하는 방식에 대해 가지고 있는 우리의 편안한 가정(assumption)들에 도전하는 경우가 될 수 있다. 하지만 그러한 특질을

111

가졌기만 하면, 또는 우리의 미적, 도덕적, 사회적 경계들을 밀어내려는 시도이기만 하면 그 자체로 자동적으로 좋은 것이 되는지는 전혀 분명치 않다. 인간의 본성에 존재하는 구속을 닳아 없어지게 함으로써 우리는 해방될 수도 있다. 하지만 진정으로 아름답고, 도덕적·사회적으로 좋은 것으로부터도 해방되는 것, 그래서 우리가 가진 동물적 본성의 폭력적이고 추하고 야만적인 측면들을 마구 날뛰게 하는 것은 곧 우리를 피폐하게 만드는 것이다. 인간이 문명화되었다는 표지들 중 하나는 우리의 동물적 본성의 측면들을 인간다운 관점에서 가치 있는 것으로 승화시키는 것에 있다. 후기 르네상스에 대한 러스킨의 비난은 그 조각이 적어도 어떤 감수성을 가진 사람에게는 미적으로 값질 수도 있다는 사실에 이의를 제기하는 것은 아니다. 그가 정말로 반대하는 이유는 그런 식의 작품들이 "야만적인 악덕의 관조와 천박한 풍자의 표현에서 즐거움을 얻고 있음을 증빙하고 있기 때문인데, 나는 이것이 인간의 정신이 추락할 수 있는 가장 절망적인 상태라고 믿기 때문이다."[30] 그래서 로버트 휴즈(Robert Hughes)는 우리의 동시대 예술(contemporary art)은 변덕스러운 유행과 상업주의, 자기 스스로 자기를 추켜세우기에 집착하고 있는 예술이라는 특징과 함께, 현대예술(modern art)로부터 타락한 것이라는 특징을 가지고서도 부분적으로 설명될 수 있다고 제안하고 있는 것이다.[31] 그러나 그럼에도 불구하고 동시대 예술에는 또한, 칸트의 생각과는 달리, 혐오스럽고 추하고 기괴한 것도 미적인 성질일 수 있음을, 즉 그것들도 긍정적인 가치를 가질 수 있음을 인식하게 되었다는 사실도 그 특징으로 포함되어 있다.

의미가 **중요하다**

최근 몇 년간, 예술계와 학술계 모두에서 미에 대한, 나아가 보다 일반적으로 미적인 것(the aesthetic)이라는 개념에 대한 관심이 되살아났다. 1990년대를 통해 미국의 예술비평가 데이브 히키(Dave Hickey)는 예술에서 미의 중요성을 부활시키고자 노력했다. 또한 최근 들어 지난 5년 정도 동안 갑자기 이 주제에 대한 책들이 쏟아져 나왔고[32] 갤러리들에서도 역시 1999년 워싱턴 허션(Hirshorn) 미술관의 「미에 관하여, Regarding Beauty」와 같은 전시회들이 개최되었다. 이러한 미와 미적인 것에 대한 열정적인 재발견이라는 이름하에 논의되는 내용 중에는 부정확한 부분도 많다. 예를 들어 일레인 스캐리(Elaine Scarry)는, 미는 곧 대칭이며 필연적으로 진리와 연결되고 또 그에 따라 정의와 연결되는 것으로 간주하고 있다.[33] 하지만 실상 미는 종종 대칭적이지 않으며 — 그저 예쁜 정도가 아니라 정말로 아름다운 사람 얼굴이나 경치를 생각해 보라 — 진리로부터 벗어나 있거나 명백히 정의와 어긋날 수도 있는 것이다. 그럼에도 불구하고 미와 미적인 것의 개념에 대한 현재 제기되고 있는 질문 중 많은 것들은 흥미롭다. 특히 작품의 미가 작품의 의미에 대해 외적인 경우와 내적인 경우를 구분해야 한다는 아서 단토(Arthur Danto)의 최근 제안이 그러하다. 이 구분은 단토에게 중요한데 왜냐하면 단토는 작품에 구현된 의미(embodied meaning)를 중시하기 때문이다. 따라서 그는 미가 작품의 의미에 대해 내적인 경우라야만 작품의 미적 속성들이 예술로서의 작품에 대한 우리의 평가와 적절하게 관련된다고 본다.[34]

'의미가 중요하다'는 슬로건이 대두되는 이유는 우리가 작품의 맥락과 내용에 대한 지식에 의존하여 작품을 감상하는 일이 자주 있기 때문이다. 맥락에 있어서건 내용에 있어서건 지식이 작품의 가치평가에서 하는 역할이란 작품의 미적인 측면과는 관련이 없는 것처럼 보인다. 단토는 일찍이 "어떤 것을 예술로 보는 것은 눈이 알아보지 못하는 무엇 — 예술이론의 분위기와 예술사에 대한 지식, 즉 예술계(artworld) — 를 요구한다."고 썼다.[35] 그가 드는 고전적인 예는 앤디 워홀이 복제한 브릴로(Brillo) 상자들인데, 이 상자들은 1960년대의 평범한 슈퍼마켓에 깔끔하게 쌓아올려진 채 진열되어 있었던 그런 종류의 물건이었다. 어떤 의도와 목적을 가지고 보건, 워홀의 브릴로 상자들은 그것이 모사하는 일상의 대상인 실제 브릴로 상자들과 조금도 달라 보이지 않지만, 그래도 우리는 워홀의 상자는 예술로 대하고 가게에 있는 상자들은 그렇게 하지 않는다. 그 차이는 워홀이 만든 대상이 지닌 아름다움으로는 설명될 수 없다. 왜냐하면 이 측면에서라면 두 종류의 상자가 지닌 특질은 그럭저럭 동일하다고 볼 수 있기 때문이다. 그렇다면 우리는 워홀의 브릴로 상자가 지닌 아름다움에 대해 — 실제로 그런 것을 지니고 있는지는 모르겠지만 — 그것은 그 작품의 예술로서의 본성과 의미와 관련하여 외적이라고 말할 수 있을 것이다.

단토의 주장에 따르면 이 경우 예술과 예술 아닌 것의 차이를 만드는 것은, 1960년대에 비로소 우리는, 이전에는 그럴 수 없었던 관점을 활용해 우리에게 제시된 대상들을 예술로서 바라볼 수 있게 되었다는 사실이다. 예를 들어, 워홀의 브릴로 상자를 위시하여 일반적으로 그의 예술 대다수의 제재는 상업적인 대중문화였다. 그리고 가게에 있는 것과 외양적으로는 동일한 대상인 브릴로 상자를 고급예술로 제시한다는 것 속에는 순수예술과 대중문화의 산물이 감상하는 방식에 있어 별 차이가 없다는 우리의 생각이 들어 있는 것이다. 어쩌면 워홀은 다른 작품들과의 관계를 근거로 해서 자신의 작품도 예술이 된다고 내세울 수도 있었을 것이다. 예를 들어 브릴로 상자는 뒤샹의 레디메이드들과 공통점을 가진다. 즉 브릴로 상자 역시 예술계의 정통한 구성원들(그것이 큐레이터든 비평가든 이론가든 또는 일반적인 예술 애호가 대중이든지 간에)에 의해 레디메이드처럼 감상될 수 있다는 것이다.

너무 장황한 설명이 되는 감이 있지만, 심지어 우리가 감상할 때 어떤 장르와 범주를 적용하느냐에 따라서도 예술과 예술 아닌 것의 차이가 만들어진다. 20세기 초에 인류학 박물관에 무기력하게 놓여

예술과 그 가치

있던 많은 유물들이 이후에는 예술로서 전시되고 관람되게 된 것은 유명한 경우이다. 부분적으로 이것은 피카소가 인류학적인 유물들에 대해 관심을 가졌었으며, 그에 따라 원시적인 양식을 사용하여 <아비뇽의 아가씨들>(1907)과 같은 독창적인 작품을 제작하고 큐비즘을 발전시켰기 때문이다. 실제로 한때는 루브르 박물관과 파리의 인류학 박물관이 특정한 인공물에 대해 과연 어느 쪽이 이것을 전시해야 하는지를 놓고 싸우기도 했다. 또한 훨씬 더 낮은 층위에서도, 우리가 작품을 스케치로서 주목하는지 아니면 완성된 작품으로서 주목하는지에 따라, 그리고 그것을 자연주의적, 표현주의적, 또는 인상주의적인 작품 중 어떤 것으로 보아야 하는지에 따라서도 차이는 만들어진다.[36]

작품의 감상이 지식에 의존하는 일이 있다는 사실로 인해 칸트 입장의 문제점이 드러난다는 지적을 칸트주의자는 수긍하지 않을지도 모른다. 종속미 개념을 통해 칸트는 결국 특정한 개념이나 범주를 매개로 하여 파악한 대상도 아름다울 수 있음을 명시적으로 허용하고 있기 때문이라는 것이다. 물론 대상이 아름다운지 아닌지가 적절한 개념의 적용에 의해 결정된다는 것은 아니지만 말이다. 인류학적인 조각물이나 그리스 화병이 모두 아름답다는 얘기는 아니지만 그 중 몇몇은 실용적 대상으로서 바라보아도 여전히 미적 즐거움을 일으킬 수 있다. 칸트 미학에 대한 위의 반론이 보여 주는 것은 기껏해야 예술로서의 작품의 미적인 특성을 감상하기 위해서는 그 대상을 적절한 범주로서 지각해야 한다는 것 정도인 것 같다. 즉 워홀의 브릴로 상자가 공장에서 제조된 것과 시각적으로 식별되지 않는다고 하더라도, 그럼에도 불구하고 그것을 슈퍼마켓 선반에 놓인 것이라고 간주할 때와는 다른 방식인 예술로서 바라보는 것이 적절하다는 것이다. 하지만 브릴로 상자의 매력은, 만약 정말로 그것이 미적이라면, 바로 종속미의 한 사례가 되는 것이다.

의미가 중요하다는 주장을 또 다른 방식으로, 즉 작품의 내용과 의미는 무언가를 위해서가 아니라 그 자체로 중요하다는 주장으로 이해해 보려 할 수도 있다. 하지만 이 경우라면 칸트 편에서, 그러한 주장은 선결문제 요구의 오류를 범하고 있다고 반박할 수도 있을 것이다. 앞서 피카소의 <우는 여인>[80쪽]과 관련해서 살펴보았듯이, 칸트의 이론은 작품의 내용이 작품의 미적 가치에 매우 중요하다는 것을 허용할 수 있다. 하지만 결정적인 질문은 어떻게 그렇게 되느냐는 것이다. 칸트의 설명에 따르면 내용이 문제가 되는 경우 우리는 작품의 형식이 어떻게 재현하는 내용을 그려내는 미적으로 적합한 수단이 되느냐 하는 그 방식에서 즐거움을 얻는다는 것이다. 따라서 이런 경우 작품의 미적 가치는 작품의 형식적 측면과 주제가 되는 내용 간의 상호관계, 그들 사이의 통일성, 복잡성, 강렬함 등등의 특질들에 의해서 주어진다. 우리는 허구냐 역사이냐 하는 측면에서의 작품의 지위, 작품의 내용이나 의미 그 자체, 그리고 작품의 미적인 측면을 각각 개념적으로 구별해야 한다. 작품은 그것이 재현한 인물이 역사적으로 실재했었는지 아니면 허구인지에 따라, 아니면 그것이 미래를 제대로 예견했는지 아닌지에 따라 예술작품으로서 더 좋거나 더 나빠지지는 않는다. 마찬가지로 단지 추상적이라서, 재현적이라서, 부르주아적 가치를 전복시켜서, 인간성의 영광을 찬양하거나 그것의 사악함을 비난하기 때문에 등의 이유로 예술로서 더 좋아지지도 않는다. 작품에 내용이 있는 경우, 미적인 관점에서 중요한 것은 그 내용이 얼마나 솜씨 좋게 전달되는가를 주목함으로써 우리가 즐거움을 얻는지의 여부이다. 그러므로 작품의 내용 또는 의미가 작품의 미적 가치와 관련이 있는 것은 사실이지만, 오직 간접적인 부수효과로서만 그러하다. 작품의 메시지 그 자체는 작품의 가치와 무관한 것이다. 메시지는 내용이 미적인 장점의 성취를 도와주거나 방해하는 경우가 되어야만 드러난다. 만약 피카소가 <우는 여인>을 통해 평온한, 축복이 예비된 성자의 슬픔 같은 것을 나타내려고 했다면 그것은 좋은 작품이 될 수 없었을 것이다. 왜냐하면 골이 파인 얼굴과 손가락에 의한 난도질, 산성 눈물방울은 평온함을 전달하려는 시도와는 전혀 맞지 않기 때문이다.

예술과 그 가치

그가 나타내려고 시도한 것과 그렇게 하기 위해 사용한 수단 간의 불일치는 그 작품의 조화와 통일성을 훼손했을 것이다. 하지만 작품이 평온한 슬픔을 나타내느냐 통렬한 슬픔을 나타내느냐는 그 자체로는 미적 장점도 단점도 아니다. 고려되어야 할 것은 그것을 어떻게 나타냈느냐 하는 것이다.

하지만 이제까지의 변론이 사실이라 해도, 칸트의 이론이 어느 측면에서는 정말로 예술에서 의미가 수행하는 역할을 무시하고 있는 이론인 것도 맞는 말이다. 안드레 세라노(Andress Serrano)의 <오줌 예수 Piss Christ>(1987)를 생각해 보자. 이 작품은 십자가에 매달린 예수가 오줌 속에 담긴 채 빛을 받고 있는 사진이다. 흥미롭게도 이 작품의 시각적인 겉모습은 반미적인 것과는 거리가 멀고 오히려 아름답다. 하지만 이 작품의 핵심에 도달하기 위해서는 매체가 무엇인지 아는 것 ― 그러려면 작품의 제목을 알아야 한다 ― 이 필요할 뿐만 아니라 그 사실이 작품의 의미를 드러내는 데 어떤 중요성을 가지는가를 파악하는 것 또한 필요하다. 신성한 것이 비천한 것 속에 담겨 있는 모습으로부터 우러나는 아름다움은, 우리로 하여금 예수의 본성이 신성한 존재이면서 동시에 실수할 수 있는 인간이라는 생각, 오늘날에도 여전히 깊은 신비와 심오한 아름다움을 간직하고 있는 이 생각을, 이 작품에 대한 우리의 경험 속에서 절실하게 깨닫게 해준다. 그 순수한 미적 성질은 작품에 내적일 수 있겠지만, 작품의 경험을 통해 전달되는 이 작품의 의미로 볼 때 여기서 그것은 부수적인 것이다. 이런 경우에도 주제가 담기는 매체, 다루는 과정, 어떻게 조작하느냐 등이 미적 가치를 가질 수 있겠지만, 이는 작품이 어떻게 우리를 특별히 풍부한 의미 있는 경험으로 안내하며 그런 경험을 형성하고 제공하는지와 비교하면 부수적인 것이 되는 것이다.

같은 논점을 보여 주는 또 다른 방법은 내용 때문에 가치가 떨어진다고 여겨지는 작품들을 고려해 보는 것이다. 감상적이다, 미숙하다, 유치하다, 거슬릴 만큼 튄다, 단순하다, 심오하다, 통찰력이 있다,

상상력이 풍부하다 등은 일반적인 예술 애호가들이건 전문적인 비평가이건 작품을 평가할 때 쓰곤 하는 비평적인 용어들이다. 이런 종류의 평가들은 종종 작품의 내용에 관한 평가이며, 작품이 재현된 방식이 이러저러 하다면 우리는 그 내용을 어떻게 이해해야 하는지에 관한 평가이다. 예를 들어 르누아르(Renoir)의 별로 훌륭하지 않은 초상화들 중에서도 어떤 것은 기술적인 세련과 복잡한 색채구사, 그리고 미적인 정합성, 조화와 균형이 잘 통합되어 있음을 보여 주는 것이 있다. 하지만 그 작품들에 대한 우리의 감상은 종종 그것들이 가진 지나치다 싶을 정도의 감상성(sentimentality) 때문에 훼손된다. 그가 그렇게도 자주 그렸던 발그레한 볼의 젊은 여인과 예쁜 아이들이 지닌 유치한 순수함은 유년기에 대한 피상적인 낭만화를 드러낸다. 최악의 경우 그 작품들은 초콜릿 상자에 그려진 그림이나 선물 가게에서 볼 수 있는 생일카드의 그림과 별반 다를 바 없다. 그 작품들이 어떤 수준의 예술적 기교의 능란함을 보여 주건 간에, 우리가 그 작품들을 변변치 않게 여기는 이유는 그들의 재현이 깊이가 없고 유치하기 때문이다.

작품이 제공하는 경험의 성격을 그것이 가진 감정적인 깊이와 통찰력 또는 이해의 측면에서 볼 때, 그것으로부터 작품의 순수하게 미적인 가치를 뚜렷하게 분리해 낸다는 것은 유지되기 힘든 주장 같다. 어떤 작품은 미적으로 매력적이고 솜씨 좋게 고안되어 우리를 몰입시킨다. 작품의 구성이 특별히 보는 이를 빨아들이고 그 솜씨가 뛰어난 경우, 그것만으로도 훌륭한 예술작품일 수 있다. 왜냐하면 내용이나 감정적인 울림의 측면에서 깊이가 있어야만 훌륭한 예술작품이 되는 것은 아니기 때문이다. 그러나 작품의 미적 장점이 우리의 지각과 태도와 반응을 아주 깊은 정도까지 승격시킬 때, 그것이 바로 작품이 예술로서 가지는 장점이라고 우리는 생각한다. 얼핏 보아도 홀바인의 <대사들>(1533)은 영국 왕실에 파견된 두 명의 대사들을, 그들 각자의 역할과 그에 따르는 특권을 나타내는 도구들에 둘러싸인 채

예술과 그 가치

세라노, 〈오줌 예수〉(1987), 뉴욕 The Paula Cooper Gallery로부터 승인 취득

로 묘사한 최고의 작품이다.

사실로 밝혀진 바에 따르면, 그 두 사람은 1533년에 영국 주재 프랑스대사였던 장 드 댕트빌(Jean de Dinteville)과 대사로 활동할 기회를 많이 가졌었던 라보르(Lavaur)의 주교 조르주 드 셀브(Georges de Selve)라고 한다. 그러나 이는 이 그림의 본질적인 의미를 파악하는 데에는 부수적 사실이다. 그들은 탁자의 양옆에서 커튼을 뒤로 하고 바깥쪽 손은 허리에, 안쪽 손은 가볍게 탁자에 둔 채 자신감 있는 눈빛으로 감상자를 응시하고 있다. 그들의 자세는 최고로 자기 확신적인 사람, 대담하고 두려움을 모르며 자신들이 가진 지배력이 전혀 불편할 것 없는 그런 사람의 자세이다. 탁자 자체도 인류의 뛰어난 성취를 나타내는 물건들로 어지럽다. 류트, 플루트, 천체구, 휴대용 해시계, 찬송가 책, 그리고 다양한 항해도구와 기하학 기구들은 광대한 영역에 걸친 인류의 지식과 예술을 상징하며 동시에 르네상스 이래로 서양문화가 정복한 전세계의 영토를 상징한다. 두 사람은 감상자를 약간 내려다보고 있는데, 이는 그들이 우월하고 두려움이 없고, 이러한 흔치 않은 영역들에 도달한 것으로 잴 수 있는 자신들의 높은 지위를 스스로 인지하고 있음을 가리킨다. 또한 그들 옷의 재질과 화려함은 이러한 성취에서 오는 물질적인 보상을 암시한다. 그런데 마치 달걀 모양 같기도 한 얼룩 자국 같은 것이 그림의 전면을 대각선으로 가로지르고 있는 것이 보인다. 정면에서 보면 감상자는 이것이 무엇인지 식별할 수 없다. 그러나 다른 시점으로 옮겨 보면, 즉 오른쪽에서 옆으로 바라보면, 이것은 너무나 놀랍게도 커다란 해골의 재현인 것으로 보이기 시작한다. 이는 전도서의 한 구절 "헛되도다, 헛되도다, 모든 것이 헛되도다."를 시각적으로 구현한 것이다. 인류의 가장 위대한 성취도 결국 부서져 먼지로 돌아갈 것이며 위대한 인간도 같은 운명을 맞이할 것이다.

이러한 관점에서 보기 시작하면, 대사들의 분별없는 긍지와 자기만족에 그림자를 드리우고 있는 죽음이 중요한 주제로 등장한다. 그

예술과 그 가치

러자 배경의 커튼조차 새로운 의미를 얻는다. 커튼 뒤에는 우리 모두를 기다리고 있는 어둠이 있다. 비록 대사들은 커튼에 등을 돌린 채 서 있어서 이를 깨닫고 있지 못하지만 말이다. 대사들이 어떻게 자기 자신들을 인식하고 있는가에 관한 재현이라는 하나의 관점에서 보면, 그들은 아무것도 두려워하지 않고 의기양양하게 세상이 제공하는 모든 것을 정복해 온 사람들로 보인다. 반면에 어느 누구의 사정도 봐주지 않는 죽음 앞에서 사물들은 어떻게 보일까에 관한 재현이라는 또다른 관점에서 보면, 그들의 긍지는 건방진 오만으로 보인다. 왜냐하면 그들의 자존심과 지위, 그리고 성취는 그들 자신의 유한성 앞에서는 그저 덧없는 것일 수밖에 없기 때문이다. 그렇다고 해서 홀바인의 그림에 함축되어 있는 의미가 현명함이나 위대함의 추구가 헛되다는 것은 아니다. 그보다는, 대사들은 죽음의 견지에서 삶을 숙고하고 있지 않다는 것, 그렇기 때문에 그림에서 보이는 바와 같이 어떤 제약도 의식하지 않고 있는 자만을 드러내고 있다는 사실이다.

주목해야 할 것은, 우리가 대사들에 대해 이해하게 된 것이 회화적인 수단들을 통해 그림 속에 내포된 것이라는 점이다. 그 그림 자체는 교양 있는 사람을 그들의 도구나 책들과 함께 묘사하는 익숙한 전통에 따른 것이다. 하지만 이런 요소들과는 별도로 여기에는 대사들의 자아상(自我像)과 죽음의 비정한 관점 간의 병치가 그림이 사용한 서로 다른 두 시점을 통해 구현되어 있다. 감상자가 대사들에 대해 올바른 평가를 하기 위해서라면 우리는 그림을 서로 다른 시점들을 통해 보아야 한다. 만약 홀바인이 인간의 유한성에 대한 암시를 전달하는 그런 장치 ― 즉 다른 시점을 택해 본 해골의 재현 ― 를 사용하지 않았더라면 이 작품은 지금 말하는 것만큼 훌륭한 작품이 될 수 없었을 것이다. 홀바인이 두 사람을 재현한 방식만으로도 회화적인 테크닉과 미적 기교에 있어 놀라운 숙련도를 보여 준다는 점에서 이 작품은 의심할 여지없이 매우 가치 있는 작품으로 간주되었을 것이다. 하지만 이 그림의 힘은 그들도 죽음을 피할 수 없다는 사실에 의해 알아

홀바인, <대사들>(1533), 런던 National Gallery로부터
승인 취득

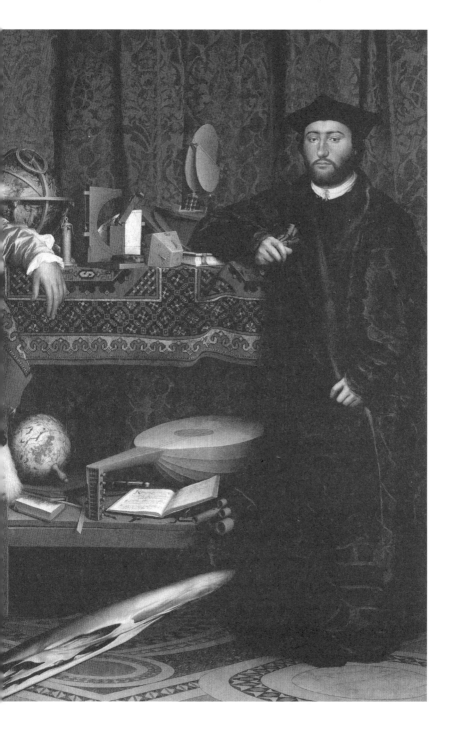

차리지 못하게 훼손되고 있는 대사들의 자부심을 조명한 것에 있다. 인간적 조건에 대한 이런 태도, 인간의 열망 — 심지어 그것이 가장 위대한 인간의 열망이라 하더라도 — 에 대한 깊은 시사점을 지닌 심오한 관점을 회화적으로 구현한 것이 이 작품을 진정 훌륭한 예술로 변모시키는 것이다.

　매우 깊이 있는 지각, 태도, 또는 반응을 구현한 것으로 인해 작품의 예술적 가치가 증진되는 일이 재현적인 예술에서만 일어난다고 생각할지 모르겠다. 하지만 이것은 전혀 사실이 아니다. 20세기의 시각예술은 구상으로부터 멀어져 형식과 구조에 대한 관심, 예술의 물질성, 색과 평면과 질감 간의 관계로 상당한 정도 움직여 간 것이 사실이다. 그러나 그렇다고 해서 추상예술은 순수하게 미적인 장점들과만 관련될 뿐이라는 결론은 따라 나오지는 않는다. 일견 내용 없는 추상미술 또는 추상조각이라도 그저 단지 고도의 표현에만 그치는 것이 아니라 우리의 태도, 반응, 지각과도 관계하고 있는 경우가 많다. 1장에서 우리는 몬드리안을 추상으로 이끈 것이 결국 세계의 근본구조의 모델을 만들려는 시도였음을 살펴보았다. 그러므로 가장 엄격하게 추상적이라고 할 수 있는 작품조차 재현적일 수 있는 의미가 최소한 하나는 있는 셈이다. 하지만 마크 로스코(Mark Rothko)와 같은 다른 종류의 사례를 생각해 보자. 로스코는 추상 표현주의자라고 알려진 1940년대 뉴욕에서 등장한 미국 예술가들 중에서 잭슨 폴록(Jackson Pollock)과 함께 가장 많은 찬사를 받은 사람들 중 한 명이다. 1940년대 후반부터 로스코는 나중에 가서 자신을 대표하게 된 테마의 작품들을 약간의 변형만 가하면서 계속해서 제작했다. 그는 서로 대비되거나 상보적인 또는 미묘하게 다른 색들의 블록과 층으로 이루어진 커다란 그림들을 그렸는데, 색을 얇은 층으로 만들어 겹쳐서 여러 번 칠한 결과 서로 다른 각도나 조명의 차이에 따라 미묘하게 반응하는 강렬한 색채감을 만들어 냈다.

　안타깝게도 사람들은 로스코에 대해 말하면서 지나친 과장을 하는 경향이 자주 있는데, 숭고, 심오, 무한함에 대한 환기, 무의식 등 생각해낼 수 있는 거의 모든 어휘들이 동원되기도 한다. 개중 나쁜 작품들만 놓고 말하자면, 로스코의 작품은 투박하고 반복적이며 평범하다는 평을 듣기도 하고, 그 커다란 크기는 서사적 성취가 아니라 실패한 허세를 드러낸다고도 이야기할 수 있다. 그렇지만 그런 작품들에 대해서도, 그들이 그저 색면의 블록들임에도 불구하고 아름답고 강렬하다는 것은 인정되어야 한다. 그러나 로스코의 작품들 중 잘된 것들을 본다면 이들은 단지 아름다운 것 이상이다. 로스코는 그가 근대의 정신이라고 자포자기의 심정으로 받아들였던 소외, 절망, 그리고 의심의 느낌을 전달하고자 애썼다. 어쩌면 그가 그 일에 완전히 성공한 것은 아닐 수도 있다. 그러나 때때로 그의 그림들은, 가까이서 볼 때, 마치 뻗어나가고 멀어져가는 무한한 공간 안에서 떠다니는 것 같은 느낌을 준다. 변화하면서 뒤로 멀어지는 색으로 이루어진 불확정의 세계 속에서 혼자인 경험을 하는 것은 본질적으로 고독한 존재로서 세계 속의 우리의 위치를 우리가 어떻게 이해하고 거기에 어떻게 반응하는지를 알게 해준다. 로스코의 작품만큼이나 추상적인 작품조차도 종종 순수하게 미적인 장점에 대한 관심을 넘어서는 그 이상의 주제를 가지고 있는 것이다. 그리고 그 주제가 가치 있는 것이고, 작품이 제공하는 경험을 통해서 그것이 잘 전달된다면, 작품은 이러한 이유 때문에 예술로서 더 좋은 것이 된다.

의미가 중요하다는 사실은 칸트가 문화를 고급예술로부터 분명하게 구분한 것과 관련해서도 우려를 낳는다. 왜냐하면 그러한 엄격한 구분은 예술의 발전이 문화 속에서 실천되는 것이라는 점과 잘 맞지 않기 때문이다. 비미적인 목적으로부터 독립적이기는커녕, 예술은 전형적으로 다양한 목적에 봉사하기 위해 제작되어 왔다. 그 목표나 후원의 형태가 종교적이든 공적이든 사적이든 또는 상업적이든 간에 말이다. 후원자들에게 아첨을 했다고 해서, 선전선동을 제공했다고 해서, 물질적 보상에 초점을 맞췄다고 해서, 르네상스의 종교예술, 홀바인의 궁정풍의 회화, 조슈아 레이놀즈(Joshua Reynolds)의 초상화가 위대한 예술이 되지 못하는 것은 아니다. 작품이 얼마나 훌륭한가는 작품을 창조한 주된 목적이 예술적으로 가공된 미적 특질들을 보여 주는 것인지, 아니면 도덕적 통찰, 종교적 헌신, 또는 아첨을 보여 주는 것인지에 달려 있지 않다. 물론 부분적으로는 미적 특질들이 얼마나 잘 만들어졌는지, 그것이 미적인 관심에 보답하는지가 작품이 얼마나 훌륭한가에 영향을 미친다. 하지만 그와는 별도로, 그 이상으로 중요한 것은 작품에 대한 적극적 감상(engaging)을 하게 될 때 드러나는 우리의 반응이나 통찰, 이해가 가치가 있느냐 하는 것이다. 그것이 평범하거나 진부하거나 피상적이거나 미숙한가? 만약 그렇다면 작품은 그런 만큼 나쁜 것이 된다. 이는 그것이 얼마나 아름다운지와는 무관하다. 반면 그것이 심오하거나 흥미롭거나 시사적이거나 삶에 진실하거나 통찰력이 있는가? 만약 그렇다면 그것 때문에 작품은 예술로서 더 좋은 것이 된다. 아름다움과 미적 관심을 통해 얻게 되는 것을 우리는 높게 평가해야 한다. 그러나 그것이 예술의 가치에 대한 이야기의 전부가 될 수는 없다.

주

1. 바넷 뉴먼(Barnett Newman), 'The Sublime Is Now,' 1948, 해리슨과 우드가 편집한 *Art in Theory 1900-1990: An Anthology of Changing Ideas* (Oxford: Blackwell, 1992), 573쪽에서 재인용.

2. Henri Matisse, 'Notes d'un peintre,' *La Grande Revue*, Paris, 25 December 1908, 해리슨과 우드가 편집한 앞의 책 76쪽에서 재인용.

3. André Breton, *Surrealism and Painting*, 1928, 해리슨과 우드가 편집한 앞의 책 445쪽에서 재인용.

4. Immanuel Kant (James Creed Meredith 영역), *The Critique of Judgement* (Oxford: Oxford University Press, 1952), Pt I, Bk I, Sections 3-5, 44-50쪽.

5. Kant, 앞의 책, Section 9, 58쪽.

6. 본질적으로 이것이 칸트가 미적 판단을 구성하는 4개의 계기(즉 조건)라고 명명한 것이며 『판단력 비판』의 1부 1권에서 다루어지고 있는 것이다.

7. 이런 종류의 언급은 예를 들어 Gordon Graham, *Philosophy of the Arts, 2nd edn* (London, Routledge, 2000), 179-82쪽에서, 그리고 브랜트(Peg Brand)가 편집을 맡았던 JAAC 심포지엄, 'Symposium: Beauty Matters'에 기고된 Marcia Meulder Eaton, 'Kantian and Contextual Beauty,' *Journal of Aesthetics and Art Criticism 57*, no. 1, 1999, 11-15쪽에서 찾을 수 있다.

8. Clive Bell, *Art, 2nd edn* (London: Chatto and Windus, 1949), 25쪽(최초 출판은 1914).

9. Kant, 앞의 책, Sections 16-17, 72-80쪽.

10. 미적, 감각적, 실용적 즐거움 모두 즐거움을 야기하는데 그것들을 구분하기 위해서는 그들의 근거를 구분해야 한다는 것이 Kant, 앞의 책 Section 5, 48-50쪽에 나와 있으며, 자유미에 대한 판단과 종속미에 대한 판단을 혼동하는 것에 대해서는 Sections 16-17, 74쪽에, 그리고 종속미에 대한 판단에서 관련된 개념을 옳게 가지는 것이 요구된다는 것은 Section 16, 72-4쪽에 등장한다.

11. 대체로 여기서 이야기하고 있는 식으로 인지적 가치와 미적 가치가 구분된다는 점, 그리고 오직 미적 가치만이 작품의 예술로서의 가치에 관련된다는 점 말고는, 사람들이 여기서 설명하고 있는 세련된 심미주의에 동조하더라도, 미적 판단에 대한 칸트 설명의 세부적이거나 실질적인 주장들에는 동의할 필요가 없음을 기억해 둘 필요가 있다. 이런 종류의 접근들 중에서 가장 정교하고 포괄적인 설명이 내가 편집한 앞의 책에 실린 라마르크(Peter Lamarque)의 글 'Cognitive Values in the Arts: Marking the Boundaries'에 나와 있다.

12. 캐롤(Noël Carroll)은 *A Philosophy of Mass Art* (Oxford: Oxford University Press, 1998), 1장, 특히 89-109쪽에서 영화에서부터 통속문학과 만화에까지 이르는 대중예술을 다루면서, 칸트로부터 영향받은 대중예술에 대한 거부에 대해 흥미로운 진단과 비평을 하고 있다.

13. 내 생각으로 칸트에 대한 이런 식의 반론이 현대분석철학에 처음 등장하는 것은 Marshall Cohen, 'Aesthetic Essence' in M. Black (ed.), *Philosophy in America* (Ithaca: Cornell University Press, 1965), 115-33쪽이다.

14. Edward Bullough, 'Psychical Distance', *British Journal of Psychology 5*, 1912, 87-118쪽, Jerome Stolnitz, *Aesthetics and Philosophy of Art Criticism* (Boston: Houghton Mifflin, 1960)

15. 오래되었지만 여전히 가장 훌륭한 이 반론의 출처는 Georgie Dickie, 'The Myth of the Aesthetic Attitude,' *American Philosophical Quarterly 1*, no. 1, 1964, 56-65쪽이다.

16. 캐롤도 최근에 바로 이런 노선을 따르는 논증을 전개하고 있다. 예를 들어 내가 편집한 앞의 책에 실린 그의 'Aesthetic Experience: A Question of Content'를 보라.

17. 지각을 일종의 가설-연역적 도식(hypothesis-driven schema)의 형성과 적용이라고 여기는 이러한 전통에 대해서는 예를 들어 E. H. Gombrich, *Art and Illusion*, 제5판 (Oxford: Phaidon, 1977, 초판은 1960) 4부, 특히 246-79쪽이나 R. L. Gregory. 'Perceptions as Hypotheses,' *Phil. Trans. Roy. Soc. Lond.*, B290, 1980, 181-97쪽, 그리고 Semir Zeki, 'Art and the Brain,' *Journal of Consciousness Studies 6*, 1999, 76-96쪽을 보라.

18. 예를 들어 Mary A. McCloskey, *Kant's Aesthetic* (London: Macmillan, 1987) 13장, 특히 142-7쪽을 보라. 여기서는 칸트의 이론이 이런 방식으로 지각적인 형식과

밀접하게 연관되어 있다는 근거를 들어 예술에 대한 칸트의 설명을 콜링우드의 설명보다 우월한 것으로 규정한다. Malcolm Budd, *Values of Art* (Harmondsworth: Penguin, 1995) 1장, 27-31쪽에서 34-35쪽에서도 대상 혹은 예술작품의 지각된 형식에 강조점을 두어 칸트를 해석하고 있다.

19. [역자 주] 키이란이 이 부분에서 논의하고 있는 것은 관념이나 생각을 의미하는 'idea'가 미적으로 감상될 수 있다는 것이고, 그 전거가 칸트의 'aesthetic idea'에 대한 설명이라는 것이다. 그렇다면 이때의 'idea' 역시 '관념'으로 번역하는 것이 통일적이었을 것이다. 하지만 칸트에 의해 상상력의 표상이라 규정된 'ästhetische Idee'는 '미적 이념'으로 번역되므로 칸트의 맥락이 강조될 경우에는 '이념'이라는 용어를 사용하였다.

20. Kant, 앞의 책, Sections 45-9, 166-82쪽.

21. 예를 들어 비어즐리(Monroe Beardsley)의 *Aesthetics* (New York: Harcourt, Brace and World, 1958), Section 24, 456-70쪽과 'On the Generality of Critical Reasons,' *Journal of Philosophy 59*, no. 18, 1962, 477-86쪽을 보라.

22. Kant, 앞의 책, Section 48, 173쪽.

23. C. R. Leslie, *Memoirs of the Life of John Constable*, 1843, chapter 17.

24. Kant, 앞의 책, Section 48, 173-4쪽.

25. Richard Hülsenbeck, 'First German Dada Manifesto (Collective Dada Manifesto).' 해리슨과 우드가 편집한 앞의 책 254-5쪽에서 재인용.

26. William Shakespear, *Twelfth Night* (1601), Act 3, Scene 1, line 159.

27. 이러한 식으로 진행되는 논증의 출처와 보다 상세한 논증과정을 알고 싶다면 Matthew Kieran, 'Aesthetic Value: Beauty, Ugliness and Incoherence,' *Philosophy 72*, no. 281, 1997, 383-99쪽을 보라.

28. Plato, *The Republic*, Bk Ⅳ, lines 439e 440a (D. Lee 영역, 제2판, Harmondsworth: Penguin, 1974), 215-16쪽. 강조는 필자가 한 것이다.

29. John Ruskin, *The Stones of Venice* (London: Smith, Elder and Co., 1874), vol.Ⅲ,

chapter Ⅲ, section ⅩⅤ, 121쪽. [역자 주: 이 성당은 1550년 완성된 Church of Santa Maria Formosa를 가리키며 러스킨이 언급하고 있는 첨탑은 1611년 덧붙여진 것이라고 한다.]

30. 앞의 책, section ⅩⅤⅠ, 121쪽.

31. Robert Hughes, 'Art and Money.' 그가 쓴 책 *Nothing If Not Critical* (London: Collins Harvill, 1990), 387-404쪽.

32. 예를 들어 베클리(Bill Beckley)와 샤피로(David Shapiro)가 편집한 *Uncontrollable Beauty* (New York: Allworth Press, 1998), 스캐리(Elaine Scarry)의 *On Beauty and Being Just* (Princeton: Princeton University Press, 1999), 브랜트 (Peg Zeglin Brand)가 편집한 *Beauty Matters* (Bloomington: Indiana University Pres, 2000), 그리고 단토(Arthur C. Danto)의 *The Abuse of Beauty* (Chicago: Open Court, 2003)를 보라.

33. Scarry, *On Beauty and Being Just*, 특히 93-118쪽.

34. Danto, *The Abuse of Beauty*, 4장.

35. Danto, 'The Artworld,' 1964, 닐(Alex Neil)과 리들리(Aaron Ridley)가 편집한 *The Philosophy of Art: Readings Ancient and Modern* (New York: McGraw Hill, 1995), 209쪽에서 재인용.

36. 이와 연관하여, 작품의 미적인 속성은 감각으로 지각가능한 속성들에만 전적으로 의존하는 것이 아니라, 그 작품과 적절히 연관된 범주들에도 의존한다는 결과를 이끌어내는 훌륭한 논증을 알고 싶다면 Kendall Walton, 'Categories of Art,' *Philosophical Review 79*, 1970, 334-76쪽을 보라.

3장
예술에
들어 있는 통찰

예술의 기능

새뮤얼 존슨(Samuel Johnson)은 일찍이 여가시간을 어떻게 보내는가가 얼마만큼 문명화되었는지의 잣대라고 말한 적이 있다. 초기 빅토리아 시대에는 개인적인 자선가와 단체 그리고 공공기관들에 의해 미술 갤러리가 크게 늘어났는데, 이것을 이끈 것은 예술을 모두에게 개방하는 것이 사람들을 교육시키고 고상하게 하며 문명화시킬 것이라는 가정이 있었기 때문이었다. 오늘날 같은 회의적인 시대에조차 우리는 미술 갤러리와 전시회, 설치미술에 많은 양의 공적·사적인 자금을 지출하며 많은 경우 거기에 사람들이 모여든다. 왜 그럴까? 아름다움이 제공하는 즐거움을 과소평가하려는 것은 아니지만, 사실 예술 말고도 시간과 노력, 비용은 더 적게 들이면서 그 만큼의 즐거움을 얻는 다른 활동들은 많다. 그렇다면 좋은 예술, 위대한 예술을 이토록 높이 존중하도록 만드는 동기는 무엇일까? 예술은 우리를 시험한다. 예술은 우리를 확장시키며 우리의 내적인 삶을 깊이 있게 하고 우리 자신과 세계 모두에 대한 통찰을 풍부하게 한다. 폴 오스터(Paul Auster)는 『달의 궁전 Moon Palace』이라는 소설의 한 부분에서 에핑(Effing)이라는 화가가 세계에 어떻게 적응해야 할지, 자신의 본성을 어떻게 이해해야 할지를 파악하기 위해 고투하는 모습을 다룬다. 소설의 중심 장면에서 그는 사막에서 홀로 그림을 그리다가 갑자기 예술적 깨달음을 얻는다.

예술의 진정한 목적은 아름다운 사물을 창조하는 것이 아니라는 것을 그는 깨달았다. 예술은 이해의 수단이며 세계 속으로 들어가 그 안에서 자신의 자리를 찾는 방법이다. 하나의 캔버스가 어떠한 미적 특질을 갖든 그것은 그저 사물들의 깊은 곳까지 들어가고자 하는 어려운 싸움에 참여했던 노력의 우연한 부산물에 불과하다.[1]

우리는 앞서서 예술가가 자신을 표현하고, 드러내고, 자신의 상상 속에 있었던 영상을 펼쳐내려고 시도하는 것이 그것을 보는 이들의 경험과는 독립적으로, 그런 경험보다 우선하여, 중요하다는 것을 살펴본 적이 있다. 하지만 여기서 말하고자 하는 것은, 그러한 예술가의 고투의 결과물인 좋은 또는 위대한 작품을 보는 것이 우리로 하여금 세계를 바라보고 우리 자신을 이해하는 여러 방식들을 탐험할 수 있도록 해줄 수 있다는 것이다. 그렇게 하는 것이 예술의 유일하고 진정한 목적인 것은 아니다. 작품은 단지 아름답거나 예술적 독창성을 가졌다는 이유만으로도 좋거나 위대할 수 있다. 하지만 만약 그것이 예술이 지닌 전부라면 우리가 예술을 왜 그렇게 높이 평가하는지는 여전히 의문으로 남을 것이다. 그 답은 예술작품이 여러 가지 방식으로 통찰력과 이해, 세계를 보는 방식을 풍요롭게 해줄 수 있다는 데 있다. 하지만 쉽지 않은 과제는 어떻게 그러한 사실들이 작품의 예술적 가치와 관련되어 있는지, 그리고 작품으로부터 무언가를 배울 수 있는 여러 방식들에는 어떤 것들이 있는지를 보이는 것이다.

심미주의적인 전통에서 예술은 인간의 다른 관심사들과는 극단적으로 다른 활동인 것으로 여겨졌다. 부분적으로 이것은 전혀 나쁜 일이 아니었는데, 왜냐하면 이것으로 인해 예술은 조야한 실용주의적, 상업적, 도덕적인 목적들에 포섭되지 않는 완충지대를 가질 수 있었기 때문이다. 그럼에도 불구하고 우리가 칸트를 살펴보며 알게 되었듯이, 예술적 가치란 결국 전부 미적 가치라고 생각하는 것은 매우 잘못되었다고 할 수밖에 없다. 심미주의와는 대조적으로 고대 그리스인들은 예술이 하나의 기술이며, 우리가 다른 활동영역들에서 가치 있게 여기는 것들과도 관련을 맺고 있다고 여겼다. 예술은 그저 어떤 반응과 태도와 생각을 환기시키는 일을 — 사실 이것을 아주 특별히 잘 하기는 하지만 — 할 뿐이라는 것이다. 플라톤의 예술에 대한 평가는 신랄하게 부정적이었던 것으로 악명 높다. 그는 예술은 오직 지식의 환상만을 제공하며, 우리의 열등한 욕구에 호소하고, 우리를 이성의 빛으로부터 멀어지도록 이끈다고 생각했다. 하지만 아리스토텔레스는 예술이 진정한 통찰과 이해를 줄 수 있다는 것을 알아보았다. 이것은 미적인 측면에서의 훌륭함이 전혀 중요하지 않다고 말하려는 것이 아니다. 그보다는, 작품의 미적인 측면이란 예술이 자신의 목표를 실현시키는 수단이 특별함을 말해 주는 것이라는 점이다. 역사 교과서, 신문기사, 모형, 상징적 도안, 그리고 평범한 사진들도 정보나 지식을 줄 수 있다. 철학적 저서, 심리학적 실험, 의학적 설명도 인간의 조건에 대한 우리의 이해를 깊게 해줄 수 있다. 그러나 예술이 지식과 이해라는 목표에 관여할 경우, 예술이 그 목표를 추구하기 위해 사용하는 수단은 예술에만 독특한 것이 된다.

하지만 여기서 너무 성급하게 나가지 않도록 조심할 필요가 있다. 20세기 들어 많은 이들은 예술의 가치란 감상자의 반응, 또는 작품이 감상자와 소통하는 그 무엇에 따라 결정되는 것이라고 가정했다. 그렇기 때문에 만일 예술적 가치의 큰 부분이 예술의 인지적인 미덕, 즉 작품이 전달하는 지식과 통찰과 이해에 있다고 생각한다면, 이는 예술적 표현을 강조하는 낭만주의와는 잘 맞지 않는다고 생각되었다. 하지만 꼭 그렇게 생각할 필요는 없다. 1장에서 보았듯이, 예술작품은 많은 경우 일차적으로 예술가의 상상력의 표현이다. 작품을 통해 감상자에게 소통되거나 표현되는 것은 그것이 무엇이든 상상적 표현에 의존하는 이차적인 것이 된다. 또한 모든 상상력을 이용한 예술적 표현을 의사소통 행위로 봐서도 안 된다. 예를 들어 어떤 이는 새로운 또는 전통적인 예술재료를 혁명적으로 바꾸어 보려 하거나 회화적 재

예술에 들어 있는 통찰

현의 관습을 다시 수립하려고 노력할 수도 있고, 또는 어느 장르에 확립되어 있는 기존의 제한을 변화시키는 것에 전념할 수도 있다. 이런 경우라면 뭔가 중요한 의미를 가진 것이 작품을 통해 표현되었거나 소통된다고 보기는 어렵다. 그렇기 때문에 작품은 그 작품이 소통하고 있는 것이 무엇이라고 감상자들이 생각하는지, 또한 그것에 어떠한 반응을 보이는지와 무관하게, 그 이전에 이미 좋거나 위대한 예술일 수 있다고 했던 것이다. 물론 예술을 상상적 표현으로 생각하는 낭만주의적인 선입견을 가진 사람들이라고 해서 많은 예술가들이 작품 창작에 착수하는 목적이 감상자들로 하여금 특정한 방식으로 반응하게 하거나 특정한 종류의 경험을 하게 하려 함이라는 것을 부인해야 할 필요는 없다. 다만 감상자에게 특정한 경험을 전달하려는 의도는 예술적인 상상을 창조적으로 표현하려는 의도에 부차적인 것이며, 따라서 상상력을 이용한 예술적 표현행위가 의사소통 행위와 동일시되어서는 안 된다는 것만 사실이면 되는 것이다.

그러나 어찌 되었건 예술가의 상상적 표현은 우리의 생각과 태도, 반응을 특별히 강력하게 표현하고 소통할 수 있게 해준다. 우리는 우리 자신을 어떻게 생각해야 하는가, 세계 속에서 우리의 위치는 무엇이어야 하고 서로에 대한 우리의 태도는 어떠해야 하는가와 같은 질문들이 우리의 자연적인 관심사임을 고려해 볼 때, 많은 예술들이 예술적 관습을 이용해서 세계를 보는 특정한 시각을 규정하거나 그런 시각의 전파를 목표로 삼는다는 사실은 놀라운 것이 아니다. 우리는 캔버스를 통해, 묘사된 인물, 사건, 상황, 세계를 우리가 어떻게 받아들여야 하는지를 보거나, 그러한 인물이 되는 것이 어떤 것일지 또는 특정한 느낌이나 믿음, 태도를 갖는 것이 어떤 것일지를 상상하게 된다. 예술적 상상력의 독특한 표현을 통해 우리의 반응을 생생하게 만들고 그 반응을 특정한 방향으로 유도하고 규정하는 물리적 재료, 관습, 장르, 양식, 형식 등이 형성되는 것이다. 그러므로 예술작품은 세계를 어떻게 이해할지에 관해 우리를 계몽할 수 있다. 작품이 우리를

예술과 그 가치

계몽시키는 정도만큼 예술로서 더 나은 것이 되는 것이다. 예술은 우리가 예술이 아니었더라면 깨닫지 못했을 방식으로 우리 정신의 지평을 깊게 하거나 확장시킬 수 있다. 여행도 우리의 정신을 넓혀 줄 수 있다. 비록 이는 여행하는 사람의 마음과 성품에 달려 있기는 하지만 말이다. 그러나 여행은 비싸고 위험하다. 반면 예술작품에 의해 환기된 상상의 세계를 여행하는 것은, 그 즐거움이 노력하여 얻어진 것이라면, 영혼의 풍요로움을 거의 아무런 비용 없이 얻는 것이라 할 수 있다.

친숙한 것에 빛을 비추다

빈센트 반 고흐의 <감자 먹는 사람들>(1885)을 생각해 보자. 그것이 그려졌을 당시, 일상적인 농부들의 삶의 세세한 부분과 특징들은 아마도 친숙한 것이었으리라. 오늘날 우리는 당시 농부들의 삶에 역사적인 흥미를 가질지 몰라도, 이 그림의 가치가 거기 놓여 있는 것은 아니다. 반 고흐가 목표로 한 것은 그림을 보는 이들이 농부들이 겪어야 했던 가혹한 삶과 노동조건을 상상을 통해 이해할 수 있게 되는 것이었다. 그는 농부들의 삶의 거칠고 조악하고 혹독한 측면들과 잘 맞아 떨어지는 양식을 찾아내어 그것을 다듬고 추상화함으로써 그러한 목표를 부분적으로 달성했다.

개인적인 생각이지만, 그들에게 우리가 관습적으로 생각해 온 매력을 부여하는 것보다는 그들의 거친 모습 그대로를 그리는 것이 더 좋은 결과를 얻는다고 확신하고 있어…… 만약 농부를 그린 그림에서 나는 냄새가 베이컨, 연기, 감자, 뜨거운 김 같은 것이라면, 좋지, 그것은 잘못된 것이 아니야…… 만약 그려진 들판에서 잘 익은 옥수수나 감자 또는 구아노 비료나 거름냄새가 난다면 그게 건강한 것이야. 특히 도시사람들에게

예술에 들어 있는 통찰

그렇지. 그런 그림들은 도시사람들에게 무언가를 가르쳐 줄 수 있을 것이야. 하지만 향수를 뿌리는 것은 농부를 그린 그림에 필요한 것이 아니야.[2]

이 작품이 우리에게 가르쳐 주는 것 중 농부의 상황을 아는 것이 그리 큰 부분을 차지하는 것은 아니다. 이 그림은 사회학적 정보의 대체물이 아니다. 만약 그랬다면 농부의 상황에 관한 더 자세한 정보원을 찾자마자 이 그림을 보는 의미는 없어질 것이다. 이 그림은 농부의 삶을 상상력을 통해 어떤 특정한 방식으로 이해하는 것, 즉 그들의 삶은 혹독한 조건에도 불구하고, 아니면 또는 그것 때문에, 땅과 결합된 순박함과 선량함을 가지고 있으며 이는 소중히 여겨져야 할 것이라는 점을 우리에게 가르치려고 하는 것이다. 반 고흐는 별것 아닌 음식물을 자연스레 나눠 먹는 농부들의 모습과 서로에 대한 배려를 나타내는 그들의 시선방향 및 둥글게 둘러앉은 모습을 묘사함으로써 이 점을 보여준다. 한편 농부들에 대한 그의 생각이 지나치게 감상적이고 흡사 종교적인 경외와도 유사하다는 이유로 그를 비판하는 사람도 있다. 이러한 쟁점이 발생하는 이유는 이 그림이 예술적 수단들을 사용해 농부들은 가혹한 상황 속에서 흙을 지키고 있기에 도덕적으로 아름답고 선하다는 생각을 우리가 가져야 한다고 장려하기 때문이다. 사람들을 바라보는 한 가지 가능한 방식으로 이런 생각을 음미해 보라고 하는 것과 그것을 유일하게 타당한 태도라고 여기라고 하는 것은 구별된다.

칸트의 영향을 받은 미학적 전통에 따를 때 반 고흐의 작품에 대한 이러한 접근은 오류가 될 것이다. 반 고흐는 베이컨과 구아노 비료의 냄새를 환기시키는 것에 대해 말하고 있다. 하지만 심미주의자들은 그림의 목적이란 미적 특질들을 활용해야 하고 그것들을 환기시키는 것이어야 한다고 주장할 것이다. 고를 수 있는 많은 예술가 중 하필이면 반 고흐를 선택해 심미주의에 반대하려는지, 그것이 별로 가망이 없어 보일 수도 있다. 왜냐하면 심미주의자들은 반 고흐의 작품

예술과 그 가치

속에는 미적인 것을 최우선으로 둔다는 현대미술 초기의 움직임의 기본적인 동력이 표명되어 있다고 할 것이기 때문이다. 하지만 여기에서도 우리는 심미주의자들의 실수를 또 한 번 지적할 수 있다. 우리가 반 고흐의 강렬한 색채와 드러난 붓 자국을 통한 왜곡을 높이 평가하는 중요한 이유 중 하나는 우리가 이를 통해 아를(Arles)을 비롯한 다른 여러 곳 풍경들의 일면을 반 고흐가 재현한 대로 볼 수 있게 되기 때문이다. 그의 작품들 중에 가장 표현주의적인 것조차 오래된 올리브나무 숲, 비비꼬인 채로 흙을 움켜쥔 나무뿌리들, 층이 지고 움푹 파인 석회암 언덕, 그리고 산란하게 바람에 씻겨가는 구름이 어떻게 보일 수 있는지를 우리에게 보여 준다. 반 고흐는 풍경을 도약대로 이용하여 그의 예술적 판타지에 도달하려고 하는 것이 아니다. 오히려 그는 발전되고 형식화된 양식의 사용을 통하여, 그 풍경이 어떻게 이해될 수 있는지를 신선하고 대담하며 미묘한 방식으로 재현하기 위해 애쓰고 있는 것이다. 이것은 단순히 그 풍경이 지각되는 방식이 다양할 수 있음의 문제가 아니다. 그보다 그의 작품은 그 풍경을 받아들이고 평가하는 한 특정한 방식을 표현한다. 만약 그렇지 않다면 색채나 붓놀림 같은 반 고흐가 사용한 재현의 수단과 그 풍경 사이의 의미 있는 연관관계는 남아 있지 않을 것이다. 물론 그 경우이더라도 그의 색들은 여전히 활기가 넘치고, 양식은 일필휘지의 느낌이 나며, 그의 작품은 미적 가치를 지닐 것이다. 하지만 어떻게 그 풍경이 바로 그런 특별한 방식으로 이해될 수 있는지를 드러낸다는 측면에서의 작품의 의미 있는 부분은 사라지게 될 것이다. 우리는 우리 주변풍경에서 반 고흐를 볼 수 없을 것이다. 그렇게 되면 우리는 반 고흐가 색채사용과 양식에 있어서 훌륭하다고는 말하겠지만, 그가 위대한 예술가라고는 하지 않을 것이다.

여기서의 논점은 단지 작품의 의미와 작품의 예술적 가치가 관련을 맺고 있다는 것이 아니다. 그것을 보이려면 마그리트(Magritte)의 <단어의 사용 I The Use of Words I>(1928-9)과 같은 작품을 언급

예술에 들어 있는 통찰

하는 것만으로도 충분할 것이다. 그 작품은 담배 파이프를 시각적으로 묘사한 것 아래에 "이것은 파이프가 아니다(Ceci n'est pas une pipe)"라는 글을 쓴 것으로, 그 목적은 관람자로 하여금 재현된 것이 파이프라는 점과, 그럼에도 불구하고 그것은 그림이지 파이프가 아니라는 점 모두를 깨닫게 하려는 것이다. 또한 우리는 위의 논점을 단순한 재현주의, 즉 시각예술은 사물이 실제로는 어떻게 보이는지를 모방하는 것을 목표로 한다는 생각과 혼동해서도 안 된다. 그보다 우리의 논점은 이것이다. 매체, 양식, 장르 등에서 확립된 방법들 및 예술가 개개인의 노력을 통해 작품은 우리에게 작품이 재현하는 바를 어떤 특정한 방식으로 볼 수 있게 해주는데, 바로 그 방식이 부분적으로 작품의 내용을 구성한다는 것이다. 우리는 종종 재현의 수단들을 평가할 때, 과연 그것이 재현하려는 대상과 '맞는' 것인지를 본다. 반 고흐가 우리에게 이 풍경을 이런 식으로 주목하라고 요청한 것은, 그저 자연세계에 우리가 이전에는 알아채지 못했던 이런 측면들도 있음을 내세워 우리의 시각적 경험을 깊이 있게 만들어 주는 정도가 아닐 수 있다. 대신 그것은 질서가 만들어져 나오고 감정에 형식이 부여되며 위안을 찾을 수 있는 그런 장소로서 풍경을 이해하는 것을 우리에게 드러내 보여 주는 것일 수도 있다. 만약 우리가 그 풍경이 어떻게 그런 식으로 이해될 수 있는지를 알 수 없다면, 그 잘못은 우리 자신에게 있을 수도 있고(우리가 그 그림의 관련된 국면들을 집어내지 못하는 것일 수도 있고), 또는 반 고흐에게 있을 수도 있다(우리와 자연 풍경이 어떻게 관련을 맺을 수 있는지를 그가 제대로 드러내지 못하고 있는 것인지도 모른다).

예를 들어 작품이 재현과 같은 수단을 취하고 있는 경우, 작품이 다루고 있는 것과 작품이 그 다루는 바를 어떻게 이해하라고 우리에게 요청하는지의 사이에서 추정할 수 있는 관계가 예술에 중요한 의미를 부여한다. 그러므로 만약 요청된 방식을 통해서 보니 재현해 놓은 것이 무엇인지 알 수 없다거나 또는 그림의 재현이 부적절하다고 지적하는 것은, 그것이 맞는 지적이기만 하다면, 그림에 대한 비평으로서 적절한 것이 된다. 그러한 비평은 우리의 믿음, 태도, 감정반응과 직접적으로 관련된 작품의 특질에 적용될 뿐 아니라 미적 특질에도 똑같이 적용된다. 만약 매우 깔끔하게 정제된 양식을 통해 더운 김과 구아노 비료와 베이컨의 느낌이 환기되었더라면, 그들이 먹는 음식이 거칠고 투박하고 소박하다는 특징은 다 사라져 버렸을 것이다. 보다 중요하게는, 만약 농부들의 자세가 손을 뻗은 채 서로를 바라보는 것이 아니라 자기 몫을 챙기며 서로를 의심하고 남을 신경 쓰지 않는 것이었더라면, 이 작품은 완전히 다른 작품이 되었을 것이다. 재현에 들어 있는 반 고흐의 생각과 태도가 적절하고 이해될만 하며 깊이가 있는 것인지 아니면 경박하고 미숙하며 엉뚱한 것인지는 감각과 사람들 모두에게 적용된다. <감자 먹는 사람들>의 주요한 초점이 농부와 그들의 상황 그리고 서로에 대한 그들의 태도라는 점을 고려해 볼 때, 가장 중요한 의미는 바로 농부들을 그런 식으로 이해해야 된다는 요청인 것이다.

좋은 예술이나 위대한 예술이 자신이 다루는 주제에 관해 특정한 생각을 갖도록 요청한다는 것이 곧 그 생각이 반드시 진실이며 옳고 적절하기에 그렇게 한다는 것은 아니다. 그저 주제에 대한 생각과 반응을 불러일으키는 정도를 목표로 삼는 작품도 있고, 그런 주제를 지각하거나 받아들이는 방식들로 어떤 것이 가능한가를 우리에게 보여주려는 작품도 있다. 예술의 목표가 항상 어떤 것의 진실을 우리에게 납득시키려는 데로 향해 있는 것은 아닌 것이다. 하지만 어떤 작품들은 그렇다. 반 고흐의 작품 역시 꽤나 그 방향으로 향하고 있다. 여기서 물어야 할 진짜 질문이 있는데, 대상을 이해하는 하나의 가능한 방식을 우리에게 보여 주려는 작품과, 대상을 재현된 대로 받아들여야 한다고 우리를 설득하려는 작품을 우리가 어떻게 구별할 수 있느냐는 것이다. 우리는 반 고흐의 그림을 통해 가난하고 흙과 연관을 맺고 있는 농부를 고귀한 존재로 지각한다는 것이 어떤 것일지 경험해볼 수

　　　　　　　　　예술에 들어 있는 통찰

있다. 하지만 작품이 어떤 생각이 옳거나 적절한 것임을 우리에게 납득시키려고 한다는 것을 어떻게 알 수 있을까? 시각적 이미지가 어떻게 그 이미지의 대상을 이해하거나 지각하는 방식은 이러저러 해야 함을 요청할 수 있을까? 대개는 이미지 및 그것이 우리에게 제시되는 방식과 관련된 특징들을 보면 실마리를 찾을 수 있다. 어떤 제목이 작품에 주어져 있는지, 작품이 속한 장르는 무엇이고 어떤 명백한 상징이 등장하는지, 그려진 인물의 대표성이나 그 외의 특징이 무엇인지 등등이 그것이다. 그러나 그 중 어느 한 특징도 항상 나타나는 것은 아니며 어쩌면 어떤 경우에는 거의 아무런 특징이 없을지도 모른다. 하지만 이것은 소설과 같은 문학적인 허구의 경우와 다르지 않다. 종종 글 안에는 우리가 그것을 허구로 여기도록 알려 주는 많은 실마리들이 있다. 그러나 어떤 경우에는 작가의 의도에 대한 배경정보 없이는 허구인지를 알 수 있는 아무런 방법이 없을 수도 있다. 이미지의 경우도 마찬가지이다. 이미지로 하여금 특정한 생각을 받아들여야 한다는 요청을 하게 만드는 것은 예술가가 실제로 그 작품이 어떻게 이해되기를 의도했는지, 즉 예술가가 사물을 받아들이는 여러 가능한 방식 중의 하나로서 의도한 것인지 아니면 우리가 사물을 올바르게 지각하는 방식이 이것이어야 한다는 요청으로 의도한 것인지에 달린 문제이다. 어떤 경우에는 그 중 어느 쪽인지를 아는 데에 그 작품에 대한 예술가의 태도와 의도에 관련된 배경정보가 요구될 것이다. 우리가 위에서 논의했던 것을 보면 반 고흐의 작품에는 그런 실마리들이 있다. 뿐만 아니라 그와는 별도로 우리는 그가 실제로도 재현된 농부와 풍경을 이해하는 자신의 특정한 방식이 그것들을 이해하는 올바른 방식이라고 우리를 설득하고자 했었음을 알고 있다.

어떤 사상조류에 의하면, 즉 아도르노(Adorno)와 브레히트 (Brecht) 또는 다다(Dada)와 같은 예술운동에서 발견될 수 있는 생각에 의하면, 예술작품은 우리가 기존에 가진 믿음과 태도와 가치들에 도전할 때, 오직 그 때에만 가치가 있을 수 있다고 한다. 이것을 아도르노와 브레히트 사상의 특징이라고 한다면 지나친 단순화의 우려가 있기는 하다. 왜냐하면 그들은 자신들이 유럽 예술과 문화의 최상의 요소들로 간주한 것들에 대해 애착을 가지고 있었고, 그것을 원동력으로 하여 그들의 혁명적인 모더니즘을 전개해 갔기 때문이다. 그러나 어쨌든 그들의 견해는 좋은 예술은 급진적으로 도전적이어야 한다는 역사적 아방가르드 사상의 선구로 여겨질 수 있다.[3] 그러한 아방가르드의 견해는 너무 관대한 동시에 너무 편협하다. 도전은 겉만 그럴듯한 경박함으로도 행해질 수 있기에, 우리가 가지고 있는 믿음과 반응과 태도에 직접적으로 도전하면서도 결국은 가치 없는 작품들이 많이 있을 수 있다. 그러므로 이 견해는 너무 관대하다. 한편 많은 훌륭한 작품들이 우리에게 급진적으로 도전하지 않기 때문에 이 견해는 너무 편협하다.[4] 우리가 가진 태도와 믿음과 반응에 극단적으로 상충되는 미켈란젤로, 카라바조, 피카소, 베이컨 등의 작품들이 있는가 하면, 홀바인, 레이놀즈, 고야, 베르메르, 콘스터블, 터너, 로댕, 반 고흐 그리고 현대예술가들의 많은 작품들은 우리가 이미 생각하고 있고 느끼고 있는 것과 매우 유사하다.

브루스 나우만(Bruce Nauman)의 <착한 아이 나쁜 아이 Good Boy Bad Boy>(1985)를 생각해 보자. 이 작품은 옷을 잘 차려입은 두 명의 배우들을 각각 보여 주는 두 개의 컬러 비디오 모니터로 이루어져 있다. 그 중 한 배우는 꽤 젊은 흑인 남성이고 다른 한 배우는 중년의 백인 여성이다. 둘은 "나는 착한 아이였다. 너는 착한 아이였다. 우리는 착한 아이들이었다. 그것은 좋았다…… 나는 나쁜 아이였다……"로부터 시작해 "나는 살아있다! 너는 살아있다! 이것이 삶이다!…… 나는 놀이를 한다. 너는 놀이를 한다. 이것이 놀이이다!……"에까지 이르는 100개의 구절들을 이어가면서 똑같이 반복하고 있다. 처음에는 그 구절들이 평탄한 어조로 똑똑히 발음되지만 점차 진행될수록 어조와 강조점과 긴박감에서 점점 다양한 모습을 보이게 된다. 배우들이 말하는 속도도 점점 달라져서, 루프형식으로 반복되는 두 비디오 모니터의

예술에 들어 있는 통찰

진행순서는 시간적으로 점차 서로 어긋나게 된다. 점점 더 다양한 방식으로 말을 함에 따라 배우들은 마치 우리에게 무언가 — 아마도 그들의 진정성 — 를 설득하려고 애쓰는 것처럼 보이며, 두 배우가 동시에 같은 대사를 말하지 않기 때문에 흡사 그 두 배우들이 상대방에게 반응하고 있는 것처럼 보이기 시작한다. 끝에 가서는 배우들이 대단한 증오에 사로잡힌 양 소리를 지른다. 나우만의 작품은 동일한 구절의 의미와 표현성이 말의 억양, 누가 그것을 말하는지, 그들이 무엇에 반응하고 있다고 생각되는지 등에 따라 완전히 달라지는 듯 보인다는 점을 부각시킨다. 여자가 화난 듯이 "너는 일자리가 있다(You have work)"라고 말할 때 그것은 마치 그 흑인 남자가 아무 일자리라도 가진 것에 대해서 감사해야 한다는 듯이 들리며, 남자가 "이것이 일이다(This is work)"라고 말할 때는 흡사 그는, 여자와는 달리, 살기 위해 어쩔 수 없이 자신의 직업을 감내하고 있다고 말하는 것 같다. 이 작품은, 소통되는 내용이란 심층에 존재하는 다양한 정체성(identity)에 의존하기 때문에 가장 직설적인 구절에서조차도 문제가 생긴다고 하는, 의사소통이 갖고 있는 본성을 서서히 우리에게 드러낸다. 어떤 의미에서 여기서 우리는 말 그대로 새롭다고 할 것은 아무 것도 배우지 않고 있는지 모른다. 하지만 나우만의 작품은 가장 단순한 메시지조차 정체성의 문제에 따라 굴절되고 달라질 수 있다는 것을 우리에게 강력하게 일깨워 준다.

우리가 알아채지 못하고 무심히 지나치는 모습들에 주목하게 하거나 널리 받아들여지고 있는 가정에 함축되어 있는 것이 무엇인지 보여 주는 방식으로 예술작품이 우리의 생각을 변화시키고 반응을 깊이 있게 해줄 수 있다는 것은 분명하다. 하지만 이것은 우리가 가진 가정들을 알기 쉽게 설명해 주고 풍부하게 해주는 것이지 그 가정들에 도전하는 것은 아니다. 예를 들어 고야의 <전쟁의 참화>(1810-14) 연작은 전쟁의 무의미함과 사악함과 파괴성에 대한 강력한 비난이다. 그 그림들에 재현된 절단된 시체, 명백한 잔인성, 만연해 있는 타락은

예술과 그 가치

고야, <전쟁의 참화 중 pl. 33, '무엇을 더 할꼬?'>, Metropolitan Museum of Art로부터 승인 취득. 1922년 Rogers Fund와 Jacob H. Schiff 유증으로 구입 [22.60.25(33)]. Metropolitan Museum of Art 판권 소유

전쟁을 신랄하게 고발하고 인간의 저열한 본성에 대한 절망을 드러내는 데 바쳐진 것이다. 양감을 분명하게 처리하고, 배경은 어둡게 그리고 인물들과 그들의 살은 완전히 하얗게 보이게 함으로써 이 판화들은 돌발적인 느낌을 준다.

그 연작 중 <무엇을 더 할꼬? What More Can We Do?>를 보라. 여기서는 두 프랑스 군인이 알몸인 스페인 남자의 다리를 억지로 V자 모양으로 벌리고 있고, 세 번째 군인은 그의 가랑이 가운데를 베는 중이다. 배경에는 별 특징이 없기 때문에 우리는 이 장면 외에는 아무 것도 주목할 것이 없다. 저질러지고 있는 잔인한 행위를 강조하는 데 쓰이고 있는 것만이 그려져 있을 뿐이다. 배경의 나무와 벌거벗은 남자의 몸이 이루고 있는 주된 대각선의 흐름은 우리로 하여금 칼이 야만스러운 힘으로 내려쳐지고 있다는 것을 알 수 있도록 해준다. 알몸

예술에 들어 있는 통찰

의 인물은 거의 나무에서 자연적으로 자라나온 것 같이 보인다. 그는 자연세계와 따로 떨어져서 고귀한 죽음을 맞는 전통적인 순교자 같은 인물과는 거리가 멀게 묘사되었다. 그를 포함한 모든 인물들은 유기체인 식물만큼이나 자연세계와 사물의 질서의 일부분인 것처럼 묘사되어 있는 것이다. 자연은 사악하다. 거기에 운율이니 이성, 고차원의 목적 같은 것은 없다. 그리고 인간의 본성도 나머지 자연세계만큼이나 야만적이고 근거 없으며 맹목적이다. 우리가 전쟁의 공포를 모르고 있었던 것은 아니다. 전쟁에는 고통, 잔인함, 그리고 생명에 대한 무자비한 파괴가 포함되어 있다는 것을 우리는 안다. 그러므로 고야의 연작이 우리가 여태 몰랐던 무언가를 말해 주는 것은 아니라고 할 수 있다.

하지만 이 그림들은 우리가 보통은 피해 버리고 마는 것을 생생하고 노골적이며 가혹한 방식으로 전면에 내세운다. 이 작품은 반강제적으로 우리에게 전쟁의 살상과 야만성과 생명의 파괴에 대해 생각을 모으도록 한다. 그렇게 함으로써 또한 이 작품은 우리로 하여금 폭력과 파괴의 순환을 끊임없이 반복하도록 이끄는 동인에 대해서도 고찰하도록 만든다. 보통의 경우에는 고개를 돌려 버리고 마는 전쟁의 특성들에 주목하도록 함으로써, 고야의 연작은 우리 대부분이 이미 희미하게 가지고 있는 전쟁에 대한 인상을 선명하게 만든다. 전쟁의 폭력성을 특별히 생생하고 충격적인 방식으로 전면에 내세우는 것을 통해 이 작품은 우리 본성의 어떤 측면이 인류의 이러한 비극을 영속화하도록 이끄는지에 대해서도 숙고하도록 강요한다. 그러므로 비록 많은 예술이 우리의 무지와 저급함에 호소한다는 플라톤의 불평이 옳더라도, 모든 예술이 그런 수준에 머물 수밖에 없다는 것은 사실일 수 없다. 우리가 이미 보았듯이, 예술작품은 우리가 별생각 없이 말로만 당연하다고 여기고 있는 것들을 주목하게 하는 데서 시작하여, 적극적 감상을 통해 결국 우리 자신의 본성과 인간성, 그리고 우리가 어떻게 그에 반응해야 하는지를 보여주고 일깨워줄 수 있다. 이는 또한 우

예술과 그 가치

리가 왜 위대한 예술작품을 한 번 보고 난 후에도 계속해서 다시 보고 싶어하는지를 설명하려 할 때 도움이 된다. 인간본성을 탐구하고 보여 주려는 깊은 관심과 밀접하게 얽혀 있지 않은 미적인 측면은 종종 공허하고 무감동적이기 때문이다.

예술은 다 아는 얘기만 한다?

나는 내가 처음으로 철학에 흥미를 갖게 되었을 무렵 우연히 플라톤이 『국가』에서 행한 예술에 대한 악명 높은 비판을 접했던 것을 기억한다. 그 비판은 강력하고 신랄하며 나를 불편하게 했지만 설득력이 있었다. 그것은 당시에도 나를 동요시켰고 세월이 흐르면서도 여전히 나를 괴롭혀 왔다. 그의 논증은 지금까지 내가 개략적으로 서술한 예술에 관한 생각에 대한 가장 고상하고 심오한 도전으로 남아 있다. 그의 분노의 일부는 예술이 저급한 욕망을 장려하거나 비도덕적인 성질을 그릇되게 찬미하는 경향이 있다는 가정에 초점을 맞추고 있는데, 이 문제는 다음 장에서 다시 다룰 것이다. 여기서는 예술에서 무언가를 배울 수 있다고 가정하는 사람들에게 플라톤이 제기한 도전을 고려해 보자. 지식이 무엇인가에 대한 플라톤의 생각이 다소 특이한 것은 사실이다. 플라톤이 말하는 지식이란 추상적인 형상을 아는 것이다. 물질세계의 대상들은 그 형상들의 불완전한 모방에 불과하기 때문이다. 예술가들은 물질적인 대상을 재현하는 일을 하기 때문에 형상 자체의 불완전한 물질적 모방을 다시 모방할 뿐이다. 하지만 이러한 특이한 형이상학과 떼어 놓고 생각해 보더라도 예술에 대한 플라톤의 도전이 지닌 공격력은 그 날카로움을 전혀 잃지 않는다. 『국가』제10권에서 그는 재현적인 예술일반, 특히 회화와 시를 비판하는데, 그 근거는 우리는 예술로부터 아무 것도 배울 수 없으며 예술은 오직 오해를 불러일으키고 왜곡하는 데에만 기여한다는 것이다. 플라톤의 형이상학에 의존하지 않고도, 우리는 진정한 지식을 가진 이들이 그 지식을 얻은 방법은 직접적인 경험을 통해서거나 이성을 통해서, 아니면 믿을 만한 사람이 하는 말에 의존해서라고 할 수 있을 것이다. 반면에 예술가라고 하는 사람들 스스로는 그러한 지식을 가지고 있지 않다. 지식의 측면에서 예술가들을 본다면 그들은 비전문가들이며, 제대로 이해하지도 못하면서 자신들이 보거나 느낀 것을 모방하는 이들이다.

'그러므로 연장을 만드는 사람은 그 연장의 장점과 단점에 대해서 옳은 믿음을 가지고 있네. 하지만 그는 그것을 알고 있는 누군가와 교제하고 그의 말을 들은 덕분에 그 믿음을 갖게 된 것이지. 그리고 그 관련된 지식을 가진 사람은 바로 그 도구를 사용하는 사람이네.'

'그렇습니다.'

'예술가와 예술가의 재현은 어떠한가? 예술가가, 그로 하여금 그의 그림이 좋은지 또는 옳은지를 알 수 있게 해주는, 그가 그리는 것들에 대한 사용자의 직접적인 경험을 가지고 있는가? 아니면 예술가는 그가 무엇을 그려야 하는지를 알고 있는 누군가와 계속해서 만나고 그들의 의견에 복종함으로써 갖게 된 옳은 의견을 가지고 있는가?'

'둘 다 아닙니다.'

'그러므로 예술가는 그가 재현하는 것들의 좋음과 나쁨에 대한 지식도, 올바른 의견도 가지고 있지 않은 것이네'

'분명히 그렇습니다.'

'그렇다면 시인도 마찬가지로 예술가로서 그의 시의 대상에 대해서 아름답기는 하지만 잘못된 지식을 가지고 있을 것이네.'

'전적으로 그렇습니다.'

'그럼에도 불구하고 그는 계속 시를 쓸 것이네. 그가 좋은 것을 생산하는 것인지 나쁜 것을 생산하는 것인지를 알지 못함에도 말이지. 그리고 그는 무지한 다수의 취향에 호소하는 어떤 것이라도 재현할 테지.'

'그 외에 그가 무엇을 할 수 있겠습니까?'

'자,' 나는 결론지었다, '이제 우리는 예술가가 그가 재현하는 대상에 대해서 거의 또는 전혀 모른다는 것과 재현적인 예술은 중요한 가치를 가지지 않는 것이라는 점에 대해서 충분히 동의한 것 같네……'[5]

플라톤은 예술이 어떠한 통찰도 전달할 수 없다고 주장한다. 과학, 역사, 철학, 기술공학 또는 적절한 실용적 행위들과는 달리, 예술에만 고유한 대상이나 지식은 없다. 우리가 어쩌다 예술로부터 '배우는' 것이 있을 수 있더라도 이는 진부한 것이거나 왜곡된 것이거나 우리가 이미 알고 있는 어떤 것을 다시 진술한 것에 불과할 것이다. 예술작품이 정말로 우리에게 무언가를 '알려' 주는 우연적인 경우에도 우리에게 지식을 제공하는 것이 그 작품일 수는 없다. 왜냐하면 지식이라 할 때는, 단순한 편견과는 달리, 진실, 이유, 경험이라는 요구사항들을 충족시켜야 하기 때문이다. 하지만 예술은 이유와 진실 같은 제약에 좀처럼 구속받지 않으며 직접적인 경험과의 중요한 연관도 없다.[6] 예술은 모든 것의 외양을 재현하지만 어떠한 것의 본성도 재현하지 않는 것이다.

에드바르트 뭉크(Edvard Munch)의 표현주의 작품 <절규 The Scream>(1893)를 살펴보자. 전경에서 우리는 해골 같이 생긴 인물이 홀로 부두에 서 있는 것을 본다. 선창은 먼 왼쪽의 배경으로부터 그림을 대각선으로 가로지르며 뻗어 나와 있는데, 마치 함께 산책하고 있는 두 검은 인물들로부터 시작해서 앞쪽으로 펼쳐지며 투사해 놓은 것 같다. 이것이 전면의 인물을 보는 이들 쪽으로 끌어당기는 한편 그 인물이 배경의 인물들과 아무런 접촉도 없는 것처럼 느껴지게 만든다. 배경은 강렬하면서 층을 이루는 다양한 굵기의 선들로 이루어져 있다. 주로 붉은색이며 그보다는 좀 적지만 노란색과 흰색, 파란색도 사용되었다. 하늘이 가진 동적인 느낌은 바다와 그 주위의 땅 덩어리에서도 되풀이되고 있는데, 훨씬 더 어둡고 둥근 느낌으로 그려졌다.

예술에 들어 있는 통찰

하늘, 물, 땅 덩어리를 나타내는 선들은 그림 전체에 걸쳐 있지만, 홀로 있는 인물 바로 뒤, 즉 전경 오른쪽에서 부두의 가장자리 방향으로 오다 끊겨 있다. 이를 통해 중심인물의 고립이 물리적으로 확증된다. 그 인물은 성별이 불확실하며 손으로 얼굴 양 옆을 감싼 채로 서 있는데, 손 모양은 길게 늘여진 해골 같은 얼굴 모양을 따르고 있다. 벌어진 입이 우리가 분노를 표현할 때 그러듯이 옆으로 벌려진 것이 아니라, 불가능할 정도로 위아래로 긴 구형을 만들고 있으며, 그 점이 얼굴의 형태와 손에 의해서 강조되고 있음을 주목하라. 이런 식으로 이 그림은 분노의 비명이나 울부짖음이 아닌 공포로 인한 슬픔에 찬 통곡의 느낌을 전달하는 것이다. 플라톤은 이러한 예술작품으로부터 우리가 배우는 것이 무엇이냐고 물을 것이다. 사람들이 고독을 느낄 수 있다는 것 정도라면 이는 당연한 상식이다. 이 그림이 보여 주는 것 중 이보다 더 흥미로운 것이 있다면 이는 세계와 단절되고 분리되고 고립된 데에서 오는 고뇌와 두려움의 느낌은 인간이 가진 조건의 일부일 수도 있다는 것이다. 하지만 이 역시 우리가 이미 알고 있는 것이다. 그렇지 않았다면 그것이 우리의 심금을 울렸을 리가 없다. 만일 그것이 우리가 알고 있었던 것이 아니라 하더라도, 그것이 우울증 환자의 공상이 낭만적으로 비약된 것이 아니라 인간적 조건의 일부라고 생각해야 할 근거가 무엇인지를 이 그림 자체는 제공하지 못한다.

이러한 플라톤 식의 도전에 대항하여 시도해 볼 만한 매력적인 답변의 하나는 예술이 특별한 종류의 지식이나 이해를 제공한다고 주장하는 것이다. 그림 한 장이 만 마디 말에 값한다는 상투어구는 말로는 명료하게 표현할 수 없는 많은 것을 그림을 통해 파악할 수 있다는 생각을 담고 있다. 이렇게 말할 경우 우리는 아마도 명제적 지식과 비명제적 지식간의 구분을 염두에 두고 있는 것이리라. 명제적 지식은 사실에 대한 지식으로, 역사와 철학, 과학, 심리학에서 다루는 종류의 지식이다. 이것은 일어난 어떤 사건, 인간이 어떤 느낌을 갖는 이유, 이성과 감정이 연결되는 방식 등의 문제에 관한 지식이다. 하지만 우

뭉크, <절규>(1893), ⓒ Munch Museum/Munch - Ellingsen Group, BONO, 오슬로, DACS, 런던 2004.
사진 J. Lathion ⓒ National Gallery, 노르웨이 1999

리는 그러한 추상적인 이성은 특정한 지각, 반응, 감정, 태도를 가진다는 것이 대체 어떤 느낌인지에 대해서는 우리에게 알려 주는 것이 없다고 — 아니면 최소한 풍부하게 알려주지는 못한다고 — 생각할 수 있다. 이것과 관련된 것이 비명제적인 지식인데 이는 어떻게 지각하고 반응하고 행동해야 하는지를 아는 것(knowing how) 같은 지식, 또는 어떤 상태가 된다는 것이 어떤 것인지를 아는 것(knowing what it is like) 같은 지식이다. 이러한 견해에서 보자면, 예술작품은 우리의 지각과 반응과 태도를 상상력을 통해 대면할 수 있게 해주며, 이는 명제적 지식과 관련된 보다 형식화된 인지적 행위들로부터는 얻을 수 없는 지식이라고 주장할 수 있다.[7] 이런 종류의 비명제적인 지식은 경험에 의존한다. 예를 들어 고뇌가 어떤 느낌인지의 경험, 세계로부터 고립되어서 느끼는 공포가 어떤 것일지의 경험, 스스로를 세계와 완전히 분리된 차원에서 바라보는 것이 어떤 것일지의 경험 등. 물론 그러한 지식이 경험에 의존한다는 것이 일반적인 사실이라면 예술만이 그러한 지식을 제공한다고 보기는 힘들다. 하지만 우리는 여기서 예술이 제공하는 지식이 고유해야 한다고 주장할 필요는 없다. 단지 예술이 그러한 지식을 전달하는 데 있어 특별히 뛰어나다고만 주장하면 되기 때문이다. 경험의 현상적인 측면이 기본적이고, 다른 것으로 환원될 수 없으며, 명제로 옮기기 불가능한 특징을 가졌기 때문에 특정 종류의 지식은 경험을 해야만 얻을 수 있다는 것이 사실이라면, 예술작품을 경험하는 것과 지식 간에는 직접적인 연계가 있는 듯 보인다. 예술작품이 제공하는 경험은 작품에 표현된 감정, 느낌, 태도를 경험하는 것이 실제로 어떤 것인지를 나에게 전달해줄 수 있을 것이다. 비록 내가 이전에 직접 그것을 느껴 본 적이 없을지라도 말이다.

경험이란 어떤 것인지를 보여 주기 위해 프랭크 잭슨(Frank Jackson)이 사용한 메리의 예는 철학계에는 잘 알려져 있다.[8] 메리는 감금된 과학자인데, 평생을 모든 것(자기 자신도 포함하여)이 검은색과 흰색인 흑백의 방 안에서 살면서 연구하고 있다. 그녀는 근면하게 열심히 연구하고, 텔레비전 스크린을 사용하여 책을 읽고 실험결과를 전달 받는 등 바깥세상과 소통함으로써 색과 색 지각 그리고 그와 관련된 두뇌의 상태에 관한 뛰어난 과학자가 되었다. 그렇지만 그녀는 색을 보는 것이 어떤 것인지는 알지 못한다(그리고 그 방에서 탈출하지 않는 한 앞으로도 절대 알지 못할 것이다). 색을 본다는 것을 구성하는 환원 불가능한 현상적 속성들이 그녀에게는 결핍된 듯 보인다. 이전에 해보지 못한 새로운 경험이 실제로 어떤 것인지를 우리가 아는 데에 요구되는 것은 바로 이 현상적 속성들에 대한 지식이다. 그러므로 메리가 색에 대해 얼마나 많이 알든지 간에, 그녀가 색을 경험하기 전까지는 그녀는 색을 보는 것이 실제로 어떤 것인지를 절대 알지 못할 것이다. 만약 경험이 실제로 해당 상태들을(또는 그와 밀접하게 관련된 상태들을) 경험해야만 알 수 있는 환원 불가능한 현상적인 측면을 가지고 있다면, 예술작품은 우리로 하여금 그러한 상태들, 또는 그와 밀접하게 관련된 상태들을 경험하게 만듦으로써 우리에게 지식을 제공할 수 있다. 그리고 이것은 단지 원초적인 감각에 대해서뿐만 아니라, 예를 들어 공포감 같은 감정, 다른 사람들과 함께 있고 싶다 같은 욕망, 그리고 실존적 고뇌와 같은 태도 등등 훨씬 더 복잡한 상태들에 대해서도 적용된다. 그러한 지식, 즉 단순히 어떤 것들에 관해 아는 것과는 달리 그런 것들을 느끼는 것이 어떤 것일까를 아는 것은 뻔한 것도, 이미 다 잘 알려진 것도 아닐 것이다.

하지만 비록 플라톤의 도전에 이런 식으로 대응하는 것이 기본적으로 옳은 노선을 따르고 있는 것이기는 하지만, 그 주장은 지나치게 강하다. 우리가 예술작품에 공감하는 경우, 대개 우리에게 심리적으로 친숙한 느낌과 태도를 그 작품들이 표현하고 있다는 것이 그 부분적 이유가 된다. 그러나 그렇다고 하더라도 여기에 어떤 특별한 종류의 지식이 관련된다는 것이 따라 나오지는 않는다. 게다가 경험의 현상적인 속성이 기본적이고 환원 불가능하다는 생각은(심지어 감각에 대해서도) 논쟁의 여지가 많다. 그 이유 중 하나는 명제로 기술할 수

예술에 들어 있는 통찰

있는 것 — 비록 매우 복잡한 방식으로 기술해야 하겠지만 — 을 넘어서는 무언가가 경험에 있다는 생각은 우리와 물리적인 세계 간의 관계를 매우 신비로운 것으로 만들 위험이 있기 때문이다. 이 이유만으로도 경험을 근거로 한 주장을 하기 위해 필요한 기초를 좀더 최소한으로 만드는 편이 좋을 것이다.

그런 축소된 근거란 이런 것이다. 경험에서 중요한 것은 경험 속에는 우리가 경험하지 않고는 알 수 없는 매우 특별한 주관적인 무엇인가가 포함되어 있다는 점이 아니라, 경험은 어떤 역량이나 능력을 낳는다는 점이다. 메리는 어떤 사실적인 지식이 부족한 것이 아니라 색을 보고 그것을 색으로 인지하는 데 필요한 절차적 지식(know-how)이 없는 것이다. 보통 우리가 경험을 통해 배운다고 하는 경우들을 생각해 보자. 이를 테면 한 번도 당구를 쳐 본 적이 없는 사람이 당구를 배우는 것과 같은 경우 말이다. 당구의 배후에 놓인 기본원리들을 파악함으로써 사람들은 이 게임에 대한 이론적인 이해에 도달할 수 있다. 하지만 그런다고 해서 당구를 칠 수는 없을 것이므로 그 점에서 보면 그들은 실천적인 이해를 결여했다고 할 수 있다. 그들에게 결핍된 것은 보내려는 방향으로 당구공을 맞추고 속도와 각도를 예측하며 팔의 움직임을 원활하게 조정하여 큐대로 공을 치는 등등의 능력이다. 그러므로 그들은, 이전에 충분히 비슷하게 관련된 경험을 하지 않은 한, 당구를 칠 줄 모르는 것이다. 그렇다면 경험을 이해하는 것이란 결국 해당 종류의 경험을 대표할 수 있는 상태 속에 자신을 집어넣는 능력, 또는 그런 상태를 인식하는 능력에 해당한다고 말할 수 있다. 그리고 이런 능력을 발휘한다는 것은 곧 경험하는 사람의 관점을 취한다는 것이다. 만약에 내가 새롭다고 할 만한 경험을 하게 된다면 나는 새로운 능력들 — 내가 이전에 인식해 본 적이 없는 광경과 소리와 냄새를 인식하는 능력, 그것들을 더 세밀한 차원에서 다른 것들과 구분하는 능력, 그리고 내가 이전에 해본 적이 없는 경험을 기억하고 상상하는 능력 — 을 가지게 될 수 있을 것이다. 이러한 능력들을

예술과 그 가치

가지는 것은 특별한 종류의 지식을 포함하지는 않지만 분명 경험에는 의존한다. 즉 이는 어떠어떠한 것이 사실이라는 것을 아느냐의 문제가 아니라, 경험을 어떻게 기억하고 상상하고 다른 것들과 구별하고 인식하는지 그 방법을 아느냐의 문제이다.

　이 점은 우리가 종종 동일한 경험에 대해 서로 다른 관점을 취한다는 사실을 통해서도 부각될 수 있다. 다양한 예술서적들을 많이 읽은 당신은 마티스 그림을 복사본으로 많이 보았다고 해보자. 그래서 당신은 그가 20세기의 위대한 예술가들 중 하나라는 것을 알고 있으며, 대담한 색채의 사용, 형식과 구조에 대한 관심, 그리고 이전의 예술적 전통을 상상력을 동원해 다시 살려낸 것 등이 그 이유라는 것도 알고 있다. 이제 로열 아카데미에서 그의 전시회가 열리고 있는데, 당신이 이틀을 연속해서 그 전시회에 간다고 해보자. 첫 날 당신은 엄밀하고 학구적인 방식으로 그림에서 예술사적 의의를 지녔다고 간주되는 특질들을 보고 다닌다. 그의 예술적 발전에 주의를 기울이고, 그의 평면화된 원근법의 사용에 주목하며, 대담한 색채와 표현적인 붓질에 적절하게 유의한다. 둘째 날, 이번에는 그저 즐기려고 다시 찾아 간다고 하자. 당신은 같은 그림들로 돌아가 같은 특질들을 본다. 그러나 이번에는 그것들을 중대한 예술사적 특질들의 사례로 보지 않고, 단지 대담하게 휘둘러댄 붓질과 선명한 색채, 납작한 화면들로 본다. 첫 날은 유익했지만 지루했고, 둘째 날은 생생하고 살아있었다. 경험의 국면 중에 언어로 표현될 수 없는 무언가가 첫 날에는 없었다가 둘째 날에는 생겨난 것이 아니다. 그보다 당신은 그저 경험에 대해서 서로 다른 관점을 취했을 뿐이다. 첫 날에 당신은 학구적인 흥미의 차원에서 작품들에 관심을 가졌고 둘째 날에는 당신이 어떻게 그 작품들에 반응하는가의 측면에서 관심을 가졌을 뿐이다. 당신이 둘째 날에 알게 된 추가적인 사실은 없다. 단지 당신이 당신의 경험에 대해서 취한 서로 다른 관점이 당신이 이미 알고 있던 것, 즉 마티스가 훌륭한 예술가라는 것을 아는 새로운 방식을 제공했을 뿐이다. 하지만 당신이 마

　　　　　　　　　　　　　　　　예술에 들어 있는 통찰

티스의 작품에 대해 서로 다른 관점들을 취하려면 먼저 경험을 해야만 한다.

우리는 명제로 기술될 수 있는 것을 넘어서는, 언어로는 표현될 수 없는 어떤 특별한 느낌이 경험에 있다고 주장할 필요는 없다. 지식과 이해에 도달하는 길은 여러 가지가 있다는 것만 주장하면 된다. 뭉크의 <절규>는 원리를 따라 사고하는 이성이 제기할 수 있는 것과 똑같은 종류의 실존적 고뇌와 홀로 됨의 두려움과 타인과 세계로부터 극단적으로 단절되는 느낌에 대한 이해를 제공할 수 있다. 사르트르(Sartre)의 철학 서적인『존재와 무』를 읽는 것도 동일한 이해를 줄 것이다. 그럼에도, 좋은 예술작품들에는 그러한 이해를 전달하는 특별히 가치 있는 방식이 있다. 왜냐하면 그것들은 특별히 자극적이고 감동적인 방식으로 우리를 엮어 들이기 때문이다. 뭉크의 <절규>는 우리를 실존적인 중심인물과 동일시하게 하고, 고립과 고뇌가 우리를 장악하는 힘을 느끼게 하며, 그런 세계의 모습에 어떤 반응을 취하도록 만든다. 사르트르의『존재와 무』는 같은 세계상을 우리의 지성에 맞게 펼쳐낸다. 그러므로 예술작품은 우리로 하여금 심리적으로 즉각적인 방식으로 어떤 진리, 통찰, 또는 가능성들을 파악하게 하고 그것들의 중요성을 깨닫도록 만든다. 이는 순수한 이성이 좀처럼 하지 않는 방식이다. 따라서 우리는 오직 예술만이 어떤 고유한 종류의 지식을 전달한다고 주장할 필요가 없으며 예술작품에 대한 경험이 언어로 표현할 수 없는 속성을 포함한다고 주장할 필요도 없는 것이다. 우리는 다만 예술적 수완을 통해, 추상적이 아닌 방식으로, 그리고 정서에 호소하는 방식으로, 아직 확정적이라고 볼 수는 없는 통찰들이 특별히 잘 전달될 수 있는 심리적으로 생생한 경험이 가능하게 된다는 것만 인정하면 된다. 만약 사용된 예술적 수단이 조잡하고 서툴거나 빈약하다면, 그 작품은 우리가 위대한 예술에서 높이 평가하는 정서적인 이해를 실현하는 데 실패한 것이 된다. 그런 경우, 그 작품의 경험에 담겨 있는 통찰이 무엇이건 간에 우리는 그에 대해 신경 쓰거나 많은 관심을 가지지 않을 것이다.

예술에 담긴 진실

이러한 변호가 그럴듯 하다 해도, 대응해야 할 도전이 두 개 더 남아 있다. 첫째, 작품이 제공하는 통찰이 작품의 예술적 수완과 밀접하게 연관되어 있는 경우와 그런 통찰이 작품에 외적인 경우를 어떻게 구별해 낼 것인가? 둘째, 서로 상충되는 통찰들을 구현한 작품들을 모두 가치 있게 여기는 것이 어떻게 가능한가? 다른 말로 하면, 이해와 관련되어 있는 다른 긍정적 덕목들과 비교할 때, 그 통찰의 내용이 진실 이어야 한다는 것이 얼마나 중요한가?

　첫 번째 질문은 반드시 다루고 넘어가야 하는데, 왜냐하면 작품에 대한 반응이 깊은 생각을 불러일으킴에도 불구하고 예술로서는 그저 그런 작품인 경우가 있기 때문이다. 예를 들어 트레이시 에민(Tracey Emin)의 <나의 침대 My Bed>(1998/9)에는 그녀 자신의 어질러진 침대가 등장하는데, 사용한 콘돔과 더러워진 속옷, 담배꽁초, 빈 보드카 병, 그리고 임신 진단시약이 침대 위와 주변에 흩어져 있다. 에민은 1990년대의 예술이 낳은 인물로, 찰스 사치(Charles Saatchi)에 의해 작품이 수집되고 널리 알려져 굉장한 상승세를 누렸다. 그녀 작품의 고백적인 특성은 그녀의 성적인 편력과 삶의 정서적 측면에 집중하는 경향이 있었다. 아마도 시각적인 측면에서 <나의 침대>에 등장하는 대상들의 복잡한 모습은 특별한 흥밋거리가 아닐 것이며, 대체 그녀 삶의 이러한 측면이 뭐가 그리 흥미로운 것인지도 분명하지 않다. 그러나 어떤 이는 이 작품이 꽤 흥미로운 반응들을 유발시킨다는 점에서 이야기해 볼 만한 것이 있다고 할 수 있을 것이다. 술병과 어질러진 시트, 콘돔, 그리고 임신 진단시약은 술에 취해 성행위를 한 부주의한 밤을 암시한다. 초기에는 이 작품의 침대 위에 올가미가 걸려 있었

　　　　　　　　　　　　　　예술에 들어 있는 통찰

다. 외견상 이는 경솔한 쾌락이라고 할 수밖에 없는 것의 잔해 아래에 놓인 무언가를 위협하는 것처럼 보였다. 따라서 그 작품을 보면서 쾌락주의의 숨겨진 대가를 생각해 보거나, 또는 겉으로 보기에는 무해한 쾌락 아래 어떤 식으로건 권력이나 냉소주의 또는 무의미함이 놓여 있을 수도 있다는 생각을 떠올릴 수 있을지 모른다. 그런 생각들은 진정한 인간적 이해관계와 중요성이 걸린 것들이다. 그러나 우리가 그 작품과 시각적으로 엮여 들어가는 데 요구되는 방식과 작품이 불러일으키는 생각 사이의 연관은 희박하다. 대상들을 그저 병치한 것을 제외하고는 대상들의 배열에는 우리의 반응을 조금이라도 더 발전시키도록 만들 만한 것이 거의 없다. 우리를 시각적으로 이끌어 주목하게 하는 것은 부조화에 대한 인식뿐이다. 그러므로 이 작품은 우리가 작품을 보는 경험을 하면서 어떤 생각을 형성하고 발전시키기보다, 감상자에게 어떤 생각을 즉각적으로 떠오르게 할 뿐이다. 따라서 이 작품은 상대적으로 피상적인 작품이다. 여기서의 병치는 흥미롭지만 쉽다. 그러한 병치를 가지고 무언가를 하는 것이 어려운 부분인 것이다.

보다 극단적인 사례들은 대영제국, 소비에트 사회주의 리얼리즘, 제3제국의 작품들에서 찾아볼 수 있는, 보는 이들에게 무언가를 가르치려고 하는 작품들이다. 그 중 많은 것들이 높은 수준의 예술적 세부 기술들을 포함하고 있으며 작품들을 통해 묘사된 태도들에 대한 반응이 깊은 생각을 불러일으키는 것일 수도 있다. 그러나 많은 경우 감상자가 최초에 갖게 된 태도는 예술적으로 관련된 측면에서는 조금도 더 발전되지 않은 채로 남는다. 그러므로 감상자는 작품과는 별개로 자신들의 즉각적인 반응의 본성과 그로부터 파생되는 문제들에 대해서 숙고하도록 남겨지는 것이다. 그러한 작품들은 빈약한 작품이다. 왜냐하면 우리는 예술이 단지 어떤 생각을 떠오르게 하기만을 기대하는 것이 아니라 우리의 반응을 인도하고 깊게 해주기도 기대하기 때문이다. 이것은 형편없는 소설이 흥미로운 사고와 반응을 일으킬 수 있지만, 그래도 여전히 형편없는 소설로 남아 있는 경우가 있음을 인정하는 것과 마찬가지이다. 밀스 앤 분(Mills and Boon) 로맨스 소설을 읽으면서도 경우에 따라 우리는 낭만적인 사랑의 본성과 그 환영과 같은 측면, 욕망의 지배력과 모든 것을 장악하는 그것의 성격에 대해 생각해볼 수 있다. 하지만 그런 생각들은 그 자체가 단지 작품에 의해서 불러일으켜졌을 뿐, 작품의 적극적 감상을 통해 어떠한 흥미로운 방식으로 발전된 것이 아니다.

같은 논점을 보이는 다른 방법은 다음과 같다. 우리는 에민의 <나의 침대>에 다른 대상들을 더 추가할 수도 있을 것이다. 십자가상이나 포르노 잡지, 시계장치와 같은 것들 말이다. 그러한 대상들을 더하면 우리는 성의 본성, 죽음, 우리의 동물적인 본성, 속죄, 인간생명의 유한성, 그리고 시간 등에 대해 더 많은 생각을 하게 될 수도 있을 것이다. 하지만 단지 한층 더 흥미로운 생각들을 불러일으킨다는 이유만으로 그 대상들을 추가한다고 해서 자동적으로 그 작품이 더 좋은 예술작품이 되지는 않을 것이다. 이런 경우 중요한 것은 대상들이 배치된 방식과 그들 간의 시각적인 관계가 우리의 감상 속에 파고들어서, 그 결과 우리가 그것들에 주목하면 우리의 생각이 어느 방향으로 이끌어지게 되는지 여부이다.

문제를 이런 식으로 제시하는 것 자체가 우리의 첫 번째 질문에 대한 답을 시사한다. 중요한 것은 재현수단들이 재현을 통해 전달되는 생각과 태도에 대한 우리의 이해 속으로 파고들어서 그 이해를 형성하느냐의 여부이다. 재현수단들이 그렇게 하는 경우 우리의 반응은 그 작품의 적극적 감상에 의해 형성된 대로, 경험에 밀접하게 연관된 것으로 볼 수 있다. 그러한 경우 그 통찰은 예술로서의 작품에 내재적이다. 그렇지 않을 경우, 통찰은 외재적이다. 뭉크의 <절규>로 돌아가보면 우리는 그 그림의 구성이 어떻게 중심인물의 고립을 강조하는지를 볼 수 있다. 예를 들면, 왼쪽의 부두가 이루는 대각선은 그 인물을 감상자 쪽으로 밀어낸다. 그 인물의 고립감은 그의 오른쪽에 있는 땅

프리드리히, <안개바다 위의 방랑자>(1818), 베를린 Hamburger Kunsthalle/bpk로부터 승인 취득. 사진 Elke Walford

덩어리의 자국만 수직적으로 긁혀 있는 것에 의해 강조되고, 그것이 뒤쪽 풍경의 수평적인 층과 대조를 이루어 깊이감이 과장된다. 여기서 재현수단은 작품에 대한 우리의 경험에 파고들어, 묘사된 고립과 고뇌, 공포가 강조되도록 우리의 경험을 형성한다.

　두 번째 질문은 나의 주장에 대한 반론의 형태로 제기될 수 있을 것 같다. 만약 우리가 예술에서의 통찰을 가치 있다고 생각한다면, 왜 우리가 세계에 대한 그릇된 이해를 보여 준다고 간주하는 작품들도 높이 평가하는지 알 수 없다는 것이다. 우리는 프란시스 베이컨이 인간성을 부패하고 타락하며 병든 것으로 그려 낸 것을 칭찬하고, 그의 작품을 예술로서 높이 평가하지만, 그럼에도 그러한 그림은 심각하게 잘못된 것이라고 생각할 수 있다. 그러나 그렇다면 이는 통찰이 중요하다는 주장과 불편한 관계에 있는 것 같다. 카스파 다비드 프리드리히(Caspar David Friedrich)의 <안개바다 위의 방랑자 The Wanderer above the Sea of Mists>(1818)를 보자.

　프리드리히는 인간이 세계와 맺는 관계에 대한 한 가지 생각을 묘사했는데, 이는 뭉크의 <절규>에 구현된 견해와 상충되는 것이다. 프리드리히는 우리에게 고독한 인물이 등을 돌린 채 튀어나온 바위 위에 서 있는 것을 보여 준다. 그 인물은 흐릿하고 성긴 구름으로 덮인, 끝없이 펼쳐진 아래의 산봉우리들을 죽 둘러보고 있다. 그가 바라보고 있는 수평선 쪽에는 산등성이들이 모여 있으며, 또 다른 산봉우리가 저 멀리서 솟아오른다. 여기서도 우리는 타인들의 세계로부터도, 또한 자연 그 자체로부터도 모두 멀리 떨어져 있는 한 개인이라는 느낌을 갖는다. 하지만 그 분위기와 태도는 뭉크의 것과는 극단적으로 다르다. 그 인물은 지팡이를 잡은 오른 손을 자신의 옆구리에 댄 채 바위 위에 우뚝 서 있는데, 이는 마치 그가 주인인 것 같은 느낌을 주고 있다. 그림을 보는 우리가 하고 있는 것과 마찬가지로 자신 앞에 펼쳐진 평온한 광경을 내려다보는 그의 자세는 관조적이다. 그는 홀로 서 있지만 외로워 보이지는 않는다. 아래의 산등성이들을 스치는

　　　　　　　　　　　　　　예술에 들어 있는 통찰

구름의 상부와 그 위에 있는 하늘의 무한한 범위가 만들어 내는 광활한 공간은 그를 그 아래의 자연세계와 떼어 놓지만, 그렇다고 그 위의 하늘에 속한 것으로 보게 하지도 않는다. 인간의 고립을 실존적 고뇌의 조건으로 여기는 대신, 프리드리히의 그림은 은연중에 웅장한 정신적 초연함을 보여준다. 뭉크와 프리드리히의 그림은 인간성의 조건과 세계 내에서의 인간의 위치에 대해 상충되는 견해를 보이고 있지만 그럼에도 불구하고 둘 다 진정으로 훌륭한 작품들이다.

예술에서의 진실의 문제는 언제나 예술의 가치와 무관하다는 대응으로 이 문제를 회피하고 싶을 수도 있을 것이다.[9] 가장 중요한 것은 작품이 규정하는 이해가 흥미롭고 복잡하며 우리의 상상력의 지평을 넓혀 주는지의 여부이지 진실이 아니라는 것이다. 이러한 견해에 따르면 예술작품은 우리의 반응력, 즉 상상적 가능성들을 생생한 것으로 만드는 데 관련된 능력을 발전시키는 데에 관여한다. 그러한 가능성들이 진실이냐 아니냐 와는 아무런 관계가 없는 것이다. 왜냐하면 예술에서의 진실이란, 그것을 평가하기에 적절한 탐구분야에 해당되는 문제이지 예술의 문제가 아니기 때문이라는 것이다. 이러한 견해를 옹호하기 위해 할 수 있는 말이 많이 있으며 실제로 많은 경우 작품의 목표가 이것이기도 하다.

그러나 이런 수를 써서 문제를 해결한다면 너무 많은 것을 양보하는 것이 된다. 왜냐하면 작품의 목표가 내적으로 진실과 연관되어 있는 작품도 분명 있기 때문이다. 작품을 놓고 그것이 가진 통찰력, 심오함, 복잡성, 흥미, 정합성, 일관성, 깊이, 명료성, 또는 감상성, 미숙함, 진부함, 순박함 등을 평가하기 위해서는 상호의존적인 일군의 개념들이 필요한데, 그 중 하나가 진실 개념이다. 실제로 작품은 심오하면서도 그릇될 수 있으며 삶에 진실하면서도 진부할 수 있다. 통찰은 그저 부분적일 경우가 있는 것이다. 하지만 이것이 진실이 언제나 작품과 무관하다는 것을 보여 주지는 않는다. 이것이 보여 주는 것은 다만 예술이 가지고 있어서 좋은 지적, 정서적 덕목들이 많이 있으며, 작

예술과 그 가치

품이 진실을 말하고 있다는 것은 단지 그 여러 덕목 중 하나일 뿐이라는 것이다.[10] 그 정서적, 지적 덕목들 중 어느 것이 어떤 측면에서 주어진 작품을 평가하는 데에 관련이 있게 되는지는 해당 작품의 종류와 그 작품이 속한 장르, 그리고 예술가의 의도에 달린 문제이다. 이런 식으로 보면 실제로 많은 경우 진실이라는 덕목은 작품 평가에 관련이 없을 것인데, 왜냐하면 많은 경우 예술은 자신이 제시하는 세계가 흥미 있고 명료한지, 그것이 심리적으로 친숙한지, 그것에 의해 환기된 느낌이 깊이가 있는지 등을 중요시하기 때문이다. 하지만 몇몇 경우에는 진실이 관련이 있기도 할 것이다.

그런 경우 어떻게 관련이 있는지는 각각 다를 수도 있다. 어쩌면 뭉크의 <절규>와 프리드리히의 <안개바다 위의 방랑자>는 우리가 자신과 남들에게 취하곤 하는 특정한 심리적 태도란 무엇과 같은지를 전달하기 위한 작품이지 그 태도가 우리가 취해야 할 태도라고 장려하는 작품들은 아니라고 이해되어야 할지도 모른다. 하지만 피카소의 <우는 여인>에 대해 슬픔이 어떻게 그렇게 지배적이고 지독할 수 있는지를 묻는 것이나, 반 다이크(Van Dyck)가 찰스 1세를 세 각도에서 그린 초상화에는 찰스 1세의 유약한 감각적 쾌락의 추구와 침울함, 고상함이 잘 포착되어 있다고 칭찬하는 것, 또는 반 고흐의 <감자 먹는 사람들>은 인간본성에 대한 비록 매력적이기는 하지만 다소 편파적이고 천진한 생각을 전달한다는 이유로 그 작품에 대한 사람들의 칭찬에 유보조항을 붙이는 것 등은 모두 적절한 것이다. 슬픔이 그렇게 지독할 수 있을까? 찰스 1세의 유약함이 그의 감각적 쾌락의 추구와 관계가 있었을까? 땅을 경작하는 가난한 이들이 땅과 소원한 이들보다 더 고귀한 덕을 가지고 있을까? 이런 질문들을 판단하기 위해서라면 우리는 작품이 어떤 식으로 숨겨져 있는 연계 고리들과 특징들을 묘사하고 있는지를 주목하는 것과 그렇게 해서 알게 된 것들을 어떻게 우리 자신의 것으로 개념화하고 경험하고 이해할 것인가를 모두 고려해야 한다.

진리가 예술에서 중요하다는 생각에 동의하는 사람들 대부분이

예술에 들어 있는 통찰

저지르는 잘못은 진리가 예술에서 중요한 정도를 지나치게 강조하는 것이다. 마치 예술작품을 평가할 때 유일하게 중요한 요소가 작품이 어떤 근본적인 측면에서 삶에 진실한지의 여부에 관한 것인 양 말이다. 소설이나 철학적인 작품들에서처럼 진실이 때때로 중요할 수는 있겠으나, 예술에서는 진실 말고 다른 것들도 진실만큼이나 근본적이다. 예술적 기교가 얼마나 좋은가? 시각적 상호관계가 작품에 대한 우리의 경험 속으로 얼마나 잘 파고들어 그 경험을 형성하는가? 작품이 느낌과 감정과 태도를 놀랍고 흥미로운 방식으로 전달하는가? 전달되는 것이 심각하게 받아들여질 가치가 있는 것인가? 그것이 작품의 제재를 지각하는 또는 생각하는 명료한 방식인가? 이런 종류의 비판적인 시험을 견뎌내는 예술은 어떤 것이라도 실로 좋은 작품이다.

아방가르드와 개념예술의 도전

예술이 주는 통찰이라는 문제를 이와 같이 스케치했을 때 예외로 두드러지는 것의 하나는 역사적 사조로서의 아방가르드 및 개념예술가들에 의해 만들어진 예술이 어떤 위치에 놓이느냐이다. 작품의 형식과 내용을 통해 작품에 대한 우리의 경험이 어떻게 형성되는지, 그것을 통해 우리의 생각, 느낌, 태도가 어떤 식으로 유도되는지가 중요한 것이라면, 개념예술은 예술적 가치가 거의 또는 아예 없는 듯이 보이기 때문이다. 이러한 생각은 개념예술은 작품이 제공하는 경험이 아니라 주어진 생각을 인지하는 것에 그 핵심이 있다는 가정에 근거한다. 많은 사람들이 개념예술을 가치 없는 것으로 치부해 버리는 이유의 뒤에는 분명히 이와 같은 생각이 자리 잡고 있다. 개념예술은 사람들이 세계에 대해 생각하는 방식을 변화시키므로 결국 어떤 종류의 가치 있는 경험을 제공하는 것이라고 주장하는 것으로는 충분치 않다. 왜냐하면 이때의 경험 개념은 너무 광범위하기 때문이다. 어떤 의

예술과 그 가치

미에서는 철학, 과학, 수학의 성과물도 우리가 세계에 대해 생각하는 바를 바꿀 수 있다. 하지만 철학적, 과학적, 수학적 텍스트에서는 양식이나 수사적 기술, 예술적 기교 등의 요소들은 가능한 한 무시된다. 예술작품을 그러한 텍스트와 구별하는 것은, 묘사된 내용을 우리가 어떻게 볼지를 유도하고 형성하기 위해 사용된 수단들, 즉 우리가 그것에 대한 적극적 감상을 할 때 가지게 되는 느낌과 사고와 반응을 만들어 내기 위해 어떤 예술적 양식, 회화적 테크닉, 장르적 관습들이 사용되는가 하는 것이다. 하지만 개념예술의 경우, 물리적인 대상이 등장하기는 하더라도, 우리는 단지 그 대상이 지시하는 아이디어만 마음에 새기면 되는 것처럼 보인다. 거기 어디에 예술적 수완이 끼어들 여지가 있는가?

이 도전에 답하기 위해서 우리는 개념예술의 본성에 대해서 조금 더 주의 깊게 생각해 보아야 한다. 비록 개념예술이라는 용어 자체는 1960년대까지 일반적인 예술 담화 속으로 들어오지 않았지만, 아마도 가장 잘 알려진 개념예술 작품은 마르셀 뒤샹의 <샘>일 것이다. 이 작품은 평범한 프랑스제 소변기를 뒤집어 'R. Mutt'라고 사인한 것으로, 1917년 뉴욕의 한 전시회에 조소작품으로서 출품되었다. 전시를 거부당했음에도 불구하고 이것은 뒤샹의 가장 유명한 작품이고 그가 한 많은 레디메이드들 중의 한 예이다. 레디메이드란 일상적인 사물을 가져와서 그것을 도발적인 방식으로 다른 것과 병치시키거나 변형하거나 전시하는 작품을 말한다. 뒤샹은 자전거 바퀴를 주방용 의자 위에 설치하고, 파리의 가게에서 산 병 건조대와 철물점에서 아무나 살 수 있는 제설용 삽을 전시했으며, <모나리자>의 복제판 위에 수염을 그리고 밑에 <L.H.O.O.Q.>(1941-2)라고 적어 넣었다. 뒤샹의 작품은 개념예술 발전의 선구로서 20세기의 지배적인 예술조류에 영향력을 행사했다. 그의 작품이 그 당시로서도 그렇게 이례적이지 않았다는 점은 주목할 필요가 있다. 많은 예술가들이 가끔씩은 비슷한 일들을 했었다. 예를 들어, 피카소는 자전거 안장을 가져다 앉는 면이 보이

예술에 들어 있는 통찰

도록 놓고 위에 자전거 손잡이를 붙여 <황소 머리>(1943)를 만들었다. 두 개의 평범한 자전거 부품을 병치시킨 것이 성공한 이유는 우리가 그것을 볼 때, 비록 대략적이기는 하지만 정말로 그것을 황소 머리의 재현으로 볼 수 있기 때문이다. 그러나 그러한 관심들은 다다 운동에 와서는 훨씬 더 극단적인 정도로까지 추구되기에 이르렀다.

다다 운동은 1915년에 전통적인 예술개념에 대한 급진적인 반동으로서 나타났다. 뒤샹 자신을 비롯하여 한스 아르프(Hans Arp), 프란시스 피카비아(Francis Picabia), 만 레이와 같은 예술가들은 콜라주와 몽타주, 레디메이드를 만들면서 무작위성과 도발적인 제스처, 일상적인 재료의 사용을 강조했다. 다다이즘은 1920년대 초현실주의의 탄생을 도왔는데, 다다와 초현실주의는 공통적으로 예술적 창조의 본성이 비합리적 또는 '우연적'이라는 생각, 있는 재료들을 모아서 이루어진 구성, 그리고 대상들의 자의적인 병치 등을 강조했다.

그러한 태도들의 영향은 초현실주의의 죽음과 함께 다소 시들해졌으나, 1950년대에 다시 나타나기 시작했다. 재스퍼 존스(Jasper Johns)는 미국 국기와 같은 2차원적 대상을 재현하는 그림을 그리고 맥주 캔이나 붓과 같은 일상적인 사물을 조소로 만들었다. 로버트 라우센버그는 3차원적 물체를 그림에 포함시키고, 실크 스크린 과정을 사용했으며, 실험적 매체에 흥미를 갖기 시작했다. 1960년대에는 앤디 워홀, 피터 블레이크(Peter Blake), 리처드 해밀턴, 로이 리히텐슈타인(Roy Lichtenstein), 클래스 올덴버그(Claes Oldenburg)와 같은 예술가들과 함께 팝 아트 운동이 발전하면서 대중문화적인 대상, 매체, 관심사들에 대한 흥미가 부흥하였다. 이것은 1960년대 말과 1970년대 개념예술에 대한 예술적 관심의 폭발로 전개되었다. 영미 권에서 진행된 '미술과 언어' 운동은 캔버스에 단어를 그리거나 프린팅하는 식으로 언어를 전면에 내세우면서, 그 자체가 반시각적(anti-visual), 때로는 정치적인 성격을 갖는다고 생각했으며, 예술을 통해 예술작품과 예술계의 본성을 묻는 데 관심을 가졌다. 이탈리아의 아르테

예술과 그 가치

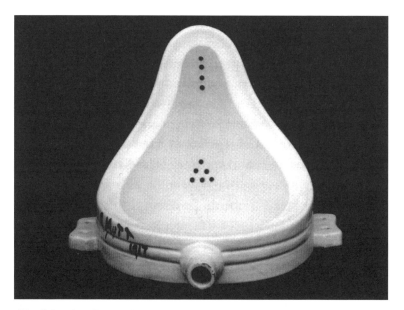

뒤샹, <샘>(1917), 복제품 1964 ⓒ Succession Marcel Duchamp/ADAGP, 파리, DACS, 런던 2004. 사진 ⓒ Tate, 런던 2003

포베라(arte povera) 운동은 흙, 나뭇잎, 진흙 같은 가장 가치 없는 사물들을 사용했고, 뉴욕에서 활동하면서 비디오 아트와 미디어 아트의 개척자로 잘 알려진 예술가 레스 레빈(Les Levine)은 한때 일반 레스토랑을 사들여 운영하면서 모든 계산서들이 예술작품이라고 선언하기도 했다. 그 작품의 내용은 고객에 의해서 결정되고 웨이터에 의해서 작성된다는 것이다. 1960년대부터 오늘날까지 만들어진 많은 양의 미니멀리즘 작품들 — 예를 들어 가로 6개, 세로 10개의 벽돌 2층으로 이루어진 칼 안드레(Carl Andre)의 <등가물 Ⅷ Equivalent Ⅷ> (1966-78)과 같은 것 — 멀티미디어에 대한 탐험들, 퍼포먼스 작품들, 설치예술, 그리고 아이디어 자체를 발표하는 것 등도 모두 이 혈통을 따라 뒤샹의 레디메이드까지 그 유래를 거슬러 올라갈 수 있다.

　이 운동들과 시기들의 특성들이 모두 공통적인 것은 아니지만, 그들 모두가 많건 적건 가지고 있는 몇몇 특징들의 묶음을 찾아볼 수는

　　　　　　　　　　　　　　예술에 들어 있는 통찰

있다. 개념예술의 예술적 혈통의 흐름을 묶어 하나의 정합적인 이야기로 만들 수 있는 것은 그들이 모두 기성품이나 일상적인 사물에 대해 관심을 가졌으며, 아이디어가 우선이라고 생각했고, 언어를 전면에 내세웠으며, 관습적이지 않은 예술매체를 사용했고, 스스로의 정체성에 대해 질문을 던졌으며, 감각적인 미적 경험이라는 전통적인 생각을 거부했기 때문이다. 개념예술 작품들이 어떤 식으로 좋은 예술이 될 수 있는지를 알 수 있으려면 개념예술을 직조하는 실들이 이렇게 다양하다는 것을 잊지 말아야 할 것이다.

반어적으로 들리지만, 부분적으로만 개념적인 작품들 중에는 감각적인 미적 감상을 포함하고 있는 작품도 있다. 그 작품들은 전통적인 미 개념에는 부합하지 않을 수가 있고, 미적 차원으로 접근하기에 친숙하지 않은 재료를 포함할 수도 있다. 하지만 때때로 그 작품들이 미적인 즐거움을 준다는 점은 부인할 수 없다. 이브 클랭의 1950년대 단색화 연작을 생각해 보자. 이들은 모두 같은 군청색 캔버스들이었는데 서로 다른 값이 매겨져 팔리도록 전시되었다. 색에 어떤 개성도 부여하지 않으려 한다거나 예술에 대한 상업적인 가격매김을 조롱하는 클랭의 시도가 흥미로울 수도 있겠지만, 이 그림들에서 두드러지는 것은 순전한 광휘와 색 — 그가 IKB라는 이름으로 특허를 얻은 색 — 그 자체의 매력이다. 준비된 종이를 비에 노출시켜서 만든 그의 작품 <우주형성학 Cosmogoniesseries>과 누드 모델이 IKB를 몸에 바른 다음 캔버스에 자국을 내서 만든 <인체측정학 Anthropométries> (1960) 연작은 극도로 비관습적인 방법을 사용해 창조된 예술이지만, 적어도 몇몇 경우에는 그 결과가 놀랍도록 아름답다. 마찬가지로 앤야 갤러키오(Anya Gallaccio)의 <세기와 표면 Intensities and Surfaces> (1996)도 미적인 매력을 지니고 있다. 이 작품은 34톤에 달하는 얼음 블록들을 4미터 높이의 커다란 사각형이 되도록 쌓아 푸른 전등불 조명 위에 놓아둔 것으로 런던에 있는 와핑 펌프장에 설치되었다. 녹아내린 얼음은 그 대상 주변에 반투명의 물웅덩이를 만들고 있다.

예술과 그 가치

얼음이 녹음에 따라 꼭대기에 놓여 있던 암염 반 톤도 서서히 아래로 녹아내린다. 얼음을 통해 굴절된 빛나는 색채와 반쯤 언 축축한 웅덩이에서 반사되는 색, 그리고 표면들 자체 간의 대비는 매우 감각적인 경험을 제공한다. 갤러키오 작품이 예술대상의 탈물질화라는 생각에 관심을 둔 것임은 분명하지만, 토니 갓프리(Tony Godfrey)가 썼듯이, 이 작품은 "꼭 눈으로 봐야만 하는 것이다. 감각을 통한 경험이 개념 자체보다 훨씬 더 중요하고 흥미로웠다."[11] 또한 포르말린이 담긴 철과 유리로 된 장 안에 양을 통째로 보존해 놓은 데미안 허스트의 <무리로부터 떨어져서 Away from the Flock>(1994)의 매력 — 만약 어딘가에 매력이 있다면 — 은 그 작품의 아름다움에 있다. 어린 양의 양모가 지닌 섬세한 재질과 조직, 그 풍부함에 대한 놀라운 느낌은 매우 순수하며, 보존상태는 이를 더 강화시켜 주기에, 마치 진짜가 아닌 것처럼 보이기도 한다.

그러나 많은 개념예술에서 감각적인 감상은 부차적인 문제이거나 작품과 무관하다. 뒤샹의 <샘>을 감각적인 미적 즐거움의 차원에서 감상하려고 하는 것은 핵심을 놓치는 것이다. 개념예술이 물질적인 대상을 포함하고 있는 경우에도 많은 경우 그러한 대상은 분명히 없어도 되는 것이다. 기껏해야 그것은 오직 생각을 불러일으키는 역할을 하는 기호일 뿐이다. 미국의 조각가 솔 르윗(Sol Le Witt)은 개념예술이라는 용어를 만들어낸 사람으로, "개념예술에서는 생각 또는 개념이 작품의 가장 중요한 측면이다. 예술가가 예술에서 개념적인 형식을 사용한다고 할 때의 의미는 모든 계획과 결정이 사전에 이미 만들어져 있고 제작은 단지 겉치레라는 뜻"이라고 말한 적이 있다.[12] 이런 식으로, 많은 개념예술작품에서 감각적인 매력이란 무시해 버려도 좋은 것이다. 생각 자체가 아름답거나 미적으로 매력적일 수 있음은 사실이다. $e=mc^2$이라는 공식의 단순함이 매력적인 이유는 여기 포함된 생각이 엄밀하고 복잡하며 깊이가 있음에도 그 관계에 대한 표현이 간결하고 그것의 설명력이 뛰어나기 때문이다. 하지만 개념예술

예술에 들어 있는 통찰

에 의해 다루어지고 있는 생각, 개념, 추상은 이런 식의 미적인 매력을 갖고 있지는 않다.

제니 홀처(Jenny Holzer)의 작품을 예로 들어보자. 그녀는 1980년대에 "CHARISMA CAN BE FATAL(카리스마는 치명적일 수 있다)"[13]와 같은 간단한 슬로건이 쓰인 의류, 명패, 극장의 광고판, 전광판 등등으로 된 일련의 작품들로 성공을 거두었다. 얼핏 보면 이 슬로건들은 진부하지만, 보다 깊게 생각해 보면 때때로 흥미로운 질문들을 일으킨다. 정확히 어떤 방식으로 카리스마가 치명적이라는 것인가? 그리고 누구에게 그렇다는 것인가? 예를 들어 어떤 사람이 자기 자신의 카리스마의 희생자가 되어 스스로에 대한 패스티시나 패러디로 발전해 버리는 것을 생각해 보라. 비록 그 슬로건들이 우리가 자주 들어왔던 것과는 살짝 다르더라도, 어찌 되었건 이들은 우리에게 클리셰를 떠올리게 할 목적으로 의도된 것들이다. 게다가 그 슬로건들이 보이는 장소가 어디냐도 그녀의 작업이 갖는 특성상 중요하다. 예를 들어 그녀는 상당히 정치적인 슬로건들을 옷, 극장의 가벽, 광고판을 통해 전시한다. 그렇게 하는 목적의 일부는 광고, 연예, 스타일 등 우리가 일반적으로 무해하고 개인적이라고 여기는 형식들도 고도로 정치화될 수 있음을 강조하려는 것이다. 그러므로 그것들의 위치와 형식은 그 제스처 자체의 도발적인 본성을 분명히 한다. 하지만 그녀 작품에는 그 이상의 것이 있다.

그녀의 작품 규모는 점점 커져서 1980년대 말 구겐하임과 베니스 비엔날레에서는 기존 작품인 <당연한 말 Truisms>, <선동적인 글 Inflammatory Essays>, <삶 시리즈 The Living Series>, <바위 밑에서 Under a Rock>, <탄식 Laments>과 <새 글 New Writing>(1989/1990)로부터 뽑은 슬로건들을 모아 최대 규모의 전시를 갖기도 했다. 많은 수의 발광 다이오드(LED) 전광판들이 "YOU ARE A VICTIM OF THE RULES YOU LIVE BY (너는 네가 삶의 지침으로 삼은 규칙의 피해자이다)"라거나 "WHEN SOMETHING TERRIBLE HAPPENS

PEOPLE TEND TO WAKE UP (사람들은 끔찍한 일이 일어나야 깨어나곤 한다)" 등의 슬로건들을 보여 주었다. 이것들을 지적인 아름다움의 후보라고 하기는 어렵다. 그들 하나하나를 독립적으로 보면서, 우리가 예상했던 클리셰의 의표를 찌르는 슬로건이라고 간주한다면, 그런 생각을 불러일으키게 하는 것이 몇몇 있는 것이 사실이다. 어쩌면 우리는 정말로 우리가 불운과 마주하기 전까지는 어떤 일들을 당연한 것으로 받아들이고 있는지도 모른다는 사실에 생각이 미칠 수도 있고, 삶 자체는 불운 속에서 보다 선명하다는 것, 그리고 비극은 종종 우리로 하여금 우리의 삶을 재평가하고 마치 잠에서 깨어난 것처럼 삶을 바라보도록 할 수도 있다는 것에 생각이 미칠 수도 있다. 그러나 그녀가 언급한 모든 슬로건들이 이런 식인 것은 아니다. 이 작품의 진정한 힘은 언급된 슬로건들이 계속해서 쌓여가는 방식에 있다. 그 슬로건들이 우리 앞에 직접적으로 제시되는 것은 숙고해볼 만한 생각으로서가 아니다. 그보다 그녀는 현대문화에서 회자되고 있는 클리셰들의 양, 그 막대한 부피가 오히려 그들이 갖는 입지를 손상시킨다는 것을 전면에 내세운다. 그 진부한 문구들은 스스로가 지닌 우매함의 무게를 우리 앞에 제시하고 있는 것이다.

개념예술 작품들은 우리의 시각적 도식이나 개념 틀들을 확장시켜 주기 때문에 좋은 예술이 될 수도 있다. 솔 르윗의 <두 개의 열린 큐브들/ 반은 잘림 Two Open Modular Cubes/ Half Off>(1972)은 반이 겹쳐 있는 두 개의 입방체로 구성된 작품이다. 그것을 보면서 우리는 그 공간과 선들을 분할하는 여러 서로 다른 방식들을 시각적으로 이리 저리 바꿔가며 시도해볼 수 있다. 물론 모든 개념예술이 이런 일을 한다거나 이런 일을 이 작품만큼 잘한다는 뜻은 아니다. 개념 틀의 확장이라는 방식으로 언어와 관념에 집중했던 1960년대와 1970년대의 개념예술가들은 명제 자체를 제시하는 경향이 있었다. 그들은 카르납(Carnap)이나 오스틴(Austin)과 같은 철학자들로부터 골라낸 명제들을 맥락으로부터 떼어내어 제시하였다. 이는 '미술과 언어' 유파

가 좋아했던 방식이다. 다른 개념예술가들은 댄 그레이엄(Dan Gra-
ham)의 <미국을 위한 집들 Homes For America>(1966-7)과 같이 사
회적 발전을 추적하고 그것을 의문시하는 문건들을 제시하기도 하고,
"나는 진짜 예술가다(I'M A REAL ARTIST)"라고 선언하는 광고판
을 든 예술가 자신의 사진이 포함된 키스 아나트(Keith Arnatt)의 <바
지형 단어 한 점 Trouser-Word Piece>(1972)처럼 관람자로 하여금 예
술의 본성에 대해 질문해 보게 하는 사물이나 명제를 제시하기도 하
였다. 그러나 사고의 자극제로서, 형식과 관람자의 예술적 기대 모두
를 조종하면서, 개념예술은 우리로 하여금 우리의 삶과 문화와 예술
자체에 대해 가지고 있는 가정들에 질문을 던지게 하려고 노력하는
경우가 많다.

　　어떤 경우 개념예술작품을 감상하는 최선의 방법은 그것을 일종
의 반예술(anti-art)로 보는 것이다. 뒤샹의 <샘>, 드 쿠닝이 준 드로
잉을 지우개로 지워버린 라우센버그의 <지워진 드 쿠닝 그림>
(1953), 실제 의자와 그 의자의 실물 크기 사진, 그리고 '의자'라는 말
에 대한 정의로 이루어진 조지프 코수스(Joseph Kosuth)의 <한 의자,
세 의자 One and Three Chairs>(1965), 나아가, 많은 예술가들에 의
해 행해진, 어떤 빈 방이나 지적인 대상, 그저 자연에서 발견된 대상,
심지어 숨겨진 대상에다조차 그것이 예술작품이라고 선언하는 것을
생각해보라. 그러한 작품들의 목적은 무엇이 예술을 구성하는가, 무
엇이 어떤 대상에 예술의 지위를 수여하는가에 대한 우리의 일반적인
생각들, 그리고 우리가 예술이라는 대상을 어떻게 감상해야 하는가에
대한 우리의 가정들을 전복시키고 흔들려는 것이다. 그러한 목적이
지닌 흥미로움은 작품이 탁월한 재치나 복잡성을 가지고 있지 않는
한 ─ 대개의 개념예술은 그런 것들을 가지고 있지 않다 ─ 몇 번만 반
복되면 급격하게 줄어든다. 하지만 주목해야 할 것은 <샘>과 같이 특
별히 독창적이고 재치 있는 작품들조차도 표준적인 예술개념과의 대
조를 통해서만 비로소 가치를 갖는다는 사실이다. 다른 말로 하면, 이

런 종류의 개념예술은 자신이 전복시키고자 하는 표준적인 예술개념에 기생하고 있는 것이다. 그러므로 이런 부류의 개념예술이 아무 가치라도 지니기 위해서는 예술적 가치에 대한 표준적 가정들이 제 자리에 놓여 있어야 한다. 그런 작품들 중 몇몇은 좋다. 예술적인 권위와 예술계에 대해서 질문하는 <샘>은 기발하고 재치 있다. 그러나 예술의 지위에 대한 이런 방식의 질문을 별생각 없이 무한히 반복한다면 여기서 얻을 것은 거의 없다.

아마도 개념예술이 예술인지를 의심하는 사람들의 배후에 놓인 중요한 동기는 그런 예술들에는, 다 그런 것은 아니더라도, 물리적 대상이 없어도 되는 것 아니냐는 생각일 것이다. 1장에서 보았듯이, 어떤 개념예술은, 만약 가능하다면, 물질적인 작품에 대한 경험이 핵심이 되지 않는 작품들을 만들려고 한다. 하지만 만약 물질적인 작품이 정말로 없어도 된다면, 우려되는 것은 우리가 과연 어떻게 정말 작품을 다룰 수 있다는 것인가 하는 문제이다. 내가 이미 제기했듯이 생각 자체도 미적으로 매력적일 수는 있다. $e=mc^2$과 같은 등식의 매력은 그것의 우아함이나 단순함의 차원에서 부분적으로 설명될 수 있는 것이다. 하지만 모든 개념예술이 이 공식처럼 미와 미적인 것에 대한 전통적인 개념에 밀접하게 연관되어 있을 수는 없다.[14]

하나의 테스트로서 다음의 가설적인 사례를 생각해 보자. 제2차 세계대전 때 나치의 대학살이 이루어진 장소였던 어떤 뜰이 있다고 하자. 한 예술가가 밤에 몰래 그 뜰에 가서 뜰에 있는 자갈들을 가져다가 각각에 유대인 희생자들의 이름을 새겨 다시 가져다 두려는 아이디어를 가지고 있다. 이제 그 예술가는 그것을 아이디어로만 가지고 있을 수도 있고, 스케치할 수도 있으며, 심지어 그 아이디어를 실행하되 그 뜰이 그 전과 조금도 달라 보이지 않게 만들 수도 있다. 하지만 그 예술가가 그 아이디어를 가지고 무엇을 하는지와는 독립적으로, 그 아이디어 자체는 어떤 종류의 매력을 지니고 있다. 눈에는 보이지 않지만 인과적인 흔적을 남기기 위해 각각의 희생자 하나하나를 자

    예술에 들어 있는 통찰

갈에 개별적으로 표시한다는 생각은 각각의 개인 하나하나가 다 중요하다는 우리의 막연한 생각에 구체적인 형태를 부여한다. 그 희생자들 스스로는 세상에 아무런 흔적도 남기지 않았을지 모르며 우리가 어떠한 방식으로도 그들의 부재를 눈치 채지 못할 수도 있겠지만, 그럼에도 그들 한 명 한 명의 소멸은 모두 그 자체로 하나하나의 비극을 구성하는 것이다. 이 아이디어는 삭막하도록 과묵하지만 그것이 부분적으로 이 아이디어의 힘이다. 이 아이디어의 매력은 다른 작품들, 예를 들어 워싱턴 디시에 있는 마야 린(Maya Lin)의 <베트남전 참전군인 기념물 Vietnam Veterans Memorial>(1982) 같은 것이 지닌 매력과 밀접하게 연관되어 있다. 이 작품에는 두 개의 검은 화강암 벽이 125도의 각으로 만나고 있고 양쪽 끝은 서서히 경사가 지면서 결국 위아래 면이 한 점으로 수렴하고 있다. 한쪽 편에서 접근하면 이 기념비는 보이지 않는데 왜냐하면 벽의 상단이 땅과 같은 높이에서 시작하기 때문이다. 땅보다 깊이 내려가면 전투에서 죽은 5만 8,000명이 넘는 사람들의 이름이 벽 위에 새겨져 있다. 이 기념물의 디자인은 '상실에 대한 실감과 카타르시스적인 치유 과정'을 이끌어 내는 것을 목표로 한다. "그러한 상실을 보다 날카롭게 인식할 수 있게 되고 나면, 그 상실을 어떻게 받아들일 것인지는 각자에게 달린 문제이다. 왜냐하면 죽음이란 결국에는 사적인 문제이기 때문이다. 이 기념물에 포함된 공간은 개인적인 성찰과 사적인 청산을 위해 의도된 조용한 장소이다."[15]

　　우리의 가상적인 사례의 경우, 그 아이디어가 물질적으로 실현된다면, 의심의 여지없이 몇몇 속성들이 더해질 것이다. 예를 들어 우리가 그 틀을 보고 지각하는 방식은 우리가 무엇에 주목하는지, 그리고 우리가 그 틀의 모습들에 대해서 어떻게 반응하는지에 따라 영향을 받을 것이다. 하지만 그 아이디어의 매력이 틀에 대한 우리의 경험과 결합된 속성들로 환원 가능하지는 않다. 그것이 바로 우리가 아무 것도 보지 않고서도 그 아이디어의 매력을 파악할 수 있는 이유이다. 이것은 드문 현상이 아니다. 철학에서는 종종 직관을 테스트하고 개념적인 구별이나 함축을 얻어내기 위한 방법으로 사고실험에 의존하곤 한다. 당신이 지금의 세계에서 경험하는 것과 똑같이 모든 것을 경험하는 듯하지만, 실제로는 세계가 당신이 경험하는 대로 되어 있지 않고, 대신에 당신은 그런 경험을 만들어 내는 기계에 연결되어 있을 뿐인 그런 세계를 상상해 보라. 데카르트(Descartes)에서 영화 <매트릭스>에 이르기까지, 이런 종류의 다양한 사고실험들은 사고를 깊이 자극하며, 시사하는 바가 많고, 계몽적이며, 마음을 움직인다. 정통철학이나 과학, 또는 문화적 사상에서는, 아이디어의 심오함, 이질적인 현상의 질서와 구조 속으로 갑자기 내던져 지는 것, 또는 문제들에 대한 표준적인 생각방식이 급작스럽게 전환되는 것은 그것들의 미적인 속성이나 서사 전개상의 속성, 또는 물질적 속성들로 환원될 수 없는 매력을 가지고 있다. 몇몇 개념예술도 마찬가지이다. 물질적인 대상에 실현되는 것과는 독립적으로, 의식 안에 있는 어떤 아이디어 형태가 초래한 통찰, 인지적인 전환, 계몽, 정서도 감상될 수 있으며 예술로서 가치를 지닐 수 있다.

그러한 아이디어를 우리 앞에 예술로서 감상되게 제시하는 데 있어 예술에만 고유한 재료나 기교가 포함되어 있지 않는다는 것은 사실이다. 그러나 우리가 예술에서 가치 있다고 생각하는 것이 모두 예술에만 고유한 것은 아니다. 예술은 우리가 가치 있게 여기는 어떤 것들을 매우 잘 실현할 수 있는 문화적 관습인데, 경우에 따라서는 다른 관습들을 통해서도 실현될 수 있는 가치들이 포함되기도 한다. 철학에 관해서도 같은 말을 할 수가 있다. 개념예술작품에 대한 감상을 여타 예술작품들과 같은 것으로 묶어 주는 것은 아이디어 자체에 형식이 부여된 것으로서의 예술가의 상상적 표현이다. 그러므로 우리는 물질적이고 지각 가능한 대상이 아무 것도 포함되어 있지 않다 하더라도 우리의 마음속에 그 아이디어의 형식을 떠올려 봄으로써 그 아이디어를 감상할 수 있다. 잘 알려져 있는 대로, 콜링우드는 진정한 예

예술에 들어 있는 통찰

술작품은 예술가의 의식 속에 있는 정신적 대상이라고 했다. 따라서 그에게 물질적 대상이란 그저 관람자도 동일한 정신적 대상을 자신들의 의식 속에 재창조하기 위한 수단에 불과하다고 주장했다. 그는 바로 이러한 견해 때문에 비판을 받았으며, 그 비판은 정당하다.[16] 예술작품의 많은 물질적인 속성들이 작품을 구성하는 일부가 되는 것이 분명하기 때문이다. 그러나 의식 내에 있는 아이디어의 형식에 의해서만 구성된 예술도 있을 수 있으며, 심지어 그것이 좋은 예술일 수도 있다. 만약 개념예술이란 것이 있다면, 그런 것이 진정으로 개념예술이다.

뛰어난 분별력

좋은 예술이 우리의 정신적 삶을 깊고 정제된 것으로 만들어 주는 여러 가지 방식 중에는 특별히 과소평가되고 있는 것이 있는데, 앞선 논의 덕에 이제 그것을 부각시켜볼 수 있게 되었다. 예술이 어떻게 우리의 이해력을 계발시키는지를 생각해 볼 때, 적어도 철학계와 비평계에서는 예술작품에 대한 우리의 반응의 내용에 초점을 맞추는 경향이 있었다.[17] 우리가 살펴보았듯이 우리에게 반응으로 불러일으켜진 지각, 느낌, 태도가 어떤 성격의 것이고 그것들이 어떻게 그런 성격을 갖게 되었는지는 예술작품을 평가함에 있어 근본적인 것임이 분명하다. 하지만 이것 말고도 예술이 이해력과 관련되는 독특한 방식이 있음을 간과해서는 안 된다. 좋은 예술작품은 대상을 식별하고 감상하는 우리의 능력을 발달시킬 수 있다.

　어떻게 발달시킬 수 있는지를 보기 위해서는 먼저 경험 자체의 본성에 대해 살펴보아야 한다. 일반적으로 경험의 본성, 즉 "그 경험을 한다는 것은 무엇과 같은가"를 감상하고 이해한다는 것에는 정도의 차이가 있으며, 이는 그 경험을 구성하고 있는 요소들 및 그 요소들이 연계되고 있는 방식에 주목할 수 있는 능력, 그들 사이에서 다른 관점들을 취할 수 있는 능력, 그들을 구별해 내는 능력에 의존한다. 감상이란 이 경험이 어떤 성격의 것인지, 어떤 품질과 가치를 가졌는지를 대충 어림잡아 보는 것을 포함하는 일이며, 이해란 그 경험의 의미를 파악하는 것으로 받아들여진다.

　지각을 생각해 보라. 우리가 보거나 맛보거나 듣거나 감촉할 때, 우리는 대상의 겉으로 보이는 현상, 즉 그것이 나에게 어떻게 나타나는지에 대한 판단의 주체가 된다. 겉으로 보이는 현상이란 어떤 감각을 사용하는지(예를 들어 시각인지), 어떤 지각 조건인지(예를 들어 어떤 조명상태인지), 어떤 관점인지(예를 들어 내가 어디서 대상을 보는지)에 따라 상대적이다. 대상이 무엇으로 나타나 보인다는 것은 (1) 대상에 대한 지각자의 선택적인 주목과, (2) 지각자가 발휘하는 식별 능력에 달려 있다. 어떤 대상이 무엇으로 나타나 보인다는 것이 의미하는 바는 그 대상이 경험 안에서 어떤 특정 종류의 대상, 사건, 사태가 전형적으로 나타나는 방식으로 나타난다는 뜻이다. 겉으로 보이는 현상을 기반으로 해서 우리는 비추론적인 지각적 지식을 가질 수 있고, 실제로 그렇게 한다. 다른 말로 하면, 우리는 우리가 지각하는 것이 무엇인지에 대해서 알려고 할 때, 추론을 하거나 논리적으로 따져 보는 것만 하는 것이 아니다. 우리는 사물들이 우리의 지각 속에서 현현하는 모습으로부터도 지식을 얻는다. 두 개의 일상적 사례들이 그 둘 간의 대비를 보이는 데 도움을 줄 것이다.

(a) 당신이 난방이 된 사무실 안에 있다고 해보자. 첫 번째 시나리오에서 당신은 창문 밖으로 해가 구름 속에서 흐릿한 것과 밖에 얼음이 언 것, 반대편 빌딩에 붙어 있는 온도계가 섭씨 영하 1도를 가리키고 있는 것을 보고 있다. 그래서 당신은 날씨가 춥다고 추론한다. 두 번째 시나리오에서 당신은 밖에 담배를 피우러 나갔다가 찬바람을 맞고 추위에 떨게 된다. 첫 번째 시나리오에서 추위는 지각적으로 현현되지 않는다. 당신이 실제

　　　　　　　　예술에 들어 있는 통찰

로 느끼고 있는 것은 추위가 아니라 따뜻함이다. 또한 당신이 날씨상태와 온도계를 제대로 읽었음에도 불구하고 실은 밖이 당신 생각보다는 상대적으로 따뜻할 수도 있다(온도계가 틀렸을 수도 있으므로). 두 번째 시나리오에서는, 당신에게 아무 이상이 없다는 가정 하에, 당신에게 지각된 것이 세계의 모습이다.

(b) 당신이 파티에 있다고 해보자. 첫 번째 시나리오에서 당신은 당신 친구가 막 이야기를 하려는 참에 어떤 사람이 말을 가로채면서 그 대화에 끼어드는 것을 본다. 그리고 그 다음부터 평소에는 매우 활기차며 늘 진행 중인 대화에 잘 참여하던 친구가 비정상적으로 조용하고 과묵하다는 것을 알아차린다. 당신은 그 친구가 짜증이 난 것이라고 추론한다. 두 번째 시나리오에서 당신 친구는 눈을 굴리고 얼굴을 찡그리며 과장되게 어깨를 으쓱함으로써 반응한다. 당신은 그 친구가 짜증을 표현하고 있는 것을 본다. 여기서 주목해야 할 것은 두 가지이다. 첫 번째 시나리오에서 당신은 친구의 행동을 보며 그것이 그 친구의 화의 표현이라고 보고 있지만 이는 친구가 화를 드러내 놓고 표현하고 있는 경우는 아니다. 두 번째 시나리오에서 당신은 친구가 화를 드러내 놓고 표현하고 있는 것을 보지만, 이것을 곧 그 친구의 화가 지각적으로 드러나고 있는 경우라고 보지 않을 수도 있다(왜냐하면 그 친구는 실제로는 화가 나지 않았는데도 순서를 가로채서 말한 사람을 난처하게 하기 위해서 화를 표현한 것일 수도 있기 때문이다).

드러나는 것을 통해 어떤 지식을 얻게 되는가 하는 것은 단지 지각된 대상이나 사건의 외적인 현상들에만 의존하는 것이 아니라, 그것들에 대해 발휘된 선택적인 주목과 시점, 그리고 식별능력에도 의존한다. 우리는 대상의 움직임, 모양, 색이나 크기, 주위의 다른 대상들과의 관계, 그리고 대상의 어떤 속성들 또는 부분들이 서로 어떻게 관계를 맺고 있는지 등을 서로 다른 방식으로 주목할 수 있다. 대상이

예술과 그 가치

나 사건은 또한 서로 다른 시점에서 지각될 수도 있다. 그렇게 되면 겉으로 보이는 현상들의 두드러진 상호관계에서 비교될 만한 차이가 생겨나게 될 것이다. 더 나아가 우리는 또한 대상의 겉으로 보이는 현상의 서로 다른 방식에 대해 식별력을 더 잘 발휘할 수도, 덜 발휘할 수도 있게 된다. 예를 들어 어떤 이가 와인 맛 감정 수업을 듣는다면, 그는 와인의 서로 다른 종류와 맛, 그리고 만들어진 포도 농장 등을 식별하는 것을 배울 수 있다. 이런 것은, 어떤 기본수준을 넘어선 후라면, 비교경험이 부족한 사람은 식별할 수 없는 것들이다. 그러므로 우리가 경험을 이해하는 것, 즉 외적 현상으로부터 알 수 있는 것과, 경험을 감상하는 것, 즉 경험의 본성과 질을 평가하는 것은 우리가 가진 주목하는 능력, 서로 다른 시점을 취하는 능력, 식별하는 능력에 달려 있는 것이다. 이런 능력들을 더 많이 가지면 가질수록 경험을 더 많이 이해하고 감상하게 될 것이다. 포도주의 경우가 증명하듯이 말이다.

경험에 대해 주목하기, 서로 다른 시점 취하기, 식별하기 등의 능력을 키우기 위해서는 다양한 경험을 접해 보아야 한다. 포도주 맛 감정이나 커피 마시기를 생각해 보라. 우리는 대중적인 람브루스코 포도주나 인스턴트 커피만을 마셔본 사람의 식별능력(이것이 맛을 좌우한다)을 믿지 않을 것이며 따라서 그 사람의 판단도 신뢰하지 않을 것이다. 왜냐하면 그 사람은 자신의 식별력을 발전시키고 연마하는 데에 요구되는 관련된 경험이 부족하기 때문이다. 따라서 그 사람은 풍부한 쓴맛이 나는 잘 볶아진 커피콩과 타서 너무 쓴 커피콩을, 또는 달고 금속 맛이 나며 가벼운 포도주와 약간 오크 향이 나는 중간 정도의 무게감을 지닌 포도주를 구분하는 데 관련된 차이점의 많은 부분을 놓치고 말 것이다. 그러므로 경험을 이해하는 것과 감상하는 것 모두 해당 종류 안에서 여러 가지를 비교하는 경험이 필요하다. 나아가 경험에 대해 주목하고 시점을 취하는 등의 일은 단지 같은 종류 안의 서로 다른 경험뿐만 아니라 의미 있는 대조가 가능한, 종류가 다른 경험들에도 의존한다. 건축을 생각해 보라. 내 주변의 건물들이 모

예술에 들어 있는 통찰

두 극도로 미니멀하고 모서리가 날카로우며 선이 깔끔하고 기능본위적인 것들뿐이라고 해보자. 이를 통해 나는 미니멀리즘의 좋은 사례와 나쁜 사례를 구분하게 될 수는 있을지 모른다. 하지만 (1) 그 건물들을 난잡하지 않고 장식적인 치장이 없으며 특별히 모던한 것으로서 주목하는 경험, 그리고 (2) 복잡한 기하학적 형태와 강렬하고 천박한 색, 복잡하고 제 각각인 석조 장식, 서로 다른 건축 양식들(고딕, 르네상스, 바로크 시기의 건축에서 발견되는 서로 다른 요소들)의 덧붙이기에 질리고 압도당하고 숨 막혔던 사람의 시점에서 그 건물들을 보는 경험은 할 수 없을 것이다. 그러므로 나는 관련된 것들을 비교하는 경험 없이는 심지어 그런 미니멀한 건축에서 무엇이 매력적이고 가치 있는 것인지를 감상할 수 없을지도 모른다. 이로부터 알 수 있는 것은 한 경험이, 경험의 서로 다른 측면에 주목하기, 서로 다른 시점을 취하기, 서로 다른 그리고 보다 정련된 식별 능력 발휘하기 등에 해당되는 종류의 경험인 한, 경험에 대한 보다 완전한 이해와 보다 깊은 감상에 도달하기 위해서는, 해당 종류 내에서의 비교하는 경험과 의미 있는 대조가 가능한 다른 종류들을 비교하는 경험, 둘 다가 요구된다는 사실이다.

경험과 관련하여 일반적으로 참이라고 생각되는 이러한 사실들을 파악한다면 좋은 예술은 종종 경험을 이루는 요소들을 식별하고 감상하는 우리의 능력을 배양하여 그에 따라 값진 경험을 할 수 있게 해준다는 것이 어떤 뜻인지 알 수 있게 된다. 이러한 측면에서 최고의 거장은 샤르댕(Chardin)이다. 주종이 정물화로 구성되어 있는 그의 작품 목록에는 움직임 없는 대상들의 정물화로부터 18세기 파리 부르주아의 가정생활에 대한 밀착묘사에 이르기까지가 포함되어 있다. 그의 작품에는 사회적인 논평이나 의의가 없다. 인간적 조건에 대한 어떠한 메시지도 없으며 그가 묘사하는 장면을 향한 칭찬이나 비난의 태도 또는 양자가 공존하는 태도 또한 나타나지 않는다. 자신이 묘사하는 것의 내용에 대한 그의 관심은 가치중립적으로 서술적이며 순수하고 회화적이다. 샤르댕의 작품은 전적으로 시각적인 주목과 식별을 위한 것이다. 그의 그림들은 자세히 볼수록 그 가치가 매우 점진적으로 드러나는 경향이 있다. 우피치(Uffizi) 미술관에 전시되어 있는 그의 작품 <카드놀이를 하는 소년 Boy Playing Cards>(1740)을 생각해 보라. 그의 능력이 정점에 달하기 전에 그려졌음에도 불구하고, 이 작품의 회화적 구성은 그가 여생 동안에 발전시켰던 관심을 전형적으로 보여 준다.[18] 이 작품을 처음 볼 때 우리는 어린 소년의 측면 얼굴에 눈길이 가는데, 왜냐하면 우리는 자연적으로 얼굴을 맨 먼저 인지하려는 경향이 있기 때문이다. 하지만 그 다음에 우리의 시각적 주목은 소년의 칼라로 내려간다. 밝은 흰색의 칼라를 눈에 두드러지도록 한 것은 얼굴로 향하는 우리의 주목을 끌어오기 위한 것이다. 그렇게 하면서 우리는 탁자를 가로질러 놓여 있는 소년의 왼팔을 우리의 시각장 안으로 들여놓는다. 그의 소매 끝동은 칼라와 같은 방식으로 밝게 비추어져 있어서 다시 한번 우리의 시각적 주목은 자연스럽게 탁자를 가로지르며 아래로 내려가게 된다. 그렇게 되자 이제는 소년의 손과 그가 쥐고 있는 카드, 그리고 테이블 위에 있는 카드들 사이의 전체적인 시각적 관계가 명료하게 드러난다. 여기에는 네 개의 밝게 보이는 포인트들이 있다. (1) 셔츠 소매 끝동, (2) 좀 더 뒤에 위치한 소년의 손에 들려있는 카드들, (3) 왼쪽에서 소매 끝동과 수평을 이루면서 테이블 위에 줄지어 서있는 카드들, (4) 전경에서, 손에 있는 카드로부터 내려오는 수직선상에 있는, 열려진 탁자 서랍 안에 둔 밝고 흰 카드 뒷면. 따라서 이 그림에는 네 개의 밝게 보이는 포인트로 강조되는 다이아몬드 모양이 있고, 이것은 그림에 깊이를 더하며 우리의 시각적 주목을 형성한다. 모든 밝게 보이는 포인트 자체는 그것들을 둘러싼 좀더 세밀한 부분들 — 얼굴, 손, 카드 등 — 과 대비되며, 이 세밀한 부분들은 그 다음의 밝게 보이는 포인트를 만나기 전까지 차츰 색이 어두워지고 세부묘사를 잃으면서 희미해지는 것이다. 이 작품은 여러 개의 밝게 보이는 포인트와, 그와 다른 대비되는 세부를 이용하여 우

예술에 들어 있는 통찰

리의 시각적 주목을 통한 정교하고 복잡한 유희를 하고 있는 것이다. 샤르댕의 그림은 우리의 시각적 조직화에 있어 밝게 두드러지는 부분이 차지하는 중요성과 어떻게 그것이 우리가 경험을 통해 인지하는 형식적 패턴, 구조, 세부를 형성하는지를 잘 보여 준다. 그러나 샤르댕의 작품에 있어 중요한 것은 세계가 이런 식으로 우리 앞에 시각 장을 제시할 때 이를 보는 우리의 능력을 형성하고 확장시키면서 우리의 시각적 주목을 확대한다는 것이다. 이 그림의 소년이 표현하고 있는 것, 즉 카드를 내려다보며 조용히 열중하고 있는 바로 그것이 샤르댕의 작품이 감상자에게 일으키는 시각적 몰두인 것이다.

인상주의와 입체주의는, 비록 서로 다른 방식이기는 하지만, 시각적 식별력 자체보다는 시각적 유연성에 관심을 보였다. 잘 알려진 대로, 인상주의자들은 처음에, 그들 이전과 이후의 많은 예술가들이 그랬던 것처럼, 그들의 그림을 이해할 수가 없다는 불평 및 예술적으로 퇴보했고 무능하다는 비난을 들어야만 했다. 사람들이 그 그림들에서 무엇을 보아야 하는지를 깨닫는 데에는 다소 시간이 걸렸다. 마음에 의해 범주화되기 이전의 경험의 흐름을 재현하는 방식으로 인상주의자들이 어떻게 순수한 눈(innocent eye)이라는 개념을 밝혀 보려고 노력했는지에 대해서는 사람들이 자주 많이 이야기한다. 하지만 인상주의에 있어서 가장 흥미로운 점은 사람들이 밝은 색의 붓 자국과 반점들, 물감 칠들이 구체적인 이미지로 명료화된다는 것이 어떤 것인지를 알 수 있게 된 데 있다. 실제로 사람들은 자연풍경 자체를 인상주의적인 용어들로 묘사하는 데에 익숙해지는 정도까지 되었다. 인상주의는 이미지를 볼 수 있는 방식을 확장시키는 데에 성공했을 뿐만 아니라 자연 자체를 보는 방식에도 급격한 전환을 가져온 것이다. 입체주의도 유사하게 시각적 적응가능성에 관심을 가졌으나 입체주의의 초점은 3차원의 대상을 캔버스의 2차원적 표면에 재현하는 것이었다. 입체주의의 특별한 시각적 매력은 2차원적 표면의 인공성을 강조하는 파편화된 면들과, 그럼에도 불구하고 3차원의 대상을 서로 다른 각도에서 재현하는 데 성공한 것 사이에서 우리의 시각이 오락가락한다는 사실에서 온다. 샤르댕이 우리의 시각적 주목과 식별에 대한 능력을 이끌어 낸다면, 이 작품들은 우리가 지각하는 방식들 자체를 확장시키고 변화시킨다.

또 다른 시각적 관심사인 패턴의 표현성과 그것의 식별은 잭슨 폴록의 작품에서 볼 수 있다. <여름날 Summertime>(1948)은 점점 더 자유로워지는 움직임의 표현성을 통해 여름의 들 뜬 자유로움을 전달한다.

이 시기의 폴록의 대부분의 작품들과는 달리, 노란색과 파란색의 색 조각들을 곁들인 채 흘리며 떨어뜨려진 물감들이 펼쳐져 있는 곳은 미로처럼 복잡하게 뒤덮힌 물감 위가 아니라 빈 캔버스 위이다. 그래서 다른 폴록의 작품들과 대비했을 때, 이 작품의 외양적 특징의 하나는 가볍다는 것이다. 색 조각들은 연속적으로 나타나는 얇고 검정색의 사람 모양 같은 형태로 이루어진 주된 모티브에 붙어 있다. 그 일련의 사람 모양들은 맨 왼쪽의 다소 정적인 자세로부터 맨 오른쪽의 점점 더 확장되는 열광적인 움직임에 이르기까지 마치 생기 넘치는 축제의 춤에 몰두하고 있는 것처럼 움직인다. 사람 모양의 주위에 떨어진 물감자국들은 사람 모양이 진행함에 따라 수가 더 늘어나고 있는데, 차차 더 얇아지고 힘차져서 마치 그 물감 자체가 빙빙 돌고 있는 사람으로부터 쏟아진 땀의 자국 같다. 주종을 이루는 이 형태들은 폴록이 <리드미컬한 춤 Rhythmical Dance>(1948)에서 종이를 잘라 만든 모양과도 유사하며, 마티스의 <춤>(1910)을 떠올리게 한다. 그저 추상적인 물감 떨어진 자국들과 색 조각들 및 윤곽선들이 운동감과 제스처 같은 표현성을 전달하면서 어떤 모양의 반복된 패턴과 하나가 되는 방식은 그 작품이 본질적으로 매우 추상적이라는 점을 고려해 볼 때 굉장한 시각적 성취이다. 특정한 사례들은 제쳐두고 보다 일반적으로 말하자면, 좋은 풍경, 도시경관, 사진, 정물들은 종종 우리의 잠재적인 지각 능력을 길러 주며, 그에 따라 적어도 간접적으

　　　　　　　　　　　　　　예술에 들어 있는 통찰

로는, 그러한 대상들 자체를 시각적으로 경험할 때, 우리의 식별력을 깊게 해 준다.

와인이나 커피를 마시는 것을 통해 계발되는 식별력의 경우처럼 몇몇 경우에는 그러한 효과를 느끼기 위해서 이미 상당한 식별력을 지니고 있어야 할 수도 있다. 반면 작품을 감상하는 데 요구되는 지식과 식별력이 미미한 경우도 있다. 이런 점에서 예를 들어 폴록의 <여름날>보다 샤르뎅의 <카드 놀이를 하는 소년>이 감상자에게 더 많은 것을 요구한다. 우리가 삶에서 가치 있게 여기고 추구하고자 하는 것은 예술만이 아니므로, 우리에게 요구되는 식별력이나 지식의 수준이 그것을 가졌을 때 우리에게 돌아오는 보답에 비해 지나치게 높은 경우가 분명히 있을 것이다. 그러한 수준이 어디까지인지는 개인에 따라서 다양할 것이다. 좋은 커피나 와인을 마시기 위해 어느 정도 수고를 할 준비가 되어 있는지가 사람에 따라 다르듯이 말이다. 그러나 이것이 곧 식별력에 차이가 없다거나 더 큰 보답이 없다는 것을 의미하는 것은 아니다.

예술은 우리가 세계를 보게 되는 방식들을 확대·확장시키고, 그것을 혁명적으로 변화시킨다. 예술은 우리의 지각 능력을 기르는 가장 강력한 수단들 중 하나이다. 그리고 이는 예술이 제스처를 통한 표현 능력, 얼굴표정에 개성을 부여하는 능력, 상징적 심상을 형성하는 능력, 우의, 직유, 은유를 구사하는 능력 등을 길러 줄 수 있다는 것은 당연한 것으로 간주한 채 하는 얘기이다. 폴록의 <여름날>은 어떻게 우리가 점점 더 자유롭게 춤추고 있는 어떤 형상을 여름에 터져 나오는 생명과 활기에 대한 유비로 볼 수 있는지를 보여 준다. 반 고흐의 <감자 먹는 사람들>은 우리가 사람들의 어떤 몸짓과 얼굴표정을 서로서로에게 반응하는 것으로 볼 수 있는지의 차원에서 우리로 하여금 그림에 시각적으로 적극적인 감상을 하도록 한다. 인상주의는 자연이 어떻게 하면 빛과 그림자와 색의 조각들이 합쳐져서 무언지 알 수 있는 구조들이 된 것으로 보일 수가 있는지를 세상에 보여준다. 자연을

　　　　　　　　　　　　　　예술과 그 가치

폴록, 〈여름날: Number 9A〉(1948), © ARS, 뉴욕, DACS, 런던 2004. 사진 © Tate, 런던 2003

거울처럼 비추기는커녕, 예술은 우리의 눈에 보이는 세계를 만들어
내는 것을 도와준다. 그런 그림들을 꾸준히 바라보고 그것들에 반응
하는 것은 우리를 보다 식별력 있는 지각자로 만든다. 그것은 우리의
정신적 삶을 깊고 풍요롭게 만든다. 좋은 예술이 없는 세계가 근시안
적이라는 것은 참으로 맞는 말이다.

주

1. Paul Auster, *Moon Palace* (London: Faber and Faber, 1989), 170쪽.

2. *The Complete Letters of Vincent van Gogh* (New York: New York Graphic Society, 1958)에 실려 있는 고흐의 편지 404번(1885년 4월 30일). 트레블(Rosemary Treble)의 *Vincent: The Paintings of Van Gogh* (London: Hamlyn, 1989), 32쪽에서 재인용.

3. 그레텔 아도르노(Gretel Adorno)와 티데만(Rolf Tiedemann)이 편집하고 렌하르트(C. Lenhardt)가 영역한 아도르노의 *Aesthetic Theory* (London: Routledge & Kegan Paul, 1984. 독일어 초판은 1970년에 출판되었다.)와 쿤(Tom Kuhn)과 가일스(Steve Giles)가 편집하고 번역한 *Brecht on Art and Politics* (London: Methuen, 2003)를 보라.

4. 이는 레빈슨이 편집한 *Aesthetics and Ethics* (Cambridge: Cambridge University Press, 1998)에 실린 캐롤의 논문 'Art, Narrative and Moral Understanding'에서 찾을 수 있는 주장이다.

5. Plato, *The Republic*, Book X, lines 601e 602b (D. Lee 영역, 제 2판, Harmondsworth: Penguin, 1974), 430-1쪽.

6. 이것이 스톨니츠(Jerome Stolnitz)가 'The Cognitive Triviality of Art,' *British Journal of Aesthetics 32*, 1992, 191-200쪽에서 현대적인 용어로 제시한 예술의 인지적인 가치에 대한 공격의 요지이다.

7. 예를 들어 누스바움(Martha Nussbaum)은 그녀의 저서 *Love's Knowledge* (New York: Oxford University Press, 1990), 125-67쪽에서 문학이 도덕적인 지식을 주는 방식이 바로 이러하다고 논증한다. 인지주의자들이 예술이 지식을 제공할 수 있다고 생각하는 여러 방법들에 대한 상세한 분류에 관해서는 레빈슨이 편집한 *The Oxford Handbook of Aesthetics* (Oxford: Oxford University Press, 2003)에 실려있는 가우트(Berys Gaut)의 글 'Art and Knowledge'를 보라.

8. Frank Jackson, 'Epiphenomenal Qualia,' *Philosophical Quarterly 32*, 1982, 127-36쪽. 그리고 'What Mary Didn't Know,' *Journal of Philosophy 83*, no. 5, 1986, 291-5쪽.

예술에 들어 있는 통찰

9. 이러한 종류의 주장에 어떤 것들이 있는지 알고 싶다면 라마르크(Peter Lamarque)와 올센(Stein Olsen)의 *Truth, Fiction and Literature* (Oxford: Oxford University Press, 1994)와 해리슨(Bernard Harrison)의 *Inconvenient Fictions* (New Haven: Yale University Press, 1991)를 보라.

10. 진실이 중요하기는 하지만 진실은 예술평가에 관련된 또는 관련될 수 있는 다양한 인지적인 덕목들 중의 하나(또는 이해의 한 측면)에 불과하다는 견해는 예술적 가치에 대한 많은 인지주의적 접근들에 있어 흔한 입장이다. 예를 들어 내가 쓴 'Art, Imagination and the Cultivation of Morals,' *Journal of Aesthetics and Art Criticism 54*, no. 4, 1996, 337-51쪽, 가우트와 로페스가 편집한 앞의 책에 실렸던 나의 글 'Value of Art,' Gordon Graham, *Philosophy of the Arts* (London: Routledge, 1997) 그리고 내가 편집한 앞의 책에 실린 가우트의 'Art and Cognition'을 보라.

11. Tony Godfrey, *Conceptual Art* (London: Phaidon, 1998), 383쪽.

12. Sol Le Witt, 'Paragraphs on Conceptual Art,' Artforum 5, no. 10, 1967, 79-83쪽 (해리슨과 우드가 편집한 앞의 책 834쪽에서 재인용).

13. [역자 주] 이 구절의 출처는 홀처의 작품 <당연한 말 Truisms>을 구성하는 경구들 중의 하나인 "LACK OF CHARISMA CAN BE FATAL"(카리스마의 결여는 치명적일 수 있다)로 보이는데, 그렇게 바로잡고 나면 이것이 불러일으키는 생각에 대한 키이란의 설명은 재고되어야 할지도 모른다.

14. 셸리(James Shelley)는 'The Problem of Non perceptual Art,' *British Journal of Aesthetics 43*, no. 4, 2003, 363-78쪽에서 예술작품이 예술작품으로서 감상되기 위해서 우리의 감각을 통해 지각가능할 필요는 없다고 주장하지만, 그는 그러한 정신적인 대상에 대한 우리의 감상을 미와 미적인 것에 대한 보다 전통적인 개념을 통해 규정한다. 나는 이런 사고노선에 공감하기는 하나, 그것이 개념적인 작품이 예술로서 가치 있을 수 있는 유일한 방식이라고 생각하지는 않는다.

15. Toby Clark, *Art and Propaganda in the Twentieth Century* (London: Weidenfeld and Nicolson, 1997), 120쪽의 인용.

16. 이제는 오래된 이러한 반론의 출처는 볼하임(Richard Wollheim)의 *Art and Its Objects*, 제2판 (Cambridge: Cambridge University Press, 1980)이다. 하지만 매우 철저하면서 콜링우드에 관해 보다 동조적인 설명을 하고 있는 켐프(Gary Kemp)의 'The Croce-Collingwood Theory as Theory', *Journal of Aesthetics and*

Art Criticism 61, no. 2, 2003, 171-93쪽도 참고하라.

17. 로페즈(Dominic McIver Lopes)의 *Sight and Sensibility: Evaluating Pictures* (Oxford: Oxford University Press, 2005)는 드문 예외로서 내게 많은 도움을 주었다. 로페즈는 예술로서의 그림의 가치는, 부분적으로라도, 우리의 시각체계가 관여된 과정을 통해 우리의 인식적인 특성이 발달된다는 데에 있다고 주장한다.

18. 박산달(Michael Baxandall)의 *Patterns of Intention* (New Haven: Yale University Press, 1985)에는 샤르뎅이 시각적 분별과 명료화에 회화적으로 몰두했다는 것이 <차를 마시는 부인 A Lady Taking Tea>의 경우를 들어 잘 설명되어 있다.

4장
예술과
도덕

도덕의 이름으로 예술을 거부하다

1980년대 후반 미국의 상원 의원이었던 알폰스 다마토(Alfonse D'Amato)는 의회에서 안드레 세라노(Andres Serrano)의 작품 <오줌 예수>의 복사본을 들고 일어나 찢어 버렸다. 이 사건을 계기로 외설적이라고 많은 사람들이 생각하는 예술 프로젝트에도 보조금이 지원되어야 하는지에 대한 기나긴 논쟁에 불이 붙기 시작하였다. 영국에서는 1998년에 웨스트 미드랜즈 경찰이 버밍엄 미술 학교에 다니던 한 학생의 집을 수색하여 로버트 메이플소프(Robert Mapplethorpe)의 작품을 찍은 사진을 압수하고 센트럴 잉글랜드 대학 도서관으로부터 그 사진들의 출처가 된 서적도 압수한 일이 있었다. 이 일이 비록 실제 고소로 이어지는 않았지만, 해당 학교와 학생 모두가 외설죄로 고소될 수도 있다는 경고를 받아야 했다. 1997년 로열 아카데미에서에 열렸던 「센세이션 Sensation」전은 커다란 반향을 불러일으켰다. 이 전시회는 1999년 브루클린 미술관으로 자리를 옮겨 전시되기도 했다. 이 전시에는 마커스 하비(Marcus Harvey)가 제작한 마이라 힌들리의 대형 초상화(1995)도 전시되었는데, 힌들리는 1960년대에 아동 살인죄로 무기징역에 처해졌던 인물이다. 이 작품은 매우 불쾌하게 받아들여져서 화난 대중들로부터 잉크와 달걀세례를 받았다. 브루클린 미술관 전시 때에는 크리스 오필리(Chris Ofili)의 <성모 마리아 The Holy Virgin Mary>(1996)가 논쟁의 초점이 되었다. 성모 마리아

예술과 그 가치

를 아프리카인으로 묘사하고 있는 이 작품이 포르노 잡지로부터 잘라낸 나체 둔부 사진들을 콜라주하여 마리아 주위를 장식하는데 이용했기 때문이었다. 당시 뉴욕 시장이었던 루디 줄리아니(Rudy Giuliani)는 이 작품을 신성모독이라고 공공연하게 비난하였다. 2001년 3월에는 사치(Saatch) 갤러리의 「나는 사진기 I am a Camera」 전시회가 런던 경찰청의 외설 출판물 담당 부서에 의해 수색을 당했다. 경찰은 특히 사진작가 티에르니 기어른(Tierney Gearon)이 자신의 6살짜리 딸과 4살짜리 아들을 찍은 두 작품에 대해서 경악을 금치 못했는데, 왜냐하면 한 작품에서는 그녀의 아들이 아랫도리를 드러낸 채로 눈 속에서 소변을 보고 있었고 다른 한 작품에서는 아들 딸 모두가 가면을 쓴 것 이외에는 아무것도 입지 않은 채 카메라를 응시하고 있었기 때문이다. 이 작품들은 그녀 개인의 가족생활을 담은 15개의 연작 중 일부였다. 사법당국은 이 전시회의 도록에 대해서까지 아동보호법 저촉 여부를 검토하였다. 하지만 이 경우에도 검찰에 의한 실제 고소는 없었다. 마지막으로, 2002년에는 미국 법무부가 1930년대부터 법무부 건물 홀에 서 있었던 두 개의 아르 데코 식 세미 누드 조각상을 천으로 가려 버린 사건도 있었다.

보는 이의 마음을 상하게 하거나 외설적이라고 여겨지는 작품들을 검열하고자 하는 시도는 새로운 것이 아니다. 빅토리아 시대에는 무화과 잎 같은 것으로 조각의 성기를 가리는 것이 표준적인 관행이었다. 청교도적 성향을 지녔던 존 러스킨(John Ruskin)은 터너의 성적으로 노골적인 스케치를 훼손하였으며, 윌리엄 멀레디(William Mulready)의 누드에 대해서는 그것이 "비잔틴에서 최악으로 그로테스크한 작품보다도, 심지어는 인도의 화가들보다도 더 타락했고 야만적"이라는 이유로 천박하고 혐오스럽다고 비난하였다.[1] 이는 다소 아이러니인데, 신고전주의적인 맥락에 속하면서 이국풍의 누드를 전문으로 그렸던 알마 타데마(Sir Lawrence Alma Tadema)나 프레데릭 레이턴(Frederick Leighton) 등의 작품에 대해서는 칭찬이 쏟아졌기 때문이다. 폼페이의 침실에서 발견되어 충격을 주었던 관능적인 로마의 모자이크 덕분에 음란에 대한 빅토리아 시대 사람들의 감각이 다소 완화되었으리라는 점은 분명하다. 그럼에도 불구하고 누드 그 자체는, 다른 관심사에 의해 개선되거나 고전적 내용에 기대어 건전한 것으로 순화되지 않는 한, 도발적이고 불쾌한 것으로 여겨졌다. 영국뿐 아니라 유럽 대륙에서도 이야기는 유사하게 흘러간다. 예를 그저 두 개만 들어 보자면 구스타프 클림트(Gustav Klimt)와 에곤 쉴레(Egon Schiele)가 여성의 성에 대한 묘사로 곤경에 처한 적이 있었다. 쉴레는 1912년 4월 13일에 체포되었고 5월 7일에 오스트리아 니더외스터라이히 주에서 재판을 받았다. 비록 미성년자들에게 악영향을 끼쳤다는 부분에 대해서는 무죄를 선고받았으나 판사는 상징적으로 그의 드로잉 몇 점을 불태우도록 하고 벌금도 부과하였다. 교황청은 피에트로 아레티노(Pietro Aretino)의 소네트『이 모디 I Modi(다양한 체위들)』의 근거가 되기도 했던 16세기의 유명한 매너리즘 화가 줄리오 로마노(Giulio Romano)의 일련의 도색판화들을 파괴하였다(현재는 조잡한 사본만이 남아있다). 예술을 도덕의 잣대로 비판하는 일이 성과 성애에 대한 묘사에만 국한되었던 것은 아니다. 독일 제3제국은 20세기 모더니즘이 도덕적으로 천하고 타락했음을 예증하기 위한 의도로 1937년 악명 높았던「타락한 예술, Degenerate Art」전시회를 개최하였다. 카라바조는 예수와 성스러운 종교적 인물들을 대담하게 자연적이고 인간적인 것으로 묘사했다는 이유로 교회에서 파문당할 뻔하였고, 결국 고향에 돌아오지도 못하고 몰타에서 죽었다. 플라톤은 예술에 대한 철학적 성찰의 시작이지만 그와 동시에 그는 대부분의 예술이 억제되어야 할 욕구들을 촉진시키며 도덕적으로 악영향을 끼칠 위험이 있는 저급한 것이라고 비난하였다.

이러한 종류의 판단이나 견해를 형성하는 데 배경이 되는 태도들은 여럿이다. 이들은 각각 독립적으로 주장될 수 있는 것들이지만, 많은 사람들은 그들을 한데 묶어서 주장할 뿐 아니라 그 주장들끼리 서로가 서로를 지지한다고 여긴다. 그 첫 번째는 어떤 것이 정말로 도색적(pornographic)이라면 이것은 절대로 예술(적어도 좋은 예술)이 될 수 없다는 생각이다. 두 번째는 작품이 도덕적으로 결함이 있고 이 결함이 작품의 예술성과 관련이 있다면, 도덕적 결함의 크기에 비례하여 작품의 가치는 자동적으로 감소할 것이라는 견해이다. 세 번째는 작품이 심각하게 외설적이거나 도덕적으로 비정상이라면 이는 검열을 해도 좋을 근거가 된다는 것이다. 나는 이 세 가지 가정 모두가 근본적으로 틀렸음을 보여 주려고 한다. 본질적으로 이 가정들은 훌륭한 예술의 본성과 가치를 잘못 길들이려고 하고 있다.

관능적인 것과 도색적인 것

도색적인 것은 예술적일 수 없다는 것은 교육받은 사람에게는 상식으로 들린다. 관능적인 것, 즉 에로틱한 것은 위대한 예술의 경지에 이를 수 있지만 도색적인 것, 즉 포르노그래피는(만일 예술이 될 수 있기나 하다면) 기껏해야 나쁜 예술이 될 수 있을 뿐이라고 생각한다. 이러한 점에서 쉴레에 대한 아래의 논의는 특별할 것도 없다.

> 쉴레가 사춘기 소녀들을 대상으로 관능적인 드로잉을 제작하거나 수채화를 그린 것은 사실이고 그 소녀들이 자신들의 벗은 몸이 드러나도록 허락한 것도 사실이다. 하지만 그의 작품들이 문제될 만한 성애의 시초를 표현하고 있음에도 불구하고 뛰어난 예술적 품질로 인해 포르노그래피가 되는 것은 모면하고 있다.[2]

이러한 견해는 포르노그래피의 정의에 비추어 바로 참이 되는 진술이라고 여겨지기도 한다. 도색적인 것, 즉 포르노그래피는 오직 성적인 흥분을 목적으로 하는 반면에 관능적인 것, 즉 에로틱한 것은 예

191   예술과 도덕

술적인 목적을 포함한 다른 목적을 가질 수 있는 것이라는 것이다.[3] 하지만 이것은 지적인 궤변으로 분장한 도덕적 편견일 뿐이다.

　누드가 필연적으로 관능적이거나 음란한 것은 아니다. 누드는 성적으로 노골적이면서도 성적으로 흥분시키거나 자극적이지 않을 수 있다. 관능적이 되기 위해 꼭 성적으로 노골적이어야 할 필요도 없다. 예를 들어 티치아노의 <비너스와 아도니스>, 코레지오(Corregio)의 <이오 Io>, 드가(Degas)의 발레 무용수들을 그린 초상화, 메이플소프의 꽃 습작들은 모두 성적으로 자극적인 생각과 느낌, 그리고 성적 흥분으로 이어지는 연상을 부추기지만 성적으로 노골적이지는 않다. 그러므로 관능적이지만 도색적이지는 않은 많은 경우들이 있을 수 있다. 하지만 도색적인 것은 관능적이다. 도색적인 것, 즉 포르노그래피는 관능적인 것, 즉 에로티카의 하위범주이다. 포르노그래피는 관능적인 작품이 추구하는 것과 동일한 목적을 다른 수단을 통해 달성할 뿐이다. 즉 포르노그래피는 성적으로 노골적인 재현을 그 수단으로 사용하는 것이다. 그러므로 일반적으로 관능적인 것을 통해 달성할 수 있는 것(즉 훌륭한 예술이 되는 것)이 그 하위범주인 도색적인 것을 통해서는 달성될 수 없다고 생각할 이유가 없다. 물론 도색적인 재현들 대부분이 아무런 예술적인 가치나 의도를 가지지 않았다는 것은 사실이다. 그러나 이 점은 대부분의 수채화 — 어린이가 학교에서 그린 것, 생일 카드에 그려진 것 등 — 의 경우에도 마찬가지이다. 하지만 그렇다고 해서 수채화 그 자체가 예술이라는 높은 수준에는 오를 수 없는 어떤 것이라고 여기지는 않는다. 수채화가 예술이 될 수 없다는 생각이 명백한 잘못이라는 것은 터너나 놀데(Nolde), 또는 클레(Klee)의 수채화를 보면 금방 알 수 있다. 그럼에도 불구하고 똑같은 이 규칙이 도색적인 것에 대한 사람들의 생각에는 거의 적용되지 않는 것 같다. 컵과 꽃병에 새겨진 유명한 고대 그리스의 디오니소스 축제의 이미지에는 항문성교와 구강성교, 그리고 집단성교 장면이 나타나 있다. 인도의 사원과 유적, 예를 들어 카주라호(Khajuraho)에 있는 10세기경의 것과 코나라크(Konarak)에 있는 13세기의 것 등의 외관을 장식하고 있는 여러 부조 작품들에는 셀 수 없이 많은 성적인 체위를 노골적으로 보여 주는 인물상들이 등장하고 있다. 피카소의 후기 작품들, 에곤 쉴레와 구스타프 클림트의 여러 습작들, 로댕의 스케치, 오브리 비어즐리(Aubrey Beardsley)의 많은 작품들, 호쿠사이(葛飾北齋)와 우타마로(喜多川歌)의 판화들, 카마수트라의 삽화 등, 그저 몇몇 예만 고려해 보더라도 포르노그래피의 전형적인 특성을 따르고 있으면서도 예술적인 의도를 가지고 있으며 예술적으로 뛰어나기도 한 작품들은 많다. 사실 고대 그리스와 그레코로만, 로마 그리고 중세 인도의 예술이 가진 성적인 솔직함은 기독교의 영향을 받은 문명에 도색적인 작품들이 거의 없는 현상이 정상보다는 오히려 비정상임을 시사하고 있는지도 모른다. 그러나 이러한 작품들을 예로 들어보아도 도색적인 것도 훌륭한 예술이 될 수 있음을 대다수의 사람들에게 납득시키는 데에는 별 도움이 되지 않는다.

도색적인 것이 훌륭한 예술이 될 수 있음을 인정하는 데 주저하는 이유 중 하나는 도색적이고 성적으로 노골적인 작품은 그 본성상 상투적이고 판타지일 수밖에 없으며 이 점이 예술적 표현성을 가로막는다는 생각에 근거한다. 하지만 왜 성적인 흥분을 일으킬 목적으로 노골적이 되면 절대로 표현적일 수 없다고 단정지어야 하는가? 성이 노골적으로 드러나는 것 그 자체로는 문제가 되지 않는다. 종종 아주 노골적인 루시안 프로이트의 누드화는 매우 표현적이다. 얼룩덜룩한 피부 톤, 서로 다른 신체 부위들 간의 대조되는 질감, 차별되는 비례 등이 전달되는 방식을 통해서 그의 작품은 타인을 단지 하나의 몸으로만 파악하는 것에 매혹된다는 것이 무엇인지를 보여 주며 또한 그것을 어떻게 이해할 수 있는지를 보여 준다. 따라서 노골적이냐 아니냐보다 중요한 기준은 프로이트가, 예술가로서, 노골적으로 그릴 것인가 말 것인가에 대한 선택권을 자신이 가지고 있었느냐 하는 점으로부터 나온다고 할 것이다. 가능한 선택지들의 지평이 창조자에게

예술과 도덕

열려 있을 때에만 그가 택한 재현의 소재와 그것을 재현하기 위해 그가 내린 세세한 결정들이 중요한 의미를 지니게 될 것이다. 그런데 포르노그래피의 경우에는 그러한 선택의 여지가 없는 것 같다.

하지만 비록 포르노그래피에 있어서 성적으로 노골적이 될 것인가 말 것인가는 선택의 문제가 아니라고 할지라도, 그렇다고 해서 표현적으로 의미 있는 어떠한 선택도 가능하지 않다는 결론이 따라 나오지는 않는다. 무엇을 노골적으로 묘사할 것인가와 어느 정도 노골적으로 묘사할 것인가는 여전히 선택되어야 한다. 더욱 중요한 것은 그러한 노골적인 재현을 어떻게 다루고 어떻게 전달할 것인가에 대해서 다양한 선택의 여지가 있다는 점이다. 여전히 많은 가능성들이 남아 있다. 예를 들어 어떠한 행위를 재현할 것인가, 어떤 각도에서 묘사할 것인가, 어떤 관점을 취할 것인가, 만약 어떤 등장인물의 시점을 사용한다면 누구의 시점을 우선시할 것인가, 어떤 종류의 조명을 쓸 것인가, 어떤 반응을 묘사할 것인가, 신체적인 움직임을 어떻게 나타낼 것인가 — 예를 들어 난폭하게 할 것인지 평온하게 할 것인지 — 표정은 어떻게 나타낼 것인가, 어떤 부분에 초점을 맞추고 어떤 부분에 초점을 흐리게 할 것인가, 어떤 색채를 사용할 것인가 등등. 원칙적으로 이 모든 선택들은 무언가를 표현하기 위한 예술적으로 흥미롭고 의미 있는 방식으로 사용될 수 있을 것이다. 동일한 행위라도 그 특징들을 다르게 선택하면 무엇이 묘사되고 있고 어떻게 관객이 그것이 자극적임을 깨닫게 될지에 대한 이해방식을 달리 규정할 수 있다. 따라서 원칙적으로 말해서, 성적 흥분을 위해 노골적이 되더라도 표현성이 제거되는 것은 아니다. 즉 포르노그래피가 되기 위해 특정 요소들이 꼭 필요하다고 해서 그것 때문에 포르노그래피에 예술적 표현의 여지가 남아 있지 않다고는 할 수 없는 것이다. 우리는 종교적인 헌신을 위해 성자나 성스러운 인물을 묘사해야 하는 종교적인 그림에 예술적 표현이 없다고 생각하지 않는다. 왜냐하면 예술가에게는 여전히 세부요소나 접근방식을 표현적으로 사용할 수 있고, 이와 관련해서 수많은 선택의 여지가 남아 있기 때문이다. 포르노그래피의 경우에도 마찬가지다.

로댕의 많은 도색적인 누드 드로잉 작품들을 예로 들어 보자. <다리를 벌리고 손을 성기에 얹은 채 누워 있는 벌거벗은 여인 Naked Woman Reclining with Legs Apart, Hands on Her Sex> 또는 <다리를 벌리고 있는 벌거벗은 여인 Naked Woman with Legs Apart>(1900)같은 드로잉, 레스비언을 그린 여러 드로잉들, 자위를 하고 있는 여성의 누드들, 그리고 옥타브 미라보(Octave Mirabeau)의 도색소설인 『고통의 뜰, Le Jardin des Supplices』에 실린 그의 드로잉들을 떠올리면 될 것이다. 이 작품들은 여성 모델 한 명을 노골적으로 그렸다는 점, 또 여러 가지 전형적인 성적 자세와 행위를 나타냈다는 점에서는 상투적이다. 하지만 이 작품들은 로댕이 새롭게 개발한 소묘방식인 '즉흥 드로잉(instantaneous drawing)'을 통해 그려졌다. 당시의 표준적인 아카데미식 드로잉과는 달리 로댕은 엷은 색으로 강조된 단순한 윤곽선에서 시작하여 모델에게서 눈을 떼지 않은 채 모델의 변화하는 자세를 그렸다. 그 결과 많은 수정선(correction line)들이 생겼고 이것이 운동감과 생기를 강화시키는 효과를 낳았다. 이러한 재빠른 윤곽 드로잉의 부가적인 효과는, 이것이 대상이 가진 질량과 부피를 드러내는 데 최소한의 명암만을 사용하기 때문에, 모델이 고전적인 어떤 유형과 맞는다는 느낌이 아니라 대신 모델이 개별적 특성을 지닌 주체라는 느낌을 전달한다는 점이다. 로댕이 그의 선 드로잉에서 개발한 묘사방식은 상투적인 것과는 거리가 멀었으며 성적인 흥분을 단지 전달하는 데 그치지 않고 감상자들의 성적인 흥분을 끌어내는 데 기여했다. 초점은 모델의 성기와 성적인 행위 그리고 감각적인 자극에 노골적으로 맞춰져 있었는데 로댕이 운동감과 신체의 회전을 강조함에 따라 이것이 더욱 강조되었다. 이러한 드로잉도 구성적이고 디자인적 요소를 강조하지만 그 목적이 성적으로 노골적인 수단들을 통해 성적 자극을 일으키기 위해서, 즉 감각적 자극과 매혹, 그리고 흥분을 일으키기 위해서이기에, 고전적인 누드습작들에서 보이는 구성

요소들과는 부분적으로 큰 차이를 보인다. 로댕은 혁신적인 예술적 발전이라고 할 그의 선 드로잉을 통해서 행동의 윤곽선들, 성적인 포옹과 행위들의 윤곽선들을 보다 활력 있고 충동적이며 힘찬 방식으로 특징화할 수 있었고 이것이 성적인 흥분을 유발하는 데 일조했다. 따라서 로댕의 섹슈얼한 드로잉들이 형식적이고 정적이며 비교적 무기력했던 그 이전의 작품들보다 인기가 있었던 것은 아마도 놀랄 일이 아닐 것이다. 이번에는 호쿠사이나 우타마로와 같은 작가들에 의한 일본 우키요에(浮世繪)유파의 판화들을 생각해 보자. 우키요에를 그린 화가들은 고급 유곽의 묘사, 그중에서도 매춘부들, 목욕탕의 여자들, 연인들, 심지어 동물과 여성이 함께 있는 장면 같은 것들을 묘사하는 데에 전문이었다. 이런 묘사가 성적으로 노골적인 정도에는 차이가 있었는데, 그중 몇몇 작품에서는 노골적이고 확대된 성적 세부 묘사가 상당히 생생해서 성적 흥분의 격렬함 또는 그 몰아지경이 잘 전달되고 있다. 우키요에가 다룬 주제, 표현적인 회화의 구조, 그리고 구성상 입체감 없이 장식적 색채를 사용한 점 등은 이 장르의 상투적 공식을 따른 것이다. 그럼에도 불구하고 그 상투적 요소들이 바로 성적인 흥분을 전달하는 데뿐 아니라 많은 경우 성적인 흥분을 끌어내는 데에도 기여하며, 그런 방식으로 예술적으로 활용되고 있는 것이다.

어쩌면 포르노그래피가 예술과 무관한 이유로 그것의 판타지로서의 특징을 들 수도 있을 것 같다. 왜냐하면 판타지란, 그 제대로 된 의미에 의하면, 삶을 진실하게 다루는 데 실패할 수밖에 없는 것이기 때문이다. 따라서 로저 스크러턴(Roger Scruton)에 따르면 관능적인 예술과 포르노그래피의 차이는 "창조적인 상상력에 호소하고 진실의 원칙을 준수하는 재현과, 성적인 환상에 호소하며 오직 욕구 충족의 요구만을 준수하는 대체물 간의 차이이다. 후자는 언제나 예술로서 부적절할 수밖에 없는 반면에 전자는 예술이 될 수 있다."[4] 하지만 만일 이것이 포르노그래피가 예술이 될 수 없는 이유라면 이는 좋은 예술은 어떠해야 하는가에 대한 지나치게 편협하고 규정적인 생각에서

클림트, <다나에>(1907-8), 개인 소장 © Bridgeman Art Library

나온 것이다. 구스타프 클림트의 사적인 드로잉이 이에 적절한 좋은 예이다. 우리는 <다나에 Danae>(1907-8)에서 클림트 그림의 특성을 눈치챌 수 있다. 이 그림에는 나체의 여성이 몽환적인 흥분상태에서 태아처럼 구부리고 있는데, 황금색 한 줄기가 그녀의 엉덩이 쪽을 따라 흘러내리고 있다. 널리 공개되지 않은 그의 사적인 드로잉에서 클림트는 여성을 더욱 노골적인 포즈로 그리고 있는데, 여성이 자신의 몸을 드러내고, 복종적으로 엎드리고, 관람자의 면전에서 스스로를 제공하거나 스스로를 애무하는 모습으로 그려져 있다. 여기서의 유일한 관심사는 성적인 흥분에 사로잡힌 여성을 통해 관람자의 성적인 흥분을 부추기는 것이다. 자위에 열중하는 여성, 열정적으로 또는 나

예술과 도덕

른하게 포용하는 여성 등, 재현된 장면들은 상투적이다. 보다 깊은 의미를 위한 맥락이나 배경 또는 암시는 전혀 없으며, 세부적인 신체묘사가 거의 없는, 그저 유리된 외곽선만이 있을 뿐이다. 그려진 대상의 수동성, 도발성, 또는 자율성은 오직 성적인 차원에서만 묘사될 뿐이다. 예를 들어, 성적인 행위에 완전히 몰입해서 눈은 관람자의 응시를 비껴가고 있거나 아니면 그러한 응시를 받아 주고 있는 식이다. 유일한 관심의 초점은 여성 신체의 성적인 측면, 즉 그것의 자극적이고 흥분된, 그리고 흥분시키는 성질들에 놓여 있다. 성적으로 노골적인 측면과 여성에 대한 판타지적인 묘사가 성적 흥분에 기여하고 있으므로 이 작품들이 포르노그래피의 상투적인 요소들을 보여 주고 있다는 것은 명백하다. 하지만 그럼에도 불구하고 이 작품들은 예술적이다. 성적인 신체부위, 성적인 모습과 행위와 상태를 노골적으로 강조하기 위해서 형식상의 예술적 기교가 매우 상상력이 풍부한 방식으로 사용되었기 때문이다. 극도로 클로즈업된 시선을 사용한다든지, 단축법, 과장된 원근법, 자세와 비율의 왜곡, 동적인 구성, 그리고 신체의 각진 부분과 곡선인 부분의 대비를 강조한 것 등이 여기에 속한다. 그 효과는 단지 선 드로잉과 구조적인 구성이 우아하여 작품이 아름답게 보인다는 것뿐만이 아니다. 이러한 예술적 기교의 효과로 인해 우리는 성기, 가슴, 엉덩이, 그리고 벌려진 다리와 같은 성적인 특징들에 주목하게 된다. 이러한 예술적 기교는 재현된 성적인 몰두의 상태, 감각적 쾌락, 또는 나른한 성애의 상태가 어떤 것인지에 대한 우리의 깨달음에 형태를 부여한다.

클림트의 누드들은 그것들이 이상화되고 공허하며 심지어 몽환적인 대상을 그린다는 점, 그리고 그 대상에 대한 우리의 흥미가 대상의 성적인 특징과 측면들에 전적으로 향한다는 점에서 그 본성상 판타지일 수밖에 없다. 그런데 예술작품이 그저 판타지일 뿐이라는 이유로 격하되는 경우는 그것이 현실로부터 멀리 떨어져 있다고, 즉 믿을 만하고 그럴싸하고 삶에 대해 진실해야 한다는 고려사항에 구속받

예술과 그 가치

지 않는다고 생각될 때이다. 하지만 은밀한 성적 흥분에 대한 클림트의 노골적인 묘사가 '삶에 대한 진실'에 명백히 실패한 것은 아니다. 성적인 몰입에 대한 연구의 측면에서 본다면, 그의 선 드로잉은 어떤 종류의 관능적인 상태를 상당히 잘 잡아내고 있다. 그리고 이는 바로 포르노그래피를 구성하는 성적으로 노골적이고 상투적이며 판타지적인 요소들을 클림트가 상상력을 동원하여 예술적으로 처리한 덕분이다. 따라서 심지어 예술작품이 언제나 삶에 대해 진실하냐 아니냐의 기준에 의해서 평가되어야 한다고 할지라도, 이로부터 도색적 작품이 이 기준을 만족시키는 좋은 예술이 될 수 없다는 결론이 나오지는 않는다. 한편 만약에 클림트의 그림이 그 판타지로서의 특성 때문에 '삶에 대해 진실'할 수 없는 것이라 하더라도, 이로부터 그것이 좋은 예술이 아니라고 단정할 수도 없을 것이다. 왜냐하면 '삶에 대한 진실'은 예술에 대한 평가의 유일한 기준이 아니며 더군다나 언제나 적용가능한 것도 아니기 때문이다. 작품은 그것이 제공하는 상상적인 경험의 질과 관련하여 평가되는데, 이를 위해 사용하는 일반적인 기준들만 해도 여러 가지이다. 그리고 고야의 <자신의 아들을 먹고 있는 새턴 Saturn Devouring His Son>(1820)과 같이 '삶에 대한 진실'의 고려가 거의 적용될 수 없는 종류의 작품들도 많이 있다. 도색적이지는 않지만 판타지인 많은 작품들, 라파엘 전파(Pre-Raphaelites), 샤갈(Chagall), 오딜롱 르동(Odilon Redon), 미로(Miro), 마그리트, 막스 에른스트, 클레(Klee), 에셔(M.C. Escher), 달리 등 많은 작품들은 이런 저런 측면에서 분명 판타지이지만 놀랍고 복잡하며 정합적인 상상적 경험을 제공하고 있으며 예술로서 높이 평가받고 있다. 이런 작품들은 실제세계와 밀접한 관계를 맺고 있도록 의도된 것은 아니다. 따라서 이들을 그런 근거로 평가해서는 안 된다. 클림트의 그림이 판타지라고 할지라도 이 점은 그 작품이 제공하는 상상적인 경험의 질과는 무관하다.

그러나 도색적 작품이 훌륭한 예술적 기교와 표현성을 지닐 수 있음을 보여 주는 것만으로는 충분치 않다. 왜냐하면 케니스 클락(Kenneth Clark)이 제안했듯이 어떤 것을 예술과 포르노그래피로서 동시에 감상하는 것은 불가능하다고 생각할 수 있기 때문이다.[5] 이것이 포르노그래피가 훌륭한 예술의 조건을 충족시킬 수 있다는 생각을 반대하는 가장 깊은 이유이다. 성적 흥분의 세련되지 않은 거칢, 미성숙함, 강렬함 그리고 흥분을 주는 대상에 대해 일종의 대상화하고자 하는 관심을 취하는 것 등은 우리가 작품의 예술적 측면에 전적으로 주목하는 것을 불가능하게 할 위험이 있다는 것인데, 이러한 생각에는 뭔가 그럴 듯한 점이 있다. 성적 흥분으로 달아올랐을 때라면 예술적 양식의 특색이나 재료, 심상, 회화적 구조의 매력과 작용에 대한 주목은 시들해져서 사라져 버릴지도 모른다. 이 점은 대부분의 포르노그래피에 대해서 사실이다. 하지만 이는 대부분의 포르노그래피가 예술적으로 흥미로운 점을 가지고 있지 않기 때문에 그렇다. 정말로 예술적인 포르노그래피 작품을 생각해 보면 이것은 사실이 아님이 드러난다.

이러한 반대는 부분적으로 도색적 흥미는 미숙하고 그릇된 것이라는 생각에 근거한다. 전형적으로 도색적 흥미에는 그려지는 인물의 주체적 측면, 즉 그 인물의 시점이나 이해, 욕구를 배제시키고 그저 대상으로 바라보고자 하는 관심 같은 것이 포함된다고 생각들 한다.[6] 하지만 바로 이런 식의 대상화하려는 관심을 불러일으키면서도, 한편으로는 바로 그 이유로 인해 예술로 감상될 수 있는 작품들이 많이 있다. 코레지오, 루벤스, 라파엘 전파, 로댕, 에릭 길(Eric Gill)의 작품들과 쿠르베(Courbet)와 르누아르의 누드들로부터 보다 최근의 앨런 존스(Allen Jones)의 페티시즘적인 작품까지를 고려해 보라. 이들 중 몇몇 작품들, 예를 들어 코레지오의 <제우스와 안티오페 Jupiter and Antiope>(1521-2), 제르벡스(Gervex)의 <롤라 Rolla>, 쿠르베의 <잠 Le Sommeil>, 그리고 드가의 관능적인 스케치는 대상의 자의식이 완전히 배제된 노골적인 누드를 묘사하고 있다. 자극적인 생각과 흥분

예술과 그 가치

은 대상화하려는 관심 때문에 생기는 것인데, 관람자는 이런 생각을 갖기 위해 대상의 신체부위를 주목한다. 우리가 주목하는 것은 살의 톤과 윤곽이고, 작품의 구조를 구성함에 있어 중심이 되는 것은 성적인 부위들이다. 눈이 감겨져 있고 잠든 듯 보이는 대상인물에서 우리의 주목을 요청하고 있는 것은 오직 신체적인 특성들뿐이다. 그러나 그렇다고 해서 우리는 이러한 작품을 예술로서 감상할 수 없다고 말하고 싶지는 않을 것이다.

대상화하는 관심이란 흔히 비인간화(비인격화)를 그 특징으로 한다는 것도 사실이다.[7] 우리는 감상자가 도색적 관심을 가지는 대상인물에 대해 하나의 인격체로서 관심을 가지지 않는 것이라고 여긴다. 그러나 모두는 아니더라도 많은 경우들에 있어 도색적 관심을 갖는 것은 본질적으로 인격(인간)적일 관심을 갖는 것일 수 있다. 성적으로 자극적인 생각과 흥분을 자연스럽게 이끌어내는 한 가지 방법은 바로 성적인 것과 관련된 누군가의 시점과 흥미, 욕구에 대해 관심을 갖도록 하는 것이다. 당연하게도 이것이 바로 도색적 예술이 하는 일이다. 도리이 기요노부(鳥居淸信) 1세의 <춘화 Erotic Contest of Flowers: Scenes of Lovemaking>(1704-11)는 아마도 도리이 유파의 창시자인 이 작가가 만든 가장 훌륭한 관능적인 족자작품일 것이다. 이 작품은 11개의(원래는 12개였다) 성행위 장면으로 구성되어 있다. 활기 넘치는 색상, 병치시킨 인물들의 자세, 선의 유연함은 모두 노골적인 성적 흥분을 고조시킨다. 하지만 초점이 분명한 인물의 시선방향이라든지 감응과 호기심에 찬 몸짓은 또한 그 인물들을 한 인간으로서 상대방에 의해 흥분하고 서로에게 관심을 가지는 특정한 개인으로 느끼도록 해준다. 다시 일본의 우키요에 유파로 돌아가 보면, 우타마로의 <두 레스비언 Two Lesbians>(c.1788)도 이와 유사한 방식으로 도색적이다. 이 그림에는 닿을 듯 말 듯 서로를 주시하면서 상대방의 흥분을 예감하고 있는 두 여성이 등장한다. 오른쪽 여성은 커다란 모조 남자 성기를 자신의 몸에 묶어 놓았고 왼쪽편의 여성은 이것의 끝부분을 애무하기 위해 손을 뻗고 있다. 관람자가 주목하게 되는 흥분된 육체의 모습을 그림에 그려진 여성도 똑같이 바라보고 있다. 이러한 효과는 그림의 회화적 구성, 예술적으로 확대되어 그려진 성기의 모습, 왼쪽에서 중앙 쪽을 향해 비스듬한 면을 이루고 있는 여성의 자세, 그리고 다시 우리의 시선을 강하게 화면 중앙 아래의 노골적인 부분으로 잡아끄는 오른쪽 여성의 자세 등을 주목하는 과정에서 더욱 증대된다. 이런 작품이 포르노그래피임을 부정하는 것은 모든 좋은 예술은 감상자를 교화시켜야만 한다는 가정에서 나온다. 도색적 예술은 이러한 가정을 위협하는데 왜냐하면 이러한 예술은 종종 우리의 보다 품격 높은 본성을 압도해 버릴 위험이 있는 성적인 본능과 욕구, 충동에 직접적으로 호소하기 때문이다. 바로 그렇기 때문에 이런 예술들은 당혹스럽다. 당혹스러운 예술을 당혹스럽지 않은 척 꾸며서 길들이려는 시도는 그 작품들의 예술적 뛰어남과 우리들 자신의 본성 모두를 외면하는 행위일 뿐이다.[8]

도색적 예술에 대한 다소 다른 종류의 우려가 있는데, 어떤 경우이는 예술 전체에 대한 우려로 일반화되기도 한다. 이는 다음과 같은 인식에서 출발한다. '모델에게서 눈을 떼지 않고' 그렸다는 로댕의 드로잉을 상기해 보자. 혹자는 이 구절로 애무의 눈짓을 떠올릴지도 모르지만 어떤 사람에게는 그것이 추행의 한 형태로 여겨질 수도 있다. 여기서 의미하는 보는 방식은 마치 몸을 만지거나 더듬는 것과 유사하다고 생각하는 것이다. 로댕은 "사람들은 내가 여자에 대해 너무 많이 생각한다고들 얘기하는데, 하지만 여자보다 더 중요한 생각할 거리가 어디 있지?"라고 말한 적도 있다. 로댕이 자신의 모델들과 성적인 관계를 갖기로 유명했다는 것은 많은 자료가 뒷받침하고 있는데다 그의 일부 드로잉들이 그려진 방식으로 판단하건데 이 경우 로댕이 모델을 보는 방식은 성욕과 소유욕으로 가득 찬 것일 수도 있었을 것이다. 이제 앞서 훌륭한 예술의 예로 인용되었던 도색적 작품들을 다시 떠올려 보자. 우리가 그 예들에서 이야기했던 섹슈얼리티와 충동,

예술과 그 가치

욕구, 관심은 과연 누구의 것인가라는 질문이 제기될 수 있을 것이다. 성적인 관심에 대한 예술적인 양식화와 헌신은 모두 이성애자인 남성 감상자를 상정하고 있는 듯 보인다. 이렇게 남성의 응시 같은 개념을 끌어들이게 되면, 도색적 작품들은 성적 관계의 불균형을 고착시킨다는 생각으로 이어지게 된다. 여성은 수동적으로 남성의 욕구를 받아들이는 것으로 여겨야 하는 반면에 남성은 자신의 욕구의 대상인 여성을 능동적으로 찾아 나서고 여성을 자기가 원하는 틀에 맞춰 변경시킨다는 식이다. 이런 작품을 관람하는 즐거움 속에는 그려진 여성을 순종적이고 대체가능한 성적 대상으로 격하시켜 버리는 일종의 시각적인 희롱 또는 지배가 포함되어 있다. 그러한 감상자를 상정하고 있기 때문에 도색적 그림들, 아니 어쩌면 그림이라고 하는 것 전체가, 도덕적으로 해로운 즐거움을 미적으로 감추고 있다는 비난을 받아야 할 것이다.[9] 앨런 존스의 페티시즘적인 여성 묘사에 대한 로라 멀비 (Laura Mulvey)의 비평은 어떻게 이러한 우려가 일반화되는지를 보여 준다.

앨런 존스는 페티시즘적인 이미지가 어떻게 단지 특정한 출판물뿐만이 아니라 모든 대중매체에서 넘쳐나게 되는지 보여 줌으로써 구경거리로서의 여성을 새롭게 조명했다. 페티시즘의 메시지는 여성에 관한 것이 아니라 여성이 남성을 위해 표상하고 있는 나르시즘적인 상처에 대한 것이다. 여성들은 계속해서 여러 가지 형태의 자신의 이미지와 마주치지만 그들이 보는 것은 여성들 자신의 무의식적인 환상이나 숨겨진 공포와 욕망 따위와는 거의 연관이 없다. 여성들은 언제나 남성에 의해서 보여지고 응시되는 전시의 대상이 되고 있다. 하지만 진정한 의미에서라면 그곳에 여성은 아예 없다. 퍼레이드는 여성과는 전혀 관계가 없으며 모두 남성과 연관된 것일 뿐이다. 정말로 보여지는 것은 언제나 남근이다. 여성은 단지 남성이 자신의 나르시즘적인 환상을 투사시키는 장막일 뿐이다. 이제 우리가 그 쇼를 넘겨받아서 우리 자신의 두려움과 욕망을 전

예술과 도덕

시할 때가 왔다.[10]

하지만 우리는 여기서 지나친 일반화에 성급히 도달하지 않도록 조심해야 한다. 성적인 욕구와 전혀 무관한 수많은 예술작품들이 있고, 이 중에는 인간의 신체를 묘사한 것들도 다수 포함된다. 더 나아가 이성애자인 남성 감상자를 상정하는 작품이라고 해서 그것 때문에 그 작품을 예술로서 감상함으로써 얻는 혜택 그 자체가 남성편향적인 것이라거나 오직 이성애자인 남성 감상자만이 그 혜택을 받을 수 있으리라고 단정할 수는 없다. 종교적인 예술작품과의 유비를 생각해 보자. 어떤 작품이 특정한 종교적 믿음체계를 상정하고 만들어졌다고 해서 그로부터 해당 작품의 예술로서의 가치는 오직 상정된 종교적 믿음을 가진 사람만이 감상할 수 있으리라는 결론이 자동적으로 나오지는 않는다. 두 경우 모두 작품 속에 내재된 가정이 그 작품을 예술로서 감상하는데 별 관계가 없을 수도 있고, 또 관계가 있다 하더라도 그 가정에 동의하지 않고도 감상할 수 있을 것이기 때문이다. 물론 이 말은 그러한 우려의 심각성을 부인하려는 것이 아니라 그것이 일반화될 수 없다는 것을 지적하는 것이다.

예술사적으로 볼 때, 대부분의 도색적 작품들, 그리고 사실 많은 도색적이지 않은 작품들도 분명히 이성애적인 욕구와 관계된 남성의 관심을 전제로 하고 있는 듯하다. 하지만 모든 작품들이 그렇거나 그러 해야 하는 것은 아니다. 따라서 역사적으로 소외되었던 성적 관심과 욕구를 창조적으로 개발하거나 전형적인 이성애자 남성의 성적 관심과 욕구를 비판하는 작품이 나오지 말라는 법이 없다. 사실 1970년대 초반 이래로의 예술계는, 다양한 남성 누드를 그린 실비아 슬레이(Sylivia Sleigh)의 <터키탕 Turkish Bath>(1973)과 같은 작품에서부터 신디 셔먼이 스스로를 모델로 하여 영화 속의 관습적인 에로틱한 장면들을 따라 찍은 무제 사진 연작에까지, 바로 이 작업에 착수해 왔다. 또 다른 흐름으로 메이플소프와 같은 작가는 동성애자 남성의 욕

예술과 그 가치

구를 염두에 두고 남성 신체의 완벽한 형태와 톤, 움직임을 과장해서 마치 성스러운 것처럼 보이게 하려 하기도 하고, 또 여성 보디 빌더인 리사 라이언(Lisa Lyon)을 모델로 한 연작에서처럼 여성에 대한 고정 관념을 조롱하기도 한다. 예술작품이 성적인 욕구에 입각해 있을 경우에는, 그 욕구가 어떤 성별이나 성적 취향의 것이든 간에, 우리는 이전까지와는 다른 식으로 사물을 바라보게 되거나 우리가 전혀 공유할 일이 없었을지도 모르는 욕망에 입각하여 사물을 보도록 초대받기도 한다. 그러나 이것이 우리가 실제로 그러한 욕구를 가지지 않으면 그 작품을 감상할 수 없을 것이라는 의미는 아니다.

그럼에도 불구하고 많은 누드와 도색적 작품들은 분명히 실제 욕구에 호소하려고 하며, 이때 그 욕구가 예술사적으로 주로 남성적, 이성애적이었다는 점과 도덕적으로 문제가 있는 방식이 사용되기도 한다는 점도 사실이다. 물론 이 작품들이 문제가 있는 이유가 욕구에 호소하기 때문이라고는 할 수 없다. 왜냐하면 성적 욕구 그 자체는 도덕적으로 문제가 되는 것이 아니기 때문이다. 따라서 그러한 작품이 도덕적으로 문제가 있다면 그것은 그 작품들이 호소하는 욕망이 오용되거나 왜곡되었는지 또는 어떤 형태인지 등을 통해서 설명되어야 할 것이다. 앞서 서술한 바에 따르면 도덕적 문제는 바로 욕구의 대상인 여성을 남성 관람자의 시선과 욕망에 일치하는 수동적이고 순종적인 대상으로 격하시켜 묘사하는 것이다. 하지만 나는 이미 앞에서 도색적 작품이 꼭 이러할 필요는 없음을 제안한 바 있다. 예를 들어 도리이 기요노부 1세의 <춘화 Erotic Contest of Flowers: Scenes of Love-making>는 남성과 여성 양쪽 모두의 시점과 욕구를 본질적으로 인격적인 관심에 기초하여 묘사하고 있다. 구스타프 쿠르베의 <앵무새를 데리고 있는 여인>(1866)은 그려진 여성의 활력과 생기 그리고 그녀 자신의 관심을 전달한다. 만약 이것이 사실이라면, 모든 도색적 작품들이 앞서 고려한 비판의 대상이 되는 것은 아니라고 할 수 있다. 하지만 분명 많은 도색적 작품들은 이렇지 않다. 앞서 언급했던, 대상을 몽환적으로 그린 클림트의 관능적인 스케치나 코르셋과 하이힐을 착용하고 신체비율이 과장된 앨런 존스의 페티시즘적인 여성상, 또는 그려진 여성의 시점이나 고유한 욕구, 심지어 자의식에 대해서도 거의 관심이 없는 드가의 에로틱한 스케치를 상기해 보자. 그런데 이런 식의 대상화하는 성적 욕구의 차원에서 다른 이들을 묘사하거나 바라보거나 또는 생각하는 것이 필연적으로 도덕적 문제를 지니는지는 분명하지 않다. 이것은 논쟁의 여지가 있는 문제이다.

하지만 적어도 여성의 자율성을 존중하는 데 실패하거나 그것을 멸시하고 업신여기는 것과 연관된 경우에는 분명히 도덕적 문제가 있는 것이라는 점을 일단 받아들여 보기로 하자. 그렇더라도 이것이 보여 주는 것은 훌륭한 예술이 음란할 수 있다거나 또는 훌륭한 예술이 승인되어서는 안 될 도덕적으로 의심스러운 태도를 부추길 수도 있다는 것이지 그러한 작품이 예술적으로 성공적일 수 없다는 것은 아니다. 도색적 예술작품과 일반적인 포르노그래피의 차이는 도색적 예술은 상상력이 풍부하고 흥미로운 방식으로 예술적인 기교를 사용하므로 예술로서 감상될 수 있다는 것이다. 바로 이 점 때문에 몇몇 도색적 예술은 관능성과 욕구, 인간적 조건의 본성에 대한 무언가를 우리에게 알려줄 수 있다. 어떤 경우 그러한 작품을 보거나 그 작품에 반응하는 것이 도덕적으로 문제가 될 수도 있다. 하지만 도색적 그림은 필연적으로 나쁜 예술이거나 예술로서 감상될 수 없다고 비난하는 것은 청교도적인 희망사항일 뿐이다. 도색적 예술도 정말로 훌륭한 예술이 될 수 있다. 한편 우리는 도색적 예술이 훌륭한 예술이 될 수 있다는 점을 인정하되, 도색적 예술의 도덕적으로 문제 있는 특성이 그 작품의 예술적인 결점이 될 것이라고 주장하고 싶을 수도 있다. 그러나 이 주장의 설득력은 도덕적인 결점은 그것이 예술적으로 관련될 경우에는 예술적인 결점이기도 하다는 보다 일반적인 주장의 진위에 달려 있다. 이 일반적인 주장에 동의해야 하느냐가 바로 이제부터 다룰 문제이다. 예술작품의 도덕적인 특성은 과연 작품의 예술적인 가치와 관련이 있는 것일까?

도덕적인 질문들

> 작은 정직함도 위험할진데, 많은 정직함은 절대적으로 치명적이네. 사실 진정한 비평가라면 미의 원리에 헌신한다는 점에 있어서는 늘 정직하겠지만 그는 모든 시대와 모든 유파에서 미를 찾으려고 할 것이지, 절대로 정해진 관습에 따라 사고하거나 틀에 박힌 방식으로 사물을 바라보며 한계를 짓지 않을 것이야. …… 비평가는 예술의 영역과 도덕의 영역이 절대적으로 다르고 분리된 것임을 깨달을 수 있어야 해. 그 둘을 서로 혼돈할 때 다시 혼란이 찾아오는 것이지. …… 예술은 도덕이 미칠 수 있는 영역 밖에 있어. 왜냐하면 예술의 눈은 아름답고 불멸하며 끊임없이 변화하는 것에 고정되어 있기 때문이지.[11]

오스카 와일드의 『예술가로서의 비평가 The Critic as Artist』에서 와일드의 분신이라 할 길버트(Gilbert)가 한 말이다.

19세기 후반 와일드는 아마도 심미주의의 가장 유명한 대변자였을 것이다. 페이터(Walter Pater) 같은 인물과 함께, 와일드는 예술에서 진리와 도덕적 정서가 전적으로 중요하다는 러스킨의 퇴색해 가고 있던 신념에 반대하는 입장에 섰다. 그는 '윤리적으로 공감'할 수 있다는 것은 어떤 예술에서든 '용납될 수 없는 매너리즘'이라고 보았다. 이두 가지 관점 간의 충돌은 오래된 논쟁을 반영한다. 그 한쪽 진영에는 예술작품의 도덕적인 성격이 작품의 예술로서의 가치에 영향을 미친다고 생각했던 아리스토텔레스, 토마스 아퀴나스, 흄, 러스킨, 톨스토이 등과 오늘날 꽤 선호되곤 하는 페미니즘, 탈식민주의, 그리고 사회정치적 비평이 있다. 반대쪽 진영에는 예술과 도덕은 서로 완전히 분리된 것이라는 주장을 고수하는 칸트, 니체, 와일드, 벨과 프라이로부터 그린버그와 프리드(Fried), 그리고 실베스터(Sylvester)와 같은 부류의 비평가들이 있다. 후자의 생각은 다음과 같은 니체의 말에서 잘 드러난다. "예술이 어떤 목적을 가져야 한다는 것에 대한 저항은 언제나 예술의 도덕적 성향에 대한 저항, 즉 예술이 도덕에 복종해야 한다는 데 대한 저항이었다. 예술을 위한 예술이 의미하는 바는 도덕은 악마에게나 줘버리라는 것이다."[12]

심미주의에는 설명되어야 할 부분들이 많다. 심미주의가 꼭 단순한 형태의 형식주의(formalism)에 동의할 필요는 없다. 또한 작품의 도덕적 성격이 그것의 예술적 가치에 간접적으로 영향을 미친다는 것조차 심미주의가 거부할 필요는 없다. 심미주의가 말하고자 하는 바는 많은 예술작품들은 도덕적인 성격을 지니지 않지만 만약 지니는 경우 도덕적인 평가는 원칙적으로 예술적인 평가와 구별된다는 것이다.[13] 비유하자면, 아마도 우리는 액자가 간접적으로 그림의 감상에 영향을 미칠 수 있다는 점을 인정할 것이다. 만약 액자가 걸기에 너무 무겁다거나, 너무 웅장하고 화려해서 소박한 수채화를 감상하는 데 집중하기가 어렵다면, 이 경우 액자는 그림감상을 방해하고 있는 셈이다. 하지만 그렇다고 해서 그러한 액자가 그 수채화의 예술적 가치를 깎아내리고 있다고는 말하고 싶지 않을 것이다. 이와 마찬가지로 작품의 도덕적 특성이 작품 감상을 방해할 수는 있다. 만약 작품의 재료가 심히 혐오스럽다거나 — 이를테면 재료의 일부가 태아라든가 하는 식으로 — 또는 작품이 강간을 미화하는 따위의 매우 거부감을 주는 태도를 보이고 있다면, 사람들은 이 작품의 예술적인 측면에 제대로 주목하는 데 어려움을 느낄지도 모른다. 하지만 심미주의자들에 따르면 이것이 보여주는 바는 단지 우리가 예술로서 그 작품을 감상할 입장에 있지 않다는 것일 뿐이지, 우리의 도덕적인 염려가 그 작품의 예술적 가치와 관련 있다는 것은 아니다. 지금까지 어떠한 예술적 강령도 예술경험의 질이 지니는 중요성에 대해서 심미주의만큼 강한 주장을 한 적이 없다. 사람에 따라서는 증오할지도 모를 생각과 믿음

예술과 그 가치

과 태도를 전달하는 예술도 훌륭할 수 있음을 이렇게 애써 강조한 이론도 없었다. 심미주의는 무지와 어리석음에 대한 적절한 완충물이 된다. 그뤼네발트의 <십자가 책형>(1515)은 예수의 고통을 너무 감미롭게 다루고 있으며 티치아노의 <에우로페의 납치 Rape of Europa>(1559-60)는 성적 폭행을 목적으로 한 유괴를 에로틱하게 그려내고 있고, 마리네티(Marinetti)의 미래주의는 전쟁의 본성을 미화한다. 또한 쉴레의 어린 소녀들에 대해 성적으로 집착하는 초상화는 흉포할 정도로 성적이며, 베이컨의 작품 중 다수는 인간의 병들고 썩고 타락한 본성에 대한 감각을 마음 깊은 곳으로부터 끄집어낸다. 그러나 도덕적으로 염려될 만한 이들 열거된 작품들은 모두 훌륭한 예술작품임에 틀림없다. 오직 그림의 내용에만 반응하는 도덕주의자들의 격렬한 태도는 심미주의에 의해 조절될 수 있으며 그럼으로써 그들은 작품이 담고 있는 주장의 진위 여부와 독립적으로, 그림 자체의 질과 예술적인 숙련도, 그리고 그림의 아름다움에 주목하는 것을 배우게 될 것이다. 하지만 어떠한 입장을 택한 결과가 유용하다고 해서 그 입장이 참이 되는 것은 아니다. 심미주의는 참이 아니다.

우리가 3장에서 보았듯이, 작품이 심오하고 미묘하며 흥미롭고 통찰력이 풍부하다거나 또는 하찮고 감상적이며 진부하고 미숙하다는 식의 예술에 대한 일반적인 평가들이 항상 이해가능성, 정합성, 설명력, 또는 진실성과 같은 척도들과 무관하게 이루어지지는 않는다. 심미주의는 예술경험의 질과 그 때 경험되는 내용을 개념적으로 분리하는데, 이는 문제가 있다. 왜냐하면 가끔 예술경험의 질은 전달되고 있는 것이 전달될 만한 가치가 있는 것인가의 여부에 달렸기 때문이다. 따라서 작품이 도덕적인 성격을 가지고 있을 경우에, 작품의 예술적 질을 평가하는 것은 종종 작품의 이해가능성 또는 적절성에 대한 물음을 야기한다.

작품이 도덕적으로 비난받아야 할 것을 칭찬하고 찬양하며 미화하는 경우, 비평가들의 찬사에는 단서가 붙고 감상자의 반응은 호평

예술과 도덕

과 악평으로 갈릴 것이다.

그럴 수밖에 없을 것이라 생각한다면, 그 이유는 무엇일까? 많은 예술작품들이 달성하려고 노력하는 그 무엇 때문일 것이다. 예술가의 상상력과 통찰의 창조적인 표현으로서, 많은 예술작품들은 단지 감상자를 몰입시키는 것뿐만 아니라 감상자가 작품에 지각적, 정서적, 인지적으로 반응하도록 하는 것을 목표로 한다. 그러므로 예술작품이 감상자로 하여금 특정한 방식으로 반응하게 하려는 것은 많은 작품들의 예술로서의 목적에 내재된 것이다. 우리가 그림에서 보는 형태와 색상, 인물의 자세, 구조적인 구성, 표정에서 나타나는 표현들, 형상화된 동작, 암시, 비유와 상징은 모두 감상자의 반응을 특정한 방식으로 형성하기 위해서 그렇게 만들어져 있는 것이다. 따라서 작품이 원하는 방식으로 감상자가 반응했다는 것은 그 작품이 성공적이라는 표지이다. 작품이 원하는 방식대로 감상자가 반응하지 못한 경우에, 가끔은 이것이 감수성 부족이나 무지 따위의 감상자 측의 잘못이지만, 주로 이러한 실패는 작품의 결점 때문이다. 아마도 인물 묘사가 설득력이 없었거나, 어쩌면 동정적인 미소를 의도하고 그렸던 것이 괴상하게 찡그린 얼굴로 보였을지도 모른다. 또는 관능적이고 고상하며 감탄을 자아내는 장면으로 그려졌어야 했던 것이 완전히 소름끼치는 장면이 되어 버렸을 수도 있다. 이 모든 경우에 작품은 어떤 측면에서 실패한 것이다. 왜냐하면 이때 작품은 예술로서 목표로 했던 반응을 이끌어 내는 데 실패했으며, 그 이유가 감상자에 있는 것이 아니라 예술적 기술의 실패, 인물, 또는 장면이 우리에게 보이는 방식에서의 실패에 놓여 있기 때문이다. 게다가 바로 앞 장에서 보았듯이, 예술작품의 가치는 부분적으로 그 작품이 제공하는 경험이 우리의 이해를 증진시킬 수 있느냐의 여부에 달려 있다. 작품이 그렇게 해 줄 수 있다면, 이는 추가적인 예술적 장점이다. 그리고 몇몇 경우에 이것은 예술적으로 재현된 작품의 도덕적 특성과 연관될 것이다.[14]

이런 견지에서 <뢰트겐 피에타 Roettgen Pieta>와 1장에 나온 미

〈뢰트겐 피에타〉(1350), 본(Bonn)의 Rheinisches Landesmuseum으로부터 승인 취득

켈안젤로의 첫 번째 <피에타>(1499) [61쪽]를 비교해 보자. <뢰트겐 피에타> (1350)는 3피트(91.4cm) 높이 정도의 작가 미상인 목재조각 이며, 북유럽의 피에타 전통을 보여 주는 가장 좋은 예의 하나이다. 피 에타란 슬픔에 빠진 마리아가 예수의 시신을 무릎에 안고 있는 장면을 묘사한 것을 말한다. 이 작품의 목적은 감상자가 감정이입적인 명상을 하고 신앙심을 가지도록 만드는 것이었다. 전통적으로 피에타는 늘 성 당 내의 부속 예배실 중 하나에 모셔져 언제나 예배를 드릴 수 있었지 만, 부활절 동안, 특히 성 금요일에는 예수의 속죄의 상처에 대해서 묵 상하기 위해서 특별히 중시되었다.

마리아의 커다란 얼굴은 감상자의 왼쪽으로 기울어 있으며 그녀 의 시선은 예수의 머리로 곧장 향하고 있어서 그녀의 응시에 모아졌 던 감상자들의 주목을 누워있는 아들에게로 옮겨가게 한다. 눈썹과 움푹 들어간 눈, 뚜렷한 광대뼈를 통해 읽을 수 있는 마리아의 표정은 할 말을 잃은 허탈한 공포의 모습이며, 아래로 향한 입술과 입은 그녀 가 절망적인 슬픔에 휩싸여 있음을 강조하고 있다. 마리아의 나머지 신체는 정적이며, 자신의 아들을 우리가 볼 수 있게 안고 있는 채로 굳어진 모습이다. 예수의 모습은 경직되어 있으며 또한 그로테스크하 게 왜곡되어 있다. 그의 큰 머리는 죽은 자의 얼굴을 한 채 뒤로 꺾여 서 하늘을 향하고 있다. 여기서 예수의 상처는 그 비례와 묘사가 과장 되어 있는데, 그 큰 크기, 그 파이고 갈라진 모습, 쏟아져 나오는 피 같 은 채색은 우리로 하여금 상처에 주목하게 한다. 또한 작품의 전체적 인 구성이 마치 갓 태어난 아기를 안고자 애쓰는 어머니의 모습과 같 고 예수의 왜곡된 형태가 아기의 불균형한 신체비율과 유사하다는 점 도 인상적이다. 이 작품이 주는 전율은 인물들의 자세와 인물이 느끼 는 극도의 슬픔 사이의 부조화 때문에 더욱 강렬해진다.

이 작품의 목적은 신성한 희생에 대해서 특정한 태도를 전달하고 어떤 종류의 반응을 이끌어 내는 것이다. 감상자는 단순히 경건한 태 도를 취하도록 요구되는 것이 아니라 육체적인 폭력과 예수의 신체에 가해진 폭행의 그로테스크한 공포, 그리고 마리아의 깊은 슬픔의 진정한 의미가 무엇인지를 숙고하도록 요청받는다. 이 작품에서 가장 두드러지는 것은 단연 희생자로서의 예수의 헌신적인 죽음이다. 마리아의 표정은 경건한 관람자가 취해야 할 태도에 대한 안내이자 귀감이다. 즉 관람자는 요구된 희생의 본성에 대해서 비통함에 빠져야 마땅한 것이다. 게다가 원죄의 오점 없이 태어난 마리아와는 달리 우리는 모두 그 희생에 책임이 있다. 마리아가 예수를 우리를 향해 들고 있는 것은 그저 우리에게 희생을 숙고할 기회를 주기 위해서만이 아니라, 마치 "네가 저지른 일, 네가 책임져야 할 일을 보아라. 너도 또한 내 아들의 죽음에 책임이 있다."고 말하기 위해서인 것처럼 보인다. 아담과 이브가 에덴동산에서 신에 대해 반역을 저지름으로 인해서 인간적인 조건은 신의 의지에서 멀어지게 되었다. 그러한 측면에서 모든 인류는 신으로부터의 단절의 원인인 원죄에 가담하고 있는 것이다. 따라서 우리의 본성 자체는 예수로부터 그러한 희생을 요구했다는 점에서 죄를 지닌다. 왜냐하면 속죄 없이는 인류는 죄의 오점을 지울 수 없기 때문이다. 오직 예수의 희생을 통해서만 우리 모두가 신성한 은총을 되찾을 수 있으며 용서받을 수 있다. 그러므로 <뢰트겐 피에타>는 관람자가 인류의 죄를 깨닫고, 가치 없는 우리에게 보여 준 극단의 자비에 대해 감사하는 태도를 가지도록 하려는 것이다. 그러나 그 예술적 수완이 얼마나 훌륭하든지 간에, 인간의 본성이 이런 식으로 일종의 죄 갚음과 관련해서 이해되어야 한다면 아마도 이 작품에 대한 감상에 제한을 받는 사람들이 많을 것이다. 왜냐하면 어떤 사람들에게는 우리 자신을 그런 식으로 인식하는 것이나 또는 이 작품이 원하는 식으로 반응하는 것이 납득될 법한 일이 아니기 때문이다.

이와 반대로 미켈안젤로의 첫 번째 피에타에서는 그로테스크한 면과 폭력성이 거의 없다싶을 정도로 약화되어 있다. 이 작품이 훌륭한 이유 중 하나는 단지 그것이 숨이 멎을 만큼 아름답다는 데 그치는 것이 아니라 미켈안젤로가 이를 통해 피에타라는 장르를 혁신했다는 데 있다. 하지만 보다 결정적인 것은 그 혁신이 무엇을 위한 것이었느냐이다. 그것은 바로 참으로 축복받은 마리아의 희생의 깊은 의미를 드러내기 위한 것이었다. 이는 곧 예수의 희생이 그려지는 방식에 있어서 급진적인 전환을 가져왔다. 예수의 신체는 훨씬 자연스럽게 묘사되어 평화롭고 안정적인 느낌을 전달하며, 상처는 간신히 보일 만한 점으로 표시되었고, 슬픔을 참아내며 자신을 내려다보고 있는 젊은 마리아에게 안겨 있다. 마리아의 젊은 얼굴과 자세는 수태고지를 떠올리게 하는데, 이는 그녀가 이 희생을 수년 전, 신의 아들을 낳으리라는 신의 소망에 그녀가 응했을 때, 이미 기꺼이 받아들였음을 암시한다. 마리아의 얼굴이 우리의 시선을 예수의 얼굴로 이끄는 것이 아니라 쓰러져 있는 예수의 몸 가운데로 향하게 하고 있음을 주목하라. 이렇게 함으로써 감상자는 우선 가장 특징적으로 그의 어머니에게 안겨 있는 채로서의 예수를 보게 된다(우리를 예수의 죽은 얼굴로 이끌었던 <뢰트겐 피에타>와는 반대이다). 마리아의 하체를 확대하고 이를 주름 잡힌 옷자락으로 감춤으로써 미켈안젤로는 예수가 마리아의 무릎에 의해 완전히 지지되는 것처럼 보이도록 만들었다. 따라서 여기서 우리는 마리아가 우리를 향해 비난조로 예수의 몸을 어색하게 내밀고 있다는 느낌은 전혀 받을 수 없다. 오히려 이 장면에서 우리는 마리아가 자신의 죽은 아들의 몸을 들여다보며 보듬어 주고 있는, 전적으로 사적이며 개인적인 장면을 보게 되는 것이다. 이것은 마리아의 눈이 완전히 아래로 향하여 감상자의 시선으로부터 차단되어 있기 때문에 더욱 그렇게 보인다. 예수의 형상, 즉 살이 이루는 곡선과 튀어나온 갈비뼈, 그리고 마치 잠자고 있는 듯 한 자세는 매우 사실적이며 완전히 인간적이다. 심한 육체적 폭력이나 무자비하고 고통스러운 희생의 흔적은 찾아볼 수 없으며 단지 슬픔이 감도는 평온함만이 느껴진다. 따라서 예수의 희생이라는 사건에 대하여 현저하게 다른 태도가 전해지며, 다른 반응의 유발되는 것이다.

슬픔을 감수하고 있는 절제된 마리아의 모습과 누워 있는 예수의 사실적인 형태를 숙고함에 있어 가장 두드러지는 것은 인간의 심리적인 노력의 측면이다. <뢰트겐 피에타>에서와 같이 마리아의 표정은 경건한 감상자들이 취해야 할 태도에 대한 안내이자 귀감이지만 여기서는 그것이 슬픔을 감수하고 있는 태도로 나타난다. 게다가 이 작품은, 감상자가 자신과 마리아 사이에 거리를 두게 되는 <뢰트겐 피에타>와는 달리, 스스로를 마리아와 완전히 동일시할 것을 원하고 있다. 우리는 예수를 보통 사람들이 죽은 아들을 애도하듯이, 실로 인간의 아들로서, 애도하게 된다. 이 작품은 유혈이 낭자한 희생의 공포를 강조하는 대신, 단지 예수가 그를 보냈던 아버지에게로 돌아간 것일 뿐임을 암시한다. 그럼에도 불구하고, 완화되었지만 여전히 남아 있는 십자가에 못 박혔던 자국은 우리에게 그의 죽음이 신과의 새로운 화해로 우리를 이끌었음을 일깨운다. 예수와 마리아의 희생은 예수도 한때 공유했었던 인간적인 조건에 대해 우리 모두가 용서받는 것이 가능하도록 만든다. 그리하여 우리의 구원이 가능하게 된 것이다. 이 점에 대해서 우리는 예수와 마리아에게 감사해야 한다는 것이다.

두 작품들의 도덕적인 성격이 이보다 더 극단적으로 다를 수는 없을 것이다. <뢰트겐 피에타>는 우리 자신을 더럽고 타락하였으며 가치 없는 것으로 이해하도록 만든다. 이 작품이 파악하는 마리아와 예수는 감상자의 본성과는 전혀 다른 본성을 지닌 존재이며, 여기서 요청되는 폭력적인 희생의 본성은 인간의 차원을 뛰어넘는 것이고, 그 안에는 우리의 죄가 내재해 있다. 이러한 생각은 많은 사람들에게 공격적이고 보복적이며 잔인하게 보일 것이다. <뢰트겐 피에타>가 열어주고 초대하는 세상, 죄의 내면화와 자기 고행이 수반되는 세상은 많은 사람들에게는 이미 지나가 버린 세상이다. 이 작품의 태도와 자기 이해는, 그 내용을 믿을 것인지 말 것인지를 놓고 진지하게 고민하도록 만드는, 그런 생명력을 가진 선택지(live options)가 아니다. 따라서 이 작품이 우리로부터 이끌어내도록 예술적으로 설계된 태도와 반응은 이질적이고 비인간적인 것으로 느껴진다. 비록 우리 인간의

예술과 도덕

본성이 타락하고 사악할망정, 그리고 우리 마음의 그러한 어두운 면이 얼마나 깊은지를 우리가 자주 과소평가하는 것이 사실일망정, 이런 방식으로 우리 자신을 완전히 격하시키는 종교적 세계관은 반감을 살 만하다. 종교적인 믿음이 우리를 초월해 있다는 것을 여기서 문제삼는 것은 아니다. 대신 문제가 되는 것은, 세계에서의 인간의 위치와 기독교에 대한 특정한 중세적 생각이 우리 대부분에게는, 니체의 말을 빌려 말하자면, '삶에 대한 범죄'[15]로 느껴진다는 점이다. 이러한 측면에서 봤을 때 이 작품이 그로테스크하게 폭력적인 세부들을 즐기고 있다는 것은 도덕적으로 문제가 있다고 여겨질 수 있다. 왜냐하면 이런 방식으로 우리의 자기 비하를 부추기는 인간성에 대한 이해는 오직 관념상의 가능성일 뿐인 것 같기 때문이다. 이런 이유로 우리는 이작품에 예술적으로 형상화된 도덕적 성격을 감상하기가 훨씬 힘들다고 느낄 수도 있으며 따라서 이 작품을 미켈안젤로의 <피에타>보다 예술로서 덜 훌륭하다고 평가할 수 있다. 미켈안젤로의 작품은 마리아와 예수의 전적으로 인간적인 본성과 그들에게 요구된 희생, 그리고 무엇이 좋은 것인지를 깨닫기 위해서는 고통을 감내해야 함을 강조한다. 이러한 생각은 르네상스 이후의 세속적인 세계에서 보다 이해하기 쉽고 보다 공감할 만한 것이며, 따라서 우리는 이것을 더 높게 평가할지도 모른다. 비록 예수의 희생이 전면에 다뤄지고 있지만 사랑, 용서, 자비와 같은 덕목들도 함께 강조되고 있다. 많은 사람에게 이러한 세계관은 더 친숙하고 보다 이해하기 쉬우며 따라서 이 작품이 원하는 대로의 반응에 우리는 심리적으로 훨씬 더 열려 있다. 그러므로 예술작품의 도덕적인 성격은 그것의 이해에 영향을 줄 수 있으며, 그렇게 하고 있는 한 우리의 작품 감상과 평가에 관련되어 있는 것이다.

예술과 그 가치

이러한 근거에서 본다면, 예술적인 기교가 작품의 도덕적 성격을 만들어 나가는 경우, 최소한 이것이 작품의 이해와 연관되어 있는 한, 작품의 도덕적인 성격은 작품의 예술로서의 가치와 관련이 있는 듯하다. 우리는 모든 종류의 사변적이고 환상적이고 신화적인 줄거리들을 머릿속에 떠올릴 수도 있고 받아들일 수도 있다. 하지만 작품의 도덕적인 성격에 관해서라면 우리는 그 작품이 우리에게 갖도록 요청하는 지각과 반응, 그리고 태도가 우리에게 받아들일 수 있는 하나의 가능성으로 열려 있는 것인지를 스스로에게 물어 보아야 한다. 또한 우리는 우리가 작품으로부터 흥미롭고 심오하며 통찰력 있는 무언가를 배우게 되는지도 스스로에게 물어야 한다. 이 두 질문들을 고려한 결과로 우리는 왜 많은 사람들이 미켈란젤로의 <피에타>를 <뢰트겐 피에타>보다 높이 평가하는지 알 수 있었다. 여기까지는 문제가 없다. 그런데 최근 어떤 철학자들은 여기서 훨씬 더 나아가기를 원한다. 그들의 바닥에 깔린 생각은, 작품의 이해 가능성 그 자체는 도덕과 예술에 관한 문제의 중심에 있는 것이 아니라는 것이다. 대신 그들은, 예술적인 수단이 작품의 도덕적인 성격을 만들어 나가는 경우, 작품의 도덕적인 결점은 예술적인 단점이 되고 도덕적인 장점은 미적인 장점이 된다고 생각한다.

아리스토텔레스는 비극이 되려면 작품은 어떤 도덕적인 성격을 지녀야만 한다고 주장하였다. 우리가 중심인물을 동정하고 그의 파멸을 비극으로 여기려면 그 인물은 도덕적으로 훌륭해야만 한다. 만약 우리가 그를 전혀 동정의 가치가 없고 불행한 운명에 처해 마땅한 인물로 생각한다면 우리는 그의 종말을 비극이 아니라 정의로 여길 것이다. 이런 경우를 예로 들어 노엘 캐롤(Noël Carroll)은 작품의 도덕적인 결함이 그 작품에 예술적으로 해를 입힐 수 있는 경우가 있을 수 있음을 주장한다.[16] 이 생각은 보다 일반적으로 확장될 수 있다. 흄은 다음과 같이 서술했다.

> 도덕과 예절에 대한 생각이 시대에 따라 바뀐다면, 그리고 올바른 비판과 불승인의 표지 없이 부도덕한 행실이 묘사된다면, 이것은 틀림없이 시를 훼손하며 시의 실질적인 결함이 될 것이다. 나는 그러한 부도덕한 정서를 받아들일 수도 없다. 받아들이는 것이 마땅하지도 않다. 그리고 내가 아무리 그 시대의 풍속을 감안해서 그 시인을 너그러이 봐 주더라도 나는 절대로 그 작품을 즐기지는 못할 것이다…… 어떤 사람이 자신이 도덕적 판단을 내릴 때 사용하는 기준들이 옳다고 굳게 믿고 있다면, 그는 당연히 그 기준을 지켜내기 위해 경계할 것이며, 그의 양심을 한 순간도 타락시키지 않을 것이다.[17]

사실 흄이 표명한 입장은 어쩌면 도덕주의적인 주장을 하는 오늘날의 철학자들에게 가장 큰 영향력을 미쳐온 것일 수 있다. 예를 들어 베리스 가우트(Berys Gaut)는 "작품이 윤리적으로 비난받을 만한 태도를 보이고 있는 경우 그 작품은 그런 만큼 예술적으로 결함이 있는 것이며, 만약 작품이 윤리적으로 칭찬할 만한 태도를 보인다면 그 작품은 그런 만큼 예술적으로 가치 있는 것이다"라고 주장했다.[18] 예술작품은 우리를 특정한 방식으로 반응하게 만들려고 노력하는데, 그 반응이 도덕적인 태도와 본질적으로 연결되어 있는 경우, 작품의 성공 여부는 그것이 올바른 도덕적 태도에 부합하느냐에 달려 있다는 것이다.

이런 입장에 대해 가질 수 있는 한 가지 커다란 우려는, 이런 생각에 고무될 경우 비평가들이 예술적인 민감성에 좀더 주의를 기울이는 대신 성급히 도덕적인 비난으로 나아갈 수도 있다는 점이다.[19] 도덕적으로 편협한 사람은 평가에 있어서 근시안적이 되며 과도하게 단호해지고 개괄적이 되며 단정적이 된다. 그러므로 중요한 것은 여러 다른 종류의 예술작품이 있다는 점을 깨닫는 것이다. 많은 예술작품들은

예술과 그 가치

도덕적인 성격을 전혀 지니고 있지 않으며 도덕적인 성격을 가지는 작품들도 주제, 장르, 일으키는 반응, 태도 그리고 그것들의 상호관계의 측면에서 종종 매우 복잡하다. 예를 들어 러스킨은 도덕주의자의 입장에 따르는 비평을 했는데 이는 실제로 예술적 풍경의 지형도를 지나치게 단순화시켜 버리는 경향을 보인다. 『베니스의 돌』에서 러스킨은 르네상스 예술의 쇠퇴를 퇴락하는 도덕성과 예술작품들의 도덕적인 성격의 측면에서 도식화한다.

> 타락하고 있는 베니스인들의 도덕성 변화단계는 자부심으로부터 불의로, 그리고 불의에서부터 파렴치한 쾌락의 추구로 이행했다. 국가가 존속했던 마지막 시기 동안, 귀족이건 평민이건 그들의 마음은 모두의 단지 즐거움을 탐닉할 수단을 얻는 것에만 가 있는 듯 했다.

그리고 이어서 다음 부분에서 그는 주장하기를,

> 이 시기에 베니스에 세워진 건축물은 인간의 손으로 만들어진 것들 중 최악이고 가장 저급한 것 중 하나이다. 그것들의 특징은 정제되지 않은 조롱과 무례한 익살이다. 스스로를 흉하고 괴기한 조각 속에서 소진시키고 있는 그 건축물들은 만취의 상스러움을 돌 안에다 영구보전 시켰다는 식으로밖에는 달리 정의할 도리가 없다.[20]

도덕적 집착이 자신의 비평적 판단에 영향을 미치도록 내버려 둔 결과 후기 르네상스 예술에서 천박함과 타락과 자기 탐닉을 보게 된 것이 러스킨의 성향이었음은 부정할 수 없는 사실이다. 보다 최근에 비평가 피터 풀러(Peter Fuller)는 유사한 근거 위에서 프란시스 베이컨에게 호의적이지 않은 방식으로 그를 그레이엄 서덜랜드(Graham Sutherland)와 비교하였다.

베이컨은 설득력 있는 예술가이며 그의 능력은 부정할 수 없다. 하지만 그는 자신의 표현적인 솜씨를 모욕과 타락을 위해 사용했다. 그는 인간적 조건의 단지 한 측면을 마치 필연적이고 보편적인 진실인 양 나타낸다. 베이컨의 작품은 현재 서덜랜드의 작품보다 높이 평가받고 있지만, 이는 단지 그러한 선호를 표현하는 사람들 자신이 어떤 가치를 지향하는 사람들인가를 보여 줄 뿐이다. 베이컨의 솜씨는 감탄할 만하다. 그러나 그의 편향적인 시각에 대해서 우리는 도덕적으로 반응할 필요가 있고, 나는 그 반응이 거부이어야 한다고 믿는다.[21]

왜 풀러가 이런 주장을 하는지 우리가 이해할 수 있기는 하지만, 여기서는 그의 도덕적인 관심이 그의 비평적 판단을 혼란시키고 있다. 왜냐하면 어떻게 서덜랜드가 더 훌륭한 예술가일 수 있는지 납득하기가 쉽지 않기 때문이다. 그러나 비평가들이 비평적인 판단에 있어서 도덕적인 관심에 지나치게 무게를 두면 잘못을 범하기 쉽다는 것이 사실이라 해도, 이는 도덕주의자들의 주장이 옳은지 그른지에 대해서는 전혀 시사하는 바가 없다. 이는 단지 비평가들도 실수할 수 있음을 보여줄 뿐이다. 그리고 도덕주의적인 비평이 꼭 주제, 장르의 구속, 그리고 반응과 태도의 상호관계에 있어서 드러나는 차이에 대해서 무감각할 필요는 없다는 점에도 주목하라. 즉 도덕주의자들도 어떤 예술작품이 오직 형식적인 이유 때문에 다른 것들보다 더 훌륭한 작품일 수 있다는 것을 인정할 수 있다. 예술작품이 도덕적인 성격을 가지는 경우, 그것이 어떻게 평가될 것인가는 우리가 그 장르 — 즉 그것이 역사적인가 신화적인가 초상화인가 아니면 정물화인가 — 와 예술적인 관심사를 어떻게 이해할 것인가 달렸다. 그리고 설사 어떤 작품이 도덕적으로 결함이 있다고 할지라도 여전히 그 작품은 좋은 또는 위대한 예술일 수 있다. 풀러조차도 베이컨을 인정했던 것처럼. 이러한 우려는 아직 도덕주의자들의 주장을 건드리지도 않고 있다.

반응의 적절성에 근거한 논증 및 작품으로부터 배우는 것에 근거

예술과 그 가치

한 논증에 더하여, 흄은 도덕적인 비평을 보증한다고 생각되기도 하는 또 다른 고찰을 제공한다. 먼저 흄은 어떤 이를 친구로 선택하는가에서 나타나는 사람들 간의 차이는 비난할 수 없을 것인데, 예술가를 선호하는 데서 보이는 차이들이 이와 비슷한 점이 있음을 제안하는 것으로부터 시작한다. "우리는 마치 좋아하는 친구를 택하듯이 좋아하는 작가를 선택한다. 기질과 성향이 자신과 일치하는지에 따라."[22] 개인의 성격 차이나 서로 다른 시대와 문화 때문에 우리는 특정한 작품에 대해서 다르게 평가할 수 있다. 이것은 우리가 어떤 부류의 친구를 사귀는지가 다 다를지언정 이를 비난할 수 없다는 것과 유사할지 모른다. 그럼에도 불구하고 흄은 "어떤 사람이 그가 도덕적 판단을 할 때 사용하는 기준들의 올바름을 굳게 믿고 있다면, 그는 당연히 그 기준을 지켜내기 위해 경계할 것이며, 작가가 누가 되었건 거기에 맞추기 위해 그의 양심을 한 순간도 타락시키지 않을 것"[23]이라고도 한다. 이것이 친구 관계의 유비와 일관적이어야 하므로, 흄은 두 경우 모두, 즉 예술의 경우뿐 아니라 친구의 경우에도, 추구하는 대로 우리가 반응하기 위해서는 작가와 관람자 사이에, 또 친구와 친구 사이에, 일정 수준의 도덕적인 동의가 요구된다고 생각하는 것 같다. 내가 내 친구를 동정하기 위해서는 나는 어떤 주요한 가정과 가치관, 예를 들어 그녀가 무시된 것은 정당하지 않다는 가정 따위를 그녀와 공유해야 한다. 내가 베이컨의 작품에 전율하고 그것을 수용하는 반응을 보이려면, 나는 베이컨과 마찬가지로, 인간성은 부패해 있고 우리는 그 사실을 그렇게 받아들일 수밖에 없다고 가정해야 한다. 이러한 근거에서, 작품에 도덕적인 가정이 필수적일 경우, 그 작품이 성공하려면 어떤 수준의 도덕적 동의가 요구된다는 주장이 따라 나온다고 생각해볼 수 있다. 그런 가정들이 공유되지 않는다면 우리는 작품의 다른 예술적인 측면도 제대로 감상할 수 없다는 것이다. 마치 친구와 도덕적인 가정을 공유할 수 없을 때 친구의 다른 성품들도 제대로 평가할 수 없는 것처럼 말이다. 그러므로 베이컨의 경우, 그의 작품의 성공 여부가, 도

예술과 도덕

덕적으로 볼 때 우리 중 다수가 공유하지 않고, 또 우리 중 누구도 받아들여서는 안 될 가정과 반응에 달려 있기 때문에, 그 작품은 결함이 있다고 할 수 있을 것 같은 생각이 든다.

하지만 그런가? 일단 친구 관계와의 유비는 사실이라고 해보자. 그렇더라도 그 비유가 앞에서 서술된 식으로 전개된다면, 이는 너무 도덕주의적으로 보인다.[24] 우리는 우리와는 전혀 다른 가치관을 지닌 친구들과도 사귈 수 있으며, 실제로 자주 그렇게 하곤 한다. 어떤 경우에는 바로 그 다르다는 것이 애초에 그 사람과 친구가 되려고 했던 이유 중 하나일 수도 있다. 아마도 둘 사이에는 공유되는 흥미나 이해가 있겠지만 그렇다고 해서 그 공유되는 것이 꼭 기본적인 도덕적 가정이어야 하는 것은 아니다. 우리는 위트 있고 쾌활하며 특정한 종류의 영화나 예술이나 술집을 좋아하는 어떤 이와 친구가 될 수 있다. 하지만 여러 측면에서 나와 그 친구의 도덕적인 태도는 극단적으로 다를지도 모른다. 그 친구는 매너를 위선의 한 형태로 생각하는 반면에 나는 매너가 사회적인 교제의 한 부분이라고 여길 수도 있고, 그 친구는 작은 도둑질 정도는 재미라고 생각하지만 나는 그것이 비도덕적이라고 여길 수도 있다. 하지만 이런 도덕적인 측면에서의 그 친구의 태도 때문에 내가 그 친구의 더 훌륭한 장점들을 인정할 수 없다거나 그 친구에게 공감과 이해로써 반응하는 것이 방해받는 것은 아니다. 물론 친구의 도덕적인 측면과 그 친구의 여러 다른 장점들을 구분해서 받아들이는 것이 심리적으로 힘들 수는 있다. 따라서 친구의 다른 장점들을 그의 도덕적인 약점들과 분리해서 생각할 수 있으려면 그 장점들은 훨씬 더 훌륭한 것이어야만 할 것이다. 하지만 이는 예술작품의 경우에도 마찬가지다. 우리는 우리와는 전혀 다른 도덕적 가정을 지니고 있는 많은 작품들을 즐기고 감상할 수 있다. 만약 베이컨과 같이 그 예술적인 솜씨가 뛰어나고 상상력이 충분히 풍부하다면 우리는 그 작품에 대한 우리의 저항이 극복될 수 있음을 알게 될 것이다. 그러한 작품이 진정 예술적으로 성공한 작품이다.

예술과 그 가치

도덕주의의 기본주장을 장르적 제한(genre constraints)이라는 개념에 기대어 옹호하려는 사람도 있을 것이다. 그러나 그것도 별로 도움이 되지는 않는다. 어떤 것이 어떤 장르에 속하는지는 개별적인 예술 형식, 양식, 또는 예술적 목표가 지닌 특징들을 통해 규정된다. 모든 작품이 그렇게 규정될 수 있다고 하더라도, 일반적인 도덕주의의 주장은 모든 장르에 일률적으로 적용될 수 없다. 풍자와 같은 장르에서는 도덕적으로 문제 있는 시각이 그 목적을 달성하는 것을 방해하기보다는 도울 수 있다. 풍자의 목적은 조롱하는 것이다. 풍자에서 전형적으로 사용되는 수단 중 하나는 조롱되고 있는 인물이나 관습의 특징으로 보이는 것을 심하게 과장하거나 왜곡하는 것이다. 어떤 인물이 가진 장점은 무시하고 전적으로 그의 잘못에만 집중함으로써 그 인물을 과장할 수도 있고, 별 관련이 없지만 놀리기 쉬운 그 인물의 버릇에 초점을 맞춤으로써 그 인물은 우습게 만들 수도 있다. 게오르그 그로츠(George Grosz)가 1933년 나치 독일에서 탈출하기 이전에 풍자 주간지 『플라이테 Die Pleite(파산)』와 『블루티게 에른스트 Der Blutige Ernst(극도의 진지함)』에 그린 풍자적인 그림들이 이에 해당하는 예이다. 그의 풍자대상은 바이마르 공화국의 부패, 공갈배들, 사업가들, 군대 잔류자들, 그리고 그가 완전히 병든 문화라고 여겼던 것들이었다. 그로츠의 캐리커처에 등장하는 모든 사람은 전적으로 남을 이용해 자신의 영달을 추구하고, 교활하며 천하고 이기적이며 탐욕스럽고 음란하다. 현대의 인간성은, 모든 사람들이 가장 사소한 욕구와 욕망을 드러내고 있는 것으로 그려진 보슈의 세속적 즐거움의 정원의 현대판 같은 곳에 살고 있는 것으로 묘사된다. 그로츠 스스로도 다음과 같이 말했다. "나는 그림은 세심하게 그렸지만 내면적으로든 외면적으로든 인간에 대한 애정을 가지지는 않았다. 나는 내 자신을 화가나 풍자가가 아닌 자연과학자로 여길 만큼 충분히 오만했다. 나는 옳고 그른 것에 대해서 생각했지만 나의 결론은 언제나 모든 인간들에게 똑같이 비호의적이었다."[25]

예술과 도덕

과장된 장면들, 이를테면 공감배들이 사치스럽게 레스토랑에서 식사하고 있는 장면이나 남자들이 사냥이라도 하듯 매춘부를 찾아 나이트클럽에서 배회하는 장면, 그리고 모든 사람이 서로 이기려고 기를 쓰고 있는 빈민가의 장면은 인간성 전체에 대한 심각한 반감과 혐오를 드러낸다. 이러한 반응은 도덕적으로 완전히 정당하거나 적절하다고 하기에는 힘든 것이다. 모든 인간이 똑같이 역겹거나, 이기적이거나, 혐오스러울 만큼 억척스럽거나, 이용해 먹을 다른 사람들을 찾아다니거나 하지는 않는다. 애디슨(Addison)은 조롱이란 "인간의 삶에 있어 모든 진지하고 심각하고 품위 있고 칭찬받을 만한 것들을 공격함으로써 사람들이 덕성과 양식으로부터 멀어지도록 하기 위해 일반적으로 사용된다."[26]고 제안한 바 있다. 그러나 풍자에 도덕적으로 문제되는 측면이 있음을 안다고 해서 풍자가 얼마나 중요하고 효율적인지에 대해 우리가 청교도적으로 눈을 감게 되어서는 안 된다. 풍자와 캐리커처, 조롱은 그 목적을 달성하기 위해서 종종 부당하고 도덕적으로 왜곡되고 사악해지기도 한다. 호가스, 로랜드슨(Rowland-son), 질레이(Gillray)와 같은 예술가들의 작품이 이것을 증빙하기에 충분하다. 하지만 그러한 도덕적으로 의심스러운 왜곡 때문에 그 작품들은 권위를 폭로할 수 있고 무조건적으로 어떤 태도와 행동, 관습과 문화를 받아들이는 것에 도전할 수 있는 것이다. 이렇게 도덕적인 결점이 예술적인 목적의 달성을 방해하기보다는 오히려 도와줄 수 있는 장르도 있는 것이다.

더 나아가, 도덕주의자들의 주장이 어느 특정한 장르에만 한정되는 것이라고 생각하더라도 여전히 그 주장은 의심스럽다. 도덕주의의 주장이 한정적으로 가장 잘 적용되는 경우로는 비극을 들 수 있다. 만약에 우리가 도덕적으로 훌륭하지 않은 사람을 동정해야 한다면 비극은 비극으로서 성공할 수가 없다는 것이다. 역사적이거나 신화적이거나 또는 종교적인 그림에 대해서도 종종 비슷한 생각이 적용되는 것같다. 많은 그림들에서 그림의 중심인물과 그 인물들에게 닥친 운명에 대해 관람자들이 갖기를 바라는 감정은 동정이나 슬픔이다. 물론 동정심은 도덕적으로 훌륭하지 않은 인물에 대해서도 느낄 수 있다. 우리는 우리가 그 인물의 도덕성을 어떻게 평가하는지와 무관하게, 단지 닥쳐온 운명 때문에 고통 받고 있는 인물에게서 연민과 슬픔을 느낄 수 있다. 어쩌면 정말로 서사적이고 역사적인, 또는 신화적인 그림이 보통의 인간은 다루지 않기에 그림이 요구하는 적절한 도덕적 상찬을 이끌어 내는 데에 실패하고 있는 것인지도 모른다. 우리는 고통받고 있는 사람이면 누구에게나 연민을 느낄 수 있는 것이다. 하지만 이는 도덕적인 훌륭함에도 불구하고 비참하게 된 인물의 운명에 대해 느끼는 슬픔과는 다를 수 있다. 그러므로 일단은 어떤 장르의 그림에서는 인물에 대한 상찬을 특정하게 올바른 방식으로 끌어내기 위해서는 중심인물이 비범해야 한다는 점을 인정해 보기로 하자. 다비드의 <소크라테스의 죽음>(1787)과 <욕실에서 살해된 마라>(1793), 들라크루아의 <성전에서 추방되는 헬리오도루스>(1852-61), 퓌비 드 샤반(Puvis de Chavannes)의 <세례자 요한의 참수>(1860년대), 루벤스의 <삼손과 데릴라>(1609-10), 카라바조의 <십자가에 못 박힌 성 베드로>(1600-1)는 모두 이러한 요구에 잘 들어맞는다. 하지만 이러한 요구와 인물들이 도덕적으로 훌륭해야 한다는 요구 사이에는 엄청난 차이가 있다. 도덕적으로 훌륭한 인물이 사회적인 금기나 태도를 어기고 그것 때문에 슬픈 운명에 처하게 된다는 모티브는 많은 역사적이거나 신화적인 또는 성경에 관한 그림들이 그려진 이유를 납득할 수 있게 해주지만 이런 모티브가 적용되지 않는 작품들도 있다. 세 작품만 예를 들어 보자. 반 다이크(Van Dyck)의 <삼손과 데릴라>(1619)는 인간은 실수를 저지를 수밖에 없다는 사실로부터 유래하는 희극적 소동과 같은 인상을 주고, 벨라스케스(Velazquez)의 <바쿠스의 승리>(1628-9)에서는 모든 이들의 술의 신에 머리를 조아리며, 티치아노의 <다나에>(1554)에서는 다나에가 주피터를 받아들이는 것이 쏟아지는 금화를 통해 매춘과 연결되고 있다. 역사적, 서사적, 성서

　　　　　　　　　　　　　　　예술과 도덕

적, 신화적 그림의 중심인물은 종종 비범한 본성을 지니지만 꼭 그래야 할 필요는 없으며, 비범할 경우에도 도덕적으로 훌륭해야 할 필요는 없다.

사실, 도덕주의자들에게 장르에 대한 고려가 꼭 필요했던 것은 아니었다. 예술적으로 관련되는 부분에서 도덕적인 결점은 언제나 예술적 단점이고 도덕적으로 칭찬할 만한 특성은 언제나 예술적 장점이라는 주장은 그와 상관없이 유지될 수 있다. 작품의 도덕적인 성격이 부분적으로 작품의 예술적 가치를 구성한다는 것은 종종 사실이다. 미켈안젤로의 <피에타>와 <뢰트겐 피에타>를 비교한 것은 이러한 종류의 주장에 잘 들어맞았다. 그러나 도덕주의자들이 이것을 너무 성급하게 일반적인 주장으로 확대시키는 것이 문제이다. 도덕주의자들은 만약 작품이 도덕적으로 바람직하지 않은 반응을 우리에게 권한다면 그 작품의 예술적인 가치가 훼손된다고 본다. 만약 이 주장의 귀결이 그로스의 풍자적인 캐리커처를 별 것 아닌 작품으로 만든다 해도, 도덕주의자들은 상관없다고 할 것이다. 또한 만약 베이컨의 작품이 인간에 대한 비뚤어진 시선으로 가득하다면, 안 된 쪽은 베이컨이지 우리가 아니라고 할 것이다. 도덕주의자들은 그 작품들이 얼마나 예술적으로 잘 만들어졌든지 간에 하여간 왜 우리가 비도덕적이라고 생각되는 방식으로 작품에 반응해야 하느냐고 물을 것이다. 이러한 도덕주의가 거짓이라는 것을 보이기 위해서는 단지 두 종류의 경우만을 보여 주면 된다. 첫 번째는 작품의 도덕적으로 훌륭한 특성 때문에 작품의 가치가 낮아지는 경우이며 우리는 이것을 바로 아래서 살펴볼 것이다. 두 번째는 작품의 비도덕적인 특성 때문에 작품의 가치가 높아지는 경우인데 이것은 다음 절에서 따로 다루겠다.

비록 '예술'을 다루는 사전이나 백과사전에서 그 이름이 언급되는 경우는 없더라도, 노먼 락웰(Norman Rockwell)은 잘 알려진 미국 화가이다. 1930년대 말 무렵 그는 미국의 국가적인 명물이었다. 그는 특히 평범한 서민, 가족, 아이들, 꾀죄죄한 애완동물들, 그리고 가정적인 장면들을 소박하게 그려내는 전문가였는데, 이는 미국 중류층에 딱 맞는 주제와 태도였고, 그들의 응석받이 성향의 정서와도 완벽하게 들어맞았다. 락웰의 잘 알려진 <네 개의 자유> 연작은 프랭클린 루스벨트의 연설에서 영감을 받은 것으로 누구나 누려야 할 기본적인 자유인 공포로부터의 자유, 빈곤으로부터의 자유, 언론의 자유, 종교의 자유를 그리고 있다. 그 작품들에 나타난 정서와 태도는 매우 훌륭한 것이다. 이들이 예술적으로 형편없는 그림들인 것도 아니다. 예를 들어 <공포로부터의 자유>(1943)가 가지고 있는 회화적 구조는 탄탄하다. 서 있는 아버지에 의해서 생기는 선은 아이가 자고 있는 침대의 수직선과 교차한다. 이불을 끌어올리고 있는 어머니의 손과 팔뚝은 대각선을 만드는데 이것은 아버지가 손에 든 신문이 이루는 대각선과 서로 조응한다. 잠든 아이들 위로 기울여 낮게 속삭이고 있는 어머니의 상체는 서 있는 아버지와 그녀의 팔뚝의 대각선 사이에 중간 면을 형성한다. 양식은 순수하게 자연주의적이고 그린 솜씨는 뛰어나다. 하지만 이런 점들에도 불구하고 이 그림의 예술적인 가치는 매우 낮다. 시각적으로 흥미 있는 구성이 도덕적으로 바람직한 정서를 얻도록 기여하고 있지만, 이러한 정서는 너무 쉽게 얻을 수 있는 것이다. 아버지가 들고 있는 신문의 헤드라인은 런던에 독일군의 폭격이 가해졌음을 말해 주고 있는데, 이것과 안전하고 편안한 아이들과의 대비는 통속적이다. 물론 우리는 우리의 아이들이 안전하기를 바랄 것이고 전쟁의 파괴적이고 맹목적인 난폭함에 노출되지 않기를 원할 것이다. 하지만 이런 종류의 도덕적으로 건전한 그림을 봄으로써 우리가 얻거나 배울 수 있는 어떠한 흥미로운 점도 없다. 이 작품의 도덕적인 성격은 바람직한 것일지는 모르나 그것은 예술로서의 가치를 높이기보다는 깎아내린다.[27]

예술과 도덕

비도덕적인 예술

1980년대에 많은 사람들로부터 영국에서 현존하는 가장 위대한 화가라고 여겨졌던 프란시스 베이컨은, 1945년에 <십자가 책형 습작 Three Studies for Figures at the Base of a Crucifixion>(1944)을 전시하면서 처음으로 미술계에 파문을 일으켰다. 이 작품에서 감상자는 세 폭 제단화를 연상시키는 분리된 세 개의 캔버스를 마주하게 되는데, 각 면에는 기묘하게 의인화된 동물 같은 형상이 묘사되어 있다. 왼쪽에 있는 형상은 테이블 위에 웅크린 채 마치 새와 같은 모습으로 몸을 구부리고 있다. 45도 각도의 어렴풋하게 인간처럼 보이는 얼굴은 관람자로부터 고개를 돌리고 있다. 가운데의 형상은 옆모습인데 길쭉한 목이 타조 같이 생긴 볼록한 몸통에서 뻗어 나와서 감상자에게 얼굴을 들이밀고 있다. 입술과 이로 이루어진 험악하고 혐오스러운 입은 벌어져 있고 눈이 있어야 할 자리에는 붕대가 감겨 있다. 이 입은 얼굴에 속해 있지 않고 목에서 바로 나타난다. 세 번째 캔버스에는 날카롭고 소 같이 생긴 몸통이 그려져 있는데 기다란 목에 붙은 사악하게 울부짖는 입의 사분의 삼 면이 보인다. 목은 치열이 보이도록 열려 있으며 아래턱 뒤에 달린 귀는 튀어나와 있고 비명을 쏟아내고 있는 입은 어떠한 인간의 두개골에서도 불가능할 정도로 벌어져 있다. 이 섬뜩하고 맹목적이고 격노한 형상들은 본능적인 충격을 전해 주며, 감상자로 하여금 두려움과 공포, 소외와 불안의 감정에 빠지도록 만든다. 이것의 힘은 짐승의 모양을 인간의 얼굴형태와 결합시키는 데서 나온다. 우리는 이 형상들이 마치 자의식이 있는 생물인 양 반응한다. 그것들의 자세와 표정은 무감각해진 소외, 극심한 두려움과 공포, 그리고 맹목적인 혼란의 느낌을 보여 준다. 하지만 비록 그 머리들은 인간의 얼굴과 닮았다고 알아볼 수 있을 정도이기는 하지만, 그럼에도 인간의 것은 분명 아니다. 이것에 대해 우리가 느끼는 고통스러운 감정은 이 피조물이 우리와 비슷하기도 하고 아니기도 하다는 인식으

예술과 그 가치

로 가득차 있다. 심오하게도 이들은 육체를 지닌 인간이 되는 것이 어떤 것인지에 대한 우리의 생각을 나타내면서 또한 동시에 그 생각을 위협한다. 왜냐하면 이 피조물들은 추하고 기형적이며 자신이 처한 조건이 매우 고통스러운 것임을 의식하고 있지만, 또한 동시에 우리가 인간이라고 부를 만한 것과는 상당히 격차가 있기 때문이다.

베이컨의 작품을 뭉크와 독일 표현주의 혈통의 연장선상에 있는 것으로 생각하기 쉬울 것이다. 왜곡된 형체나 생생한 색채, 그리고 소외, 공포, 불안을 주제로 삼는 점 등은 고양된 내적 상태를 전달하고 그려진 인물에 공감하게 하려는 표현주의자들의 충동과 잘 어울린다. 그러나 베이컨은 언제나 자신을 표현주의에 귀속시키는 데 반대했으며 스스로를, 아주 독특한 종류이긴 하지만, 사실주의자라고 여겼다. 어떤 의미에서 베이컨은 자신을 사실주의자로 생각했을까?

베이컨 작품의 도상은 친숙하다. <비명지르는 교황의 두상을 위한 습작 Study for the Head of a Screaming Pope>(1952)에서 보듯이, 그는 얼굴에 물감을 문대고, 비틀고, 얼룩지게 하고 번지게 하여 대개는 혼자서 울부짖고 절망하고 소외되어 있는 인물들을 그려낸다. 부패하고, 뒤틀리고, 살덩이가 두드러지게 강조된 인물들이 자신들이 담겨 있던 구조로부터 마치 육식동물처럼 드러난다. 그가 종교적인 이미지, 특히 십자가에 못 박힘의 모티브와 그리스 전설 속의 복수의 여신을 상기시키는 사악한 형상을 사용하는 것 등은 모두 (구체화되지는 않지만) 감상자의 신경계를 죄어오는 어떤 본능적인 느낌을 강화시킨다. 그림의 공간은 고립되었다는 느낌을 준다. 감상자가 인물이 처한 곤경을 공유하도록 만들기보다는 그것을 거리를 둔 채 마치 창유리를 통해 지켜보는 것처럼 느껴지게 한다. 베이컨이 자신의 그림의 재료를 구강질환에 관한 책들, 불쾌한 의학적 상태들, 인간의 신체와 동물의 움직임에 대한 사진으로부터 취하고 있다는 것은 우연이 아니다. 베이컨은 우리가 의학 교과서에서 피부질환을 볼 때 갖게 되는 임상적인 시선을 일반화하여 인간의 형태와 조건 전체를 그러한

예술과 도덕

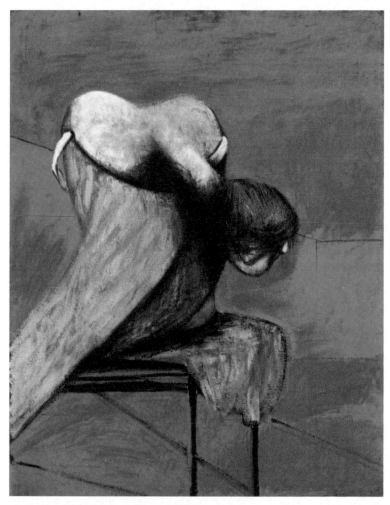

베이컨, ＜십자가 책형 습작＞(c. 1944) ⓒ Tate, 런던 2003

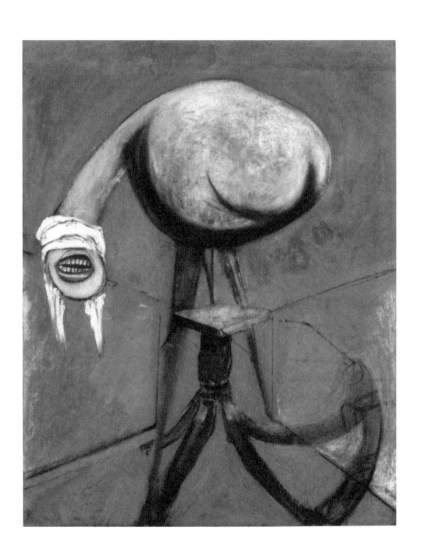

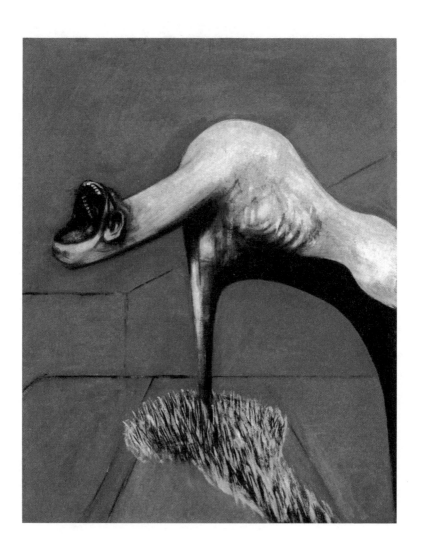

시각으로 바라본다. 인간은 고차적인 정서나 정제된 감정, 또는 소속감 따위라고는 없는, 분노와 고통에 의해 움직이는 살아 있는 고기, 부패한 살덩이로 취급된다. 이는 구역질나는 부패와 고통, 소외로 가득 찬 타락한 세상에 대한 냉정하게 거리를 둔 무관심적 시선이다. 베이컨 말고도 인간적 조건에 대한 관점이 이토록 심하게 음침하고 결핍되어 있으며 저열한 화가가 있었던가 생각해내기 힘들 정도이다. 표현주의는 인간이 처한 조건을 낭만화시켜 놓고 그에 대해 연민을 느끼도록 만든다. 하지만 베이컨의 작품은 우리가 그저 지켜보고 느끼고 받아들일 수밖에 없는, 고통으로 가득 찬 세상을 보여 주고 있는 것이다.

내 생각으로는 우리가 베이컨의 인간성에 대한 개념을 받아들여서는 안 된다고 본다. 물감의 물질성, 소용돌이, 얼룩들, 대체 가능한 얼굴들, 왜곡된 인물들, 강렬한 색채는 모두 삶 — 높은 열망과 정제된 감정과 사회적인 관계들이 있기에 살아갈 가치가 있는 그런 일상적인 삶 — 을 거부하는 데 사용되고 있다. 인생의 어두운 순간에는 삶이 베이컨이 그린 것처럼 보일 수도 있음을 의심하는 사람은 없다. 그러나 영원히 탈출구가 없는 상태인 양, 삶이 끊임없이 어두운 것은 아니다. 다소 무리한 해석 중에는 베이컨의 혐오와 반감 그리고 체념은 천국이 도래할 것이라고 약속하는 종교적인 믿음을 배경으로 했을 때 이해될 수 있다고 하기도 한다. 그러나 베이컨은 그런 가능성은 어떤 것이건 다 차단시키려고 노력한다. 그가 십자가에 못 박힘의 모티브와 교황의 모습을 반복해서 사용하는 것은 우연이 아니다. 아마도 이와 관련해 가장 유명한 그의 작품은 <벨라스케스의 교황 이노센트 10세 초상을 따른 습작 Study after Velazquez's Portrait of Pope Innocent X>(1953)일 것이다. 여기서 우리는 가톨릭의 우두머리, 즉 사도의 연속선상에서 예수의 대리인으로서 세상에서 유일하게 선택된, 그리고 신과 영속적이고 불변하는 관계에 있다고 간주되는 인물이 앉아 있는 것을 본다. 베이컨이 보여 주는 온갖 종류의 세속적인 고통의 정원 속에 있는 우리가, 우리의 그 저열한 운명으로부터 우리를 구제할지도 모르는 유일한 희망을 상징하는 대표자를 보고 있는 셈이다. 그런데 그런 교황이 과연 어떤 식으로 우리 앞에 그려지고 있는가? 마치 철창 속에 갇힌 듯 한 모습으로 그는 홀로 앉아 있다. 윤곽이 불명료한 흰 손은 팔걸이의 모서리를 움켜잡고 있으며 공포로 크게 벌어진 입은 비명을 지르고 있다. 주위에 가득한 어두운 고통이 전면으로 배어나와 그의 얼굴로 흘러내려 그의 눈을 거의 가려 버릴 지경이다. 여기에는 구원도, 위안도, 공포로부터의 구제도 없다. 게다가 베이컨은 그의 비뚤어진 세계관에 대해 우리가 어떤 종류의 태도를 취하기를 권하고 있는가? 바로 수동적 체념의 태도, 즉 그러한 상태를 견딜 만하게 만들 수 있을 것들에 대한 인식이나 갈망 자체를 거부하도록 만드는 그런 태도이다. 고통은 우리의 숙명이며 우리는 이것을 받아들여야만 한다. 그 이상도 그 이하도 아니다. 어떤 측면에서 베이컨의 관점은 인간성에 대한 모욕이며, 우리를 그저 욕망과 감정이 구현된 육체, 자의식을 가졌다 하더라도 자각은 오로지 고통을 강화시키기만 할 뿐인 그런 존재로 환원해 버리려는 시도이다. 우리는 상하고 오염되었으며 혐오스럽고 마음대로 찍어낼 수 있는 형태이다. 베이컨이 대단한 칭찬과 굉장한 비난을 동시에 받은 것은 당연한 일이다. 베이컨의 인간성에 대한 관점은 도덕적으로 보자면 우리가 거부해야 마땅한 것이다. 그러나 그의 그림들 중 잘 된 것은 20세기 후반 50년 동안의 가장 훌륭한 작품에 속한다. 그의 그림은 계속해서 사람들을 잡아끈다.

금지된 지식

예술작품의 가치는 작품이 제공하는 경험의 질, 그리고 작품이 우리에게 전달하는 통찰과 이해에 부분적으로 의존한다. 많은 작품들은 우리로 하여금 세상을 올바로 지각하게 하고 바람직한 방식으로 반응하게 함으로써 우리의 이해를 향상시킨다. 한편 옳지 않고 선하지 않고 진실이 아닌 것들을 보여 주거나 그런 것들에 반응케 함에도 불구하고, 또는 바로 그렇게 하기 때문에, 작품의 의미가 납득되고 또한 통찰력이 풍부한 작품이 되는 경우도 있다. 여기에서 생각의 핵심은, 베이컨의 작품에서처럼, 우리는 도덕적으로 문제 있는 작품을 감상함으로써 얻을 수 있을지 모르는 통찰력이라는 잠재적인 혜택 때문에 가끔 실제의 도덕적인 판단들을 유보할 준비가 되어 있다는 것이다. 작품이 이러한 혜택을 줄 때, 그 작품의 가치는 부분적으로 그것의 도덕적으로 문제 있는 측면 때문에 생겨나는 것이 된다. 이 주장은 우리와 같은 생물체들에게 있어 경험은 가장 주된 이해의 수단이라는 가정에 의존하고 있다. 우리는 경험에 근거해서 많은 것들을 구별할 줄 알게 되고 음미할 줄 알게 되며 파악할 줄 알게 된다. 이는 도덕의 영역에서도 마찬가지이다.

뿐만 아니라 우리는 또한 경험을 비교할 필요가 있다. 우리는 어떤 의미에서는 선을 이해하기 위해서 악을 경험해야만 한다. 삶이 전적으로 즐거울 뿐이고, 배신이나 사기, 비극, 실패 따위는 일체 경험해 본 적이 없는 사람도 많은 것들을 음미할 수 있겠지만, 그가 우정이나 사랑, 도덕, 또는 위대한 예술과 같은 것들의 어떤 측면을 진정으로 잘 알 수 있을 것 같지는 않다. 그는 우정이 얼마나 배반하기 쉬운지, 그리고 사람들이 얼마나 쉽게 나쁜 짓의 유혹에 빠지는지를 알 수 없을 것이며 예술작품이 수많은 방식으로 형편없고 천박하고 열등하다고 판명될 수 있다는 것도 알 수 없을 것이다. 이런 것들을 진정으로 음미하려면 그것들이 잘못될 수 있는 방식을 알아야 한다. 이는 단지 도덕적으로 나쁜 경험을 하는 것뿐만이 아니라 그 경험들에 연루되는 방식이 도덕적으로 문제 있는 경우까지도 포함한다. 우리는 경험을 통해 어떤 사람들은 싸우기를 좋아한다는 사실을 알 수 있다. 하지만 나 역시도 타인에게 폭력을 가함으로써 즐거움을 얻을 수 있는 사람

　　　　　　　　　　　　　　　예술과 도덕

임을 경험하는 것은 이와는 또 다른 일이다. 이는 앞의 것보다 훨씬 더 우리를 심란하게 만드는 통찰이다. 유사하게, 어떤 사람들은 인간을 타락하고 병든, 맹목적으로 움직이는 고깃덩이로 본다는 사실을 아는 것과, 어떻게 하면 인간성을 자기 스스로도 그런 식으로 볼 수 있게 되는지를 아는 것은 별개의 것이다. 자기 자신에 대한 이러한 사실들을 깨닫기 위해서 육체적인 폭력을 실제로 경험하거나 인간이 그러하다는 것을 정말로 믿을 필요는 없다. 보다 간접적인 수단이 있기 때문이다. 그 중 가장 강력한 것이 바로 예술이다.

나는 내가 처음으로 베이컨의 <십자가 책형 습작>을 보았던 때를 기억한다. 어린 아이였던 나는 두려움과 혐오감, 그리고 매혹에 휩싸여 꼼짝할 수도 없었다. 지금까지도 그 효과는 줄어들지 않았으며 매혹도 계속되고 있다. 베이컨의 작품이 그 본성상 도덕적으로 문제가 있음에도 불구하고 그러한 감상을 가능케 한다는 것은 그가 예술적으로 실패했다는 표지가 아니라 성공했다는 표지이다. 왜냐하면 이는 베이컨의 관점 속에 우리가 납득할 만한 무언가가 있다는 뜻이기 때문이다. 그의 관점은 전적으로 그릇된 것이 아니라 단지 그릇되게 일반화 되어 버린 특이하게 편향된 생각일 뿐이다. 베이컨은 영원히 어두운 화가일 것이다. 하지만 우리는 그러한 베이컨의 기분이 어떤 것인지 안다. 때때로 세상은 인간성이 말살된 것처럼 보일 때가 있기 때문이다. 저열한 욕망에 의해 휘둘리고 있다는 생각, 인간성 그 자체는 더럽고 사악하고 타락했다는 생각이 엄습할 때가 우리에게 있다. 그래서 우리는 베이컨에 의해 표현된 그러한 기분에 반응하는 것이다.

그런데 베이컨은 이 기분을 세상 전체에 발라 버렸다. 물론 우리는 이보다는 나은 존재이다. 그러나 베이컨의 일반적인 생각이 우리 인간 본성의 특정한 측면들 — 우리가 종종 축소하거나 자기기만적으로 우리의 머릿속에서 지워 버리는 그 어떤 것 — 에 대한 진실을 알아차리는 데 근거하고 있다는 것도 사실이다. 우리는 선할 수도, 이타적일 수도, 그리고 고귀한 감정들에 의해 행동할 수도 있고 세련된 정서

예술과 그 가치

를 음미할 수도 있다. 하지만 우리의 야만적이고 동물적인 본성이 고 상한 본성을 눌러 버려 그 결과로 우리가 존재의 공포에 소름이 돋게 되더라도, 우리 마음의 한구석은, 한편으로는 불쾌해하면서도 다른 한 편으로는 그것에 매료된 채로 남아 있을 것이다. 한 예로, 인간의 모습 은 아름다울 수 있지만 우리는 또한 그것을 인간적인 의지가 결핍된 채 충동과 욕망에 의해서 움직이는 고깃덩어리로 또는 흉하게 변형된 살로 볼 수도 있을 것이다. 인간성에 대한 일반적인 생각으로서 이것 은 단지 거짓일 뿐만이 아니라 도덕적으로 유해한 것이다. 그러나 이 점 때문에 베이컨의 작품에 우리가 깨달아야 될 우리 자신에 대한 중 요한 어떤 사실이 있다는 점을 간과해서는 안 된다. 또한 우리가 베이 컨의 작품이 원하는 대로 반응할 수 있고 또 그래야 한다는 사실을 부 정해서도 안 된다. 왜냐하면 그 작품이 주는 영상의 강렬함과 진정함, 그리고 작품이 불러일으키는 독특한 효과의 원인인 완전히 숙달된 물 감 다루는 솜씨 등은 이 작품을 정말로 훌륭한 예술로 만들기 때문이 다. 베이컨은 성공했다. 왜냐하면 그가 보여 주고 있는 것은 세상에 대 해 우리가 충분히 납득할 수 있는 생각이며 우리는 그 생각에 따라 반 응하고 있기 때문이다. 비록 현실에서 우리는 그것이 왜곡되고 편협하 고 근시안적인 관점이라고 할지라도 말이다. 작품의 관점과 추구되는 반응이 도덕적으로 보았을 때 옳은 것인가 아닌가의 여부로 작품에서 중요한 것이 모두 환원될 수는 없다. 중요한 것은 예술가가 자신의 관 점을 자신이 의도한 대로 우리에게 보여주고 느끼게 하고 반응하게 할 수 있는가의 여부이다. 베이컨은 이 점에서 적어도 많은 감상자들 에게서 성공했고 그러는 동안 감상자들은 그들 자신과 세계에 대해서 무언가를 배우게 되었다. 일반적으로는 거짓임에도 불구하고 우리는 인간의 육체성을 저주로 보는 것을 알게 되고, 타인의 육체에 혐오감 으로 반응하는 것을 알게 되며, 어떤 사람에게서도 이타주의와 세련된 감정과 고귀한 태도를 보지 않겠다고 하는 것을 알게 된다.

어떤 사람들은 베이컨의 작품을 완전하게 감상하기를 거부할 수

예술과 도덕

도 있을 텐데, 이는 세계관에 있어서 극도의 차이를 받아들이지 못하거나 또는 받아들이려고 하지 않기 때문이다. 그러나 이런 식의 '감상될 수 없음'이 자동적으로 베이컨 작품의 결점을 반영하고 있는 것은 아니다. 우리 대부분이 베이컨의 작품에 반응하는 방식이 인간의 조건에 대한 납득할 만하고 도덕적으로 적절하다고 생각되는 방식과는 맞지 않는다는 것은 의심의 여지가 없는 사실이다. 하지만 심리적으로 보면 우리는 베이컨의 관점을 취하는 데 문제가 없을 것이다. 왜냐하면 그 관점을 취할 수 있는 근거가 무언가 우리도 가끔씩 경험하는 기분과 유사한 것이기 때문이며, 또한 작품의 예술적인 기교가 너무나 생생하고 강렬하며 설득력 있기 때문이다. 베이컨의 예술적 수완이 우리로 하여금 그러한 자세를 취할 수 있게 하는 이유는 우리가 이미 맹아적인 단계로 머릿속에 떠올리고 생각했던 어떤 것들이 그의 솜씨를 통해 납득할 수 있는 모습으로 심리적으로 친밀하게 만들어졌기 때문이다. 우리가 실제로 믿는 것으로부터 도덕적인 판단을 유보하는 것은 콜리지(Coleridge)의 '지적인 믿음의 유보'와 다를 것이 없다. 즉 후자가 가능하다면 전자도 가능하다. 우리는 지적으로 문제 있는 작품이건 도덕적으로 문제 있는 작품이건 모두 감상할 수 있고 또 실제로 감상하고 있다. 기본적으로는 작품이 도덕적으로 결함이 있을 때, 그 외의 다른 특징들이 동일하다면, 작품의 예술로서의 가치는 감소할 것이다. 하지만 다른 특성들이 언제나 동일하지는 않다. 왜냐하면 우리는 훌륭한 예술이 도덕적으로 결함이 있는 그 방식에 의해서 그 작품으로부터 무언가를 배울 수 있기 때문이다.[28] 따라서 도덕주의자들의 주장은 틀렸다. 비도덕적인 작품들은 그것이 우리의 이해를 깊게 해주는 경우에 그것 때문에 더 나쁜 작품이 되기보다는 더 좋은 작품이 될 수 있다. 가장 위대한 예술작품들 중 일부는 단지 악을 다루는 정도가 아니라 도덕적으로 문제 있는 생각, 태도, 반응들을 유발하여 충격을 준다. 이는 우연이 아니다. 사실 훌륭한 예술이 충격적인 것은 당연한 일이다. 왜냐하면 우리는 그 작품이 아니었다면 알 수 없

예술과 그 가치

었을 우리 자신에 대한 무언가를 그 작품에 의해서 깨닫게 되기 때문이다.

외설, 엄격함 그리고 검열

앞의 논증이 옳다면, 모든 훌륭한 예술은 사람들을 문화적으로 교화시킨다는 주장은 사실이 아니다. 또한 훌륭한 예술이기만 하면 필연적으로 음란과 반도덕주의 또는 외설의 책임으로부터 면제될 것이라는 주장도 거짓일 것이다. 하지만 그 이전에 어떤 작품이 외설적(obscene)이라는 것은 도대체 무엇인가? 이 개념이 논의해볼 만한 것이 되려면 그것이 그저 우리가 보기에 특별히 비도덕적이거나 나쁜 취향에 근거해 있다고 생각되는 작품들을 지적하는 말 정도여서는 안 된다. 만약에 그것이 다라면 그 용어는 단지 수사적인 것이 될 것이다. 물론 때에 따라서는 외설적이라는 말은 바로 그런 의미로 쓰이는 것이 전부일 경우가 있다. 예를 들어, 사람들은 때때로 "그 작품을 전시하는 것은 외설적이다" — 하비의 <마이라>에 대해서 그렇게 말한 사람들이 있었다 — 라고 하거나, "타인의 고통을 아름답게 그려내는 것은 외설적이다" — 이는 비참한 사람들, 좌절한 사람들, 죽어가는 사람들을 미화한 작품에 대해서 종종 가해지는 비난이다 — 와 같은 말을 한다. 하지만 이런 식의 용어의 사용은 외설의 의미와 직접 관련된 것 같지는 않다.

한편 외설 개념은 인과적인 고려와 직접적으로 관련 있지도 않다. 흔히 가정하기를, 외설은 그것을 접하는 이들에게 도덕적으로 문제 있는 태도와 행동을 유발시킬 가능성이 있는지와 관계된 개념이라고 한다. 그러므로 예를 들어 포르노그래피가 외설인지에 대한 수많은 논쟁들은 포르노그래피에 포함된 성적인 대상화가 보는 이들에게 여성에 대한 비도덕적인 태도와 행동을 야기할 인과적 가능성이 있는가

예술과 도덕

에 초점을 맞추어 진행된다. 하지만 이것은 옳지 않다. 설사 외설적인 재현과 비도덕적인 행위 사이에 인과적인 연관이 있음을 인정하더라도, 그러한 인과관계에 대한 가정은 우리가 외설적이라고 판단하지 않을 다른 많은 재현들에도 적용될 것이다. 클림트의 많은 작품들과 라파엘 전파의 작품들, 프레데릭 레이턴, 알마 타데마, 앨런 존스의 그림들은 여성을 의존적이거나 생각이 없거나 변덕스럽거나 공상적이거나 성적인 대상으로 묘사한다. 우리는 어떤 사람의 예술작품과의 만남이 전적으로 이러한 유의 작품들로만 이루어질 경우 어쩌면 여성에 대한 도덕적으로 석연치 않은 태도나 행동이 길러질 수도 있다고 염려할지 모른다. 하지만 그렇다고 해서 자동적으로 그 작품들을 외설적이라고 비난하지는 않을 것이다. 더 나아가, 기형이거나 불구인 사람에 대한 강박적인 흥미로 이끄는 사진작가 조엘-피터 윗킨의 일부 작품들, 제이크와 디노스 채프만의, 성기가 입과 귀가 있어야 할 자리에 튀어나와 있는 한 무더기의 어린이 마네킹들, 또한 진짜 태아를 마치 귀걸이처럼 마네킹의 귀에 매달아 놓은 릭 깁슨(Rick Gibson)의 <인간 귀걸이 Human Earrings>(1985) 등은 불구자와 아동, 죽은 이에 대한 우리의 태도나 행동에 영향을 미칠 것이라는 가정 없이도 외설적이라고 여겨질 것이다. 그러므로 외설을 구성하는 것이 무엇이건 간에 이는 인과적인 고려보다 앞서는 것이며 인과와는 개념적으로도 독립되어 있는 것이다.

　무언가를 외설로 판단하는 것이 어떠한 것인가에 대한 단서는 외설판정을 받는 전형적인 제재들이 어떤 것인가를 보면 찾을 수 있다. 외설의 표지는 성, 폭력, 죽음, 육체와 관련된 것 등의 특정한 종류의 제재, 또는 혐오, 반감, 호기심 등으로 나타나는 특정한 종류의 대상화(objetyifying)하는 반응, 관심, 태도를 포함한다. 그러나 이것으로는 어떤 것을 외설적이라고 판단하기에 충분하지 않다. 예를 들어 모네가 그린 그의 죽은 아내의 초상화, 세잔이 자신의 죽은 아이를 그린 그림, 또 프로이트(Lucian Freud)의 작품들은 모두 우리의 육체, 즉 우리의 신체를 구성하는 살의 주름과 톤을 대상화하려는 흥미를 부추기지만 외설적이지 않다. 외설은 그러한 제재와 흥미가 재현을 통해 어떻게 다루어지는가와 관련 있다. 즉 이는 제재와 관련해서 작품이 불러일으키는 욕구와 태도가 어떤 종류인가의 문제인 것이다.[29]

외설적인 작품이 감상자들에게 불러일으키고자 하는 적어도 세 가지의 특정한 반응이나 태도가 있다. 첫째는 우리의 행동을 유발하는 기본적인 욕구들 중 도덕적으로 그르거나 잘못 정향되었거나 너무 지나치다고 생각되는 것에 탐닉하게 하는 것이다. 어린 소녀들을 묘사하면서 노골적인 성적 흥미와 성기에 대한 집착을 드러내고 있는 쉴레의 몇몇 포르노그래피 같은 작품들을 생각해 보라. 성적 욕구 자체는 나쁜 것이 아니지만 그것이 어린이들을 대상으로 고착되었을 때는 잘못 정향된 것이다. 어려 보이는 사람에게 성적인 권력을 행사하고, 그들을 지배하고, 그들과 성적으로 교제하고 싶다는 욕망이 그렇게 드문 것은 아니다. 더 어려지고 있는 많은 슈퍼모델들의 나이와 외모를 떠올려 보라. 하지만 쉴레의 도색적인 작품들은 분명 외설적이다. 왜냐하면 그 작품들은 아주 어린 아이들에 대한 성적 흥분과 욕구, 성적 반응의 느낌을 불러일으키기 때문이다. 도덕적으로 말해 보자면, 이런 어린이들은 그런 식으로 생각되어서는 안 되는 대상이다.

유사하게 폭력, 고통, 죽음에 대한 재현들과 관련하여서도, 타인이 고통받는 것을 보고 싶거나 타인의 죽음을 감상하고 싶은 욕망을 부추기는 반응을 불러일으키는 작품이 있을 수 있다. 해부용 시체를 찍은 수 폭스(Sue Fox)의 무제 사진 연작을 생각해 보라. 여기서 우리는 부검단계의 여기저기서 잘리고 검사된 후 남겨진 시체들을 마주하게 된다. 시체를 무감정하게 검사하는 일에는 잘못이 없다. 이것이 바로 의사들이 죽음의 원인을 찾기 위해 해야만 하는 일이며, 의사들은 그 목적을 달성하기 위해서 일반적인 인간적 반응과는 거리를 두어야 한다. 하지만 수 폭스의 작품에서 우리는 절단되고 파헤쳐진 시체를 미적인 즐거움을 위해서 마주하게 된다. 우리는 그 색상, 가슴에 파여

예술과 도덕

진 텅 빈 공간, 살이 접혀지고 움푹 들어간 모습, 빨간색, 흰색, 노란색의 톤의 대비 등을 우리의 미적인 즐거움을 위해서 감상해야 한다는 것이다. 여기서 이 작품이 하고 있는 것은, 사람이라고 밖에는 달리 생각할 수 없는 하나의 육체가 파괴되고 있는 것을 우리가 목격하고 있다는 생각을 갖게 하는 것이다. 인간의 신체가 파괴되는 것에서 이런 식의 즐거움 그 자체를 목적으로 한 즐거움을 갖도록 부추기는 것은 도덕적으로 문제가 있다. 이것은 우리가 행하도록 고무되어서는 안 될 어떤 것이다(병들고 불구이고 기형인 사람들에 대한 의학 사진들을 즐거움을 얻기 위해 추구하는 사람들을 우리가 우려하는 것과 같은 이유이다). 비슷한 경우로, 천 마리도 넘는 가재와 뱀과 황소개구리를 내장을 관통하여 꿰어 매달아 놓은 펭 유(Peng Yu)의 <커튼 Curtain>(1999)은 고통에 대한 관조와 즐거움을 부추긴다. 물론 앞서 언급한 대로, 이런 식의 욕구, 고통 받는 대상에서 즐거움을 느낄 가능성 같은 것은 충분히 일반적인 것이다. 그러나 실제로 그러한 욕망을 이행할 기회를 가지게 된다면 도덕적으로 정상적인 사람은 그러한 행동을 하려고 하지 않을 것이며, 그러한 행동을 보는 것에 대해서도 극도로 반감을 느낄 것이고, 그런 행동을 보게 되리라 예상한다 해도 흥분을 느끼는 일은 없을 것이다. 하지만 실제가 아닌 단지 재현을 마주할 때는 도덕적인 금지의 힘은 약화되고 따라서 그러한 욕망의 끌림을 느끼기가 쉬워진다.

외설적인 작품이 종종 호소하는 두 번째 종류의 반응은 도덕을 거스르고자 하는 욕구, 또는 혐오스럽고 징그러운 느낌을 즐기는 욕구와 관련된 것이다. 충격이나 불쾌감, 혐오감을 주는 것은 오늘날의 예술에서는 아주 흔한 목표가 되었다. 따라서 이것만으로는 어떤 것이 외설적이 되는 데 충분하지 않다. 그런데 그러한 충격과 두려움을 달성할 수 있는 방법 중에 한 가지가 도덕적인 일탈이다. 따라서 위에 언급된 작품들의 목표는 단지 우리로 하여금 고통, 죽음, 잘못 정향된 성적 욕구에서 즐거움을 느끼도록 하는 것이 아닐지도 모른다. 그와

예술과 그 가치

같은 도덕적인 일탈 자체에서도 흥분과 흥미, 즐거움을 갖도록 하려는 것이 이들 작품의 목표 중 하나일 수 있다. 의심의 여지없이 많은 사람들은 그러한 호소에서 즐거움을 발견할 것이다. 우리 행동의 기준이 되어 우리를 속박한다고 생각되는 기본적인 도덕규범과 관습으로부터 벗어나고자 하는 욕구는 드문 것이 아니기 때문이다. 실제 삶에서라면 우리는 이렇게 행동하는 것에 그리 끌리지 않을 것인데 왜냐하면 그럴 경우 자신과 남들에게 따르는 도덕적 대가가 감당하기 힘들만큼 높을 것이며, 도덕은 차치하고 생각해 본다 해도 자신에게 전혀 도움 되지 않는 경솔한 일일 것이기 때문이다. 하지만 그것이 재현이라면 그러한 욕망을 충족시켜 주면서도 그 결과 누군가가 해를 입는다는 것이 명백히 드러나지는 않으므로, 감당해야 할 대가는 훨씬 적을 것이다. 그러므로 여기서도 역시 예술작품은 우리가 도덕적으로 금지된 욕망에 끌리는 점에 성공적으로 호소할 수 있음을 보여준다.

　세 번째 종류의 반응은 호기심이나 매혹과 같은 인지적인 흥미에 의한 이끌림과 관련된다. 예를 들어 사진작가 조엘-피터 윗킨의 작품들은 기형적이고 불구이며 절단된 인간신체에 대한 흥미를 전면에 내비친다. 우리는 그들의 기형적인 모습에 주목하게 되는데, 그 사람들이 쓴 마스크 때문에 우리는 그들을 개별적인 인간으로 볼 수 없는 경우도 있다. 이러한 호기심도 드문 것은 아니다. 플라톤이『국가』에서, 처형된 시체들의 모습에서 즐거움을 느꼈던 레온티온에 대해 썼던 그 옛날 시대에서부터 죽음과 재난, 교통사고를 보여 주는 텔레비전 프로그램이 높은 시청률을 올리면서 수많은 사람들을 매료시키는 오늘날에까지 증명되었듯이 말이다.

　도덕적으로 금지되었음에도 불구하고 이러한 이유들 중 어느 것 때문에 우리에게 매력적이라고 느껴지는 반응들을 외설적인 작품들은 혐오스러운 방식으로 불러일으킨다. 하지만 여기서 강조할 필요가 있는 중요한 사실은 외설적으로 보일 수도 있는 많은 작품들이 실은 외설적이지 않다는 점이다. 외설적이라는 비난은 종종 너무 성급하고 쉽게 만들어지곤 한다. 예를 들어서 자신의 6살짜리 딸과 4살짜리 아들을 찍은 티에르니 기어른의 사진들을 생각해 보자. 한 작품에서는 그녀의 아들이 부분적으로만 옷을 입은 채로 눈 속에서 소변을 보고 있고, 또 다른 작품에서는 아들, 딸 모두가 가면 외에는 아무것도 입지 않은 채 카메라를 응시하고 있다. 여기서 보이는 어린이에 대한 묘사나 요구된 반응에는 도덕적인 문제가 전혀 없다. 왜 사람들이 이 작품들을 외설적이라고 잘못 판단하는지는 어쩌면 이해할 만하다. 이 작품들은 어린이에게서 성적 욕망을 느끼는 것에 흥미 있는 사람들이 관심 가질 만한 종류의 사진들과 어떤 면에서 매우 비슷해 보이기 때문이다. 이 작품들을 그러한 측면에서 볼 수도 있다는 것은 분명 사실이다. 마치 의류 카탈로그도 어떤 사람들에게는 성적인 차원으로 보일 수 있듯이 말이다. 하지만 그 작품들이 그런 식으로 오용될 수 있다는 사실이 그 작품들을 외설적으로 만들지는 않는다.

맥락과 목적에 따라 차이가 만들어진다. 기어론의 것과 같은 사진들이 소아성애중적인 사진모음집이나 웹사이트에 모여 있다면, 그들은 필경 어린이들에 대한 성적인 욕구를 일으키려는 목적에서 한데 모여진 것일 테니 외설적일 수 있을 것이다. 이 점은 병든 신체나 해부용 시체에 대한 의학적인 사진에 대해서도 마찬가지일 것이다. 개별적인 사진은 어떠한 방식에서든 외설적이지 않겠지만 만약 그런 사진들이 거기 재현된 고통이나 괴로움, 죽음을 보고 즐거움을 얻기 위해서 모여져 있다면 외설적일 수 있을 것이다. 유사한 맥락에서 2002년에 런던의 브릭 레인에서 열렸고 그 전에 이미 온 유럽에서 전시되었던 「인체의 신비 Body Worlds」전을 생각해 보자. 이 전시회는 죽은 실제 사람과 다양한 다른 동물들의 신체를 군터 폰 하겐스(Gunther von Hagens) 박사가 개발한 박제기술로 보존시켜 해부학적으로 보여 주는 것이었다. 뇌나 폐의 단면을 보여 주고, 신체의 서로 다른 여러 층을 해부학적으로 보여 주는 것에서부터 동맥순환계의 덩굴과 같은 모양의 섬유질 패턴을 보여 주는 것에 이르기까지 이 전시회는 매혹적이었으며 아름답고 교육적인 부분도 있었다. 하지만 이 전시회의 일부는 불쾌감을 유발할 가능성이 있다. 예를 들어서 미술사에서의 인물묘사를 떠올리게 하는 포즈로 누워 있는 한 여자는 그녀의 자궁 안의 태아가 보이도록 배가 열려져 있는데, 분명히 몇몇 사람들은 이를 보고 동요할 것이다. 그러나 이 전시의 목적은 사람의 죽음에서 즐거움을 찾는 것이 아니라 인간신체의 본성과 복잡성과 아름다움 ─ 우리들 모두가 그렇게 만들어져 있음에도 그에 대해 거의 생각하거나 알지 못하는 ─ 에 경탄하게 만들려는 것이다. 이와 같이 목적과 맥락이 차이를 만든다. 따라서 우리는 어떤 재현을 외설적이라고 비난하려고 하기 전에 그것의 목적과 맥락에 대해서 주의 깊게 주목을 기울여야 한다. 그런데 이런 식으로 생각한다면 수 폭스의 사진들도, 예술계의 맥락 속에서 예술적인 감상을 위해 전시되는 것이니 외설의 혐의로부터 풀어 주어야 한다고 말하고 싶은 사람이 있을지도 모르겠다. 그러나 기어론의 사진이 그 자체로는 사진 찍힌 어린이들을 성적으로 주목하라고 요구하지 않고, 폰 하겐스의 해부학적인 전시도 타인의 죽음을 생각하면서 즐거움을 느끼라고 하지는 않는 반면, 폭스의 사진은 보는 사람들로 하여금 사람의 죽음을 즐기도록 이끄는 듯하다. 만일 이것이 옳다면 폭스의 사진은 외설적이라는 판단에 참으로 적절한 대상이 될 것이다.

한편, 예술작품의 성격이 비도덕적이거나 외설적일 수 있다는 것을 인정한다 해도 그것이 검열의 근거를 제공하지는 않는다. 예술작품이기만 하면 비도덕적이거나 외설적일 수 없다고 생각하는 사람들은 비도덕적 예술을 인정했다가는 검열이 몰려올지도 모른다는 선한 의도의 걱정에서 그렇게 하는 수가 많다. 왜냐하면 우리 중에서 특히 엄격한 몇몇 사람들은 심한 불쾌감을 줄 것으로 보이는 많은 작품들의 전시를 기꺼이 금지하려 할 것이기 때문이다. 그러나 비도덕적 예술작품의 존재를 부인하는 것이야말로 정말로 지적으로 비겁한 행위이다. 이는 작품이 심각하게 비도덕적이고 외설적이며 불쾌할 수 있다는 것을 공개적으로 인정한다면 검열에 대항하는 논리를 만들어낼 수 없을 것이라고 지레 양보하는 것이나 다름없다. 하지만 그런 생각은 사실과 동떨어진 것이다.

검열에 대항하는 고전적인 자유주의 논증 중의 하나는 존 스튜어트 밀(John Stuart Mill)에서 유래하는데, 여기서는 피해의 원칙(the harm princple)이 이용된다.[30] 피해의 원칙에 들어 있는 기본생각은 어떤 것이 해로움을 끼치지 않는 한 금지되어서는 안 된다는 것이다. 밀은 그의 논증에서 우리가 오류를 저지를 수 있는 존재임을, 즉 무엇이 사실인지에 대해 잘못 생각하거나 왜 어떤 것이 사실인지를 이해하는 데 실패할 수 있는 존재임을 강조한다. 그러므로 불쾌감을 줄 수 있는 관점을 표현한다고 해서 그것을 금지하기 시작하면 결국 진실의 발견에 기여할 수 있는 이해를 억압하기만 할 뿐이다. 만에 하나 어떤 관점을 표현하는 것을 금지한다면, 그 표현으로 인해 타인의 보다 근본적인 권리가 침해된다든지 하는 식으로 이로움보다 해로움이 더 많이 초래될 경우이어야만 하며, 그것도 그 특정 경우에 한해서뿐이어야 한다. 이때도 금지되는 것은 그러한 관점이 아니다. 왜냐하면 그 관점은 해로움을 줄 가능성이 없는 다른 곳에서 다른 형태로 표현될 수 있을 것이기 때문이다. 금지되는 것은 타인에 대한 해악이 초래될 법한 시나리오 속에다가 그 관점을 표현했다는 사실이다. 그러므로 극단적인 파시스트가 빈곤층을 대상으로 연설을 하려 할 경우, 그의 관점이 문제가 있어서가 아니라 — 그 관점 자체는 금지되어서는 안 된다 — 그것이 타인에 대한 폭력을 초래할 가능성이 높다고 판단되는 어떤 특별한 정황이 있다면, 우리는 그에게 런던의 이스트 엔드에서 연설하지 말도록 금지할 수 있다.

두 가지 특징이 밀의 견해에서 발견된다. 첫째, 그는 표현의 자유의 전제로, 어떤 관점을 표현하거나 재현하는 것이 진리와 이해를 구하는 데 기여한다는 사실을 들고 있다. 둘째, 오직 특정한 경우에만 그

예술과 그 가치

것이 초래하는 해악을 고려하여 표현의 자유를 제한할 수 있다. 그런데 심히 불쾌하다고 판단되는 많은 작품들의 경우, 그것들이 진리와 이해에 기여하는 관점이나 의견을 표현하는지가 분명하지 않다. 과연 그들이 덜 불쾌하게 여겨지는 방식으로는 표현될 수 없을 관점들을 표현하고 있는가 말이다. 예를 들어 로열 아카데미의 「센세이션」 전에 전시되었던 하비의 <마이라>는 그것이 어린이의 손도장으로 만들어졌다는 점 때문에 예술적으로 흥미로울 수는 있다. 하지만 그렇다고 해서 이 작품이, 이런 사람이 어떻게 그리고 왜 어린이 살해에 이르게 되었는지에 대한 논의, 또는 마이라 힌들리에게 내려진 처벌이 적절한 것이었는지 대한 논쟁 등에 기여하는 바가 분명히 있다고는 말하기 어렵다. 그러므로 그러한 작품이 밀이 규정한 진리와 이해에 기여하는 바로서의 표현의 자유에 의해서 보호받게 될는지는 분명치 않다. 한편으로 우리는 바로 이런 생각이 잘못된 것임을 지적하려 노력할 수도 있다. 즉 이 작품과 이와 유사한 다른 작품들도 분명히 어떤 측면에서는 3장에서 설명된 식으로 우리 자신과 타인에 대한 우리의 지식을 증가시킬 것이라고 주장할 수 있을 것이다. 그러나 다른 한편으로는 이렇게 하는 것은 너무 많이 양보하는 것이라 생각할 수도 있다. 마치 예술에 대한 검열을 거부하는 입장의 성패가 작품이 우리의 이해를 증진시키는지의 여부에 달린 듯이 말이다. 일단은 이런 종류의 작품들 중 어떤 것은 우리의 이해를 증진시키지 않는다고 가정해 보자.

이제 작품이 사람들에게 심각한 모욕을 주는 것만으로도 피해가 된다는 종종 등장하는 주장에 대해서 생각해 보자.[31] 왜 피해가 된다는 것일까? 첫 번째 이유는 도덕적으로 혐오스럽다고 밝혀진 것들은 질색인 느낌, 역겨운 느낌, 혐오감, 분노와 같은 근본적으로 불쾌한 정서들을 일으킨다는 것이다. 단지 보이는 것의 특징이 도덕적으로 혐오스럽다는 정도가 아니라, 때로 여기에는 개인적인 가치체계에 따른 누군가의 깊은 헌신과 개인의 정체성이 공격당하고 있는 측면이 있다. 따라서 우리는 불쾌한 감정들 및 우리의 정체성에 대한 공격으로 부터 보호받을 권리가 있다는 생각을 해볼 수 있다. 짓궂은 괴롭힘을 당하거나 스토킹 당하거나 윽박지름을 당할 때 느끼는 불쾌감과 무력 감으로부터 보호받을 권리가 있듯이 말이다. 주목할 것은, 이 입장은 우리의 도덕적 정체성 그 자체가 존중받을 권리가 있다고는 주장하지 않는다는 점이다. 대신 이들이 언급하는 권리는 우리가 무방비로 노출되어 있다는 느낌을 우리에게 심어 주고 우리를 매우 불편하게 만드는 불쾌함으로부터 보호받을 권리이다.

그러나 이런 식으로 심한 불쾌에 호소하는 방안은 소용이 없다. 불편한 느낌이나 위험에 무방비로 노출되어 있다는 생각이 모든 사람에게 위협적으로 여겨지지는 않는다. 만약 모든 사람에게 그렇다면 왜 그렇게 많은 사람들이 공포영화를 보러 가고 암벽등반과 롤러코스터를 즐기거나, 또는 그들의 감정과 가치관, 정체성에 도전하거나 그것을 적대시하고 위협하는 문학작품들을 즐기는지가 설명이 되지 않을 것이다. 어떤 사람들은 공포의 스릴을 즐기며, 또 어떤 사람들은 그들이 믿고 있는 것들이 밑바닥부터 완전히 어긋났을 가능성에 대해 생각해 볼 기회가 주어진다면 이를 기꺼이 받아들인다. 왜 이들이 그렇게 하는 것을 막아야 하는가? 단지 어떤 사람들이 그것을 견딜 수 없이 불편하고 불쾌하다고 생각한다는 이유 때문에? 아무도 그들에게 불편한 그림을 보러 화랑에 가고, 정체성에 도전하는 책을 읽고, 공포영화를 보고, 암벽등반을 하라고 강요하지 않는다. 더 중요하게는, 거의 모든 사람이 어떤 작품을 역겹게 생각한다 해도, 그것으로 금지의 충분한 이유가 될 수 없다. 왜 애초에 그러한 역겨운 느낌이 일어났을까? 작품의 이미지나 작품에 드러난 태도가 도덕적으로, 사회적으로 또는 미적으로 나쁘다는 것을 판단한 결과이다. 그러나 다른 사람들의 말과 행동과 생각에 대한 욕구불만의 근거도 역시 하나의 도덕적, 사회적, 미적 판단이다. 그리고 옳음과 좋음과 아름다움에 대한 자신의 생각을 타인에게 강요할 권리는 누구에게도 없다. 그렇다고

예술과 그 가치

우리가 아주 근본에서부터 잘못되었을 리는 없다는 주장을 하고 있는 것이 아니다. 우리는 잘못될 수 있다. 하지만 자유주의 사회의 핵심은 그 시민들 개개인이 가진 자율성을 보호하고 존중하는 데 있다. 이 말이 포함하고 있는 것은 타인의 권리를 침해하지 않는 한 우리는 잘못될 권리가 있으며, 또한 그 잘못에 대한 책임도 져야 한다는 사실이다. 비도덕적인 작품을 전시하는 것은 결코 타인의 권리를 침해하지 않는다. 무엇을 전시하고 있는지를 분명히 밝혀서 사람들이 그것을 피할지 마주할지 자신이 원하는 대로 선택할 수만 있게 한다면 말이다.

이것과 구별되면서도 또한 관련되는 생각이 있는데, 여기서는 심한 불쾌를 공연음란(公然淫亂, public indecency)으로 설명하려 한다.[32] 어쩌면 정말 불쾌했던 것은 마이라 힌들리의 이미지 자체가 아니라 그것이 로열 아카데미에서 공공연히 전시되었다는 사실인지 모른다. 공연음란이란 본질적으로 사적이라고 여겨져야 할 어떤 이미지나 행위를 공적으로 전시하고 행하는 것과 관련된 문제이다. 그래서 매우 노골적인 성적 이미지를 전시하는 것을 전형적인 공연음란의 사례로 보곤 한다. 그러나 이러한 관점 자체가 성적 행위 및 성적 관계의 본성에 대한 특정한 도덕적 사고에 힘입어 형성된 것이다. 물론 전시되는 대상들은 그것에 의해서 불쾌감을 느낄 만한 사람들이, 보고 싶지 않은 자신의 의지에 반하여 그 대상들에 쉽사리 노출되지 않도록 구성되고 규제되어야 한다. 하지만 이것은 검열과는 다르다. 심한 불쾌감은 어떤 이미지나 태도나 공공전시를 도덕적으로 염려하기 때문에 생긴다. 그러나 도덕적 판단 그 자체가 자유주의 국가에서 무엇이 허용될 수 있고 무엇은 그렇지 않은지에 영향을 미쳐서는 안 된다. 법의 기능은 우리가 스스로 선택하는 대로 삶을 영위할 수 있는 가능성을 보호하고 존중하는 것이다. 그리고 이것은 당연히 외설적이거나 비도덕적인 작품을 전시하고 감상하고 만드는 것을 선택할 수 있는 가능성을 포함한다. 이것은 개인적인 책임의 문제이다. 어떤 특정한 경우에는 그렇게 하는 것이 나쁜 일임에도 불구하고 그래야 한다.

주

1. Kathryn Moore Heleniak, *William Mulready* (New Haven: Yale University Press, 1980), 158쪽.

2. Jean Louis Ferrier 외 편집, *Art of Our Century: The Chronicle of Western Art 1900 to the Present* (New York: Prentice Hall, 1988), 136쪽.

3. 휴스(Douglas A. Hughes)가 편집한 *Perspectives on Pornography* (New York: St. Martin's Press, 1970)에 실려 있는 두 편의 논문 Anthony Burgess, 'What is Pornography?'와 George Steiner, 'Night Words: High Pornography and Human Privacy', Joel Feinberg, *Offense to Others* (Oxford: Oxford University Press, 1985)의 제11장, 그리고 크레이그(Edward Craig)가 편집한 *The Routledge Encyclopedia of Philosophy* (London: Routledge, 1999)에 실려 있는 Jerrold Levinson, 'Erotic Art.'

4. Roger Scruton, *Sexual Desire* (Manchester: Phoenix, 1994), 318쪽.

5. 케니스 클락이 재현으로서의 포르노그래피에 관해 롱포드 위원회에서 한 증언을 보라. 이는 *Pornography: The Longford Report* (London: Coronet, 1972), 99-100쪽에 실려 있다. 유사한 생각이 크레이그가 편집한 앞의 책에 실린 레빈슨의 논문 'Erotic Art'에서의 몇몇 주장에도 함축되어 있다.

6. Scruton, 앞의 책, 138-9쪽.

7. 앞의 책.

8. 나는 'Pornographic Art,' *Philosophy and Literature 25*, no.1, 2001, 31-45쪽에서 이점을 보다 상세하게 논의하였다.

9. 여성을 예술적으로 재현하는 것에 대한 페미니즘적 우려, 나아가 남성의 응시와 관련한 예술 전반에 대한 페미니즘적 우려를 읽을 수 있는 것으로 고전적인 것은 멀비(Laura Mulvey)의 'Visual Pleasure and Narrative Cinema,' *Screen 16*, no.3, 1975, 6-18쪽이다. 이 글은 멀비의 *Visual and Other Pleasures* (London: Macmillan, 1989)와 폴록(Griselda Pollock)의 *Vision and Difference: Feminity, Feminism and the History of Art* (London: Routledge, 1988)에도 실려 있다.

10. Laura Mulvey, 'You Don't Know What is Happening, Do You, Mr. Jones?', 파커(Rozsika Parker)와 폴록(Griselda Pollock)이 편집한 *Framing Feminism* (London: Pandora Press, 1987), 131쪽에서 재인용. 멀비의 이 글은 *Spare Rib 8*, 1973, 13-16쪽에 처음 게재되었다.

11. Oscar Wilde, 'The Critic As Artist.' 와일드의 *Intentions*, 제 8판 (London: Methuen, 1913), 190-2쪽, 이 글은 1891년 처음 출판되었다.

12. Nietzsche, *Twilight of the Idols*, 라지(Duncan Large)의 영역본 (Oxford: Oxford University Press, 1998), Bk IX, section 24, 55쪽. 이 책은 1888년에 처음 출판되었다.

13. 세련된 심미주의를 특별히 잘 정리해 놓은 것을 보려면 내가 편집한 *Contemporary Debates in Aesthetics and the Philosophy of Art* (Oxford: Blackwell, 2005)에 실린 라마르크(Peter Lamarque)의 'Cognitive Values in the Arts: Marking the Boundaries'를 읽어 보라.

14. 예전에 나는 이런 식의 인지주의적인 사고의 노선이, 작품의 도덕적인 결함은, 그것이 작품이 규정하는 상상적인 이해의 일부일 경우, 작품의 예술적인 가치를 감소시킨다는 주장으로 곧바로 이어진다고 생각했었다. 내가 쓴 'Art, Imagination and the Cultivation of Morals', *Journal of Aesthetics and Art Criticism 54*, no. 4, 1996, 337-51쪽을 보라. 내가 더 이상 이런 생각이 옳다고 여기지 않는 이유는 곧 명백해질 것이다.

15. Nietzsche, *The Anti Christ*, 루도비치(A. M. Ludovici)의 영역본 (London: Russell & Russell, 1964), section 47, 196쪽. 초판은 1888년 출간.

16. 아리스토텔레스의 *Poetics*, 25장. 할리웰(S. Halliwell)의 영역본 (London: Duckworth, 1986)과 캐롤의 'Moderate Moralism,' *British Journal of Aesthetics 36*, no.3, 1996, 223-38쪽을 보라.

17. David Hume, 'Of the Standard of Taste,' 그의 *Selected Essays* (Oxford: Oxford University Press, 1993), 151-2쪽에 실려 있다. 초고는 1757년 출간.

18. Berys Gaut, 'The Ethical Criticism of Art' 레빈슨이 편집한 *Aesthetics and Ethics* (Cambridge: Cambridge University Press, 1998), 182쪽, 이 논문은 또

251   예술과 도덕

한 가우트의 책 *Art, Emotion and Ethics* (Oxford: Oxford University Press, 2005)에도 실려 있다.

19. Mary Devereaux, 'Moral Judgements and Works of Art: The Cases of Narrative Literature', *Journal of Aesthetics and Art Criticism 62*, no.1, 2004, 3-11쪽.

20. John Ruskin, *The Stones of Venice* (London: Smith, Elder and Co., 1874), vol. Ⅲ, chapter Ⅲ, section Ⅰ-Ⅱ, 112쪽.

21. Peter Fuller, 'Nature and Raw Flesh: Sutherland v. Bacon,' 135쪽, 맥도널드 (John McDonald)가 편집한 풀러의 논문집 *Modern Painters: Reflections on British Art* (London: Methuen, 1993)에 실려 있다.

22. Hume, 앞의 책, 150쪽. 훨씬 최근에는 부스(Wayne Booth)가 *The Company We Keep* (Berkeley: University of California Press, 1988)에서 우정과의 유비에 근거해 도덕적 비평(moral criticism)을 옹호하였다. 2001년에 나는 미국 미학회(American Society of Aesthetics) 연례학회에서 이튼(Anne Eaton)이 쓴 'Reading Titian through Hume: The Intersection of Morality with Artistic Beauty'라는 논문을 논평한 적이 있었는데, 그 글도 이런 종류의 생각을 중심으로 삼고 있었다.

23. Hume, 앞의 책, 152쪽.

24. 이 점은 부스(Booth)의 생각에 대해서도 똑같이 사실이다. 왜냐하면 완전한 우정에 대한 그의 신아리스토텔레스주의적인 개념은 매우 도덕주의적이기 때문이다. 그의 앞의 책, 특히 170-4쪽을 보라.

25. Lionel Lambourne, *Caricature* (London: HMSO, 1983), 40쪽에서 재인용.

26. Joseph Addison, 'Uses and Abuses of Ridicule.' *The Spectator*에 기고한 Essay no. 249. 포프티스(John Foftis)가 편집한 *Addison: Essays in Criticism and Literary Theory* (Northbrook, IL: AHM Publishing, 1975) 28쪽.

27. 이러한 문제에 주목하여 도덕적 비평이 어떻게 이 반론을 피할 수 있는지를 보이려는 흥미로운 논문이 있는데, 톰슨(Katherine Thomson)이 쓴 'Aesthetic and Ethical Mediocrity in Art', *Philosophical Papers 31*, no. 2, 2002, 199-215쪽이 그것이다. 하지만 나는 톰슨이 설득력 있다고 생각하지 않으며 그 이유는

여기 제시된 것과 같다.

28. 제이콥슨(Daniel Jacobson)의 'In Praise of Immoral Art,' *Philosophical Topic 25*, 1997, 155-99쪽은 예술작품에서 얻는 가치 있는 반응과 도덕적인 반응 사이를 밀접하게 연관시키면서 처음으로 도덕주의에 도전했던 의미 있는 논문이다. 내가 편집한 *Contemporary Debates in Aesthetics and the Philosophy of Art*에 실려 있는 'Ethical Criticism and the Vices of Moderation'에서 그는 이러한 평가를 위해 사례들을 하나씩 모으는 방식으로 진행할 것을 옹호한다. 그러나 내가 이 장에서 제안한 것처럼, 나는 작품이 부분적으로 그것의 비도덕적인 특성 때문에 가치 있을 수 있다는 주장에 대해서 보다 적절한 이론적인 근거가 제공될 수 있다고 생각한다. 이 장에서 제공된 논증의 많은 부분에 대해 좀더 상세한 설명을 읽고 싶다면 가드너(S. Gardner)와 버뮤데즈(J. Bermúdez)가 편집한 *Art and Morality* (London: Routledge, 2002), 56-73쪽에 실린 나의 글 'Forbidden Knowledge: The Challenge of Cognitive Immoralism'을 보라.

29. 내가 쓴 'On Obscenity: The Thrill and Repulsion of the Morally Prohibited,' *Philosophy and Phenomenological Research 64*, no. 1, 2002, 31-56쪽을 보라.

30. John Stuart Mill, *On Liberty* (Harmondsworth: Penguin, 1982). 특히 59-108쪽.

31. 윌리암스(Bernard Williams)에 의해 작성된 *The Williams Report: Report of the Committee on Obscenity and Film Censorship*, (London: Cmnd. 7772, 1979), 99쪽은 이런 종류의 심한 불쾌가 해악이 될 수 있다고 제안한다.

32. 심한 불쾌나 공연음란의 측면에서 해악으로 이해되는 불쾌에 대한 보다 상세한 논의와 그것의 자유주의적 가정들과의 양립불가능성에 관한 것은 Anthony Ellis, 'Offense and the Liberal Conception of the Law', *Philosophy and Public Affairs 13*, 1984, 1-23쪽과 내가 편집한 *Media Ethics* (London: Routledge, 1998)에 포함된 엘리스의 글 'Censorship and the Media'를 보라.

5장
진리는
인문주의 속에

지금 우리가 서 있는 곳

현대예술이 과거의 예술과 무슨 상관이 있을까? 예술에 있어 지난 100여 년은 실험적 경향, 과거의 예술로부터 벗어나고 새로운 매체와 재료와 기술을 탐험하려는 경향으로 특징지을 수 있을 것 같다. 몇 가지만 예를 들어 봐도, 뒤샹의 레디메이드, 천으로 건물과 자연물을 덮어씌우는 크리스토(Christo)의 작업, 폐플라스틱으로 만든 토니 크랙(Tony Cragg)의 조각, 브루스 나우만의 비디오 설치 작업 등은 모두 전통적인 시각예술의 입장에서 본다면 완전히 다른 세상에 있는 것들 같다. 그러나 정말 그럴까?

질리안 웨어링(Gillian Wearing)의 <당신이 말했으면 하고 남들이 원하는 것을 적은 표지가 아니라, 당신이 말하고 싶은 것을 적은 표지 Signs That Say What You Want Them to Say and Not Signs That Say What Someone Else Want You to Say>(1992-5)를 생각해 보자. 이 작품은 자신이 생각하고 있는 것을 적은 플래카드를 들고 있는 사람들을 찍은 사진 연작인데, 예를 들어 도시풍의 세련되고 말쑥한 사람이 "나는 절망적이다."라고 쓴 플래카드를 들고 있는 식이다. 위어링은 전혀 모르는 사람들에게 다가가서, 자신의 어느 한 측면을 잘 드러내 주는 문구를 선택해 빈 플래카드에 쓰게 하고, 그 플래카드를 들고 있는 사진을 찍어도 되겠냐고 요청하였다. 이 작품이 가진 현대적인 특징은 여러 가지이다. 예를 들어 사진이라는 매체부터 현대

예술과 그 가치

웨어링, <표지들, 나는 절망적이다> ⓒ Gillian Wearing/Maureen Paley Interrim Art

적이다. 또한 무작위적 요소들 ─ 웨어링은 사람들이 무엇을 플래카드에 적을 지를 미리 알 수 없었음이 분명하다 ─ 의 개입, 외관상으로는 어떠한 예술적인 고려도 포함되지 않은 것처럼 보이는 점 ─ 이 사진들은 형식적인 요소에 대한 관심은 전혀 없이 촬영된 것처럼 보인다 ─ 도 다 현대적 요소이다. 우리는 이러한 작품이, 그림을 그리는 기술과 구조적인 구성에 대한 안목을 필요로 하는 보다 전통적인 작품들과 도대체 무슨 공통점이 있는지 궁금해할 수 있다.

그 전에 우선 이 작품에서 위어링이 달성하려고 하는 것이 무엇인지를 생각해 보자. 이 연작들의 놀라운 특징들 중 하나로, 사람들의 표정과 외양, 태도로부터 그 사람이 어떤 생각을 가지고 있는지를 읽어내는 것이 무척 힘들다는 사실을 부각시키기 위해 이 작품들이 어떤 방식을 취하고 있는지를 주목할 필요가 있다. 아주 간단한 방법을 통해 이 작품들은 우리에게 사람들 삶의 깊은 내면에 담긴 심리적인 억압의 존재를 일깨워 준다. 이것을 보여 주는 것은, 외모와 태도에 대한 가정들을 바탕으로 우리가 사진 찍힌 사람들로부터 기대하는 것과, 그 사람들 자신의 원래 모습 및 그 사람들 스스로가 느끼는 사태의 본성 사이에 존재하는 불일치를 통해서이다. 우리는 자연스럽게 사람들의 성격을 너무 성급히 분류하고 스테레오 타입으로 만들며 과도하게 일반화하곤 한다. 이러한 불일치에 사진이라는 매체의 직접성, 그리고 일부러 기교를 쓰지 않았다는 사실이 더해져서 우리가 얼마나 가볍게 타인의 내적인 삶에 대한 가정들을 만드는지, 그리고 다른 사람이 정말 무엇을 생각하고 느끼는지를 알기가 얼마나 어려운지가 강하게 드러나고 있다.

위어링 작품이 가지고 있는 근본적인 예술적 관심사가 보다 전통적인 시각예술에서 발견되는 근본적인 예술적 관심사와 많이 다를까? 1장에 나왔던 베르메르의 <작은 거리>(1657-8)에 대한 설명을 다시 떠올려 보기로 하자. 물감을 칠하는 기술, 뛰어난 기교가 동원된 구조가 잘 잡힌 구성, 빛, 그림자, 색, 비례에 대한 능수능란한 처리 등

예술과 그 가치

은 모두 전통적으로 시각예술의 수단이라고 생각되어 온 것들이다. 그런데 이 수단들은 다 무엇을 위한 것인가? 매일 하는 일을 하고 있는 듯 보이지만 어딘가 묘한 인물들, 빗장이 질러지거나 살짝만 열린 덧문들, 그리고 오른쪽 집의 빈 창문들, 이 모두는 외양의 세계만 보고는 내적인 삶을 읽어낼 수 없음을 암시한다. 수단은 매우 다르지만 감상을 위해 가장 전경에 내세우려고 했던 것이 무엇이냐의 측면에서 보면, 베르메르와 웨어링의 작품은 아주 유사한 통찰을 가지고 있다. 비록 수단은 극단적으로 다를지 몰라도 현대예술의 근본적인 관심사와 보다 전통적인 시각예술들 사이에는 종종 공통점이 있다. 이것은 놀랄 일도 아니다. 일반적으로, 비록 어떤 형식을 취하는지는 매우 다르지만, 인간경험의 전 영역에 걸쳐 있는 기본적인 인간적 관심사들이 있는데, 예를 들어 죽음, 파괴, 상실, 사랑, 앎 같은 것들이 그렇다. 이들은 우리의 자연스러운 관심의 대상이 되고 우리가 하는 행동의 동기가 된다. 따라서 비록 사용되는 수단은 이질적이더라도, 현대예술에서도 역시 전통적인 예술들이 몰두했던 종류의 테마들이 계속해서 탐구되어야 하는 것은 놀랄 일이 아닌 것이다.

　미술, 음악, 문학 그리고 건축이 종교의 벽을 넘어서 진정으로 번성하기 시작한 것은 르네상스에 이르러서였다. 새로운 건축은 인간의 크기에 맞춰 풍경을 변화시켰으며, 그것을 주도했던 이상인 인간의 도덕적 존엄성이 이를 통해 표명되었다. 알베르티(Alberti)와 같은 예술가를 통해서, 그리고 보다 두드러지게는 미켈안젤로를 통해서, 인간의 육체는 더 이상 수치스러운 껍데기가 아니라 고귀하고 인간적인, 따라서 신적인 완벽함이 표현된 것으로 변모되었다. 케니스 클락이 포착해 냈던 바대로, "그 시대의 가장 심오한 사고는 언어가 아닌 시각적인 이미지로 표현"되었던 것이다.[1] 이렇게 르네상스는 인문주의를 탄생시켰다. 종교적인 작품들은 인간과 구별되는 예수의 신성을 강조하는 대신에 예수가 지닌 인간성을 강조하게 되었고, 교회에 대한 찬미는 세속적인 후원자에 대한 찬양과 섞이거나 아예 그것으로

　　　　　　　　　　　진리는 인문주의 속에

대체되었다. 초상, 풍경, 되살아난 고대 그리스와 로마의 신화 등 완전히 세속적인 주제의 작품들이 융성하기 시작하였다. 예술과 종교가 개념적으로 분리됨에 따라 예술이 종교적 헌신에 이바지해야 한다는 생각은 완전히 도태되었다. 따라서 예술의 경우, 예술적인 측면에서의 질이 작품의 목적이 되어 창조와 감상이 이루어지게 되었다. 이러한 급격한 변화는 단지 예술분야에서뿐만 아니라 서양 문화 전체에서 일어나기 시작했다. 세계를 지배하는 데 필요한 토대와 지식과 합리적인 질서를 이제는 신성이 아닌 인간성 스스로가 발견하거나 제공해야 했다. 인류의 이러한 자각에서 시각예술의 중요성은 더 커졌는데, 왜냐하면 예술작품은 이상을 그려냈으며, 인류가 지향하는 기준, 인류를 평가하는 기준이 되는 태도와 반응을 표현했기 때문이다. 의미 있는 경험의 제공이야말로 예술의 목적이 되었던 것이다.

종교개혁과 계몽, 그리고 산업혁명을 거쳐 온 서양 문명은, 낭만주의를 통해 드러났던 어두운 이면에도 불구하고, 전체적으로 인문주의에 대한 신뢰를 공고히 해왔다. 그러나 야만적인 20세기의 시작과 함께 인문주의는 위기를 맞이한다. 어떤 이들에게 이것은 피할 수 없는 비극적 결말이었다. 그것이 피할 수 없는 이유는 인류가 신을 부인하면 재앙밖에는 이어질 것이 없기 때문이라는 것이고, 그것이 비극인 이유는 신성으로 다시 돌아가는 것은 이제는 우리가 할 수 있는 일이 아닌 듯 보이기 때문이라는 것이다. 이것이 매튜 아놀드(Matthew Arnorld)의 멀어지는 신앙의 바다에 대한 이미지에서 찾을 수 있는, 또는 엘리엇(Eliot)의, 무너진 성당의 말없는 돌들 사이로 희미하게 메아리쳐지고 있는 서양 문명의 난파에 대한 생각 속에서 발견되는 그런 종류의 정서이다. 그러나 한편으로 다른 이들에게 이것은 애초에 인문주의가 달성했던 것과 꼭같은 정도의 해방이었다. 왜냐하면 인간적인 질서와 보편적인 가치에 대한 환상의 정체가 드러났기 때문이다. 그것의 정체는 힘 있는 자의 목적에 봉사하는 일그러진 신화였다. 20세기 후반의 일반적인 입장은, 또는 같은 시대의 시각예술에 관

예술과 그 가치

련된 문화 비평은 후자의 반응을 더 선호했다. 이들이 중시했던 것은 계급적인 이해나 사회문화적인 편견의 작용이었다. 어떤 작품이 특정한 주관적 선호의 반영과 무관하게 그 자체로 훌륭할 수 있다는 생각은 정당화될 수 없는 엘리트주의로 여겨졌다. 스펙트럼의 양 극단에 있는 이 두 가지 반응은 실은 동전의 양면을 나타낸다. 왜냐하면 양쪽 다 인문주의가 실패했음을, 즉 우리의 판단을 지배하며 우리로 하여금 좋은 것과 나쁜 것, 평범한 것을 구별할 수 있도록 도와 주는, 우리가 정당화할 수 있는 가치나 기준이나 원리들이 있다는 생각이 붕괴되었음을 가정하기 때문이다. 그러나 인문주의의 붕괴 그 자체가 또한 신화이다. 왜냐하면 인문주의가 바로 어떻게 그리고 왜 우리가 좋음과 아름다움과 추함을 구별할 수 있는지를 설명해 주는 것이기 때문이다. 인문주의가 붕괴되었다고 생각하는 것이야말로 우리가 가진 최악의 엘리트주의를 영속시키는 것이 된다. 하지만 우리는 어떤 근거에서 취미에도 좋고 나쁨이 있음을 주장할 수 있을까? 이 장에서는 이 질문의 답을 찾기 위해 '예술'이라는 용어를 보다 기술적(descriptive)인 의미로 사용할 것이다. 즉 '예술'이라는 말 자체로 이미 '좋거나 훌륭한 예술'을 의미하지는 않을 것이다. 왜냐하면 여기서 우리는 좋은 예술과 평범한 예술 그리고 나쁜 예술을 구별하는 근본적인 근거들은 어떤 것이 가능한지에 대해서 논의할 것이기 때문이다.

취미의 기준?

현대의 문화를 그 시대적 흐름에 따라, 또한 문화적 차이에 따라 살펴본다면, 취미는 극단적으로 다양해 보인다. 어떤 사람들은 몬드리안의 중기에서부터 후기까지의 세심하게 구성된 명확한 선들과 기하학적인 색 블록을 좋아하는 반면에, 어떤 사람들은 그의 작품이 지나치게 깨끗하고 지나치게 순수하며 추상화된 것이라고 생각한다. 어떤 사람들은 개념예술을 지지하는 반면에 다른 사람들은 개념예술에 전혀 매력을 느끼지 못한다. 가까운 과거에 빅토리아식의 건축은 소름끼치고 혐오스럽고 추하다고 여겨졌지만, 지금 우리는 그 시기의 영광스러운 건축물 중 남아 있는 것들을 지키기 위해서 할 수 있는 모든 일을 하고 있다. 18세기 후반과 19세기 초반에는 신고전주의와 낭만주의가 서로 밀고 당김에 따라 어떤 때에는 다비드와 같은 예술가들의 역사적인 장엄함과 구성상의 엄격성이 선호되기도 하고, 또 어떤 때는 들라크루아와 터너와 같은 예술가들에서 볼 수 있는 개인적인 예술적 표현이 더 강조되기도 하였다. 여성 누드의 전형에 있어서도 시대에 따라서 다양한 몸매와 형태가 유행했는데, 어떤 시대에는 살집이 좋고 굴곡이 있으며 건강한 루벤스 식의 여성상을 선호하는 듯 보이는 반면에, 다른 시대, 예를 들어 1930년대에는 보다 각 지고 중성적이며 깡마른 외모를 여성적인 아름다움의 정점이라고 여겼다. 이렇게 평가적 판단이 극단적으로 불일치하는 사례들에만 집중하다 보면 차이는 점점 더 기세등등하게 커지는 것 같다.

이러한 고찰들은 자주 마치 예술작품에 대한 평가는 보편적일 수도 없고, 객관적일 수도 없다는 것의 증거인 양 인용된다. 예를 들어 피에르 부르디외(Pierre Bourdieu)는 칸트의 이론에 대해, 이것이 모든 아름다운 것들에 대한 보편적인 설명인 것처럼 제시된 것은 잘못된 것이며, 실제로 칸트의 이론은 어떤 하나의 특정한 미적 이상을 정교하게 다듬어 놓은 것으로 받아들여져야 한다고 주장했다.[2] 즉, 칸트의 이론은 보편성이라는 환상에 의해 꾸며진, 특정한 계층, 특정한 시대, 특정한 문화권의 미적인 선호일 뿐이라는 것이다. 브르디외가 아니더라도 누구건 이렇게 생각하는 사람이 있을 법하다. 그러므로 미적인 이상이란 우리가 애써 객관성과 보편성을 확보하려 애써야 하는 판단이라기보다는 실제로는 단지 어떤 이의 특정한 사회적 배경을 표현하는 것뿐이라는 것이다.

그러나 우리는 미적 판단의 다양성에 지나치게 집중하고픈 마음

예술과 그 가치

을 억제해야 한다. 불일치 자체는 아무 것도 증명하지 않는다. 과학에서도 사람들 간의 불일치가 있지만 그렇다고 해서 과학에 진실이 없는 것은 아니다. 특정한 시대, 문화, 계층을 전제로 할 때에만 미적 판단에 대한 특정한 설명 또는 특정한 미적 판단이 가능하다 해도, 이것이 보여 주는 바는 단지 사람들이 어떤 것을 제대로 감상하기 위해서는 어떤 조건들이 맞아야 한다는 것뿐일지도 모른다. 물론 우리가 발전함에 따라서 우리가 변하기 때문에 우리의 취미도 변하는 것은 사실이다. 우리를 둘러싼 환경도 변한다. 우리가 어떤 성격의 애정과 욕구와 열망을 가졌는지가, 그리고 심지어 속해 있는 무리나 계층의 변화까지도 모두, 우리가 어떤 종류의 것들을 좋아하고 즐기게 되는지에 영향을 미친다. 그럼에도 불구하고 우리는 사람들의 식별력과 이해력이 보다 정교하게 또는 덜 정교하게 발달될 수 있음을 알고 있다.

사실 우리 자신이 어떻게 발전해 왔는지를 생각해 보면, 우리의 취미가 변했던 경우들 중 최소한 몇몇에 대해서는, 우리의 식별력과 능력이 발전했기 때문에 그러한 변화가 있었다고 말할 수 있다. 10년이나 15년 전에 좋아했었던 것의 매력이 시간이 흐르면서 감소하는 경우를 볼 수 있는데, 이는 우리가 이전에 보지 못했던 무언가를 이제는 보게 되었기 때문일 수 있다. 반대로 우리는 이전에는 즐기지 않았던 어떤 것을 좋아하게 되기도 하는데, 이는 우리가 그것을 더 잘 이해할 수 있는 위치에 서게 되었기 때문일 수 있다. 이 점은 커피에 관해서든 포도주에 관해서든 예술에 관해서든 모두 사실이다. 커피를 한 번도 마셔보지 못한 사람은 커피가 좋은 것인지 아닌지를 알기에 좋은 위치에 있지 않다. 그것이 인스턴트커피인지, 아라비아 원두가 쓰였는지, 원두를 너무 볶았는지 등을 구별할 수 없는 것이다. 예술작품을 판단할 때와 마찬가지로 좋은 커피를 판단할 때에도 특정한 배경이 다른 것보다 감상에 유리하게 작용한다는 것은 의심의 여지없는 사실이다. 예술을 많이 접해 보았고, 작품에 대해 비평적으로 생각해 볼 기회, 작품의 반응에 관해 토론해 볼 기회, 또 색상과 질감과 톤의

진리는 인문주의 속에

차이에 주목하여 작품을 감상해 볼 기회가 많았던 배경을 지닌 사람은 그렇지 않은 사람보다 훨씬 유리한 입장에 있을 것이다. 그리고 이렇기 때문에 바로 우리 문화에 속한 많은 사람들이 어린 시절부터 흥미 있고 자극을 주는 방식으로 예술을 만나지 못하고 있다는 사실, 예술에 몰입하고 그에 반응할 적절한 기회를 제공받지 못하고 있다는 이 여전한 사실이 심각한 문제가 되는 것이다. 배경은 우리가 어디서부터 출발할지를 결정한다. 그렇지만 배경이 취미를 결정하는 것은 아니다.

훌륭한 예술은 어떤 사회적 계층의 사람이건 감상할 수 있으며, 실제로 그렇게 되곤 한다. 또한 우리가 자주 간과하곤 하는 것은, 적어도 중심적인 경우들에 대해서는 의견의 불일치보다 일치가 많다는 사실이다. 피카소가 훌륭한 예술가였을까? 마티스는? 터너는? 카라바조는? 미켈안젤로는? 아무도 이러한 물음에 대해서 심각하게 이의를 제기하지 않을 것이다. 불일치는 보다 주변적인 경우들이나 또는 좀더 현대에 가까운 예술가들에 대해서 잘 일어나는 경향이 있다. 사실 현대예술을 평가하기 어려운 이유가 바로 우리가 그것에 너무 가까이 있다는 사실 때문이다. 작품에 너무 가까이 있을 때라면 어떤 작품에 대한 우리의 높은 평가가 단지 우리가 공감하는 태도나 세계관이 표현되었기 때문인지, 아니면 그것이 진짜로 가치 있는 예술적 성취를 달성했기 때문인지를 분간하기 매우 힘들다. 오래 된 작품들의 경우에는 현대예술보다는 덜 ― 비록 그렇다고 쉽다고는 할 수 없지만 ― 어렵다. 왜냐하면 우리와 그 작품이 다루는 태도와의 사이에는 상당한 간격이 있기 때문이다. 그러나 이것은 단지 우리가 가끔은 무엇이 옳은 판단인지를 알기 힘든 위치에 있다는 사실만을 보여 주지, 옳은 판단이 존재하지 않음을 보여주지는 않는다.

우리가 어떤 작품을 제대로 감상할 때, 우리는 그것의 회화적인 구성, 호를 그리고 있는 선들, 명암, 단축법 등과 같이 우리의 반응을 형성하고 유도하는 예술적인 기교의 여러 방식들을 감상한다. 그렇다면 어떤 의미에서 예술에 대한 감상은, 그러므로 곧 예술에 대한 판단은, 주관적이다. 즉, 판단은 우리가 내키는 대로 작품에 반응하는 방식에 따라 생겨난다. 그러나 그렇다고 해서 취미의 좋고 나쁨이 없다고 할 수는 없다. 어떤 사람들의 취미는 다른 사람들보다 더 좋거나 나쁠 수도 있고, 덜 발달되었을 수도, 더 세련되었을 수도 있으며 조악하거나 분별력이 떨어질 수도 있다. 어떻게 그럴 수 있는가에 대해서라면 칸트보다는 흄이 가장 직접적인 설명을 제공하는 것 같다.[3] 흄은 예술적인 판단이란 그 방식에 있어서 색과 같은 지각가능한 성질에 대한 판단과 유사한 종류라고 생각하면서 논의를 시작한다. 색에 대한 지각적 판단도 주관적이다. 그리고 내가 지금 어떤 특정 색, 예를 들어 파랗게 보이는 보는 감각(sensation)을 가지고 있는지 아닌지에 대해서라면 내가 판단을 잘못할 여지는 없다. 하지만 보고 있는 것이 정말 파란색인지에 대해서는 잘못 판단할 수도 있다. 어떻게 잘못 판단할 수 있다는 것일까? 조명조건이 일반적이지 않을 수 있다. 빨간색 종이를 표준적이지 않은 조명조건에서 본다면 빨강이 아닌 다른 색으로 보일 것이다. 청록 조명 밑에서 빨강은 검정으로 보이고 나트륨 가로등 밑에서 빨강은 갈색으로 보인다. 아니면 외부 조건은 괜찮지만 우리에게 문제가 있을 수도 있다. 예를 들어 색맹인 사람들도 있고 아프거나 환각상태에 있을 수도 있다. 이와 유사한 생각이 미각에도 적용된다. 높은 열에 시달리고 있는 경우에는 짜지 않은 음식이 종종 매우 짜게 느껴지기도 한다.

그럼에도 불구하고 일상적인 지각가능한 성질들과 예술적 판단 사이에는 결정적인 차이가 있다. 일상적인 지각가능한 성질은 표준적인 사람이 정상적인 조건에서 식별할 수 있음을 그 기준으로 삼아 규정할 수 있다. 하지만 예술적인 식별의 경우에는 취미의 섬세함과 세련됨이라는 또 다른 문제가 있다. 이런 이유에서 흄은 『돈키호테』에 나오는 산초의 친척의 예를 소개한다. 그 이야기에 따르면 마을 사람들이 큰 통 속의 포도주를 즐기고 있는데 두 명의 '전문가'가 이 포도

　　　　　　　　　　　　진리는 인문주의 속에

주에 대해 불평을 하였다고 한다. 그 중 한 사람에 따르면 쇠 맛이 살짝 나기 때문에 포도주 맛이 훼손되었다는 것이고, 다른 한 사람에 따르면 가죽의 맛이 포도주의 전체적인 향을 망쳐 버렸다는 것이다. 하지만 마을 사람들은 어떤 잘못된 맛도 느끼지 못했고, '전문가'라는 두 사람의 의견이 서로 일치하지 않는다며 그들을 비웃었다. 그러나 마침내 그 통이 다 비워졌을 때, 통의 맨 밑바닥에는 가죽 끈에 묶인 녹슨 열쇠가 놓여 있었다. 따라서 이 경우에는 두 사람은 다른 어느 누구도 식별할 수 없었던 포도주 맛의 요소들을 식별해 낸 셈이다. 외견상의 모순으로 보였던 것은 실제로는 모순이 아니라 정확한 판단이었던 것이다. 물론 각각 다른 이유로 완벽에 이르지 못한 것은 사실이지만. 포도주 맛에 관해서라면 우리는 경험과 발달된 민감함을 통해서 세련된 미각을 지니게 된 사람이 교육을 받지 않은 사람은 알아채지 못하는 포도주의 요소를 식별해낼 수 있다는 점을 잘 알고 있다. 유추해 보면 이 점은 예술적인 식별력과 판단에서도 마찬가지이다. 음악의 경우, 훈련받지 못한 사람은 서로 다른 악기의 소리들을 구분하지 못한다거나 멜로디로부터 화음을 구별해낼 수 없으며, 그런 사람들은 훌륭한 프리 재즈 곡을 들으면서 악기들이 어떻게 서로 협력해서 연주하는지 들을 수 없다는 것을 예로써 생각해볼 수 있을 것이다. 시각 예술의 경우도 이와 유사하다. 시각적인 경험이 없다면 우리는 회화적인 구도의 구조나 단축법의 효과, 색 또는 명암의 대비 그리고 중요한 암시나 연상을 볼 수 없을 것이다. 이런 것들은 다양한 작품들을 감상하고 우리보다 세련된 감수성을 지닌 사람들의 말을 들음으로써 또는 좋은 미술 비평을 읽음으로써 계발될 수 있는 것들이다.

일례로 나는 한때 피카소만이 20세기의 유일한 예술적 천재라고 생각했던 적이 있었다. 흔히 피카소와 동등하게 여겨지는 마티스에 대해서는 그저 좋은 예술가일 뿐이라고 생각했었다. 내가 본 마티스의 작품들을 근거로 나는 그가 색채 사용에 있어서는 뛰어났다고 생각하기는 했지만 그 이상은 아니었다. 그 이후 1990년대에 나는 내가 평생 볼 법한 것 중 가장 완벽한 마티스 전시회를 볼 행운을 얻게 되었다. 그리고 마티스에 대한 나의 생각은 영원히 바뀌었다. 그전까지 나는 언제나 그의 야수파 시기가 매혹적이라고 생각했었다. 그 생생하고 강렬한 색상, 사실적인 묘사로부터의 자유로움, 그리고 그림자와 반사된 이미지를 마치 이들이 물체와 같은 고체성을 지닌 듯 견고하게 처리한 것은 놀라웠다. 하지만 나는 색과 회화적인 구조 그리고 구성에 대한 마티스의 실험이 얼만큼까지나 급진적이었는지를 깨닫지 못하고 있었다. 야수파 시기 후에 마티스는 <춤>(같은 제목의 여러 작품들이 있음, 1909-10)과 <음악>(1910)에서 볼 수 있듯이 회화적인 면과 깊이를 평면화한 추상적이고 형식적인 양식을 발전시켰다. 두 그림에서는 생생한 리듬감과 운동감이 느껴지며, 깊이를 나타내는 면은 완전히 평면화되어 이차원성이 전면에 대두되었음에도 불구하고 인물들 간의 관계와 경계를 통한 깊이는 강조되고 있다. 1916년 이후 니스(Nice)에 사는 동안 마티스는 정물과 풍경 습작에 집중하게 되었다. 이 시기에도 그의 색채에 대한 몰두는 여전하지만 이전 작품들에서 나타나는 이차원적 평면성에 대한 강조는 찾아볼 수 없다. 로버트 휴즈는 다음과 같이 썼다.

> 니스는 그에게 파리와는 다른 빛을 주었다. 회색이 거의 섞이지 않은 밝고 지속적인 광채를 지닌 빛, 바다와 도시, 언덕을 따라 넘쳐나며, 반짝이는 그림자와 명료한 색의 구조를 만들어 내는 빛. 이것은 마티스로 하여금 공간을 반사와 투명함과 창들로 가득 찬, 빛으로 채워진 상자로 생각하도록 했다(특히 그는 그가 작업했던 '영국인의 산책로'가 내려다보이는 호텔 방의 공간을 그렇게 생각했다). 덧문은 빛을 여과시켰고 덧문의 창살들은 차양과 양탄자의 줄무늬와 조화를 이루었다. 빛은 거울에 의해 곱절이 되어 방의 공간을 비집어 열었다가 비단이나 백랍 또는 가구로부터 나오는 미광 속으로 조심스럽게 부서졌다.[4]

진리는 인문주의 속에

마티스, <분홍 누드>(1935). © Succession H. Matisse/DACS 2004. Baltimore Museum of Art의 승인 취득. Dr. Claribel Cone과 Etta Cone의 Cone Collection. BMA 1950.258

　　이 시기 다음으로 우리는 <분홍 누드>(1935)와 같은 작품을 만날 수 있다.

　　여기서도 역시, 깊이 대신에 대상의 경계를 선으로 두르고, 색을 밝게 강조하며, 과장되게 단순화된 형태를 사용해 대상의 기분과 태도, 성격을 드러내는 방식을 통해 다시 한번 캔버스의 이차원성이 강조되고 있다. 마티스는 훨씬 더 사실적인 초상화에서 시작해서 이 작품에 이르렀는데, 최종적으로 그가 추구했던 색과 선과 평면성 간의 상호 침투를 얻기까지 점차적으로 점점 더 추상화되는 일련의 작품들을 보면 이 작품이 지닌 극도의 미묘함을 더 잘 이해할 수 있을 것이다. 그 이후에, 그는 손의 심각한 통증 때문에 더 이상 그림을 그릴 수 없게 되어 종이를 오려서 작업을 했는데, 이 때 그의 작가 인생의 정점에 도달하였다. 판화집 『재즈』(1943)를 위해 만들어진 작품들은 선명한 색상의 종이에서 모양을 오려내어 그 평면적인 형태들을 붙여가면서 민간설화와 곡마단에 대한 애잔한 노래와 색의 푸가를 형성해 냈다. 그의 후기 작품들을 보자마자 두드러지는 것은 색들 간의 관계이다. 색 조각이 곧바로 형태를 알 수 있는 사물과 인물이 되고 무늬를 지닌 하나의 완전한 개체로 튀어 나온다. 하지만 색 조각들이 정말로 그런 효과를 발휘할 수 있도록 만들어 주는 것은 무게, 질량, 만져질 것 같은 고형성에 대한 감각이다. 색 조각들은 가볍다. 하지만 이 가벼움은 형태에만 국한된 단순한 관심이 아닌 사물의 고형성에 대한 이해로부터 나온 것이다. 피카소가 참으로 위대한 예술가라는 것을 비교적 분명히 알 수 있는 이유 중 하나는 그의 예술적 관심이 어떻게 옮겨 다녔는지, 그리고 거기서 그가 무엇을 성취했는지를 알아보기가 대체로 쉽기 때문이다. 마티스가 아마도 유일하게 진정으로 피카소와 동급인 예술가라는 사실을 알아보는 데는 그보다 많은 시간과 경험과 연마가 요구된다.

취미가 계발될 수 있음을 깨달았다 해도, 답변을 요구하는 질문들은 여전히 남아 있다. 우리의 취미가 올바른 방식으로 계발되고 있는지 어떻게 알 수 있는가? 우리가 내리는 판단이 우리의 불완전함이 반영된 것이 아닌 올바른 판단인지를 어떻게 알 수 있는가? 비평에 있어서의 불일치는 어떻게 해결할 것인가?『돈키호테』의 이야기에서 포도주 맛을 알아챈 사람들에게는 증거가 있었다. 즉 그들은 그들이 포도주에서 감지한 맛의 원인으로 열쇠와 가죽을 보여줄 수 있었다. 그러나 예술작품에서는 이런 식으로 보여줄 수 있는 증거가 없는 듯하다는 것이 문제인 것이다. 이 질문들에 답하기 위한 흄의 전략은 이상적인 비평가라는 개념을 이용하는 것이다. 물론 그가 이상적인 비평가가 실제로 존재한다고 주장하는 것은 아니다. 이상적인 비평가는 현실에서는 완전하게 실현될 수 없는 이론적인 개념이다. 하지만 그 기본 아이디어는 간단하다. 이상적인 비평가란 자신이 가진 감수성이 적절히 세련되었고 식별력 있는 사람이며, 섬세한 상상력과 폭넓은 경험을 지니고 있는 사람이고, 일시적인 유행이나 자신의 시대로부터

진리는 인문주의 속에

한 발 떨어져서 작품을 볼 수 있는 사람이다. 어떤 작품에 대한 적절한 평가란 그러한 이상적인 비평가들이 내릴 법한 평가이다. 흄은 더 나아가 우리에게는 이용할 수 있는 증거가 있다고 제안했는데, 이는 시간의 테스트에 의한 증거이다. 시간의 테스트가 뜻하는 바는 다양한 시대와 문화, 태도들을 넘어서 많은 세련된 사람들을 매혹시킨 작품은 우리가 정말로 훌륭한 예술작품이라고 믿어야 할 큰 이유가 있는 작품이라는 것이다. 왜냐하면 기질과 태도와 유행에 있어서의 수많은 차이에도 불구하고 여러 세련된 사람들이 그 작품들의 가치를 알아본 셈이기 때문이다. 이러한 흄의 생각은 어떻게 불일치가 해결될 수 있을지를 우리에게 알려 준다. 많은 경우 불일치는 어떤 사람의 감수성이 덜 발달되어서, 또는 적절한 종류의 경험이 부족해서 등의, 원칙적으로 개선가능한 문제들 때문에 일어나는 것이 아니라, 사람들이 자기 시대의 특정한 믿음이나 태도 또는 가정들에 너무 밀접하게 묶여 있기 때문에 일어난다. 후기 인상주의가 처음 전시되었을 때, 그들은 아카데미와 대중 양쪽으로부터 모두 이해받지 못하고 조롱당했으며, 퇴보했다는 비난을 받아야 했다. 사람들은 여전히 미와 예술에 대한 고전적인 개념을 강하게 고수하고 있었기에 그 작품들을 그 자체의 고유한 특징에 입각해서 받아들일 수가 없었던 것이다. 그들은 마티스, 드랭, 고갱(Gaugin)과 같은 다양한 예술가들이 추구했던 예술적인 도전을 알아보지 못했다. 물론 비대중성이나 충격이 지닌 가치를 진정한 예술적 가치와 혼동해서는 절대 안 될 것이다. 예술적으로는 보잘 것 없는 것들이 야단법석을 피우거나 충격을 주거나 또는 거의 이해할 수가 없게 난해한 경우도 많다. 하지만 개중에는 우리가 예술과 담화를 할 때 가정하고 있는 것들, 하지만 조금만 더 생각해 보면 거짓으로 드러날지도 모르는 이 가정들에 우리가 우리도 모르게 너무 매달리기 때문에 발생하는 불일치도 실제로 적잖이 있는 것이다.

　이러한 흄의 생각에는 분명 그럴듯한 점이 있다. 우리가 미켈안젤로와 카라바조, 고야, 렘브란트, 또는 베르메르의 작품을 그 작품들이 창조된 지 수백 년이 지난 후에도 여전히 감상하고 있다는 사실은 그 작품이 지닌 힘과 위대함을 증명해 준다. 또한 흄의 생각은 왜 살아 있던 당시에는 갈채를 받았던 예술가의 작품이 시간이 흐르면서 역사의 뒤안길로 사라지곤 하는지를 설명해 준다. 예를 들어 프랭크 브랭귄(Frank Brangwyn)의 예술적인 기교에는 의심의 여지가 없지만 산업의 윤리, 신, 대영제국을 주제로 한 그의 벽화와 패널화, 유화는 대개 그저 평면적이다. 그와 같은 시대에 살았던 많은 이들은 아마도 그런 점을 생각하지 못했을 것이다. 왜냐하면 당시 그들은 그림에서 재현된 태도와 비슷한 어떤 것을 암묵적으로 받아들이고 있었기 때문에 그 그림들이 가진 정적이고 어색한 성격을 알아채지 못했던 것이다. 하지만 오늘날의 우리는 그러한 태도들과 거리를 두고 있기 때문에 그 작품들을 새롭게 검토할 수 있다. 그리고 이 경우 우리는 그 작품들의 약점이 당시에 찬양받았던 바로 그 부분이라는 것을 깨닫게 된다. 왜냐하면 그 작품들의 호소력은 그 시대에만 특별했던 태도에 의존해 있는 것 같기 때문이다. 유사한 예로 감상적이고 환상적이며 음흉하게 관능적인 알마 타데마의 고대 세계에 대한 숙련되고 감각적인 재현을 들 수 있다. 비록 많은 그의 작품들이 아름다운 것은 사실이지만, 고대에 대해 보다 덜 낭만적인 우리의 관점으로 보면, 작품들에 구현된 그의 비전은 진부한 것이라는 느낌이 든다. 이렇게 동시대 사람들로부터는 높은 평판을 받은 예술가도 그 이후에는 급속하게 명성이 하락할 수 있다. 평판이란 진정한 예술적 장점에 의존하는 것만큼이나 당시의 특정한 태도에도 의존하는 것이기 때문이다.

사실 우리는 이것이 20세기에 더욱 가속화된 양상으로 나타나는 것을 볼 수 있다. 20세기의 미술사조는 미술시장의 변덕스러움에 힘입어 현기증 날 정도로 빠르게 변해 왔는데, 이는 1980년대와 1990년대, 장 미셸 바스키아(Jean-Michel Basquiat), 줄리안 슈나벨(Julian Schnabel), 트레이시 에민 같은 예술가들에게 과도한 칭찬을 쏟아내면서 절정을 이루었다. 물론 흄이 시간의 테스트에 합격하지 못한 작

진리는 인문주의 속에

품들은 좋은 작품이 아니라고 주장했던 것은 아니다. 그는 단지 어떤 작품이 여러 다른 시대와 문화에서 일관되게 찬미를 받아왔음이 밝혀진다면, 이는 그 작품이 감상할 가치가 있는 훌륭한 작품이라고 생각할 충분한 근거가 된다고 주장했을 뿐이다. 따라서 작품에 대한 평가가 바뀌었다고 하더라도 그것만 가지고는 과거의 좋은 평가가 작품의 예술적 장점을 감상한 결과였는지 아니면 단지 그 시대의 태도와 특수성에 잘 맞았기 때문이었는지를 가리기는 힘들다.

이상적인 예술비평가와 현실적인 동기부여

제롤드 레빈슨(Jerrold Levinson)과 같은 미학자는 흄 자신이 답하려고 했던 그 문제도 문제이지만, 흄의 취미기준론의 진짜 문제는 결국 동기부여의 문제로 귀결된다는 주장을 해왔다.[5] 그들의 주장의 핵심은, 이상적인 비평가들이 이를테면 달리보다 피카소를 높이 평가한다고 해도 그것이 나와 무슨 상관이냐는 것이다. 나의 현재의 예술적 성향은 달리를 즐기고 피카소로부터는 별 감흥을 얻지 못하는 것이라고 해 보자. 나는 달리 그림에는 설명할 수 없이 끌리며, 그것이 풍부하게 지닌 어두운 측면에 감동을 느끼는 반면, 피카소의 작품은 그보다 덜 즐겁고 더 따분한, 어려운 작품이라고 생각할 수 있다. 미적 기준으로 볼 때 달리가 변변치 못하다는 것은 결코 아니지만 어찌 되었건 피카소가 달리보다 더 낫다고 가정한다면, 이러한 경우 나는 피카소를 달리보다 더 높이 평가하게 되는 수준이 되도록 노력을 기울여야 될 것처럼 보인다. 하지만 나의 현재 미적 성향을 고려해 본다면, 내가 실제로 그러한 노력을 해야 하는 동기가 대체 무엇일까?

이 문제에 답하기 위해 레빈슨은 이상적인 예술비평가란 명작을 완벽하게 감상하는 사람이라고 규정한다. 여기서 감상이라는 말이 중요한데, 왜냐하면 이 말은 단지 위대한 작품을 위대한 작품이라고 알아보고, 승인하고, 적절하게 판단하는 것 이상을 요구하기 때문이다. 이상적인 비평가는 이 외에도 작품을 이해하고, 설명하고, 해석할 수도 있어야 한다. 이상적인 비평가가 그럴 수 있는 능력을 가졌는지는 아마도 그가 가진 능력(일반적인 인간의 능력뿐 아니라 완벽하게 섬세한 취미, 식별력, 상상력 등), 지식(해당 작품의 성격과 관련되는 모든 지식 등), 그리고 평가를 왜곡시킬 수 있는 특이성(예를 들어, 문화적인 유행에 의한 편견 따위)으로부터의 자유로움 등으로 잴 수 있을 것이다. 명작이란 특유한 차이점들에 힘입은 평가를 제외시키고 나서도 시간의 테스트에서 살아남은 작품들이다. 시간의 테스트를 통해 고정되는 특징이나 표지를 이용하면 우리는 이상적인 예술감상자를 자의적이지 않은 방식으로 알아볼 수 있다. 그러므로 이상적인 예술감상자는, 일반적으로 매우 값진 종류의 경험이라고 이해되고 있는 예술의 가치에 대한 좋은 안내자가 될 것이다.

　이상적인 비평가들의 판단이 상대적인지 또는 결국은 하나로 수렴하는지 등의 질문은 일단 제쳐두기로 하자. 지금 다루고 있는 문제의 초점은 동기부여의 문제이지 미적 판단의 보편성이나 상대성이 아니다. 이 점을 명확히 하기 위해서 어느 사람에게나 그 사람 타입의 이상적인 비평가가 있다고 가정해 보기로 하자. 이렇게 되면, 가정된 서로 다른 타입의 이상적인 예술감상자들 간의 판단이 하나의 일치된 견해로 수렴하건 아니건 간에, 하여간 이상적 비평가를 상정하여 문제를 해결하려는 전략의 골격은 유지될 수 있을 것이다. 어느 이상적인 비평가가 여느 작품들이 제공하는 경험보다 어떤 명작이 주는 경험을 더 선호한다고 한다면, 예를 들어, 달리보다 피카소를 선호한다고 한다면, 이는 곧 그 명작이 보다 가질 만한 경험을 제공한다는 것을 알려주는 것이다. 레빈슨은 이 지점에서 존 스튜어트 밀의 다음과 같은 테스트에 호소한다. "어떤 만족이나 경험이 다른 것들보다 더 좋다는 것에 대한 최상의, 어쩌면 유일한 증거는 양쪽 경험에 대해서 모두 정통하고 양쪽을 다 감상해 본 사람이, 충분히 숙고한 결과로, 궁극적이고 확고하게, 그 중 어느 하나를 좋아한다는 것이다."[6] 따라서 만약 이상적인 비평가들이 현재 당신이 하고 있는 미적 경험과 다른 미적 경험들을 그것이 주는 가치(rewards)의 측면에서 비교할 수 있다면, 그들은 어느 쪽이 가장 값진 경험을 제공하는지를 판단할 최상의 위치에 있는 것이다.

그러므로 이상적인 비평가는 예술적 가치에 대한 최고의 안내자라고 할 수 있다. 적어도 우리가 미적 감상에 관심이 있다고 가정하기만 한다면, 우리 모두는 이상적인 비평가들이 내리는 식의 판단과 감상을 좇아가려는 동기 — 비록 이것이 추후에 더 이상은 효력을 발휘하지 못할 수 있더라도(defeasible motivation) — 를 일단은 갖게 된다는 것이다. 왜 그럴까? 그렇게 해야 우리가 예술감상에서 보다 값진 경험을 할 확률이 높을 것이기 때문이다.

이런 식의 설명에 대해 생겨날 수 있는 몇 가지 우려들을 사전에 불식시키기 위해서 이 설명이 포함하고 있는 다음의 세 가지 특징을 명시하는 것이 좋을 것 같다.

(a) 당신 타입의 이상적인 비평가가 어떤 작품을 다른 것보다 선호한다는 사실은 그 작품을 실제로 감상하도록 만드는 여러 동기들 중 그저 하나를 제공할 뿐이다. 당신은 어쩌면 그 작품을 감상하고 싶지 않도록 만드는 다른 동기, 미적인 것과는 무관한 동기를 가지고 있을 수 있다. 따라서 위의 입장이 삶의 다른 측면들을 희생해가면서까지 예술감상에 몰두해야 한다고 주장하는 것은 아닐까 하는 우려는 할 필요가 없다.

(b) 주어진 상황에 따라, 예를 들어 당신이 특정 기능을 상실했다든가 하면 이 동기는 더 이상 효력을 갖지 못하게 될 수도(defeasible) 있다. 예를 들어 당신 타입의 이상적 예술 비평가가 어떤 색면화(colour field painting)에서 즐거움을 얻는다 하더라도 만약 당신이 색맹이라면 이는 그 그림을 감상하려는 어떠한 동기도 당신에게 제공하지 못할 것이다.

예술과 그 가치

(c) 동기부여의 문제를 이런 식으로 제시하고 거기에 대한 답을 찾아가게 된다면 결국 이상적인 예술비평가의 판결이란 확률적이고 경험적인 예측이 된다. 즉, 우리가 이상적 비평가들이 더 가치 있다고 하는 것을 즐기기 위해 그에 필요한 노력을 기울여야겠다는 동기를 가져야 하는 이유는, 그렇게 하면 우리도 지금 하고 있는 경험보다는 더 값진 미적 경험을 하게 될 확률이 높기 때문이라는 것이다.

　　동기의 문제에 이런 식으로 접근하는 것은 일종의 권유모델(advice model)에 따른 이해라고 볼 수 있다. 부모가 자녀들에게 이 음식보다는 저 음식을 먹어 보라고 권유하듯이 누군가의 이상적 비평가도 그 사람에게 달리보다는 피카소를 감상해 보라고 권유하는 것으로 보는 것이다. 두 경우 모두 "왜 그래야 하죠?"라는 질문에 대해서는 ― 심지어는 그 '왜?'가 거부의 표시일 경우에 조차도 ― "너는 이 경험이 더 값지다는 것을 알게 될 거야"라고 대답하는 것이 가능하다.

　　이러한 접근법은 분명히 매력이 있지만 그럼에도 불구하고 그리 편안한 입장은 아닌 것이, 우리는 다음과 같은 질문들을 해볼 수 있기 때문이다. 추상화된 이상적 성격들을 가지고 있어야 하는 이상적인 예술감상자는 우리들 누구도, 아니면 최소한 우리들 대다수는, 결코 도달할 수 없는 존재 아닌가? 취미의 상대성에 대한 물음을 그렇게 쉽게 제쳐둘 수 있는가? 많은 작품들이 비록 값진 경험을 제공하지는 않더라도 여전히 예술로서의 가치는 많이 가지고 있지 않는가? 비록 나의 타입인 이상적인 비평가라 해도, 내가 실제로 겪고 있는 경험을 그가 그것도 가정적 상황에서나 겪을 수 있는 경험들과 의미 있게 비교할 수 있다는 근거는 무엇인가? 나는 이런 종류의 의문들이 다음의 특정한 우려들에 의해서 보다 정확하게 포착될 수 있다고 생각한다. 그 우려들을 다루게 되면 권유모델에 입각해 동기의 문제를 제기하고 답하는 것에 근본적으로 잘못된 점이 있음이 밝혀질 것이다.

　　우선 우리의 능력과 식별력이 조금만 변해도 작품에 대한 우리의 경

273　　　　　　　　　　　　　　　　　　　　　　　　　　진리는 인문주의 속에

험과 감상은 급격한 영향을 받을 수 있다는 사실을 생각해 보면서 시작하기로 하자. 이 책의 첫 번째 장에서 내가 몬드리안의 작품을 어떻게 재평가하게 되었는지 설명한 것을 기억해 보라. 나는 한때 그의 중기와 후기를 훌륭한 회화적 그래픽 디자인의 예라고 생각했었다. 그러나 그에 대한 한 전시회를 본 후, 나는 몬드리안을 추상으로 몰아간 동인이 눈에 보이는 세계 아래에 보다 근본적인 우주의 구조적 질서가 깔려 있다는 생각을 어떻게든 나타내고자 하는 시도였다는 것을 갑자기 깨닫게 되었다. 그래서 몬드리안의 작품에 대한 나의 경험이 바뀌었을 뿐만 아니라 그 작품에 대한 나의 감상과 평가도 바뀌었다. 하지만 이것이 사실이라면 어떻게 한 작품이 다른 작품보다 낫다는 결정을 하는 것이 가능한지 알 수 없다. 왜냐하면 나의 능력과 식별력이 조금씩 계속해서 향상되는 데 따라 작품이 어떻게 달라 보일지를 정확히 아는 것이 거의 불가능할 것이기 때문이다.

이 논점은 다른 방식으로 제기될 수도 있다. 왜 우리는 시간의 테스트가 일단은 — 비록 추후에 더 이상 효력을 갖지 못하게 될 수 있다고는 하더라도 하여간 — 예술적 가치에 대한 충분한 표지가 된다는 점을 가정해야 하는가? 여기에 깔린 가정은 미적 감상은 하나의 연속선상에서 차츰 세련되고 정교하게 변한다는 생각인 듯하다. 하지만 우리는 우리 자신의 경험을 통해 예술감상이 종종 그와 같지 않다는 점을 충분히 잘 알고 있다. 예술감상은 종종 급격하게 재조정되고 재구성되곤 한다. 다음과 같은 유비를 생각해 보라. 내 앞에 있는 인상주의 그림의 일부분을 어느 정도의 거리에서 안경 없이 바라보았더니 그것이 나무를 그린 것처럼 보였다고 해보자. 안경을 쓰니 그림이 보다 뚜렷하게 보이는데, 이때도 여전히 나무를 그린 것처럼 보인다. 내가 점점 더 가까이 다가갈수록 그림은 보다 더 또렷하게 보이고, 여전히 나무를 그린 것으로 보인다. 그런데 어떤 적당한 지점에 다다르자 나는 그것이 수련을 그린 것임을 급작스럽게 깨닫게 되고, 그에 따라 전체 형상의 구성이 바뀌게 된다. 나무를 재현한 모양에 대한 인상이

274   예술과 그 가치

수련에 대한 재현으로 갑자기 바뀌었듯이 시간의 테스트를 견딘 작품의 예술적 가치도 그렇지 않다는 법이 어디 있는가? 우리의 미적 경험과 감상이 급격하게 재구성될 수 있음을 생각해 볼 때, 시간의 테스트를 견딘 작품이 분명히 대체로 훌륭할 것이라고 추정하는 것은 잘못된 귀납적 가정인 것 같다.

근본적인 문제는 예술적 가치와 관련하여 "내가 이런 식으로 판단하면 나는 더 행복해질 거야"라는 식의 명시적인 동기부여의 정당화를 찾으려고 하는 데에 있는지 모른다. 앞서 제시한 이유들로 미루어 볼 때, 이런 식의 정당화를 찾을 수 있을지는 다소 의심스럽다. 보다 그럴 듯한 (그리고 아마도 보다 흄의 이론에 가까운) 접근은 이것일 것이다. 즉, '자신에게 유익함(self-interest)'이라는 개념으로는 예술감상이라는 관행 전반을 정당화할 수 있는데, 하지만 예술관행이 그 자체의 내재적인 논리를 가진 독자적인 흐름을 형성하고 난 후라면, 그 내재적 논리에 따라 유도되는 결론들은 더 이상 자신에게 유익한지 아닌지를 따져 정당화되지 않는다고 간주하는 것이다. 즉 우리가 미적 가치라는 것을 갖게 되면 그로 인해 대상을 단지 행복의 수단으로써만이 아니라 그 자체 가치 있는 것으로 볼 수 있게 되는데, 바로 그것이 동기부여이다(동기부여가 가능하기 위해서는 어떤 동기이건 동기가 하나 있기만 하면 된다. 그것이 반드시 실용적으로 정당화될 수 있는 동기일 필요는 없다). 그리고 그렇게 되고 난 다음이라면, 왜 우리가 그것을 가치 있게 여겨야 하는가라는 질문에 대한 답변으로는 이것저것이 다 가능하게 된다. 예를 들어 "그냥 가치 있게 여겨요"나 "우리는 반복되는 무늬를 좋아하니까(그리고 이러한 패턴을 선호하는 것이 다른 영역에서도 유용하게 쓰임을 덧붙여 설명할 수도 있다)"도 대답이 될 수 있으며 "이것을 가치를 존중했을 때 얻는 보상이 있음을 발견했기에"나 "그러한 가치화 체계가 우리로 하여금 여러 방식에 있어서 상호주관적으로 세상을 살아갈 수 있게 해 주니까" 등도 다 대답이 될 수 있다.

진리는 인문주의 속에

이 점을 또 다른 방식으로 얘기해 보기로 하자. 우리는 발생적 규범(genetic norm)과 내적 규범(internal norm)을 구별해야 하는데, 발생적 규범이란 예술을 만들고 감상하는 관행이 어떻게 그리고 왜 생기는지를 설명하는 규범이며, 내적 규범이란 관행이 일단 생겨난 후 그 구성요소를 이루는 규범이다. 다음과 같은 유비를 생각해 보자. 왜 축구를 하는가? 아마도 대답은 건강해진다거나 친구를 사귈 수 있다거나 사람들과 협동하는 것을 배운다거나 하는 등등의 여러 가지 혜택의 측면에서 주어질 것이다. 이는 이런 종류의 일이 우리의 실용적인 삶에 어떻게 들어맞는가에 관한 질문들이다. 하지만 누군가가 이미 축구를 하고 있다면, 우리는 그 사람이 왜 수비하려는 동기를 가져야 하는지, 왜 골을 넣으려는 동기를 가져야 하는지, 왜 패스하는 법을 배우려는 동기를 가져야 하는지 등등을 묻지는 않는다. 설사 이런 질문을 한다 해도 그러한 층위에 있는 질문에 대한 대답이 "건강해지기 때문에" 또는 "친구 사귀는 법을 배우기 때문에" 등이 아닐 것임은 분명하다. 사실 그런 식으로는 답변하지 않아야 하는 것이 당연하다. 왜냐하면 어떤 특정한 경우에는 골을 넣음으로써 친구를 잃을 수도 있고 어떤 게임에서 뛰는 바람에 건강을 잃을 수도 있기 때문이다.

예술에 대해서도 마찬가지로 얘기할 수 있다. 예술을 창조하고 감상하는 것이 좋은 까닭으로 우리의 실용적인 삶과 관련된 온갖 종류의 이유들을 들 수 있다. 예술은 보다 풍부한 경험을 제공할 수 있고, 우리의 감정을 배양할 수 있으며, 타인의 감정을 이해할 수 있게 해주고, 타인과 대화할 수 있도록 해준다. 그러므로 도대체 왜 우리가 미적인 것들에 관심을 가져야 하냐고 물으면, 위에 열거된 모든 측면에서, 그리고 그 이상으로까지도, 당신이 더 나아질 것이기 때문이라고 답할 수 있다. 그러나 왜 다른 작품보다 이 작품에 관심을 가져야 하냐고 묻는다면 어떨까? 이는 우리가 어떤 작품을 다른 것보다 더 높이 평가해야 하는 이유들 ─ 그들이 무엇이 되었건 간에 ─ 과 관련된 문제로 이는 예술창조와 감상의 관행에 내적인 이유들이다. 권유모델은

예술과 그 가치

상황을 뒤바꿔서 생각하고 있는 것이다. 권유모델은 우리가 이상적인 감상자가 무어라 할 것인가를 생각해서 동기를 얻는 것처럼 사태를 제시한다. 하지만 실제로는 (적어도 우리가 미적인 것들에 관심이 있기만 하다면) 우리는 이미 더 나은 감상자가 되고자 하는 동기를 가지고 있으며 그렇기 때문에 이상적 감상자들, 즉 우리와 취미가 유사하면서도 우리가 존경하는 식별력을 지닌 사람들에 주의를 기울이게 되는 것이다.

비난할 수 없는 차이와 상대성

흄의 논증을 지지하는 증거들은 많이 있다. 예를 들어, 우리는 어느 정도 우리의 취미를 발달시킬 수 있다는 것은 사실이며, 우리가 상상력, 감수성의 섬세함, 적절한 종류의 경험 등을 결여하고 있을 수 있다는 것도 사실이고, 우리는 우리가 인정하고 싶은 것보다 더 많이 시장과 유행과 문화적인 시대정신에 의해 영향을 받는다는 것도 사실이다. 그러므로 우리는 취미에 관해서는 논쟁할 수 없다는 잘 알려진 표현과는 달리, 취미에 관해서도 논쟁할 수 있을 것인데 왜냐하면 작품의 진정한 장점을 불명료하게 만드는 요소들로 인해 우리의 판단이 왜곡되는 경우가 종종 있기 때문이다. 따라서 사람들은 왜 그들이 어떤 예술작품을 좋아하는지에 대해서 잘못 생각할 수 있고 또 실제로 종종 잘못 생각하곤 한다. 흄은 그의 논증이 취미의 기준을 세웠다고 생각했다. 흄에 따르면 모든 이상적인 비평가들의 판단은 당연히 하나로 수렴될 것이라고 한다. 즉 그들은 문자 그대로 모든 경우마다 의견이 일치하게 된다는 것이다. 하지만 흄의 논증으로는 그가 수립했다고 주장하는 종류의 객관성이 확립될 수 없다.

흥미롭게도 흄은 두 가지의 정당한, 즉 비난할 수 없는, 불일치의 근원을 허용했다. "하나는 개개인의 서로 다른 기질이고 다른 하나는 우리 시대와 국가의 특유한 풍속과 견해들이다."[7] 예를 들어 20대의 어떤 이는 들라크루아부터 놀데(Nolde)에 이르는 낭만주의나 표현주의 작가를 선호하는 데 반해 그보다 훨씬 나이 든 사람은 라파엘과 푸생을 좋아하는 좀더 고전적인 취향을 가지고 있을 수도 있다. 그러한 선호의 차이는 사람들의 결함이나 감수성 부족에서 기인하는 것은 아니기 때문에 비난받을 이유가 없을 것 같다. 대신 그것들은 젊음의 분망함과 연륜이 부여한 질서 속에서 얻을 수 있는 평안함의 차이처럼, 단지 세계에 대한 태도의 비난할 수 없는 차이를 반영할 뿐이다. 어느 쪽의 태도도 결함이 있거나 정당화할 수 없는 것이 아니다. 마찬가지로 우리는 시대와 문화에서의 차이도 찾을 수 있다. 어떤 시대나 문화는 감정의 생명력을 강조하는 작품을 좋아하는 반면 또 다른 시대나 문화는 세계의 이성적인 조화, 질서, 균형을 강조한 작품 쪽으로 마음이 기울지도 모른다.

개인적인 수준에서라면 우리는 그러한 차이에 익숙하다. 내 친구가 좋아하는 화가는 푸생이고 나는 그가 푸생을 좋아하는 이유를 이해할 수 있다. 그가 푸생을 좋아하는 것은 그가 세계에 대해 현명하고 이성적으로 정돈된 태도를 가졌음을 반영하는 것이다. 그러나 내가 푸생이 훌륭한 화가라는 사실을 인식할 수는 있을망정, 그의 작품이 나에게는 미켈란젤로나 카라바조, 고야, 마티스, 베이컨이 해주었던 것만큼을 해주지 못한다는 것도 사실이다. 이것이 나의 천성이나 감수성에 무언가가 부족해서라거나 불완전하고 편파적인 판단의 결과가 아니라고 가정하면, 선호의 차이는 성격상의 비난할 수 없는 차이를 반영한다. 이는 우리가 왜 어떤 사람이 어떤 종류의 예술을 좋아하는지를 통해 그 사람 내면의 깊은 무언가가 드러난다고 생각하는지, 그 이유와도 조화를 이루는 설명이다. 어떤 것을 선호한다는 것은 자신을 어떤 종류의 사람으로 만들어 놓고 있는 자신만의 특정한 성향, 됨됨이, 성품이 외적으로 드러나는 것이다. 그래서 어떤 사람이 가지고 있는 예술서적과 소설, 음반과 같은 수집품들을 보면 종종 그에 대한 많은 것이 드러나곤 하는 것이다.

문제는 흄이 진정으로 이런 종류의 상대성을 인정한다면 왜 우리가 이상적인 비평가들의 평가가 하나로 수렴할 것이라는 가정을 인정해야 하는지를 — 전부 다는 아니고 그저 대부분 정도라고 양보를 하더라도 — 이해하기 어렵다는 것이다. 기질, 태도, 감정생활, 개인의 역사 등에 여러 층의 차이가 잠재해 있다는 점을 고려한다면 이상적인 비평가들이 동의하는 판단들의 집합이 하나로 존재하기는커녕 오히려 구분되는 여러 그룹들이 존재할 것이라고 생각하는 것이 타당해 보인다. 이 그룹들이 많게 적게 서로 겹치는 일은 있을 수 있겠지만 완전한 일치를 얻으리라고 가정할 이유는 없다.

논점을 좀더 확장시키자면, 비난할 수 없는 차이들이 단지 무언가에 대한 반응으로 일어나는 여러 가지 심리적 태도로만 구성되는 것은 아니라고 생각할 이유도 있다. 흄이 하고 있는 기본적인 가정 중 하나는 인간의 본성이 고정되어 있다는 것이다. 그렇지만 비난할 수 없는 차이는 때때로 이러한 고정되어 있어야 할 기본적인 수준에서의 차이로부터도 나올 수 있다. 예를 들어 보자. 호주 원주민의 시력은 일반적으로 평균적인 유럽 백인들의 시력보다 훨씬 좋다. 이것에 대한 그럴듯한 설명은 진화론적인 것이다. 호주 원주민은 짐승들의 형체를 멀리서도 알아볼 수 있도록, 보다 먼 거리를 보는 좀더 예리한 시력을 발달시킬 필요가 있었다. 광대한 평원과 부족한 먹이라는 환경적인 요소 때문에 먼 거리를 보는 뛰어난 사물인식능력은 환경에 적응하기에 아주 유리한 성질이었다. 유럽은 호주와 환경이 달랐기 때문에 그러한 고도로 발달된 시력이 적응에 그다지 유리한 요소는 아니었다. 그래서 백인들의 시력은 이러한 측면에서 열등한 경향이 있는 것이다. 진화론적 적응과는 무관해 보이는(어쩌면 이것도 진화론적인 적응의 부산물일 수는 있겠지만) 차이도 있다. 사람들이 혀에 가지고 있는 미뢰의 수는 개인마다 다르며, 특정한 맛에 대한 처리능력도 사람마다 다르다고 한다. 예를 들어 세상 사람들의 반 정도는 싹양배추

　　　　　　　　　　　　진리는 인문주의 속에

(Brussels sprouts)를 달다고 하고 나머지 반은 쓰다고 하는데, 그 이유는 오직 반 정도의 사람들만이 특정한 화학물질의 맛을 느낄 수 있기 때문이라는 것이다.

물론 인간의 본성이 어떤 제한된 영역 내에서는 불확정적일 수 있고, 진화를 통해 발달될 여지가 있으며, 인지적 처리방식도 개인마다 차이가 있다는 것을 인정한다 해도, 이것이 인간의 본성 같은 것은 아예 없다는 것을 함축하지는 않으며, 또한 그러한 본성이 있기에 예술작품에 대한 우리의 반응이 어떤 식으로 고정될 수 있다는 것을 부정하는 것도 아니다. 하지만 하나의 기준이 있어 우리의 예술에 대한 모든 반응은 이론상 그 기준에 따라 측정될 수 있다고 하는 것만큼은 분명히 부정할 수 있다. 인지적 처리능력과 욕구 같은 기본적인 수준에서부터 출발해서 보다 상위단계에 이르기까지, 인간의 본성에 대한 많은 것들이 명료하게 될 수 있다. 그러한 명료화 과정 내에 역사적, 문화적, 사회적 차이와 한 개인이 감정적, 심리적으로 겪어 온 사실들의 차이에서 유래하는 더 많은 가능성들이 등장하게 된다. 게다가 이것은 우리가 앞 절에서 살펴 본 것 — 감상은 하나의 연속선을 따라 식별력이 점차적으로 섬세하게 발달하는 것이 아니라 종종 급격한 변화를 겪기도 한다는 사실 — 과도 섞여 더 복잡해진다. 이는 예술감상에 연관되어 있는 인지적으로 풍부하고 감정적으로 다양하고 역사적으로 복잡한 결합들을 생각하며 놀라운 일은 아니다.

그럼에도 불구하고, 비록 우리가 흄이 추구했던 종류의 객관성을 확립할 수는 없을지라도, 취미에 관해 논쟁할 수 없다는 것은 아니다. 우리는 미적으로 이상화된 인물들이 다양한 유형으로 존재할 수 있음을 수용하면서 동시에 취미가 좋거나 나쁠 수 있고 더 또는 덜 발달될 수 있으며 미숙하거나 숙련될 수 있다는 생각을 계속 유지할 수 있다. 흄 자신이 좋아했던 비유를 하나 들자면, 우리는 우리 성격상의 비난할 수 없는 차이 때문에 어떤 종류의 친구들을 가까이 두는지에 관해서는 서로 현저하게 다를 수 있다. 하지만 그렇다고 해서 어떤 사람이

예술과 그 가치

좋은 친구인지 아닌지에 대해 논쟁의 여지가 없다는 것은 아니다. 우리는 우리 자신의 예술적인 애착과 취미와 감상을 반성적으로 살펴 규칙을 부여하는 것을 의미 있게 목표로 해도 좋다. 이와 동시에 우리는 우리가 좋아하지 않는 작품에 대해서도, 그럼에도 불구하고 우리와 다른 미적 유형의 사람은 그것을 좋아할 수도 있다는 점을 인정할 수 있다. 인문주의가 필요로 하는 확실성은 이것이 전부이다.

절망적인 충고

지난 세기는, 그 후 70년간의 예술운동의 광적인 분열을 지배할 예술적 발전이 도착했음을 알리면서 시작되었다. 흔히 모더니즘의 뿌리라고 일컬어지는 인상주의는 세잔, 브라크, 피카소, 마티스, 고갱, 드랭 등 — 그저 몇몇만 꼽아 본 것이다 — 에게 길을 내주었으며, 그들은 갖가지 예술적 도전들을 수행하면서 급속도로 과거의 예술을 재구성하였다. 이 예술적 도전들은 일단 시작되기만 하면 다시 새로운 예술적 문제들과 가능성들을 형성하면서 확장되어 나갔고, 그러면 또 그 새로운 문제들과 가능성들이 열정적으로 다루어졌다. 후기 인상주의, 야수파, 입체주의, 미래주의, 영국의 소용돌이파(vorticism), 러시아 구성주의, 넓게 표현주의로 지칭되곤 하는 청기사파와 다리파, 바우하우스, 색면회화와 액션 페인팅, 팝아트와 개념예술, 이 모두는 20세기의 첫 10년으로부터 유래한 것이었다. 그들이 추구했던 예술적 이상과 열망과 실험도 모두 애초에는 그 시기로부터 나온 것들이었다.

피카소에 관해 전해지는 이야기 중 이 예술적 시기의 희망과 영광과 도전을 상징하는 것이 있다. 1905-6년경 피카소는 거트루드 스타인(Gertrude Stein)의 초상화를 그리기로 했는데, 스타인은 피카소를 위해 몇 시간을 연이어 앉아 있어야 했지만 초상화를 보도록 허락받지는 못했다. 스타인은 계속해서 불평했으나 소용이 없었다. 훨씬 이후에 피카소가 마침내 그림을 끝냈을 때, 스타인을 비롯한 다른 사람들은 놀라움을 금치 못했다. 그림이 스타인을 하나도 닮지 않았던 것이다. 이러한 스타인의 불만에 대해 피카소는 다음과 같은 유명한 대답을 남겼다. "중요한 점은 말입니다 스타인 양, 앞으로 닮게 될 것이라는 거죠." 여기서 우리는 두 가지를 엿볼 수 있다. 하나는 당시의 예술적 실험이 바로 이런 식이었다는 것, 그래서 그 그림은 거투르드 스타인과 닮게 보일 수 없었다는 것이다. 다른 하나는 이 실험이 성공할 것이라고 가정하고 있는 이의 자기 확신에 찬 자신감이다. 역사적으로 드러난 것을 보면 결국 피카소의 가정은 옳았다. 오늘날의 우리는 스타인의 초상화가 참으로 그녀의 어떤 특징을 잘 잡아내고 있는 측면이 있다는 것을 분명히 보게 되는데, 이는 그 이후의 예술적 발전들 덕분이다. 그런데 이것은 예술사의 발전에 자주 등장하는 낯익은 패턴이다. 콘스터블의 스케치들, 터너의 후기작들 그리고 인상파 화가들의 작품들은 모두 동시대 사람들에게는 미완성이고 회화적 무능함을 드러내는 것이며 난장판에 다름 아닐 뿐이라고 받아들여졌다. 그러나 지금 우리는 그 작품들을 빛과 그림자와 색채의 명멸하는 대비와 유희를 보여 주는 예술적으로 위대한 작품들로 여긴다. 진정으로 위대한 예술은 종종 그들의 시대를 앞서간다. 그러므로 때때로 그 당시에는 조소로 그리고 나중에서야 갈채로 받아들여지게 되는 것이다.

프랑스 작가인 발자크(Honore de Balzac)가 쓴 짧은 이야기, 「미지의 걸작, The Unknown Masterpiece」은 이러한 측면에서 매혹적이다. 그 이야기에는 세 명의 예술가, 푸생, 푸르부스(Pourbus), 프렌호퍼(Frenhofer)가 등장한다. 처음 두 명은 막연하게나마 실제 화가들, 즉 지적인 고전주의자였던 니콜라스 푸생과 후기 매너리스트 프란츠 푸르부스를 모델로 하고 있다. 그러나 프렌호퍼는 완전히 허구적으로 창조된 인물이다. 이 이야기는 17세기 초반의 파리가 배경이고, 관능적인 사랑과 그림에 대한 열망을 주제로 다루고 있다. 다른 두 명에게서 예술적인 거장으로 인정받고 있는 프렌호퍼는 수년 동안 은밀하게

　　　　　　　　　　　　　　　　　　　　예술과 그 가치

한 작품을 그리고 있다. 그는 누구에게도 그것을 보여 주지 않으려고 하는데, 우리가 추측할 수 있는 부분적인 이유는 이 그림이 그의 애인을 나체로 묘사하고 있기 때문이라는 것이다. 그런데 그가 그 애인과 헤어지는 바람에 그 그림을 완성할 수 없게 되자 푸생은 자신의 애인 질레트를 모델로 하여 작품을 완성할 수 있게 해 주는데, 그 대신 프렌호퍼는 그림을 다른 이들에게 공개하도록 강요받게 된다. 마침내 그림을 공개하는 날, 프렌호퍼는 무아지경의 몽상에 빠지게 되고 형태와 색과 선의 완벽함, 살아 있는 듯 보이는 실재의 환영 등의 말로 자신의 작품을 설명한다. 그러나 다른 두 명의 반응은 다소 달랐다.

> '뭐 보이는 것이 있습니까?' 푸생이 푸르부스에게 속삭였다.
>
> '아니오, 당신은요?'
>
> '아무것도.'
>
> [...]
>
> '늙은 사기꾼이 우리를 놀려 먹고 있군.' 그림인지 뭔지 모를 것으로 돌아오며 푸생이 중얼거렸다. '보이는 거라고는 계속 덧칠해 바른 색들이 물감의 벽을 형성하고 있는 기이한 선들 덩어리에 의해 둘러싸여져 있는 것 뿐.'
>
> '우리가 무언가를 놓치고 있는 것이 분명해' 푸르부스는 집착했다.
>
> 좀더 가까이 다가서자 그들은 캔버스의 한 구석에서 색들과 형상들과 일종의 뒤죽박죽인 안개와 같은 희미한 명암들로부터 드러나는 벗은 발의 끝 부분을 발견했다. 그러나 그것은 정말 행복한 발, 살아 있는 발이었다! 그들은 서서히 진행 중인 믿을 수 없는 파괴를 모면한 이 파편 앞에서 감탄으로 얼어붙어 있었다. 마치 순백의 대리석으로 만들어진 비너스의 토르소가 잿더미가 되어 버린 도시의 폐허에서 솟아나듯이, 그 발은 그렇게 드러났던 것이다.[8]

그의 동료 예술가들이 그의 그림에서 아무것도 보지 못하고 있음

진리는 인문주의 속에

이 명백해지자, 이에 대한 프렌호프의 반응은, 피카소와는 달리, 비참한 실패를 드러내 보여 주는 것이었고 결국 그날 밤 그의 자살로 이어졌다.

여기서 하나의 가능성은 프렌호퍼가 그의 동시대인들에 비해 너무 많이 앞서 있어서 동료들이 그 그림을 제대로 보지 못했을 수 있다는 것이다. 그리고 이것이 반 고흐나 마네, 마티스, 피카소에 대한 그 시대의 관객들의 조소어린 반응에 대해서 우리가 생각해 온 방식이다. 그러나 또 다른 가능성은, 예술적으로, 정말로 볼 것이 하나도 없었을 수 있다는 것이다. 아마도 프렌호퍼는 회화의 관습으로부터의 자유를 추구하다가 결국 회화감상을 가치 있게 만드는 바로 그 고안물을 추상화해서 없애 버리게 되었는지도 모른다. 태곳적부터 인간의 형상은 그림의 영원한 주제였다. 그러나 회화란 삼차원의 인물을 이차원으로 재현하는 고안품이라는 생각으로부터 회화를 해방시키려고 하다 보니 프렌호퍼의 그림은 오로지 분간되지 않는 선들의 배열, 물감의 줄무늬들, 그리고 색의 얼룩들로만 이루어지게 되었다. 이런 종류의 문제가 바로 추상의 본성, 즉 추상을 곧 재현적 형상의 부재라고 보는 것과 연결되어 있는 문제이다. 그러나 추상이 재현적 형상의 부재는 아니다. 왜냐하면 추상은 정도의 문제이기 때문이다. 심지어 인간형태의 가장 사실적인 조형적 복제라 해도 최소한의 추상은 드러나고 있다. 크기나 비례나 세부를 왜곡하거나 강조하거나 도식화하는 것 자체가 이미 추상이다. 또한 추상이 거의 없는 작품은 보잘 것 없는 그림일 수도 있다. 너무 지나치게 사실적이기 때문이다. 즉 이는 이차원적이지 않은 것을 그저 세밀하게 이차원적으로, 시각적으로 복제한 것일 뿐이기 때문이다.

그렇다면 프렌호퍼의 작품을 보는 한 가지 방법은 그것을 딜레마의 측면에서 보는 것이다. 무의미한 추상이 되지 않으면서 동시에 어떻게 단순히 사실 같아 보이는 묘사가 되는 것도 피할 것인가 하는 딜레마 말이다. 문제는, 이 이야기만 놓고 볼 때, 프렌호퍼의 작품이 시

예술과 그 가치

대를 앞서나간 성취인지 완벽한 실패작인지 애매하다는 것이다. 후자의 경우라면, 아마 실제로 그림에서 어떤 것도 찾아볼 수 없을 것이다. 이 해석에 따르면 그림에 남아 있는 것, 그러므로 더 추상화되어야 할 것이 바로 그 생생한 발의 부분이며, 이것은 여기서 회화라는 고안품이 예술적 기교에 충실할 때라면 어떤 것을 성취할 수 있는지를 떠올리게 해주는 흔적으로 기능하고 있는 것이다.

이런 식으로 현대예술을 생각하는 사람들이 있다. 이 시대의 칼라일(Carlyle)이라고 할 수 있는 로저 스크러턴은, 다른 것들로부터 구분되는 고급문화를 만들어 내고자 했던 모더니즘의 시도가 결국 자신들이 거리를 두고 싶어 했던 바로 그 키치적인 속임수로 타락하였다고 주장한다. 훈련받은 엄밀함으로 추상을 지향했던 움직임이 틀에 박힌 모더니즘적 제스처로 귀결되었고, 그에 따라 관객들의 관심을 잃게 되었다. 그래서 모더니즘은 훈련도 진정한 감정적 몰입도 필요 없이, 일상적 사물이나 레디메이드나 인용할 만한 이미지를 지시하거나 사용하거나 패러디하는 식의, 의도적이고 아이러니한 키치의 생산으로 스스로를 변질시켜 갔다. 스크러턴의 관점에 따르면 이러한 예술적 퇴보는 예측할 수 없는 엉뚱한 일들이 일어나곤 하는 시장과 결합해 왔고, 특히 광고가 개발해낸 태도와 기술을 차용하여 혼합해 왔다. 왜냐하면 현대의 시각예술은 진정한 예술적 성취와는 관계없이, 상품을 판매하고 예술가를 하나의 브랜드로서 마케팅하는 것이 되어버렸으며, 따라서 어떤 면에서는 상품가치가 예술적 가치를 반영하는 대단한 사기가 되어 버렸기 때문이다. 게다가 그러한 사기는 자체적으로 영속화되는데, 왜냐하면 예술가들, 갤러리들, 그리고 미술품의 구매자들은, 과장된 상업용어들에 의해 미화된 설치작품들과 이미지들과 그림들이 사실은 누구든 날조할 수 있는 것임을 숨기기 위해 반드시 그런 사기 행위의 일원이 되어야 하기 때문이다.

그 결과를 문화의 '공백(pre-emptiness)'이라고 불러도 좋을 것이다:

진리는 인문주의 속에

그것은 예술의 새로운 형식이 아니라 예술임을 정교하게 가장하는 것, 감상을 가장하고 비평을 가장하는 것이다. 그리고 이 이야기는 우리의 문화적 상황에 대해 무언가를 보여 준다. 만일 당신이 현대 고급문화의 대부분 — 아마도 가장 핵심부분 — 이 가장(pretence)임을 알지 못한다면, 내가 보기에 당신은 현대 고급문화를 정확히 지각하지 못할 것이다.[9]

따라서 스크러턴이 보기에는, 단지 현대 시각예술이라는 임금님이 사실은 벌거벗었다는 정도가 아니라, 임금님은 아예 없고, 있는 것이라고는 생명 없는 유행의 마네킹뿐이라는 것이다.

이러한 종류의 현대 시각예술에 대한 비난은 드문 것이 아니어서 여러 사람들이 비슷한 의견을 표명했는데 특히 브라이언 소월(Brian Sewell), 줄리안 스탈리브라스(Julian Stallybrass) 그리고 안소니 줄리어스(Anthony Julius)가 대표적이다. 줄리어스는 마네에게서, 특히 그의 <병사들에 의해 조롱당하는 예수>(1865)와 <죽은 그리스도와 천사들>(1864)에게서 위반의 최초 사례를 발견할 수 있다고 지적한다. 이 작품들이 우리를 놀라게 하는 이유는 이들이 두 개의 매우 전형적인 종교적 장면들을 특별한 방식으로 전적으로 세속화하였기 때문인데, 여기에서 우리는 아무 연민 없는 조롱, 아니면 구원이나 거룩함이나 변용의 느낌이라곤 전혀 없는 죽음을 마주하게 된다는 것이다. 그에 따라 우리는 고통과 죽음에 대해서만 숙고하게 된다고 한다. 이어 줄리어스는 현대예술의 궤적을 일련의 위반, 즉 예술 활동의 관습들을 위반하고, 도덕적·사회적 금기를 위반하고 정치적 가정과 믿음을 위반하는 것으로서 추적한다. 그러나 그는 20세기 예술의 역사가 절망적인 사태에 이르렀다고 주장한다. 왜냐하면 충격을 주는 보다 많은 방법을 끊임없이 무분별하게 추구하면서, 우리가 가진 예술은 고갈되고 무의미하고 평범한 것으로 몰락하였기 때문이다.

우리는 위반의 기획의 지칠 줄 모르는 에너지…… 모든 경계를 파괴

예술과 그 가치

하고자 하는 그것의 약속, 끊임없고 무분별했던 이것이 예술작품 제작에 있어서는 긍정적 측면과 부정적 측면이 혼합된 결과를 낳았다고 결론지을 수 있을 것이다. 그 부정적 귀결로는 시시함(triviality)이 많은 현대의 위반적인 예술의 특징이 된 것을 들 수 있다. 현대의 위반적인 예술은 사소해지는 경향이 있으며 동시에 허무주의를 무슨 해방인 양 오도하는 경향도 있다. 이제 이것은 (시시한 아방가르드 예술에 대한 수잔 손탁(Susan Sontag)의 판단을 전용해서 말하자면) 위반에 반하는(anti- transgressive)예술, 즉 금기에 대한 파괴보다는 기준의 수립에 헌신하는 예술에게 길을 내주어야 한다.[10]

현대 시각예술에 대한 이런 종류의 분석들 대부분에는 아마도 무언가 생각해 볼 점이 있을 것이다. 예술의 상업화는 전혀 새로운 것이 아니며, 이는 사람들이 점점 더 많이 포도주를 저장하고, 메달을 모으고, 투자목적으로 자산을 구입하는 방식과 하등 다를 것이 없다. 하지만 갓 등장한 신진 예술가들의 작품에도 현기증이 날 정도의 액수가 붙기 시작한 1980년대에 도달하게 된 경박함의 절정에는 특별한 무언가가 있다. 특이한 점은 현대의 예술시장에는 오늘날의 시각으로 과거를 재단하려는 심리가 팽배해 있으며, 이러한 심리가 예술적으로 재활용할 수 있는 것들에 대한 부단한 탐색과 결합되어 있다는 점이다. 이것은 일면 보다 일반적인 문화의 추세를 반영하는 것이기도 하다. 누가 위대한 역사적 인물이냐, 무엇이 위대한 영화이냐, 또는 누가 위대한 대중음악가이냐 등을 묻는 끝도 없는 여론조사를 보면 우리가 얼마나 극단적으로 현재 및 가까운 과거를 선호하는 경향이 있는지, 아니 단지 선호하는 것을 넘어 우리의 현재 및 가까운 과거에 대해 심각한 편견을 가지는 경향이 있는지를 알 수 있다.

이런 현상은 부분적으로 교육의 부족과 과거에 대한 폄하에서 비롯된 것이기도 하지만 한편으로는 시장의 압력에 따른 것이기도 하다. 시장이 기존 것에 대한 전복과 금전적 이익을 좇게 되면서, 새로

진리는 인문주의 속에

나타난 예술가들마다 차세대 최고의 예술가로 간주하려는 충동, 또는 새로운 예술적 발전이 대두될 때마다 그것이 현대예술의 유일한 열쇠로 특징짓고자 하는 충동이 조장된다. 새로운 것이 등장할 때마다 사람들이 그것이 반드시 구매해야 할 만한 것이라고 설득당하면 당할수록 작품은 많이 팔릴 수 있다. 이러한 시장의 압력은 오늘날 과거 어느 때보다도 더 많은 사람들이 예술가가 되기 위해 훈련을 받고 있고, 예술가로 일하고 있으며, 스스로 예술가라고 선전하고 다닌다는 사실과도 맞아 떨어진다. 성공하기에 쉬운 방법으로 치자면 그저 자신이 무언가 새로운 것을 하고 있기에 예술가라고 선전하는 것보다 더 쉬운 것이 무엇이 있겠는가? 이때의 새로움이란 예술사에 대한 지식이라곤 고작 최근 20-30년에 대한 것이 전부인 사람들이 쉽게 새롭다는 것을 알아차릴 수 있고, 그 감상을 위해 진정한 사고나 감정적 몰입이 필요 없는 것을 말한다. 줄리안 슈나벨, 제프 쿤스(Jeff Koons), 데미언 허스트, 트레이시 에민이 예술계에서 거둔 성공은 그들이 쉽고 빠르게, 게다가 진정한 예술적 노력을 거의 기울이지 않고서 여러 작품을 대량으로 뽑아낼 수 있었기 때문이다. 그러한 예술은 기껏해야, 우선 어떤 예상을 하게 하고, 그러고 나서 그 예상에 충격을 주고, 그럴 듯하게 뭔가 있다는 동작을 취하거나 역설적인 냄새를 풍기다가, 결국 그 예상을 예상대로 충족시키고 만다.

하지만 좋은 예술의 표지는 예상을, 예기치 않았던 방식으로 추상화하고, 과장하고, 뒤엎는 데 있다. 이는 그 자체로 가치 있는 것이다. 아이러니, 충격으로서의 가치, 무언가 있다는 제스처는 만약 그것들이 궁극의 목적이 된다면 그 자체로는 하찮은 것이다. 이런 것들의 가치는 그러한 태도나 자세 이면에 존재하는 더 근본적인 목적에 따라 결정된다. 카라바조의 <살로메가 세례자 요한의 머리를 받다>(1607-10)와 고야의 <전쟁의 참화> 연작(1810-14), 또는 피카소의 <게르니카>(1937)는 모두 가치 있는 목적을 위해서 충격을 준 것이다. 그리고 감상자의 경험을 의도대로 형성하여 예술가 자신이 목적했던 바를

예술과 그 가치

달성하기 위해 이들 작품에서 사용된 예술적 수완은 훈련의 결과로 어렵게 얻은 것이며 효과적이다. 하지만 예를 들어 예술이란 무엇인가 같은 질문을 너무 익숙한 방식으로 묻고 강조하고 있는 몇몇 개념예술과 설치예술, 레디메이드들의 안이함은 예술적으로 무능하고 평범한 것에 편안한 안식처를 제공할 뿐이다. 만약 우리가 그러한 예술에 집중한다면 우리는 당연히, 사물을 새롭게 만들기는커녕, 이미 재활용된 것의 끝없는 재활용을 보고 있다는 생각을 하게 될 것이다.

인문주의적 예술의 부활

하지만 비록 부분적으로는 설득력이 있을지 몰라도, 예술적 절망으로부터 나온 이러한 충고는 오해이며 잘못된 판단이다. 이 관점은 현대예술의 특징에 대한 편파적 오해이며, 그 관점 자체가 바로 자신이 비난하는 현상의 피해자이고, 현대예술을 향한 우리의 태도가 어떠해야 하는지에 대한 그릇된 평가에 근거하고 있는 것이다. 우리가 현대예술에 의해 속고 있다고 주장하는 이러한 분석이 놓치고 있는 한 가지는 가장과 사기의 위험이 어떤 종류의 현대예술에 있어서는 그 특징의 일부라는 사실이다. 많은 현대예술가들은 시각매체반응을 디지털적으로 조작하거나 또는 체제 전복적 제스처를 수행하는 등의 방식으로 꽤나 고의적으로 거짓말을 하는데, 이것은 감상자가 가진 가정들에 대한 일종의 테스트이다. 우리가 그러한 예술들에 대한 적극적 감상을 진지하게 수행할 때마다 기만당할 위험이 있다는 것은 사실이다. 하지만 이때의 위험은 그 작품들이 우리 자신을 연루시키는 방법에서부터 오는 측면이 있다. 즉 여기에 포함된 위험이란 우리 자신의 반응, 우리의 '정교한' 예술적 식별력과 판단들이 그 자체로 부정직한 것임을 폭로하겠다고 위협하는 것이다.[11] 때로 이것은 새로운 임금님이 벌거벗은 경우가 아니라, '잘난 척 하던' 구경꾼이 벌거벗겨지는 경

　　　　　　　　　　　　　　진리는 인문주의 속에

우에 해당할지도 모르겠다. 사실, 예술적 판단 능력을 갖추려면 예술적 전통들 속에서 현재 진행 중인 발전에 친숙해야 한다는 그린버그의 주장을 특히 명심한다면, 왜 스크러턴, 소월 등등의 진영에서 나오는 많은 현대예술에 대한 비난이 그렇게 거세고 날카로운지가 설명될지도 모르겠다. 그들은 바로 그러한 우려, 즉 현재 진행 중인 발전에 친숙하지 않아 판단능력이 부족한 자신들의 판단의 부정직성이 폭로될지 모른다는 우려를 드러내고 있는 것이다.

이 절망적인 견해를 부추기게 된 것 중 하나는 20세기의 초반부와 현재 사이의 잘못된 대조이다. 만약 우리가 지난 백여 년을 돌아본다면 위대한 예술적 성취를 달성한 경우로 세잔, 피카소, 마티스 그리고 많은 다른 예술가들의 작품을 지적할 수 있을 것이다. 이들의 작품들을 지겹게 되풀이되는 미니멀리즘, 개념예술, 신표현주의, 정치적으로 '급진적'이고 충격적인 작품들 — 절망적인 견해가 볼 때, 위대했던 지난 시대를 마감하고 새 시대로 옮겨갔다고 볼 수 있는 작품들 — 과 비교해 보면, 실로 우리는 예술적으로 완전히 소진된 단계에 다다른 것처럼 보일지도 모르겠다. 하지만 만일 이러한 대조가 두 시대를 잘 대변해 주고 있는 것이라 치더라도, 그렇다고 해서 우리의 상황이 특별히 절망적이라고 볼 수는 없다. 어떤 시대건 그 시대의 대부분의 예술이 뛰어나야 한다는 것은 이상한 생각이다. 르네상스나 현대예술의 태동기 같은 예술적인 시대는 드물다. 어느 한 시대에서 만들어진 예술이 지극히 평범한 것이 오히려 더 일반적인 경우이다. 위대한 예술적 혁명이 만발하는 것은 당연히 비전형적인 경우이다. 그러므로 만약 우리가 데이빗 호크니(David Hockney)나 프랭크 아워바흐(Frank Auerbach) 또는 제프 월과 같은 일부 탁월한 예외를 제외하고는 현대예술이 일반적으로 그저 그렇다는 데에 동의할지라도, 그렇다고 해서 우리가 예술사의 대부분의 다른 시대보다 더 나쁜 상황에 처해 있는 것은 아니다. 또한 어쩌면 현대예술이 깊은 독창성을 가진 작품을 만들어 내는 데에 있어 실패했을 수도 있겠지만, 이에 대해

예술과 그 가치

서도 우리가 너무 성급히 조소를 보내서는 안 될 것이다.

　예술적인 진보는 별의 연속적인 폭발, 즉 위대한 한 시기의 빛이 서서히 사그라질 즈음 그 다음 별이 예기치 않았던 어디선가에서 폭발하는 식으로 이루어지는 것처럼 보일지 모른다. 하지만 이러한 모습은 잘못된 것이다. 예술적 전통의 깜짝 놀랄 변화와 재구성은, 위대함에는 못 미치더라도 충분히 좋은 작품을 창조하면서 전통적인 매체를 지켜가고 있는 예술가들, 자신들을 낳아준 전통을 끊임없이 시험하거나 발전시키거나 정련시키는 방식으로 새로운 매체를 탐험하는 재능이 덜한 많은 예술가들의 노력에도 부분적으로 의존하고 있다. 미켈안젤로의 <피에타>는 그 장르를 발달시킨 네덜란드를 위시한 북유럽 저지대(低地帶) 국가들의 예술가들이 없었더라면 만들어지지 못했을 것이다. 아마도 영국의 첫 번째 풍경화가인 리처드 윌슨(Richard Wilson)의 전례가 없었더라면 터너는 자신의 실험을 가능하게 한 전통 — 터너는 자신의 그림이 그토록 밝은 효과를 얻을 수 있을 때까지 빛과 대기와 움직임을 가지고 형식적인 실험을 했다 — 을 갖지 못했을 것이다. 그리고 루소(Rousseau), 도비니(Daubigny), 트루아용(Troyon)과 같은 프랑스 풍경 화가들로 구성된 바르비종(Barbizon)파는 후에 인상파 화가들에게 아카데미 회화를 거부할 수 있는 힘을 주었을 수도 있다. 꽤 좋다고 할 정도의 작가들이 추구했던 아이디어와 실험, 관심사들이 정말로 위대한 작가들을 위한 배경과 원동력과 자극을 제공하는 경우가 자주 있다. 일반적으로 철학이나 과학과 마찬가지로 예술에서도 인간의 진보는 개별적인 천재의 작품에게 의존하는 만큼이나 이른바 예술계의 소총수들에게도 의존하고 있다. 그리고 예술계의 소총수들에게 요구되는 것은 위대함에는 못 미치더라도, 그저 꽤 좋음 정도이다. 그러므로 만약 우리가 앞서 언급한 그 대비를 받아들인다 해도, 그것이 오늘날의 예술이 유례없이 볼품없다는 것을 뜻하는 것은 아니며, 단지 우리 시대가, 흔히 있어 왔던 대로, 예술적 천재의 시대가 아니라는 사실만을 말해 줄 뿐이다. 어떤 예술

　　　　　　　　진리는 인문주의 속에

적 시대도 천재의 시대가 아니라는 이유로 비난받아서는 안 된다. 그리고 그 때문에 절망해서도 안 된다. 흥미롭고 경험해 볼 만하며 보고 즐길 만한 작품들은 여전히 만들어지고 있다. 그러한 작품들 없이는 미래에 위대한 예술의 시대가 나타나는 데에 필요한 배경이 마련되지 못할 것이다.

한편 우리는 현대예술이 완전히 소진되어 버렸다는 선언을 얼마만한 확신을 가지고 할 수 있는지도 의심해 보아야 한다. 왜 우리가 현대예술이 다소 고갈되고 활기를 잃었다는 판단을 받아들여야만 하는가? 확신이 있다는 것은 우리가 그러한 판단을 내리기 좋은 위치에 있음을 가정하고 있다는 뜻이다. 그러나 합리적으로 생각해 보건 예술사에 비춰 보건, 우리의 판단이 잠정적이어야 할 이유가 가장 많은 예술 시대는 바로 우리 자신의 시대이다. 모든 위대한 예술가가 당대에는 이해받지 못했다는 것은 신화이다. 미켈안젤로로부터 조슈아 레이놀즈에 이르기까지, 많은 예술가들이 그들의 경력 초반부터 정당하게 찬미되었다. 하지만 위대한 예술가들이 동시대인에 의해 때때로 무시당하거나 경멸적으로 배척당했다는 것도 사실이다.

세잔은 1906년 사망하기 바로 직전에서야 비로소 영국 미술계에서 알 만한 인사가 되었지만 그나마도 혼란스럽고 서투르며 단순한 화가로서 알려졌다. 같은 시대에 높이 찬양받았던 것은 알마 타데마, 레이턴과 같은 작가들의 작품들과, 그 밖에, 재능은 있지만 별로 독창적이지 않은 빅토리안 풍의 작품들이었다. 1905년 그래프턴 갤러리 (Grafton Galleries)에서 있었던 화상(畵商) 뒤랑 뤼엘(Durand-Ruel)의 전시회에 나왔던 세잔의 작품은 거의 완전히 무시당했다. 그러나 서서히, 많은 부분 로저 프라이(Roger Fry)와 블룸스베리(Bloomsbury) 그룹의 노력에 힘입어, 세잔은 현대예술이 야만으로 퇴보했음을 드러내는 신호가 아니라, 현대예술의 부흥을 이끄는 핵심으로 여겨지게 되었다. 이러한 잘못된 판단이 쉽게 일어날 수 있는 한 이유는, 흄이 지적했듯이 우리의 판단은 자주 유행의 변덕과 비평적 편견 또

는 사회문화적인 믿음과 태도에 지나치게 영향을 받곤 하기 때문이
다. 작품이 우리의 편견에 호소하거나 또는 저항한다는 이유로 그 우
수성이 과대 또는 과소평가될 위험은 항상 존재한다. 이것이 일반적
으로 사실임은 물론이고, 현대의 예술을 고려해 보면 더 통렬하게 사
실이다. 클레멘트 그린버그는 약간 다른, 좀더 세련된 이유를 제시한
다.[12] 예술감상능력, 특히 현대예술에 대한 감상능력이 있으려면 판단
의 대상이 되는 예술의 종류가 어떤 압력 하에 있었으며, 무엇을 목표
로 어떻게 발전되어 왔는지 파악하고 있어야 한다. 그러한 교육과 이
해가 없는 사람의 감상과 판단은 별로 추천할 만하지 않을 것이다. 그
런 사람의 시력이나 취미나 상상력의 섬세함에 문제가 있다는 뜻은
아니다. 단지 그 사람들은 어떤 종류의 작품, 예를 들어 추상예술 같은
것을 감상하기에 좋은 위치에 있지 못하다는 뜻이다. 만약 그들이 그
종류의 예술적 취미의 발전과 관계된 압력과 고민을 이해하지 못한다
면 말이다.

우리 문화는, 명성이 되었건 악명이 되었건, 유명인사라는 존재에
광적으로 집착하고 있다. 그래서 특정 유명인사가 어떻게 생겼는지,
그들의 공적이고 사적인 모습은 어떤지, 그들이 무엇을 하려고 하는
지 등에 관심을 가지는 것이 유행하는 시대정신의 일부이기도 하다.
이제는 이런 것들을 알아보고, 그것들에 관심을 가지고, 그러는 중에
즐거움을 얻는 것이 의식적으로 관심을 기울이는 영역이 아니라 차라
리 우리의 무의식적 성향이 되어 버렸다고 해도 될 정도이다. 심지어
이런 상황을 비난하는 사람들조차도 그런 것들에 흥미를 느끼는 자신
을 발견하게 되는데, 이것은 우리의 문화가 유명인사에 대한 동경과
남의 불행을 고소해하는 마음에 얼마나 속박되어 있는지를 보여 주는
것이다. 이러한 맥락에서, 예술이 그러한 흥미의 대상을 다루거나 묘
사하는 경우, 그런 예술에 대해서 비판적으로 생각하는 것은 훨씬 더
어려운 일이 된다. 2001년에 런던에 있는 국립 초상화 미술관(Na-
tional Portrait Gallery)에서 마리오 테스티노(Mario Testino)의 초상

진리는 인문주의 속에

사진 전시회가 열렸었다. 나중에 이 전시는 국제적으로 순회전을 갖기도 하였다. 테스티노는 잘 알려진 패션 사진작가로, 그의 유명한 고객 셋만 꼽아보더라도, 패션 잡지『보그(Vogue)』, 베르사체 그리고 구찌가 있다. 그 전시는 케이트 모스와 같은 슈퍼모델에서부터 마돈나 같은 가수와 귀네스 팰트로와 같은 영화배우, 그리고 다이아나 왕세자비에까지 이르는, 부자이면서 유명한 사람들의 초상으로 이루어졌다. 주로 딱딱하지 않은 포즈를 택하고 있는 그의 사진으로부터 색에 대한 감각과 상당히 잘 조직된 구성적 요소들을 찾아볼 수 있다. 매끈하게 광택이 나는 그의 사진들의 표면은 이 세상이 노력 없이도 얻을 수 있는 아름다움과 성공과 재미로 이루어진 것이라는 느낌을 강화시킨다. 이 전시에 대해 도가 지나쳤다고 볼 수도 있는 많은 분량의 비평들이 쏟아져 나온 것은 별로 놀랍지 않다. 하지만 흥미로운 점은 그러한 야단법석에도 불구하고 테스티노에게 독특한 사진 양식이 있는 것도 아니고 즉각적으로 명백히 눈에 보이는 것을 넘어서서 우리의 경험을 가치 있게 하는 그 어떤 것이 있는 것도 아니다. 그와 대조되는 작가로, 만 레이, 블루멘펠트(Blumenfeld), 어빙 펜(Irving Penn), 카르티에-브레송, 빌 브란트 또는 마틴 파(Martin Parr)와 같은 사진작가들 — 당신이 그들의 작품들을 알고 있기만 하다면 — 을 지적하는 것은 쉬운 일이다.

펜의 독특한 작품 <할리퀸 드레스 (리사 폰스그레이브스-펜) The Harlequin Dress (Lisa Fonssgrives-Penn)>(1950)를 살펴보자. 볼륨이 풍부한 드레스의 주름은 큰 파도 모양을 이루면서 펼쳐 나가고, 우리의 시선은 촘촘히 주름이 잡힌 허리로 모인다. 흑과 백의 대비되는 질감과 색조는 깊이를 더하고, 가면 같은 얼굴과 장신구들은 인물을 배경으로 만들어버려, 사진의 진짜 주제가 드레스임을 드러내 준다. 이런 방식의 시각적 구도와 모델의 사용이 바로 펜의 사진을 독특하게 만드는 것 중 하나이다. 이번에는 마틴 파와 같은 완전히 다른 종류의 사진작가를 생각해 보자. 파는 현재 가장 영향력 있는 사진작가 중 한 명인데, 그가 매그넘 사진 작가 협회에 회원으로 선정된 것은 큰 논쟁을 일으켰다. 특히 카르티에-브레송이 그의 선정을 반대한 것은 잘 알려져 있는데, 카르티에-브레송은 그 이유로 파의 다큐멘터리 양식, 특히 1980년 이후의 작품들이 현대 사회의 허무주의적인 흐름을 반영한다는 점을 들었다. 이것은 파의 초기 작품에서는 찾아보기 어려운 점이다. 파의 사진 속에 드러나는 잉글랜드 북부지역의 초상, 특히 노동자와 중·하류층 계급에 밀착된 그의 묘사는 사라져가는 전통적인 삶의 방식에 대한 부드럽지만 가슴을 저미는, 경우에 따라서는 비꼬는 듯도 한, 그런 분위기를 담고 있다. 여기서 우리는 사람들, 가족들, 친구들이 낡은 마을회관이나 오랜 풍상을 겪은 운동장, 또는 마을 축제에 모여 있는 모습을 찍은 흑백사진들을 보게 된다. 하지만 1980년대에 마틴 파는 소비주의로 나아가는 영국 노동계층의 사회적 움직임을 숨김없이 기록하는 컬러 사진으로 옮겨갔다.

예를 들어 위럴(Wirral) 지방의 뉴 브라이튼(New Brighton)에서 찍은 파의 사진 연작 <마지막 행락지 The Last Resort>(1985)는 퇴락해가는 해변 리조트로 휴일을 즐기러 나온 사람들의 모습을 보여 준다. 자기 아기들을 내팽개쳐 두고 선탠을 즐기고 있는 사람들, 미인 대회 퍼레이드를 하고 있는 소녀들, 아이스크림 가판대에 모여든 군중들이 욕심 사납게 자기 것을 먹어대느라 옆에 있는 다른 사람들을 아랑곳 하지 않는 모습 등. 우리는 왜 파의 작품에서 일어난 이러한 변화가 많은 이들을 섬뜩하게 했는지 쉽게 알 수 있다. 하긴 정말 섬뜩한 것은 혹시나 그의 작품이 아니라 그의 사진이 기록한 대상이 아닌지는 생각해 볼 일이지만 말이다. 그의 작품이 정말로 냉정한지는 분명히 말하기 어렵다. 그의 작품은 종종 빈정대는 투로 보이기도 하고 점잖게 익살스럽기도 하기 때문이다. 그럼에도 불구하고, 파의 스타일에서 독특한 점은 6×7cm의 카메라와 일광 플래시를 사용하여 얻어진 그의 이미지들이 선명도가 높고 조명이 거친 특징을 갖고 있다는 점이다. 그가 주로 택하는 와이드 앵글 형식은 가깝게 밀착되어 개

진리는 인문주의 속에

파, <마지막 행락지, 아이스크림 가게의 소녀>(1985) © Martin Parr/Magnum Photo

인적으로 친밀하다는 느낌을 잃지 않으면서도 동시에 집단들과 개인
들의 역동적인 사회적 상호작용을 포착할 수 있도록 해준다.

　　그의 아이스크림 가판대에서의 사진들 중 하나, 손을 허리에 올려
놓고 카메라를 응시하고 있는 종업원 여자 아이가 있는 사진을 보면,
파가 이런 식으로 달성할 수 있었던 독특한 효과가 무엇인지 알 수 있
게 된다. 이 사진에 담긴 빛, 선명함, 그리고 평면성은 모두 각각의 개
인들이 각자의 생각과 행동에 빠져 있는 정지된 순간의 느낌을 강화
시킨다. 화면 왼쪽에 쌓여 있는 콘들은, 카운터로 몰려들어와 아이스
크림에 손을 뻗치거나 또는 아이스크림을 먹느라 정신없는, 결코 끊
일 것 같지 않은 고객들의 지칠 줄 모르는 요구에 부응할 준비가 되어
있다. 왼쪽의 작은 남자 애는 빨리 자기 차례가 왔으면 하는 마음에
앞선 소년 너머로 손을 뻗고 있고, 그 앞에 있는, 이미 아이스크림을

　　　　　　　　　　　　　　　　　　　예술과 그 가치

손에 든 사춘기 초반의 소년은 이제는 여자 종업원의 가슴에 눈이 고정되어 있다. 하나의 욕구가 또 다른 욕구를 제압하는 순간이다. 음식을 입에 넣고 있는 작은 여자 아이는 자신의 장래 모습일지도 모르는 종업원 아이와 같은 모습으로 카메라를 응시하고 있다. 카운터의 소녀 자신은 감정이 섞이지 않은 경멸을 담은 채 카메라를 무표정하게 바라보고 있다. 파가 발전시킨 시각적인 언어는 그로 하여금, 이제는 전통적인 공동체의 보존 같은 것은 안중에도 없이 소비의 기쁨에 온통 정신이 팔리게 되어 버린 한 계층이 보여주는 욕구에 가득 찬 동경과 소외를 잘 포착할 수 있도록 해주었다.

이제 펜 또는 파에 대해서 이야기할 수 있을 만한 것들과 테스티노의 초상사진들에 대해 말하기 적당해 보이는 것들을 대조시켜 보자. 테스티노의 작품을 갖가지 고급 패션잡지들에 실린 괜찮은 사진들과 비교해 보라. 그 둘은 분간이 되지 않을 것이다. 그 사진들을 보면 당신은 즉시 찍힌 사람들, 맥 라이언, 케이트 모스, 리즈 헐리에 정신이 팔릴 것이고, 그들의 격식 없는 모습도 인공적으로 꾸며진 것이고, 그들의 값비싼 우아함도 다 연구된 결과라는 것을 알게 될 것이다. 그리고 그것이 전부이다. 아테나 여신을 닮은 포스터들의 피상성이 좀더 고상한 취향을 드러낸다는 것을 제외하고는 선, 색, 표현, 또는 포즈의 흥미로운 병치 같은 것은 없으며, 인물에 대한 통찰이나 이해 또는 깊이도 없다. 그 대상들은 서로 간에 대체가능하다. 이 사진들은 자신들이 묘사하고 있는 피상적인 화려함을 말없이 찬양하고 있는 것이다. 이 작품을 보는 사람은 교활한 사진작가가 일부러 사물들의 피상적 표면 위로만 미끄러져 다닌다는 인상을 받는 것이 아니라 피상적 표면밖에 없는 작가라는 인상을 받는다. 요지는, 테스티노의 사진은 과대평가를 받고 있다는 것이며 그 이유는 그가 찍는 대상과 그의 찍는 방식이 오늘날 수많은 사람들이 빠져 헤어나지 못하고 있는 유명 인사들의 매력의 전형이기 때문이라는 것이다. 이것이 또한 어쩌면 사람들이 말하는 것만큼 그의 사진이 훌륭하지 않다는 것을 많은

　　　　　　　　　　　　　　진리는 인문주의 속에

이들이 알아차리지 못하는 이유일 수도 있다. 다른 사람들이 그들의 흥미, 태도, 열망 때문에 맹점을 가지고 있는 것처럼, 우리 역시 그러하다. 우리는 그런 것들이 우리 자신의 예술적 판단에 영향을 줄 수 있는지를 비판적으로 반성해 볼 수 있으며, 그럼으로써 더욱 비판적이 될 수 있다. 그러나 그 일은 심리적으로 우리에게 먼 것보다는 가까운 것일수록 더욱 어렵다. 따라서 우리는 몇 백 년 전에 거의 같은 일을 했던 화가들의 가치를 평가하는 데에는 훨씬 더 좋은 위치에 있다고 할 수 있다.

조슈아 레이놀즈는 오늘날의 테스티노처럼, 당대의 위대하고 훌륭한, 악명 높은, 그리고 매혹적인 사람들을 그리는 초상화가로 매우 인기가 있었다. 그는 유럽 대륙의 화가들을 제치고 인기가 있었던 최초의 영국 화가였으며, 장엄 양식(the grand style)에 대한 진정한 최초의 거장이었고, 과거 예술에 대한 조예가 매우 깊었다. 우리는 아마 말보로 가족이 누구인지도 모를 것이며, 그들이 누구인지 별로 관심도 없을 것이다. 그러나 말보로 가족을 그린 레이놀즈의 그림을 보라. 개들과 함께 있는 여덟 사람을 결합시키고 있는 구도는 계속해서 변화하며, 복잡하고 역동적이다. 몸짓과 자세와 표현들은 가족들의 관계, 부모의 권위, 아이들의 장난기 그리고 그들을 함께 묶어 주는 유대감을 잘 전달한다. 공식적인 초상화에서는 아니지만, 그의 보다 격식 없는 작품들에서는 작품 대상의 성품에 대한 그의 깊은 통찰력이 드러나고 있다. 그러나 세월이 지나서 사람들이 테스티노의 초상 사진에 찍힌 사람들의 대부분을 들어 보지도 못했거나 관심도 없게 되었을 때, 그때에도 사람들이 테스티노의 작품들에서 많은 것을 얻을 수 있을 지는 불분명하다.

당대의 편견에 자신을 맞추지 못한 예술가들이 쉽게 무시되는 현상 또한 마찬가지이다. 20세기 대부분 동안, 그리고 지금도, 현대예술의 발전에 대한 표준적인 설명은 세잔에서 시작해서 입체주의를 거쳐 회화적 추상, 팝아트 그리고 개념예술로 이어진다. 이러한 설명의 배

　　　　　　　　　　　　　　　　　예술과 그 가치

후에 놓인 이론적 근거는, 아방가르드로 칭해지는 20세기 예술의 독창적인 발전은 추상으로의 흐름으로 이해될 수 있다는 생각이다. 이렇게 생각하게 된 데에는 예술의 중심지로서 파리가 쇠퇴하고 미국이 중요해진 것도 부분적인 이유가 되며, 따라서 이는 그 후 미국 예술의 발전에 대한 가장 정합적인 설명이 된다고 주장되어 왔다. 물론 여기에서 추상은 그림과 예술을 구성해 왔던 전통적 요소들의 해체 및 일상적 사물에 대한 시각적 전유까지도 그 개념 속에 포함하는 것으로 생각된다는 점을 기억해야 한다. 실제로 아서 단토의 유명한 예술의 종말 테제는 주장하기를, 20세기의 예술의 진보는 예술품이 모방적 또는 표현적 특질을 지닌 작품에서 사물 그 자체로 변한 데 있다고 한다. 뒤샹의 레디메이드나 워홀의 브릴로 상자와 같은 사물들이 그런 예인데, 이들은 그 사물을 둘러싸게 된 예술이론과 예술계의 제도에 힘입어 예술로 변모된 것들이다.[13]

문제는 이러한 종류의 내러티브와 그리고 그 속에 관련되어 있는 예술적 가치에 대한 개념이 지나치게 예술계와 그 제도들 그리고 '공식적' 역사 안에만 머무르는 경향이 있다는 것이다. 일단 이러한 배경이 깔리면 지난 한 세기동안 영국 예술의 역사가 전형적으로 어떻게 기술될지 예상하는 것은 쉬운 일이다. 예를 들어, 후기 인상주의자들을 사랑했던 블룸스베리 그룹에 이어 세인트 아이브스 화파, 벤 니콜슨의 깔끔한 추상부조, 그리고 1960년대의 안소니 카로(Anthony Caro), 리처드 해밀턴, 브리짓 라일리(Bridget Riley)와 같은 예술가들의 작품이 등장했고, 1970년대의 '미술과 언어' 운동은 길버트와 조지(Gilbert and George), 사라 루카스(Sarah Lucas), 데미언 허스트 그리고 채프먼 형제와 같은 사람들로 이어지면서 계속되었다는 식이다. 이런 식으로 영국 현대미술사를 기술하고 나면 20세기 영국 미술을 종종 대서양 건너편 미국에서 일어난 발전의 못난 사촌동생쯤으로 여기게 되는 것도 무리는 아닐 것이다. 이 과정에서 윈댐 루이스(Wyndham Lewis) 같은 소용돌이파나 폴 내시(Paul Nash), 스탠리 스펜서

　　　　　　　　　　　　　진리는 인문주의 속에

(Stanley Spencer), 월터 시커트(Walter Sickert), 헨리 무어(Henry Moore), 프란시스 베이컨, 데이빗 호크니, 프랭크 아워바흐 등의 특이해 보이는 예술가들은 거의 인정을 받지 못하거나, 다른 예술흐름과 관계없이 홀로 고립된 작가들로 여겨졌다. 이러한 비평적 선입견을 고려하면 많은 정말로 훌륭한 영국 예술가들이 최근까지도 대체적으로 저평가되어 왔던 것은 놀라울 것도 없다. 그들의 작품은 20세기 예술의 지배적인 내러티브에 들어맞지 않거나 그 속에 불편하게 자리 잡고 있는 것이다.

프랭크 아워바흐가 이 점을 잘 보여 주는 예이다. 1939년 어린이였을 때 베를린에서 이민 온 그는 버러 폴리테크닉(Borough Poly-technic)에 들어가 데이빗 봄버그(David Bomberg)에게서 배웠으며, 그 후에는 세인트 마틴을 다니며 레온 코소프(Leon Kossof)를 만났고, 최종적으로는 왕립예술대학(Royal College of Art)에서 공부하였다. 1970년대에 그는 프로이트, 베이컨, 코소프, 키타이(Kitaj) 같은 예술가들과 함께 구상화를 그리는 작가들의 전시회에 참여했다. 이 중 키타이가 전시될 그림들을 선택하였으며 그는 이 예술가 그룹을 '런던 화파(School of London)'로 명명했다. 이 예술가들이 동질적이고 긴밀한 관계의 화파를 형성했다고 생각하면 오해인데 왜냐하면 이 예술가들 간의 차이는 여러 가지로 다양했기 때문이다. 하지만 1970년대의 예술계 상황을 생각해 보면, 그들이 동일한 예술적 담화에 몰두하는 통일성 있는 단체로 보일 만도 했을 것이다. 왜냐하면 이 그룹의 예술가들은, 비록 서로가 가진 관심사는 달랐지만, 당시에 진보적이고 흥미롭고 독창적이라고 여겨졌던 모든 것들과 완전히 반대되는 구상적인 전통을 추구함으로써 시대적 조류를 거슬렀기 때문이다. 아워바흐의 작품은 긁어내고 벗겨낸 자국이 있는 두꺼운 물감층을 계속 덧씌워 쌓아 놓은 것이어서 거의 조각처럼 보인다. 그는 일군의 사람들 ― 그 중 몇몇은 30년이 넘도록 그의 모델이 되어 주고 있다 ― 이나 런던의 도시 풍경을 반복적으로 자신의 주제로 삼고 있다.

예술과 그 가치

아워바흐, <티치아노의 '바쿠스와 아리아드네'에 대한 스케치 석 점>(1970-1), 판권 작가 소유, 런던
Marlborough Fine Art로부터 승인 취득. 사진 © Tate, 런던 2003

아워바흐, <바쿠스와 아리아드네>(1971), 판권 작가 소유, 런던 Marlborough Fine Art로부터 승인 취득. 사진 © Tate, 런던 2003

작업이 진행되면서 그 주축이 되는 과정의 하나로 추상화 단계가 포함되게 된다. 주제를 세밀하게 스케치하거나 회화적으로 묘사하는 데에서 출발한 후, 나중에 아워바흐는 대상의 근저에 흐르는 리듬, 운동감, 그리고 선명함에 초점을 맞추어 재현적인 형체들을 보다 기본적인 선과 색조와 명암으로 바꾸는 과정을 다시 시작한다. 그는 회화의 방법들을 번역하여 그가 출발했던 소묘로 돌아가는 것이다. 소묘에서 하듯 물감으로 문지르고 얼룩 지게하고 덧그리면서.

아워바흐의 예술적 작업과정은 그 핵심에 있어서는 우리가 <분홍 누드>로 귀결되는 마티스의 연작이나, 순수한 기하학적 형상에 이르기 전의 몬드리안의 초·중기에 대해 논의하면서 이미 살펴보았던 추상화의 과정과 많은 공통점을 갖고 있다. 차이점은 튀어 나오고, 뚝뚝 떨어뜨려지고, 비어져 나오고, 캔버스 전체에 매대기쳐진 물감의

예술과 그 가치

완전히 촉각적인 물질성에 있다. 아워바흐가 캔버스를 물감으로 지워버리고, 같은 캔버스의 이전의 물감층 위에 더욱 추상적인 버전의 그 다음 그림을 그리면, 그에 따라 물감의 불투명도와 명도는 더 증가한다. 여러 층을 이룬 물감의 삼차원성은 그것들의 조각적인 특질을 설명하는 데 도움을 준다. 처음에는 그의 작품에서 구상적인 요소나 대상의 자세를 알아보는 것이 힘들지 모른다. 하지만 강한 선들, 물감의 소용돌이, 그리고 시각 면들을 자세히 들여다보면 대상의 모습이 드러나는 것을 볼 수 있다. 그리고 그렇게 하는 데에 적응됨에 따라 판독할 수 없는 시각적 퍼즐처럼 보였던 작품들이 보다 명료하게 형태 지어진 것으로 드러날 것이다. 캔버스에서 형체들이 드러나는 것을 보는 것, 어떻게 그 단순하고 빽빽한 물감의 윤곽이 서로 다른 요소들을 연계시켜 주는지를 지각하는 것은 물감의 물질성을 부각시킨다. 즉 사실상 이차원인 캔버스를 보는 행위이지만 그와 동시에 그것은 독특한 특질과 성격을 지닌 삼차원의 대상을 보는 경험이기도 한 것이다. 아워바흐 작품의 성공은 부분적으로는 시각체계가 어떻게 가장 기본적인 색과 선과 질감의 패턴들을 완전한 형태로 이해하고 완성시키게 되는지를 우리에게 보여 준 덕분이다. 정확함을 얻기 위해 많은 훈련을 힘들게 거친 그는 매체 자체를 강조하면서도 동시에 결국은 그러한 물감의 물질성을 통해 대상이 가진 고유한 느낌이 우리의 경험 속에까지 들어올 수 있게 하려고 노력한다. 보는 이로 하여금 그려진 주제와 물질적인 표면 사이를 시각적으로 왕복하게 하는, 그러면서 주제와 표면이 서로를 이해하기 어렵게 만들고, 놀라게 하고, 상호 침투하게 되는 방식은 참으로 대단한 성취이다.

하지만 이 모든 것에도 불구하고 분명히 1980년대 후반까지 아워바흐는 전통적인 회화적 관심을 유지한 채 예술적으로 더 나올 것이 없는 구상이라는 전통을 경작하고 있는 괴짜 정도로만 여겨졌다. 로버트 휴즈의 지적에 따르면, "비평가 스튜어트 모간(Stuart Morgan)은 『보그』의 독자들에게 아워바흐는 그 자신의 나르시즘 때문에

진리는 인문주의 속에

같은 일을 계속 반복하도록 저주받은 '특종 고집불통 영국인'이라는 점을 확인시켜 주었다"고 하는데, 이 같은 경우가 1986년에 아워바흐에 대한 일반적인 반응이었다.[14] 아워바흐의 작품은 평면적인 색면회화, 팝아트의 아이러니, '미술과 언어' 유파의 극단적인 개념에 대한 관심, 전자매체와 대중매체에 대한 폭발적인 흥미 등과 같은 당시 잘 받아들여졌던 예술들과는 아무 명백한 연관이 없었다. 요즘에 와서야 여러 사람들, 특히 로버트 휴즈 같은 이의 옹호에 부분적으로 힘입어 아워바흐는 심각하게 고려할 만한 좋은 화가로서 정당하게 인식되게 되었고, 2002년 로열 아카데미 전시로까지 이어졌다. 하지만 그의 예술 경력의 많은 부분 동안 그는 일종의 비평적 배제를 당했었다. 왜 그랬었는가는 이해할 만하다. 예술계에도 지적, 비평적 유행이라는 것이 널리 퍼져 있기 때문이다. 아워바흐의 경우는 예술가가 살았던 시대의 비평적 편견 때문에 예술가의 가치가 과소평가 받을 수 있음에 대한 최고의 예이다.

영국 미술에는 20세기 예술의 발전에 대한 전형적인 모더니즘적 설명에 맞지 않는다는 이유로 과소평가된 좋은 작품들이 많다. 특히 이것은 왜 풍경화와 구상화의 전통 내에서 작업하는 경향이 있었던 예술가들이 너무나 쉽게 무시되어 왔는지를 설명해 준다. 반면에 유명인사에 대한 몰두에서부터 미니멀리즘, 개념예술, 레디메이드의 많은 작품들에 대한 비평적 과대평가에 이르기까지, 문화적 시대정신에 대한 어떤 흥미를 반영하는 작품이 있는데, 이들은 반드시 예술적 가치가 실현되지는 않았더라도 그저 관련성만을 얻는 데 힘쓴 작품들에 대해 왜 과장된 주장들이 난무하는지 설명해 준다. 절망적인 충고를 하는 이들은 이 점을 인식하는 데에 실패했을 뿐만 아니라 그들의 주장 자체가 언급된 바로 이 현상의 피해자이다. 왜냐하면 현대예술을 논하는 데 있어서 그 절망적인 사람들의 초점은 거의 대부분 가장 잘 알려진 작품들에만 맞추어져 있기 때문이다. 그리고 우리가 살펴본 대로 현재 가장 많이 다루어지고 있는 작품이 현재 만들어지는 작품

예술과 그 가치

들 중 가장 가치 있는 것이라는 가정은 의심할 이유가 충분히 있다. 더 나아가 절망적인 충고를 하는 이들은 현대의 모든 개념적이고, 탈관습적인, 또는 덜 전통적인 예술형식들의 결점과 관련하여 성급한 일반화를 한다. 즉 어느 특정 작품들의 부족한 점을 마치 모든 멀티미디어 예술, 개념예술, 레디메이드 예술의 본래적인 결함이 드러나는 것으로 받아들이는 것이다. 이는 그들이 예술성의 실현을 편견을 버리고 공감적으로 찾아보는 데에 실패했음을 알려 주는데, 왜냐하면 이러한 형식으로 제작되었으면서도 매우 가치 있는 작품들도 많이 있기 때문이다. 절망하는 사람들은 탈관습적이거나 충격적이거나 개념적인 어떠한 현대예술의 성취든지 위대한 것으로 찬양하는 사람들만큼이나 근시안적이다. 왜냐하면 그들은 현대예술의 매우 왜곡되고 부분적인 특징을 액면 그대로 받아들이기 때문이다. 다만 한쪽은 찬양하는 것을 다른 한쪽은 유감스럽게 생각하고 있는 차이만 있을 뿐이다.

현대 영국미술과 세계미술 모두에서 몇 명만 예를 들더라도, 토니 크랙, 리처드 롱, 안드레 세라노, 브리짓 라일리, 션 스컬리(Sean Scully), 패트릭 콜필드(Patrick Caulfield), 제프 월, 브루스 나우만, 신디 셔먼, 질리안 웨어링, 이들 모두는 현대예술의 위태로운 상태를 비난하는 사람들에 의해 제시된 현대예술의 특징을 가지고 있는 작가들이다. 하지만 이들을 진지하게 비평적으로 고려해 본다면 이들의 예술적 가치를 부인하기는 어려울 것이다. 진지한 비평은커녕 정반대로 그 절망하는 사람들은 프랭크 아워바흐나 데이빗 호크니, 하워드 호지킨(Howard Hodgkin), 아니시 카푸어(Anish Kapoor), 에릭 피슬(Eric Fischel)과 같이 매우 진지하고 감상할 만한 작품을 만드는 예술가들에 대해서는 좀처럼 이야기하지 않는다. 그 이유가, 현대예술에 대한 지식이자 이해라고 통용되는 캐리커처에 그러한 예술가들이 깔끔하게 들어맞지 않기 때문임은 의심의 여지가 없다. 어떤 측면에서 현대예술이 기진맥진한 상태라는 생각, 즉 피곤에 지쳐 그저 식상한 기호와 아이디어, 진부한 혐오감을 열등하게 흉내내고 있을 뿐이라는

진리는 인문주의 속에

생각에는 일말의 진실이 들어있다. 그러나 우리는 사태의 현황을 과장하지 않도록 주의해야 한다. 현대예술은 우리가 믿게 된 것보다는 훨씬 더 다양하고 활기 있다. 현대예술을 이해할 수 있게 해준다는 이유로 인기 있는 배경 내러티브는 그것의 옹호자와 비방자 모두에 의해서 오도되고 있다. 현대예술은 절망적인 상태에 있지도 않고, 전통에 반하는 예술적 관심사를 계속해서 더 추구하고 있는 것으로 보아야 가장 적절한 것도 아니다. 이는 정말로 사실이 아니다.

예술에 대한 궁극적인 테스트는 작품을 가치 있다고 하기 위해서 우리가 어떤 이유를 가져야 하는가에 있다. 작품이 독창적인가, 독특한 성정을 표현하고 있는가, 우리를 몰입시키는가, 아름다운가, 통찰력 있는가? 세밀한 연구를 할 만한 가치가 있는가? 시간이 지나도 계속해서 칭찬하지 않을 수 없게 하는가? 이런 종류의 질문들은 어떤 작품이 얼마나 좋은가에 관한 가장 기본적인 테스트를 구성한다. 작품에 대한 우리의 이해와 경험은 이러한 이유들을 추적해 간다. 그러나 아무 경험이든 다 그렇게 할 수 있는 것은 아니다. 무엇보다도 감상자는 예술가가 하려고 하는 것에 개방적이어야 하고, 그것을 이해해야 한다. 작품이 무엇을 지칭하고 있으며 무엇을 암시하고 있는지 알 수 있는 상태, 적확한 식별을 할 수 있는 능력이 경험을 통해 발달되어 있는 상태에 있어야 한다. 취미의 섬세함을 위한 노력은 도덕적인 분별력이나 이해와 마찬가지로 끝이 없는 과정이다. 이 과정을 추진해 가는 것은 깊은 호기심과 예술이 삶에 가져다줄 수 있는 풍부함에 대한 감사, 그리고 이들과 결합되어 있는, 작품 속에는 언제나 감상할 것이 더 남아 있고, 도전받고 놀랄 더 많은 여지가 있음을 인식하고 있는 겸손한 마음이다. 이것은 예술을 감상하는 사람에게나 예술가가 되고자 하는 사람에게나 모두 진실이다. 수준 차이가 나는 이해가 있다는 것을 인식하는 것은 엘리트주의가 아니다. 그것은 우리가 하는 경험의 풍부함은 그 경험을 위해 우리가 무엇을 제공하느냐에 달려 있음을 솔직하게 인식하는 것이다. 이러한 여행에 참여하지 않는다면, 그리고 그것을 추구하려는 의지를 가지지 않는다면, 우리 자신을 명료히 표현하고 우리 자신과 인간 조건에 대한 이해를 가능하게 하는 최선의 방법을 우리는 가지지 못한 채로 있게 될 것이다. 상상력 풍부한 예술의 경치 속을 여행하는 것, 그러면서 거기서 얻게 되는 경험은 우리의 내적 삶을 도야하는 강력한 수단이다.

진리는 인문주의 속에

주

1. Kenneth Clark, *Civilisation* (London: BBC and John Murray, 1969), 5장, 126 쪽.

2. Pierre Bourdieu, *Distincton: A Social Critique of the Judgement of Taste*, 나이스 (Richard Nice)의 영역판 (London: Routledge & Kegan Paul, 1984).

3. Hume, 앞의 책, 149쪽.

4. Robert Hughes, 'Henri Matisse in Nice,' 그의 앞의 책, 172쪽.

5. Jerrold Levinson, 'Hume's Standard of Taste: The Real Problem,' *Journal of Aesthetics and Art Criticism 60*, no.3, 2002, 227-38쪽, 또한 그의 'The Real Problem Sustained: Reply to Wieand', *Journal of Aesthetics and Art Criticism 61*, no. 4, 2003, 398-400쪽.

6. Jerrold Levinson, 'Hume's Standard of Taste: The Real Problem,' *Journal of Aesthetics and Art Criticism 60*, no.3, 2002, 234쪽.

7. Hume, 앞의 책, 149쪽.

8. Honoré de Balzac, *The Unknown Masterpiece*, 단토(Arthur Danto)가 서문을 쓴 하워드(Richard Howard)의 영역판 (New York: New York Review of Books, 2001), 40-1쪽.

9. Roger Scruton, *An Intelligent Person's Guide to Modern Culture* (London: Duckworth, 1998), 88쪽.

10. Anthony Julius, *Transgressions: The Offence of Art* (London: Thames and Hudson, 2002), 220-1쪽.

11. 특히 카벨(Stanley Cavell)의 *Must We Mean What We Say?* (Cambridge: Cambridge University Press, 1976)에 실린 'A Matter of Meaning It'을 보라.

12. 예를 들어 Clement Greenberg, 'Towards a Newer Laocoon,' *Partisan Review*, July/Aug. 1940을 보라. 해리슨(Charles Harrison)과 우드(Paul Wood)가 편집

한 앞의 책에 실려 있다.

13. 단토(Arthur Danto)의 *The Philosophical Disenfranchisement of Art* (New York: Columbia University Press, 1986)를 보라.

14. Robert Hughes, *Frank Auerbach* (London: Thames and Hudson, 1990), 10쪽.

참고 문헌

선집류

이 책에서 다루고 있는 주제들에 관해 여러 학자들이 쓴 다양한 논문들을 모아 놓은 선집들이 많이 있다. 다음의 책들이 그 중 뛰어난 것들이다.

Alperson, Philip (ed.), *The Philosophy of the Visual Arts* (New York: Oxford University Press, 1992).

Gaut, Berys, and Dominic McIver Lopes (eds), *The Routledge Companion to Aesthetics*, 2nd edn (London: Routledge, 2005).

Hanfling, Oswald (ed.), *Philosophical Aesthetics* (Oxford: Blackwell, 1992).

Kelly, Michael (ed.), *Encyclopedia of Aesthetics*, 4 vols. (New York: Oxford University Press, 1998).

Kieran Matthew (ed.), *Contemporary Debates in Aesthetics and the Philosophy of Art* (Oxford: Blackwell, 2005).

Kivy, Peter (ed.), *The Blackwell Guide to Aesthetics* (Oxford: Blackwell, 2003).

Lamarque, Peter, and Stein Olsen (eds), *Aesthetics and the Philosophy of Art: The Analytic Tradition* (Oxford: Blackwell, 2003).

Levinson, Jerrold (ed.), *The Oxford Handbook of Aesthetics* (Oxford: Oxford University Press, 2003).

Neill, Alex, and Aaron Ridley (eds), *The Philosophy of Art: Reading Ancient and Modern* (New York: McGraw Hill, 1995).

Neil, Alex, and Aaron Ridley (eds), *Arguing about Art: Contemporary Philosophical Debates*, 2nd edn (London: Routledge, 2002).

Turner, J. (ed.), *The Dictionary of Art* (London: Macmillan, 1996).

참고 문헌 및 더 읽을 거리

Addison, Joseph, 'Uses and Abuses of Ridicule', Essay no. 249 for *The Spectator*, in John Foftis (ed.), *Addison, Essays in Criticism and Literary Theory* (Northbrook, IL: AHM Publishing, 1975).

Adorno, Theodor, *Aesthetic Theory*, Gretel Adorno 와 Rolf Tiedemann 편집, C. Lenhardt 영역 (London: Routledge & Kegan Paul, 1984), 1970년 독일어판 출간.

Anderson, James, and Jeffrey Dean, 'Moderate Autonomism', *British Journal of Aesthetics*, vol. 38, 1998, 150-66쪽.

Aristotle, Poetics, S. Halliwell 영역 (London: Duckworth, 1986).

Auster, Paul, *Moon Palace* (London: Faber and Faber, 1989).

Balzac, Honoré de, *The Unknown Masterpiece*, Richard Howard 영역, Arthur Danto 서문 (New York: New York Review of Books, 2001).

Baumgarten, Alexander, *Aesthetica* (Frankfurt, 1750/58).

Baxandall, Michael, *Patterns of Intention* (New Haven: Yale University Press, 1985).

Beardsley, Monroe, Aesthetics: *Problems in the Philosophy of Criticism* (New York: Harcourt, Brace and World, 1958).

Beardsley, Monroe, 'On The Generality of Critical Reasons', *Journal of Philosophy*, 59, no. 1, 1962, 477-86쪽.

Beardsley, Monroe, *The Aesthetic Point of View* (Ithaca: Cornell University Press, 1982).

Beckley, Bill, and David Shapiro (eds), *Uncontrollable Beauty* (New York: Allworth Press, 1998).

Bell, Clive, *Art* (London: Chatto and Windus, 1914).

Benjamin, Walter, 'The Work of Art in the Age of Mechanical Reproduction', 1936, Charles Harrison and Paul Wood (eds), *Art in Theory 1900-1990: An Anthology of Changing Ideas* (Oxford: Blackwell,

1992)에 수록.

Bois, Yves Alain, *Painting as Model* (Cambridge, MA: MIT Press, 1990).

Booth, Wayne, *The Company We Keep* (Berkeley: University of California Press, 1988).

Bourdieu, Pierre, Distinction: *A Social Critique of the Judgement of Taste*, Richard Nice 영역 (London: Routledge & Kegan Paul, 1984).

Brady, Emily, and Jerrold Levinson (eds), *Aesthetic Concepts* (Oxford: Clarendon University Press, 2003).

Brady, Emily, *Aesthetics of the Natural Environment* (Edinburgh: Edinburgh University Press, 2003).

Brand, Peg Zeglin (ed.), *Beauty Matters* (Bloomington : Indiana University Press, 2000).

Brecht, B., *Brecht on Art and Politics*, Tom Kuhn and Steve Giles 편집 및 영역 (London: Methuen, 2003).

Breton, André, *Surrealism and Painting*, 1928, Charles Harrison and Paul Wood (eds), *Art in Theory 1900-1990: And Anthology of Changing Ideas* (Oxford: Blackwell, 1992)에 수록.

Budd, Malcolm, *Values of Art* (London: Penguin, 1995).

Bullough, Edward, 'Psychical Distance', *British Journal of Psychology*, 5, 1912, 87-118쪽.

Burke, Edmund, *A Philosophical Enquiry into the Origin of Our Ideas of the Sublime and Beautiful* (London, 1757).

Carroll, Noël, 'Art, Narrative and Moral Understanding', in Jerrold Levinson (ed.), *Aesthetics and Ethics* (Cambridge: Cambridge University Press, 1998).

Carroll, Noël, *A Philosophy of Mass Art* (London: Routledge, 1998).

Carroll, Noël, *The Philosophy of Art* (London: Routledge, 1999).

Carroll, Noël, 'Art and Ethical Criticism: An Overview of Recent Directions of Research,' *Ethics*, 110, 2000, 350-87쪽.

Carroll, Noël, 'Moderate Moralism', *British Journal of Aesthetics*, 36, no. 3, 1996, 223-38쪽.

Carroll, Noël, 'Aesthetic Experience: A Question of Content' in Matthew

예술과 그 가치

Kieran (ed.), *Contemporary Debates in Aesthetics and the Philosophy of Art* (Oxford: Blackwell, 2005).

Cavell, Stanley, *Must We Mean What We Say?* (Cambridge: Cambridge University Press, 1976).

Chicago Judy, *The Dinner Party* (New York: Penguin, 1996).

Chilvers, Ian, Harold Osborne and Dennis Farr (eds), *The Oxford Dictionary of Art* (Oxford: Oxford University Press, 1988).

Clark, Kenneth, *Civilisation* (London: BBC and John Murray, 1969).

Clark, Toby, *Art and Propaganda in the Twentieth Century* (London: Weidenfeld and Nicolson, 1997).

Cohen, Marshall, 'Aesthetic Essence' in M. Black (ed.), *Philosophy in America* (Ithaca: Cornell University Press, 1965).

Collingwood, R. G. *The Principles of Art* (Oxford: Oxford University Press, 1958).

Currie, Gregory, *An Ontology of Art* (London: Macmillan, 1989).

Danto, Arthur, 'The Artworld', *Journal of Philosophy*, 61, 1964, 571-84쪽.

Danto, Arthur, *The Transfiguration of the Commonplace* (Cambridge, MA: Harvard University Press, 1981).

Danto, Arthur, *The Philosophical Disenfranchisement of Art* (New York: Columbia University Press, 1988).

Danto, Arthur, *The Abuse of Beauty* (Chicago : Open Court, 2003).

Davies, David, 'Artistic Intentions and the Ontology of Art', *British Journal of Aesthetics*, 39, 1999, 148-62쪽.

Davies, David, *Art as Performance* (Oxford: Blackwell, 2004).

Davies, David, 'Against Enlightened Empiricism' in Matthew Kieran (ed.), *Contemporary Debates in Aesthetics and the Philosophy of Art* (Oxford: Blackwell, 2005).

Devereaux, Mary, 'Moral Judgements and Works of Art: The Case of Narrative Literature', *Journal of Aesthetics and Art Criticism*, vol. 62, no. 1, 2003, 3-11쪽.

Dewey, John, *Art as Experience* (New York: G. P. Putnam, 1934).

Dickie, George, 'The Myth of the Aesthetic Attitude' *American Philosophical*

Quarterly, 1, 1964, 55-65쪽.

Dickie, George, *Evaluating Art* (Philadelphia: Temple University Press, 1988).

Dickie, George, *Art and Value* (Oxford, Blackwell, 2001).

Eaton, Anne, 'Reading Titian through Hume: The Intersection of Morality with Artistic Beauty', the Annual Conference of the American Society of Aesthetics, 2001에서 발표된 논문.

Eaton, Marcia Muelder, 'Kantian and Contextual Beauty', *Journal of Aesthetics and Art Criticism*, 57, no. 1, 1999, 11-15쪽, Peg Brand가 편집한 'Symposium: Beauty Matters' 의 일부로 실린 논문.

Eaton, Marcia Muelder, *Merit, Aesthetic and Ethical* (Oxford: Oxford University Press, 2001).

Ellis, Anthony, 'Offense and the Liberal Conception of the Law', *Philosophy and Public Affairs*, 13, 1984, 1-23쪽.

Ellis Anthony, 'Censorship and the Media', in Matthew Kieran (ed.), *Media Ethics* (London: Routledge, 1998).

Elsen, Albert E., 'Drawing and a New Sexual Intimacy: Rodin and Schiele' in Patrick Werkner (ed.), *Egon Schiele: Art, Sexuality, and Viennese Modernism* (Palo Alto: The Society for the Promotion of Science and Scholarship, 1994).

Feinberg, Joel, *Offense to Others* (Oxford University Press, Oxford, 1985).

Ferrier, Jean Louis (editor in chief), *Art of Our Century: The Chronicle of Western Art to the Present* (New York: Prentice Hall, 1988).

Fuller, Peter, *Modern Painters: Reflections on British Art*, ed. John Mcdonald (London: Methuen, 1993).

Gadamer, Hans, *The Relevance of the Beautiful and other Essays*, N. Walker 영역 (Cambridge: Cambridge University Press, 1986).

Gardner, S., and J. Bermúdez (eds), *Art and Morality* (London: Routledge, 2003).

Gaut, Berys, 'Art and Knowledge' in Jerrold Levinson (ed.), *The Oxford Handbook of Aesthetics* (Oxford: Oxford University Press, 2003).

Gaut, Berys, 'The Ethical Criticism of Art', in Jerrold Levinson (ed.),

Aesthetics and Ethics (Cambridge: Cambridge University Press, 1998)

Gaut, Berys, *Art, Emotion and Ethics* (Oxford: Oxford University Press, 2005).

Godfrey, Tony, *Conceptual Art* (London: Phaidon, 1998).

Goldman, Alan, *Aesthetic Value* (New York: Westview, 1995).

Gombrich, E. H., *Art and Illusion* (Oxford: Phaidon, 1960).

Goodman, Nelson, *Languages of Art* (London: Indianapolis University Press, 1968).

Graham, Gordon, *Philosophy of the Art*, 2nd edn (London: Routledge, 2000), 1997년 초판발행.

Graham, Gordon, 'Expressivism: Croce and Collingwood' in Berys Gaut and Dominic McIver Lopes (eds), *The Routledge Companion to Aesthetics* (London: Routledge, 2001).

Greenberg, Clement, 'Towards a Newer Laocoon', *Partisan Review*, July/Aug. 1940.

Gregory, R. L., 'Perceptions as Hypotheses', *Phil. Trans. Roy. Soc. Lond.*, B290, 1980, 181-97쪽.

Guyer, Paul, *Kant and the Claims of Taste* (Cambridge, MA: Harvard University Press, 1979).

Harrison, Bernard, *Inconvenient Fictions* (New Haven : Yale University Press, 1991).

Hegel, G. W. F., *Introductory Lectures on Aesthetics*, B. Bosanquet 영역 (Harmondsworth: Penguin, 1993), 1835년 초판발행, 1842년 헤겔 전집을 위한 개정판 편집.

Heleniak, Kathryn Moore, *William Mulready* (New Haver: Yale University Press, 1980).

Herwitz, Daniel A., *Making Theory/Constructing Art* (Chicago: University of Chicago Press, 1993).

Hopskins, Robert, *Picture, Image and Experience* (Cambridge: Cambridge University Press, 1998).

Hughes, Douglas A. (ed.), *Perspectives on Pornography* (New York: St Martin's Press, 1970).

Hughes, Robert, *Frank Auerbach* (London: Thames and Hudson, 1990)

Hughes, Robert, *Nothing If Not Critical* (London: Collins Harvill, 1990)

Hülsenbeck, Richard, 'First German Dada Manifesto (Collective Dada Manifesto)', Charles Harrison and Paul Wood (eds), *Art in Theory 1900-1990: An Anthology of Changing Ideas* (Oxford: Blackwell, 1992)에 수록.

Hume, David, 'Of the Standard of Taste', 흄의 *Selected Essays* (Oxford: Oxford University Press, 1993)에 수록, 1757년 초판발행.

Hutcheson, Francis, *An Inquiry into the Origin of Our Ideas of Beauty and Virtue* (London, 1725); 4th edn (London, 1738).

Jackson, Frank, 'Epiphenomenal Qualia', *Philosophical Quarterly*, 32, 1982, 127-36쪽.

Jackson, Frank, 'What Mary Didn't Know', *Journal of Philosophy*, 83, no. 5, 1986, 291-5쪽.

Jacobson, Daniel, 'In Praise of Immoral Art,' *Philosophical Topics*, 25, 1997, 155-99쪽.

Jacobson, Daniel, 'Ethical Criticism and the Vices of Moderation', in Matthew Kieran (ed.), *Contemporary Dabates in Aesthetics and the Philosophy of Art* (Oxford: Blackwell, 2005).

Jay, Bill, Nigel Warburton and David Hockney, *Brandt* (London: ipublish.com, 1999).

John, Eileen, 'Artistic Value and Opportunistic Moralism', in Matthew Kieran (ed.), *Contemporary Debates in Aesthetics and the Philosophy of Art* (Oxford: Blackwell, 2005).

Julius, Anthony, *Transgressions: The Offence of Art* (London: Thames and Hudson, 2002).

Kant, Immanuel, *The Critique of Judgement*, James Creed Meredith 영역 (Oxford: Oxford University Press, 1952), 1790년 초판발행.

Kemp, Gary, 'The Croce Collingwood Theory as Theory', *Journal of Aesthetics and Art Criticism*, 61, no. 2, 2003, 171-93쪽.

Kieran, Matthew, 'The Impoverishment of Art', *British Journal of Aesthetics*, 25, no. 1., 1995, 15-25쪽.

Kieran, Matthew, 'Art, Imagination and the Cultivation of Morals', *Journal of Aesthetics and Art Criticism*, 52, no. 4, 1996, 337-51쪽.

Kieran, Matthew, 'Aesthetic Value: Beauty, Ugliness and Incoherence', *Philosophy*, 72, no. 281, 1997, 383-99쪽.

Kieran, Matthew, 'In Defence of the Ethical Evaluation of Narrative Art,' *British Journal of Aesthetics*, 41, 2001, 26-38쪽.

Kieran, Matthew, 'Pornographic Art', *Philosophy and Literature*, 25, no. 1, 2001, 31-45쪽.

Kieran, Matthew, 'Value of Art', in Berys Gaut and Dominic McIver Lopes (eds), *The Routledge Companion to Aesthetics*, 1st edn (London: Routledge, 2001), 2nd edn, 2005.

Kieran, Matthew, 'On Obscenity: The Thrill and Repulsion of the Morality Prohibited', *Philosophy and Phenomenological Research*, 64, no. 1, 2002, 31-56쪽.

Kieran, Matthew, 'Art and Morality' in Jerrold Levinson (ed.), *The Oxford Handbook of Aesthetics* (Oxford: Oxford University Press, 2003).

Kieran, Matthew, 'In Search of a Narrative' in Matthew Kieran and Dominic McIver Lopes (eds), *Imagination, Philosophy and the Art* (London: Routledge 2003).

Kieran, Matthew, 'Forbidden Knowledge: The Challenge of Cognitive Immoralism' ins S. Gardner and J. Bermúdez (eds), *Art and Morality* (London: Routledge, 2003).

Kivy, Peter, *Philosophies of the Arts: An Essay in Differences* (Cambridge: Cambridge University Press, 1997).

Kripke, Saul, *Naming and Necessity* (Cambridge, MA: Harvard University Press, 1980).

Lamarque, Peter, and Stein Haugom Olsen, *Truth, Fiction and Literature* (Oxford: Clarendon Press, 1994).

Lamarque, Peter, *Fictional Points of View* (Ithaca: Cornell University Press, 1996).

Lamarque, Peter, 'Cognitive Value in the Arts: Marking the Boundaries' in Matthew Kieran (ed.), Contemporary Debates in Aesthetics and the

Philosophy of Art (Oxford: Blackwell, 2005).

Lambourne, Lionel, Caricature (London: HMSO, 1983).

Le Witt, Sol, 'Paragraphs on Conceptul Art', Artforum, 5, no. 10, 1967, 79-83쪽.

Leslie, C. R., Memoirs of the Life of John Constable (London: 1843).

Levinson, Jerrold, 'Art, Value and Philosophy' (Budd의 Values of Art에 대한 서평), Mind, 105, 1996, 667-82쪽.

Levinson, Jerrold, 'Pleasure and the Value of Works of Art' in his The Pleasure of Aesthetics (Ithaca: Cornell University Press, 1996).

Levinson, Jerrold, The Pleasure of Aesthetics (Ithaca: Cornell University Press, 1996).

Levinson, Jerrold, 'Evaluating Music' in P. Alperson (ed.), Musical Worlds (College Park, PA: Penn State Press, 1998).

Levinson, Jerrold, (ed.), Aesthetics and Ethics (Cambridge: Cambridge University Press, 1998).

Levinson, Jerrold, 'Erotic Art,' in Edward Craig, ed., The Routledge Encyclopedia of Philosophy (London: Routledge, 1999).

Levinson, Jerrold, 'Hume's Standard of Taste: The Real Problem,' Journal of Aesthetics and Art Criticism, 61, no. 3, 2002, 227-38쪽.

Levinson, Jerrold, 'The Real Problem Sustained: Reply to Wieand,' Journal of Aesthetics and Art Criticism, 61, no. 4, 2003, 398-400쪽.

Longford (Lord), Pornography: The Longford Report (London: Coronet, 1972)

Lopes, Dominic Mclver, Sight and Sensibility: Evaluating Pictures (Oxford: Oxford University Press, 2005).

McCloskey, Mary A., Kant's Aesthetic (London: Macmillan, 1987).

Mallaband, Philip, 'Understanding Kant's Distinction between Free and Dependent Beauty', Philosophical Quarterly, 52, 2002, 66-81쪽.

Malraux, André, Le Musée Imaginaire, The Psychology of Art (New York: Pantheon Books, 1949 50)의 제1권.

Matisse, Henri, 'Notes d'un Peintre', La Grande Revue, Paris, 25 December 1908; 'Notes of a Painter' 로Charles Harrison and Paul Wood (eds), Art in Theory 1900-1990: An Anthology of Changing Ideas (Oxford:

예술과 그 가치

Blackwell, 1992)에 수록.

Mill, John Stuart, *On Liberty* (Harmondsworth: Penguin, 1982), 1859년 초판발행.

Newman, Barnett, 'The Sublime is Now', 1948, Charles Harrison and Paul Wood (eds), *Art in Theory 1900-1990: An Anthology of Changing Ideas* (Oxford: Blackwell, 1992)에 수록.

Mulvey, Laura, 'You Don't Know What Is Happening, Do You, Mr. Jones?', *Spare Rib*, 8, 1973, 13-16쪽.

Mulvey, Laura, 'Visual Pleasure and Narrative Cinema', *Screen*, 16, no. 3, 1975.

Mulvey, Laura, *Visual and Other Pleasures* (London: Macmillan, 1989).

Nietzsche, Friedrich, *Twilight of the Idol*, Duncan Large 영역 (Oxford: Oxford University Press, 199), 1888년 초판발행.

Nietzsche, Friedrich, *The AntiChrist*, A. M. Ludovici 영역 (London: Russell & Russell, 1964), 1888년 초판발행.

Nussbaum, Martha, *Love's Knowledge* (New York: Oxford University Press, 1990).

Parker, Rozsika, and Griselda Pollock (eds), *Framing Feminism* (London: Pandora Press, 1987).

Plato, *The Republic*, D. Lee 영역, 2nd edn (Harmondsworth: Penguin, 1974)

Pollock, Griselda, *Vision and Difference: Femininity, Feminism and the Histories of Art* (London: Routledge, 1988).

Rabinow, Paul (ed.), *The Foucault Reader* (New York: Pantheon, 1984).

Ridley, Aaron, *R. G. Collingwood: A Philosophy of Art* (London: Orion Books, 1988).

Ruskin, John, *The Stones of Venice* (London: Smith, Elder and Co., 1874).

Savile, Anthony, *The Test of Time* (Oxford: Clarendon Press, 1982).

Scarry, Elaine, *On Beauty and Being Just* (Princeton: Princeton University Press, 1999).

Scruton, Roger, *Art and Imagination* (London: Methuen, 1974).

Scruton, Roger, *The Aesthetic Understanding* (London: Methuen, 1983).

Scruton, Roger, 'The Photographic Surrogate', reprinted in his *The*

Philosopher on Dover Beach (Manchester: Carcanet, 1990).

Scruton, Roger, *Sexual Desire* (Machester, Phoenix, 1994).

Scruton, Roger, *An Intelligent Person's Guide to Modern Culture* (London: Duckworth, 1998).

Sharpe, R. A., 'The Empiricist Theory of Artistic Value', *Journal of Aesthetics and Art Criticism*, 58, 2000. 321-32쪽.

Shelley, James, 'Hume and the Nature of Taste', *Journal of Aesthetics and Art Criticism*, 56, no. 1, 1998, 29-38쪽.

Shelley, James, 'The Problem of Non perceptual Art', *British Journal of Aesthetics*, 43, no. 4, 2003, 363-78쪽.

Sibley, Frank, 'Aesthetic Concepts', *Philosophical Review*, 68, 1959, 421-50쪽.

Sibley, Frank, *Approach to Aesthetics* (Oxford: Clarendon Press, 2001).

Stecker, Robert, *Artworks: Definition, Meaning, Value* (Pennsylvania: Penn State university Press, 1997).

Stolnitz, Jerome, *Aesthetics and Philosophy of Art Criticism* (Boston: Houghton Mifflin, 1960).

Stolnitz, Jerome, 'The Cognitive Triviality of Art', *British Journal of Aesthetics*, 32, 1992, 191-200쪽.

Tanner, Michael, 'Morals in Fiction and Fictional Morality II', *Proceedings of the Aristotelian Society*, suppl. vol. 68, 1994, 51-66쪽.

Thomson, Katherine, 'Aesthetic and Ethical Mediocrity in Art', *Philosophical Papers*, 31, no. 2, 2002, 199-215쪽.

Tolstoy, Leo, *What is Art? and Essays of Art*, Aylmer Maude 영역 (London: Duckworth, 1930), 1898년 초판발행.

Townsend, Dabney, *Hume's Aesthetic Theory: Taste and Sentiment* (London: Routledge, 2001).

Treble, Rosemary, *Vincent: The Paintings of Van Gogh* (London: Hamlyn, 1989).

Walton, Kendall, *Mimesis as Make-Believe* (Cambridge, MA: Harvard University Press, 1990).

Walton, Kendall, 'Morals in Fiction and Fictional Morality I,' *Proceeding of the Aristotelian Society*, suppl. vol. 68, 1994, 27-50쪽.

Warburton, Nigel, 'Is Art Sacred?' in Ben Rogers (ed.), *Is Nothing Sacred?* (London: Routledge, 2004).

Wilde, Oscar, *Intentions*, 8th edn (London: Methuen, 1913).

Williams, Bernard, *The Williams Report. Report of the Committee on Obscenity and Film Censorship* (London: Cmnd. 7772, 1979).

Wollheim, Richard, *Art and Its Objects*, 2nd edn (Cambridge: Cambridge University Press, 1980), 1968년 초판발행.

Wollheim, Richard, *Paining as an Art* (London: Thames and Hudson, 1987)

Wolterstorff, Nicholas, *Worlds and Works of Art* (Oxford: Clarendon Press, 1980).

Zangwill, Nick, 'Art and Audience', *Journal of Aesthetics and Art Criticism*, 57, no. 3, 1999, 315-32쪽.

Zeki, Semir, 'Art and the Brain', *Journal of Consciousness Studies*, 6, 1999, 76-96쪽.

찾아보기

굵은 글씨로 표기된 쪽수는 각 도판이 포함되어 있는 쪽수를 나타낸 것이다.

예술과 그 가치

역자 후기

이 책의 서두에 실린 한국 독자들에게 보낸 키이란 교수의 글(한국어
번역판에 붙이는 서문)과 들어가는 말을 통해 이 책이 달성하고자 하
는 목표와 특성에 대한 안내가 적절히 제공되고 있다고 생각합니다
만, 번역자로서 느낀 이 책의 특색에 대해 몇 마디 덧붙이고자 합니다.
이 책은 영미 분석철학의 배경에서 교육을 받은 영국 중견 미학자의
2005년 저술로, 다루고 있는 주제는 '예술이 예술로서 가지고 있는 가
치'입니다. 미학을 '미와 예술에 관한 철학적 탐구'로 이해할 경우, 분
석철학적 방법론을 채택하는 영미 분석미학은 미보다는 예술, 예술의
가치보다는 예술의 본질과 정의에 관한 논의(본질이 없다는 논의를
포함해서)에 주목해 온 경향이 있었습니다. 예술적 가치에 대한 논의
란 학문적으로 쟁점을 형성하기 어려운 당연한 주장들이거나 입증되
기 어려운 개인적 취향에 근거한 주장들이 만연한 영역으로 치부되었
습니다. 하지만 이는 더 이상은 사실이 아닌 것 같습니다. 최근의 분석
미학자들이 다루고 있는 수많은 쟁점들 중에는 예술적 가치평가의 본
질에 대한 메타 미학적 논의는 물론, 미적 경험이나 미적 태도까지도
포함하여 새롭게 재조명되고 있는 미적 가치에 대한 논의, 지식이나
도덕과 같은 예술과 연관된 가치와의 관계에서 비롯된 논의 등 예술
적 가치에 대한 규정과 분석을 필요로 하는 주제들이 적지 않게 포함
되어 있습니다. 그리고 분석미학이 예술의 본질에 대한 현대 예술철
학의 논의에 기여해왔던 것처럼, 예술의 가치의 영역에서도 많은 도
움을 제공할 것이라고 기대해도 좋을 것 같습니다. 사실 많은 예술 해

설서들은 직접적·간접적으로 예술의 가치에 대한 주장을 하고 있습니다. 그러나 그 근거를 분석하고 있는 경우는 많지 않습니다. 이 책의 내용은 예술적 가치를 발생시키는 작품의 국면들은 다양하다는 전제 하에서 그러한 국면들을 분석하고, 거기서 파생되는 쟁점들과 관련하여 저자가 옹호하는 입장을 논변하는 것으로 이루어져 있습니다. 가치의 문제에만 집중적으로 주목한 것은 분석미학의 기획으로서 드문 일이며, 예술적 가치의 해명에 분석미학적 방법론을 적용한 것은 예술서적으로는 드문 일일 것입니다. 이것이 이 책의 매우 독특한 위치를 말해 줍니다.

이 책을 독특한 것으로 만들어 주는 또 하나의 큰 특징은 키이란 교수가 주제를 다루는 방식입니다. 스스로가 서문에서 밝힌 대로 그는 의도적으로 비평과 예술철학의 경계를 넘나들며 구체적인 사례와 추상적 논증을 병행하는 식의 구성을 택하고 있습니다. 이는 흔히 우리가 어려운 철학적 주장들을 사례를 통해 납득시키려 할 때처럼, 입에 쓴 약을 사탕과 함께 제공한다는 식의 교육 효과의 차원에서도 의미가 있지만, 나아가 보다 야심적인 그의 학문적 태도를 보여주는 것이기도 합니다. 즉 가치에 대한 예술 철학적 접근은 관련된 쟁점들의 미묘성과 다면성에 대한 이해가 그 생명이고, 이를 충분히 납득시키기 위해서는 구체적인 작품에 대한 감상 및 해석과 병행하는 접근법을 취해야만 한다는 것을 실천을 통해 제안하는 것으로도 볼 수 있다는 것입니다. 어쩌면 정말로 가치라는 주제를 적절히 논의하기 위해서는, 명쾌하지만 도식적인 논증을 통해 최종적으로 타당한 어느 한 입장을 받아들이도록 하는 것(철학적으로는 이것만으로도 성취일 것이지만) 이상을 해야 할 것 같기도 합니다. 영국 현대 미술가들의 작품을 포함하여 우리가 이 책에서 소개받게 되고 설명을 듣게 되는 수많은 작품들은 결국 우리로 하여금 예술적 가치라는 문제에 관심을 갖게 하는 출발점이고, 그에 대해 택할 수 있는 입장들 중 어느 것을 옹호하거나 반증하기 위한 증거들이며, 그 논증의 결론을 적용하여 새롭게 그 가치를 음미할 수 있어야 하는 구체적 목표입니다. 풍부한 사례들에 대한 이해와 함께 제시되는 예술 철학적 논변. 키이란 교수의 두 마리 토끼잡이는 시도 자체가 신선한 것은 물론, 어느 정도까지 성공도 거두고 있다고 생각합니다. 그런 까닭에 이 책은 저자의 주장과 논증으로 꽉 짜인 엄밀하고 세련된 현대 영미미학 학술서임이 분명하면서도 동시에 경직된 이론서가 아니라 오히려 이른바 교양서로서 보다 폭넓은 독자층에게 흥미롭게 읽힐 수 있지 않을까 하는 희망을 갖게 합니다.

마지막으로, 이 책의 내용이 생생하게 보이는 또 하나의 이유는 키이란 교수가 이 책에서 옹호하고 있는 자신의 입장과 주장들이 새롭고도 논쟁적이라는 것입니다. 예술의 가치가 그것이 주는 경험의 가치로 모두 환원될 수 있는지를 묻는 첫 장의 질문에서부터, 개념 예술이 미적가치를 가질 수 있는 방식, 작품의 인지적 가치에 대한 이해, 비도덕적 예술과 작품의 예술적 가치와의 관계, 이상적 비평가의 취향이 우리에게 영향을 미치는 이유 등등 그가 이 책에서 펼쳐놓고 있는 질문들은 최소한 분석미학에 익숙하지 않은 대부분의 사람들에게는 새로운 것으로 느껴질 것입니다. 그리고 그 질문들에 대해 키이란 교수가 제시하는 답변은 정교하고 세련된 것들인데, 사실 이 세련되었다는 평가는 양가적입니다. 즉 그의 입장은 새롭고 통찰력이 있지만, 간혹 절충적이며 교묘하게 불확정적인 경우도 없지 않습니다. 주장이 분명한 경우에도 논쟁의 여지는 항시 존재하여, 키이란 교수의 논점과 충돌하는 주장을 펼치고 있는 학자들을 찾는 일은 아마도 그리 어렵지 않을 것입니다. 이는 이 책에서 다루어지고 있는 주제들이 지금 현재 영미권 미학자들에 의해 활발하게 논의가 진행 중인 사안들이라는 사실을 반영합니다. 저 역시 몇몇 부분에서는 키이란 교수 논변의 설득력과 성공 여부에 대해 다른 생각을 가지고 있습니다. 하지만 그의 어떤 주장들이 정확히 어떤 문제가 있다는 것인지는 별도의 논문을 통해 다룰 기회가 있을 것입니다. 어찌되었건 분명한 것은,

이 책은 예술의 가치에 대해 누구나 동의해야 할 교과서 식의 정설들을 모아 놓은 책은 아니라는 것입니다. 게다가 그 입장들이 순진하거나 직설적이지 않고 다양하기까지 하다는 점을 고려하면 읽는 분들이 단번에 이해하기에 만만하지 않은 부분도 있을 것입니다. 하지만 바로 그렇기 때문에 지적인 호기심을 자극하고 생각을 불러일으키는 소재로서 적격인 것입니다.

가치의 문제에 대한 분석철학적 주목, 구체적인 예술 감상을 통한 접근, 그리고 제시된 견해의 다양성과 참신함, 그리고 그렇기에 남아 있는 논쟁적인 여지 등은 제가 애초에 이 책에 관심을 갖게 된 이유이기도 합니다. 저는 이러한 특징들이 예술적 가치의 문제를 집중해서 다루는 인문교육으로서의 미학 교양 수업을 위해 적절하다고 생각했습니다. 예술의 가치에 관해 전수받아야 할 지식의 종착지가 아닌 자신의 사유 훈련을 시작해볼 수 있는 출발지로 이 책이 기능할 수 있겠다고 생각했기 때문입니다. 이런 생각은 인문대학에서 제공한 '원전 읽기 세미나'를 통해 2007년 두 번에 걸쳐 학생들과 함께 이 책을 공부하며 들기 시작했습니다. 당시에는 미학과 학부생이었지만 지금은 대학원에서 함께 공부하고 있는 박지현, 성지은, 송문영, 황문영과 학부의 윤여래, 최윤정, 사회대의 심예원, 지재욱, 공대 임선민, 생활과학대 나지현과 임소현, 사범대의 배정은과 이은지가 수업에 참여했던 학생들입니다. 작건 크건 그들의 기여가 이 번역본 어디엔가 담겨있을 것입니다.

특히 대학원생 송문영은 감탄스러운 능력과 열의로 이 번역 작업 내내 제게 도움을 주었습니다. 이 책에 있을지 모를 오류에 대해 송 양이 전혀 책임이 없다는 점을 제외하면, 실로 공동번역에 가까운 기여라고 하겠습니다. 두 번에 걸친 수업의 결과들을 모으고 자신이 별도의 품을 들여 초벌 번역이라 불릴 만한 통일된 원고를 만들어 준 덕분에 그 이후의 모든 작업이 가능할 수 있었습니다. 또 번역이 진행되는 내내 적지 않은 부분에서 책의 내용에 관한 송 양과의 토론은 즐겁고도 유익했습니다. 늘 고마운 마음입니다.

2008년 1월부터 6개월간 연구교수로 미국 오하이오 주립대학에 머무르면서 초벌번역의 모든 문장을 꼼꼼히 검토하고 수정하고 다듬는 방식으로 본격적인 작업을 진행하였습니다. 그런 시간이 가능하도록 허락해 주고 지원해 준 미학과와 인문대학, 6년 만에 돌아온 졸업생에게 연구실을 내 주고 편안하게 대해준 오하이오 주립대학 철학과의 옛 인연들, 특히 학과장 돈 휴빈 교수와 이석재 교수에게 감사드립니다.

귀국해서 그 원고를 교재 삼아 1년간 '예술과 가치'라는 핵심교양 수업을 진행하였습니다. 때로는 수업 준비 과정과 학생들의 질문을 통해 오류가 드러나기도 해서 수정의 기회가 되었습니다. 특히 임성훈 선생으로부터 칸트와 관련된 2장 내용에 대해 조언을 들을 수 있었던 것이 감사했습니다. 물론 제가 충분히 알아듣지 못하여 여전히 문제가 남아있을 수도 있겠지만 말입니다. 지난 여름 동료 교수인 김진엽 선생의 도움으로 출판사가 정해진 후, 한 달 간 다시 문맥의 흐름을 점검하고 어색한 표현, 부자연스러운 부분들과 씨름했습니다. 작품의 제목이나 성격 등에 관해 의문이 들 때에는 조선대의 김승환 교수가 자주 도움을 주었습니다. 이때쯤에도 오타가 아닌 오역이 발견되는 것으로 보아 모르는 곳에 더 많은 오타나 오역이 숨어 있는 것은 아닌지 걱정이 많습니다. 비평과 예술 철학 양자 모두의 특성을 살려보려는 키이란 교수의 도전적 시도가 그의 다소 느슨한 문체와 결합하여 번역자에게는 곤혹스러움의 원천이었다는 것을 고백하지 않을 수 없습니다. 특히 예술 비평적 어휘 구사의 미묘성과 분위기를 따라잡기가 쉽지 않았습니다. 어찌되었건 여전히 남아 있을지 모를 오류는 제 책임이며 읽는 분들이 지적해 주신다면 기회가 되는대로 계속해서 수정해 나가도록 하겠습니다.

특정 작품의 세부에 대한 설명이 많기 때문에 도판과 함께 읽는 것이 좋을 것 같아 원본에 있는 것보다 더 많은 도판을 넣어 보려고도 생각해 보았습니다. 그러나 저작권의 문제가 걸림돌이 되었고, 원본의 의도를 훼손할지도 모른다는 우려도 있어 포기하였습니다. 아마 궁금하신 그림의 대부분은 인터넷 검색을 통해 쉽게 찾아보실 수 있으실 것입니다. 독자들의 편의를 위하여 책에 실리지 않은 주요한 도판들을 모은 압축 파일을 출판사인 북코리아(선학사)의 홈페이지(www.sunhaksa.com)에서 제공할 수 있도록 할 계획입니다. 다만 편집과정에서 드러난 문제로, 한 문단이 지나치게 긴 경우에 대해서는 망설임 끝에 읽는 분들의 편의를 위해, 문맥을 최대한 고려하여 문단을 둘 이상으로 나누기로 하였습니다.

수업이 인연이 되어 알게 된 미술대학 장우석 학생이 이 책의 디자인을 자신의 졸업 작품으로 시도해볼 수 없겠느냐고 허락을 구한 적이 있었는데, 그것이 계기가 되어 결국 출판을 위한 디자인에도 관여하게 되었습니다. 정말 수고가 많았습니다. 막판 시간에 쫓길 때 기꺼이 색인 작업을 맡아 준 대학원생 박지현에게도 고마움을 표하고, 판권의 문제에서부터 시작하여 출판의 전 과정을 의욕과 넉넉한 미소로 보살펴 주신 북코리아 이찬규 사장님께 진심으로 감사를 드립니다. 받은 사랑이 많은 데 비해 고맙다는 표시는 잘 못하며 살아온 삶인지라 이 기회에 부모님과 아내, 잘 자라주고 있는 두 딸들에게도 늘 참 고마워하고 있다는 말을 전합니다.

2009년 12월
이해완

역자 후기

예술과 그 가치
Revealing art

2010년 2월 16일 초판1쇄 발행
2021년 3월 5일 초판7쇄 발행

지은이 | 매튜 키이란
옮긴이 | 이해완
펴낸이 | 이찬규
펴낸곳 | 북코리아
등록번호 | 제03-01240호
주소 | 462-807 경기도 성남시 중원구 사기막골로 45번길 14
       우림2차 A동 1007호
전화 | 02-704-7840
팩스 | 02-704-7848
이메일 | sunhaksa@korea.com
홈페이지 | www.북코리아.kr
ISBN | 978-89-6324-053-4 93110

값 17,000원

*본서의 무단복제를 금하며, 잘못된 책은 구입처에서 바꾸어 드립니다.